두 조선의 여성 : 신체 · 언어 · 심성

연세국학총서 108

두 조선의 여성 : 신체 · 언어 · 심성

김현주 / 박무영 / 이연숙 / 허남린 공편

혜안

간행사

오랫동안 인간에 대한 이해는 자연스럽게 남성들에 대한 이해로 인식되었다. 그것이 딱한 것은 바른 인간에 대한 이해가 아니기에도 그렇지만, 그런 시각으로는 남성들에 대해서도 제대로 알 수 없기 때문이다. 인간이 인간다운 것은 남성과 여성이 있기 때문이지 그 어느 한 쪽만 존재하기 때문이 아니다. 그렇지만 오랫동안 역사 서술의 중심에는 남성들이 있었고 그렇게 남성들 위주의 시선이 당연시 되어 왔기에 역사·사회·문화 등에 대한 이해는 실상과 거리가 있을 수밖에 없었다. 인간다운 삶에 대한 고민은 남성과 여성의 문제에 대한 진지한 고민에서부터 시작되어야 하는 이유가 바로 이 때문이다.

어느 나라, 국가가 다 그렇겠지만, 특히 유교를 바탕으로 했던 조선은 여성들이 살아가기에 녹록한 시간과 공간이 아니었다. 그런 조선이 해체되면서 새롭게 근대적 사고를 바탕으로 하는 시기로 접어들었지만 여성들의 삶이 저절로 향상된 것은 아니었다. 수많은 여성들이 부침을 겪으면서도 조금씩 현실과 이상의 괴리를 메워가는 지속적 노력이 있었기에 가능한 일이었다.

이런 조선후기에서 식민지시기로 넘어가는 시기의 여성들의 삶을 살펴보고 그들의 노력과 고민의 깊이를 가늠하고 조명하는 일은 의미 있는 일이다. 이 시기가 변혁의 시기라는 것도 그렇지만 특히 새롭게 등장하는 여성성의 문제가 변화와 발전을 모색하는 오늘날에도 일정한 시사점을 던져주기 때문이다.

이 시기 통시적 여성성의 변화와 공시적 지역성이 교집하는 지점을 주목하는 것이나, 여성들의 삶과 섹슈얼리티를 둘러싼 다양한 문제들이 어떤 망탈리테를 구성했는지를 살펴보는 것, 조선후기에서 식민지 시기에 걸친 봉건성과 근대적 삶의 양식이 구축되는 갈등의 문제를 따라가 보는 것 등등 모두 억눌린 자들의 존재증명을 확인하는 중요한 방법임이 틀림없다. 그리고 그 여성들의 존재증명이 오늘날의 다층적 사고와 미세한 균열의 양태를 보여주는 무수한 상황 속에서 다양한 결을 만들어내는지까지 이어진다는 점에서 큰 의미가 있다.

이런 문제들에 대해 우리 연세대학교와 캐나다 UBC, 그리고 일본 히토츠바시 대학의 열정적 연구자들이 한자리에 모여 지속적으로 토의하고 공부하였다. 이들의 열정이 이런 큰 소득으로 모아지게 된 것에 대해 경의를 표하며, 또한 역사와 전통이 있는 연세국학총서로 간행하게 된 것을 뜻 깊게 생각한다.

앞으로도 이런 국가간 학문간 연구가 활성화되기를 바라 마지않는다.

2016년 2월

국학연구원장 도현철

책머리에

『두 조선의 여성 : 신체·언어·심성』은 두 개의 '조선', 즉 조선시대 후기와 식민지 조선의 문맥 안에서 여성의 역사를 읽어보려 한 작업이다. 여기에는 특정한 사회-문화적, 인식론적 환경에서 여성이 어떻게 존재해 왔는가라는 질문이 담겨 있다. 그러나 필자들이 이 질문에 '실증적'인 방식의 답을 시도하고 있지는 않다. 무엇보다도 이 책은 여성을 '텍스트'로 독해하고자 했다. 여성은 전통과 근대(식민성)의 현실적·이념적 움직임이 복합적으로 작동하고 작용해 온 결정적인 '장소'인 바, 그 자체로 이미 하나의 '사건'이라 할 수 있다. 이것이, 여성이 읽어내야 할 다층적인 '텍스트'인 이유다.

여성이라는 장소 혹은 사건은 (그녀들의) 신체, 언어, 감정, 의식 등 여러 지점을 고려하면서 탐색되어야 한다. 다면적으로 접근하면서 우리는 여성들이 얼마나 복잡한 역할을 할당받거나 스스로 확보해갔는지 그리고 이 과정에서 어떤 식으로 시대적 구속에 노출되거나 반대로 대항역량을 발현했는지 규명하고자 했다. 〈소비와 생산의 장소로서의 여성〉, 〈여성에 대한 언어와 여성의 언어〉, 〈여성의 심성과 가치의 체제〉로 구성된 이 책의 짜임은 이러한 관심과 관점의 표현이다.

1부 〈소비와 생산의 장소로서의 여성〉은 섹슈얼리티, 출산, 노동 등 여성의 살아있는 몸과 활동 에너지의 장에 누가(무엇이) 참여하여 어떤 일을 벌였던가를 살펴보는 논문들로 구성되어 있다. 생생하게 움직이는 여성의 물리적인 지평에 각종 개입과 관여가 시작되는 순간

필연적으로 길항과 긴장 그리고 경합이 발생한다. 이 동요를 세밀하게 포착하는 작업은 여성을 관통하면서 작동하는 이념과 권력관계의 양태를 비판적으로 파악하는 작업이기도 하다.

2부 〈여성에 대한 언어와 여성의 언어〉는 여성이라는 사건성을 규명할 때 매우 중요한 측면인 언어–언설–언어역능에 초점을 맞춘 논문들로 이루어져 있다. 여성은 여성 외부의 언어가 가닿는 장소이자 여성 자신의 언어가 발생하는 장소이다. 필자들은 여성의 쓰기(말하기) 혹은 여성에 대한 쓰기(말하기)가 어떤 식으로 진행되었는지 그 양상과 의의를 분석하고 있다. 여성을 둘러싸고 남성의 언어와 여성의 언어가 생산되는 장면에 주목하면서 '그녀'들에게 어떤 가능성이 닫히거나 열렸는지 고찰했다.

3부 〈여성의 심성과 가치의 체제〉는 두텁고 깊은 망탈리테에 다가간 장이다. 여성의 마음, 감정, 믿음, 가치관 등을 포괄하는 폭넓은 심성과 정동의 층에서 일어난 사건들을 조망한 논문들이 모여 있다. 이 영역이 특정한 시대적 조건 속에서 형성, 변용되면서 어떤 질감과 역할을 갖게 되었는지 살펴보았다. 망탈리테는 통치의 힘이 겨냥하여 지배적 가치질서로 환원시키려 한 영역이기도 하지만 동시에 이러한 힘을 거스르는 반작용이 일어난 영역이기도 했다.

앞서 밝혔듯이 이 책에서 재구성하고자 한 시대는 조선후기로부터 식민지기로 이어지는 시기이다. 조선후기는 유교적 가부장제를 근간으로 하는 왕조 체제의 강고함과 미세한 균열 및 변동이 공존했던 시간이다. 식민지기에는 봉건적 질서가 깨지고 근대적 삶의 양식이 구축되는 한편, 종속과 억압의 모순이 본격화되었다. 이 시기에 유교적 가부장제는 지속과 단절의 불규칙한 결을 형성하며 새로운 가부장제의 출현으로 이어진다. 조선후기에 가속화된 외부세계와의 교통은 식민화와 더불어 비약적으로 증대한다.

이 책의 필자들은 두 '조선'의 역사성을 염두에 두면서 그 지층 사이사이에 '여성'이라는 질문을 끼워 넣었다. 필자들의 관심과 입장은 서로 다르며, 그만큼 다양하고 풍성하다. 그러나 이 생산적인 차이가 여성을 통해 복잡다단한 역학의 역사를 읽는다는 공통의 지향과 방법론을 바탕으로 하고 있음은 두말할 필요가 없겠다.

이 책의 출발점이 된 것은 캐나다 UBC의 허남린 교수와 한국 연세대학교의 김현주 교수, 그리고 일본 히토츠바시 대학의 이연숙 교수가 2013년부터 3년에 걸쳐 공동개최한 학술 워크숍이다. 밴쿠버와 서울, 그리고 도쿄에서 '여성'을 키워드로 세 차례의 워크숍이 진행되었다. 문학·역사학·문화학·종교학·의학사 등 여러 분야에서 초청된 참가자들은 자신의 관심영역에서 세부 토픽을 선정하여 논문을 발표했고 이어지는 자유로운 토론에 열정적으로 참여해주었다. 그 흥미진진했던 워크숍의 결과가 이 책이다. 이런 점에서 이 책은 풍성한 우정과 열정적인 배움으로 윤택했던 인연의 기록이기도 하다.

애초 워크숍의 결과물을 한국과 일본, 캐나다에서 동시에 출판하는 것이 목표였으나 한국과 일본에서 먼저 출간하게 되었다. 연세대학교 국학연구원은 한국 측의 워크숍 경비를 부담해 주었을 뿐 아니라, 한일 동시 출간이 원활하게 진행될 수 있도록 많은 지원을 해주었다. 전 원장이신 백영서 선생님과 현 원장이신 도현철 선생님 두 분께 특별한 감사를 전한다. UBC측에서는 "한국학세계화 랩 프로그램(AKS-2013-LAB-2250001)"의 일환으로 일본어 번역 및 출판에 소요되는 경비의 일부를 제공하였다. 역시 특별히 감사를 표한다. 다양한 분야의 연구자들이 참여한 워크숍의 결과물을 편집하는 일이 생각만큼 쉽지는 않았다. 이 작업에 결정적인 조언을 해준 연세대학교의 김예림 교수, 유준 교수, 이헬렌 교수에게도 우정의 인사를 전한다.

2016. 2. 28.

김현주, 박무영, 이연숙, 허남린

목 차

제1부

소비와 생산의 장소로서의 여성

조선 왕실 출산 지식의 계보
:『임산예지법』과 『태산요록』의 비교

김 호

1. 서론

필자는 10년 전에 『임산예지법(臨産豫知法)』이라는 조선 왕실의 출산 지침에 관한 한글 문서를 발굴하여 학계에 보고한 바 있다.[1] 이 문서에는 출산에 임박한 산모가 지켜야할 주의사항 그리고 육아(育兒)의 기초 지식들이 수록되어 있었다. 아쉽게도 당시 소개한 한국학 중앙연구원 장서각 소장본은 뒷부분이 결락된 영본(零本)이었다. 문서의 전모를 알 수 없어 아쉽던 차에 의학사가(醫學史家) 삼목영(三木榮)이 수집한 또 다른 필사본이 일본 오사카의 행우서옥(杏雨書屋)에 보관되어 있음을 확인했다.[2] 이에 필자는 『임산예지법』의 전모를 다시 한번 소개하는 동시에 문서에 수록된 산부인과 지식의 계보를 추적해 보고자 했다.

1) 김호(2004).

2) 幸雨書屋의 도서목록에는 '임산예지법'이 아닌 '胎産育兒法'으로 적혀 있어 확인하지 못했다. 2012년 경희대학교 한의과 대학의 백유상 교수가 오사카 행우서옥에 연구차 방문하였다가 三木榮이 수집한 본 책자를 확인하고 복사하여 보내주었다.

행우서옥에 소장된 문서는 2폭의 접철식으로 되어 있다. 1935년 해제를 쓴 의사학자 삼목영은 책자의 입수 과정을 자세하게 기록해 두었다.

> 본서는 순조시(純祖時)에 필사한 것으로 보인다. 김웅진(金雄鎭, 본관 安東)의 집에서 나왔다. 순조의 왕녀 명온공주(明溫公主)의 부마(夫)는 김현근(金賢根, 雄鎭은 그 자손)이다. 이 책은 공주의 인기(印記)가 있는 책과 하나로 묶여 있었다.[3)]

삼목영은 본서를 일본어로 번역 소개하였는데 간혹 오역(誤譯)과 누락이 보인다. 삼목영은 한문에 능했지만 도리어 한글에 익숙하지 못했기 때문이다. 그는 "본서를 일본어로 번역하면서 오역과 불명한 점이 있을 수 있으나 본서 내용의 대체를 살필 수는 있을 것이다. 말은 모두 최경어(最敬語)로 기록했다."고 적었다. 마지막에 "본서는 간단하지만 초산부(初産婦)에게 알아두어야 할 사항들이 적혀 있다. 공주가 시집갈 때 지참하였던 것일 게다. 조선부인의 태산심득서(胎産心得書)로서 흥미 있는 책이다."라고 평가했다.[4)] 삼목영은 이 책을 명온공주가 결혼한 1823년 이후 1832년 사망하기 전 죽동궁에 거주하면서 아이를 임신하자 왕실에 전하던 출산지침서를 필사하여 사가(私家)에 전했다가 남은 것으로 추정했다.

문서의 주인공인 명온공주(1810~1832)는 순조의 첫째 딸로 모친은 순원왕후(純元王后)이다. 7세 때인 1817년 공주에 책봉되었고, 1823년 14세에 안동 김문의 김현근(金賢根)과 결혼했다. 김현근은 진사 김한순(金漢淳)의 아들이었다. 명온공주는 태어날 때부터 몸이 병약해 혼인한 지 9년 만인 23세의 나이에 요절했다. 10년도 채우지 못한 채 젊은

---

3) 昭和 10년(1935) 6월 18일 三木榮 識, 1~10쪽 참조.

4) 위와 같음.

나이에 결혼 생활을 마감한 것이다. 이들 명온공주와 김현근 부부는 서울특별시 종로 죽동궁에 거주하였는데,[5] 후일 이들 부부가 모두 요사하자 굿판이 벌어져 서울 관훈동 귀신 굿의 유래가 되기도 했다.[6]

필자는 본서가 1823년 안동 김문으로 하가(下嫁)한 순조의 큰딸 명온공주의 출산 지침서임을 확인하고 기왕의 사소한 오역을 바로 잡는 동시에 지식의 출전을 추적해 보았다. 그 결과 왕실의 출산 지침서의 기원은 조선 초기의 『태산요록(胎産要錄)』(1434)으로 거슬러 올라간다는 사실을 알 수 있었다.

주지하는 대로 조선 성리학의 궁극적 기획은 인민 모두가 품부받은 명덕(明德)을 계발하고 기질을 교정하여 군자의 나라를 건설하는 데 있었다. 선초부터 『태산요록』과 같은 출산 지침서는 성리학 사회의 기획에 따라 군자를 기르기 위한 기질의 교정[태교]과 호생지덕(好生之德)의 실천 과정에 여성들의 적극적인 참여를 이끌었다. 기질의 교정은 임신 3개월부터 본격화되었는데, 이른바 '태교'이다. 산모의 건강과 태어날 아이의 장수를 위해 다양한 금기와 난산의 예방이 도모되었다. 임신 10개월의 전 과정을 포함하여 출산 이후의 산후 조리 기간 동안 산모의 신체는 주의 깊게 관리되었다. 산모의 심적인 안정은 물론이거니와 산모가 먹는 오미(五味)의 음식이 태아의 오장(五臟)을 형성한다는 전제 하에 음식의 종류가 선택되었다. 출산의 최대 고비인 난산(難産)에 대비하여 출산 직전까지 행보(行步)하도록 했으며 불수산(佛手散)을 비롯한 다양한 예비 약물이 준비되었다. 이것도 모자라 운기(運氣)에 따른 태살(胎殺)이나 길흉(吉凶)의 방향을 결정하여 산실의 자리를 배치하거나 산모의 몸가짐을 주의하도록 했다. 출산 과정은 단지 여성들의 생물학적 특성이 아닌 사회적 실천의 장이 되었다.

---

5) 서울 종로구 관훈동 194-35(관훈빌딩) 일대. 현재 죽동궁 표지석만 남아있다.
6) 김영조(2012), 106쪽 참조.

2. 행우서옥 소장본 『임산예지법』

① 『님산예지법』

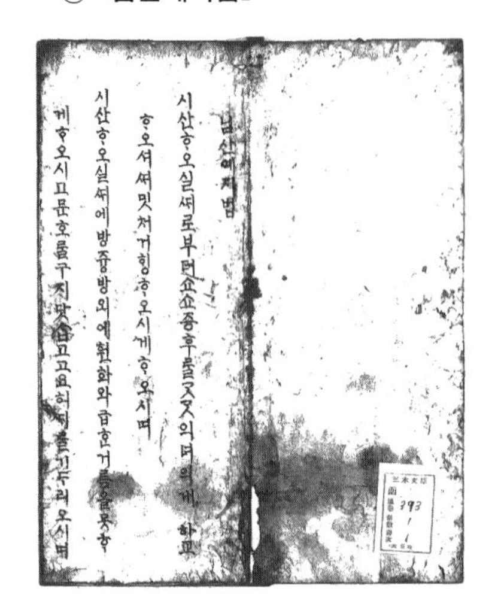
님산예지법
시산ᄒᆞ오실ᄯᅢ로부터쇼쇼증후를곳곳의녀의게 하교
ᄒᆞ오셔ᄯᅢ밋처거힝ᄒᆞ오시게ᄒᆞ오시며
시산ᄒᆞ오실ᄯᅢ에방즁방외에훤화와급ᄒᆞᆫ거름을못ᄒᆞ
게ᄒᆞ오시며문호를구지닷습고고요히ᄯᅢ를기ᄃᆞ리오시며

원문1 | 시산ᄒᆞ오시ᇙ ᄣᅢ로부터 쇼쇼 증후를 곳곳 의녀의게 하교 ᄒᆞ오셔셔 ᄣᅢ밋쳐 거힝ᄒᆞ옵게 ᄒᆞ오시며 시산ᄒᆞ오실ᄣᅢ에 산실 방즁방외에 훤뇨와 급ᄒᆞᆫ 거름을 못ᄒᆞ게 ᄒᆞ오시고 맛당이 문호를 구지 닷습고 고요히 ᄣᅢ를 기ᄃᆞ리오시며 산실 방즁에 병풍과 장을 다만 풍ᄒᆞᆫ을 피ᄒᆞ오시고 가이즁텹지아니케ᄒᆞ옵고 응울ᄒᆞ여 더운 긔운이 증핍케 마오시며 의ᄃᆡ온량을 반ᄃᆞ시 뎍즁이 ᄒᆞ오셔 너모 ᄃᆞᄉᆞᄒᆞ며 너모 셔늘ᄒᆞ게 마오시며

번역 | 출산에 임박하여 여러 가지 소소한 증세를 의녀에게 하교하여 때에 미쳐 거행하도록 하며 출산할 때 산실의 방안과 방밖의 시끄러운 소리와 급한 걸음걸이를 못하도록 금지하며 마땅히 문과 창문을 닫아 조용하게 때를 기다리도록 하셔야 한다. 산실의 방안에 병풍과 장(帳 : 장막)을 치되 다만 풍한(風寒)을 피하는 정도로 하되 여러 겹을 두어서는 안 된다. 공기가 응울(凝鬱 : 막히고 답답한 상태)해져 더운 기운이 증핍(烝逼 : 치받치다)하도록 말 것이며 의대(衣襨 : 옷가지)의 온량(溫涼 : 따뜻하고 서늘함)을 반드시 적중하도록 하여 너무 덥거나 너무 서늘하게 하지 말아야 할 것이며

원문2 | 시산ᄒᆞ오실 ᄣᅢ에 년고ᄒᆞ고 유식ᄒᆞ고 슌근ᄒᆞᆫ 부녀 삼ᄉᆞ인을

갈히여 좌우에 붓드러뫼시게ᄒᆞ옵고 녀쇼ᄒᆞ고 셩졍이 경조ᄒᆞᆫ 사ᄅᆞᆷ과 다못 힝경ᄒᆞᄂᆞᆫ 사ᄅᆞᆷ은 일졀츌입을 말게ᄒᆞ오시며

번역 | 출산에 임박하여 나이가 많고 유식하고 순근(純謹)한 부녀자 3~4인을 번갈아 좌우에 두고 모시도록 하고 나이 어리고 성질이 경박하고 급한 사람과 단지 행동이 경망한 사람은 일절 출입하지 못하도록 하시며

원문3 | 림산ᄒᆞ오실 ᄣᅢ에 셩셔를 당ᄒᆞ오시면 맛당이 깁고 고요ᄒᆞᆫ 집 ᄒᆡ빗 먼 곳에 거쳐ᄒᆞ오시고 창호도 여르시고 만이 ᄆᆞᆰ근 물을 담아 노으사 열긔를 막게 ᄒᆞ오시며

번역 | 출산에 임박하여 매우 더운 날[盛暑]을 만나면 당연히 깊고 조용한 집에 햇빛이 잘 들지 않는 곳에 거처하며 창문을 열어두며 맑은 물을 많이 담아놓도록 하여 열기(熱氣)를 막도록 할 것이며

원문4 | 복통이 비록 긴ᄒᆞ오시나 경동치 마오시며 힘주오시믈 일즉 마오셔 기ᄃᆞ리시고 ᄌᆞ연 힘주오시거든 가의ᄒᆞ여 힘을 쥬오시며

번역 | 복통이 비록 긴급하지만 경동(驚動)하지 마오시며 힘주는 것을 일찍 하지 말 것이며 기다리다가 자연스럽게 힘이 들어가면 가의(加意 : 더 주의하여)하여 힘을 주어야 하며

원문5 | 가의ᄒᆞ여 평안이 ᄆᆞ음을 너기럽게 ᄒᆞ오시고 공겁지마호시며

번역 | 더 주의하여 평안히 마음을 너그럽게 하시고 공겁(恐怯 : 두려워하다)하지 말 것이며

원문6 | 복통이 비록 긴ᄒᆞ오시나 사ᄅᆞᆷ을 붓드오시고 완완히 힝보ᄒᆞ오시고 만일 곤ᄒᆞ오실ᄣᅢ 겨오시거든 사ᄅᆞᆷ의게 의지ᄒᆞ여 셔시고 져기

쉬오신 후 즉시 붓들녀 힝보ᄒᆞ오시며

번역 | 복통이 비록 긴급하더라도 사람을 붓드시고 천천히 걷도록 하고 만일 피곤하실 때는 사람에 의지하여 서 계시고 상당히 쉰 후 즉시 붙들고 행보하실 것이며

원문7 | 가이 허리를 구푸리오시거나 안ᄌᆞ오시거나 눕ᄌᆞ오시거나 침슈ᄒᆞ시지 마오시며

번역 | 자주 허리를 구부리거나 안거나 눕거나 잠을 자지 말 것이며

원문8 | 복통이 안이 겨오실 ᄯᅢ에ᄂᆞᆫ 좌와를 임의로 ᄒᆞ오시고 ᄌᆞ로 곽탕의 빅슈라를 화ᄒᆞ여 ᄂᆞ오시며

번역 | 복통이 없을 때는 좌와(坐臥 : 앉고 눕는 일)을 임의로 하면서 자주 곽탕(藿湯 : 미역국)에 흰쌀밥을 말아 내오도록 하시며

원문9 | 만일 심즁이 궤민ᄒᆞ오시거든 빅청 ᄒᆞᆫ두술을 ᄃᆞ사한 물에 됴진ᄒᆞ오시며

번역 | 만일 가슴이 답답하거든 흰꿀 한 두 숟가락을 물에 타 내오시게[調進] 하시며

원문10 | 복통이 비록 긴ᄒᆞ오신ᄯᅢ나 곽탕에 빅슈라를 화ᄒᆞ여 ᄆᆞ이 덥게ᄒᆞ여 강면ᄒᆞ여 ᄌᆞ로 ᄂᆞ오셔 원긔를 돕ᄌᆞ오시게 ᄒᆞ오시며

번역 | 복통이 매우 긴박할 때는 미역국에 흰쌀밥을 말아 많이 따뜻하게 하여 억지로 자주 드시도록 하여 원기(元氣)를 돕도록 하시며

원문11 | 당월에ᄂᆞᆫ 구든 슈라와 ᄎᆞ진 병식과 ᄆᆞ른 병식과 ᄆᆞ른 포육과 ᄆᆞ른 어물과 유니ᄒᆞ온 것과 지짐ᄒᆞ온 쇼화키 어려운거ᄉᆞᆫ ᄂᆞ오시지

마오시며

번역 | 해산 당월에는 굳은 수라와 차진 병식(餠食 : 떡과 음식)과 마른 병식과 마른 포육과 마른 어물과 유니(油膩 : 기름진 음식)한 것과 지짐(기름에 지진 것) 등 소화하기 어려운 것은 드시지 마시며

원문12 | ᄒᆡ만 아니ᄒᆞ오신 젼은 비록 번갈ᄒᆞ오실지라도 물을 ᄂᆞ오시지 마오시고 가이 쳥미음으로 다음을 ᄃᆡ신ᄒᆞ여 ᄂᆞ오시게 ᄒᆞ오쇼셔

번역 | 해만(解娩)하기 전에는 비록 번갈(煩渴 : 목이 마르다)하실지라도 물을 먹지 마시고 자주 청미음(淸米飮)으로 물을 대신하여 드시게 하십시오.

② 히만후 근신제방(解娩 후 勤愼 諸方)

원문13 | ᄒᆡ만ᄒᆞ오신 후 즉시 평안이 눕ᄌᆞ오시고 뫼신 부녀로 ᄒᆞ여곰 셔셔히 요부와 각부 발피오시기를 무수이 ᄒᆞ오시며

번역 | 해만(解娩)하오신 후 즉시 평안히 누우시고 모시고 있는 부녀로 하여금 서서히 요부(腰部 : 허리부위)와 각부(脚部 : 다리부위) 밟기[마사지]를 무수히 하도록 할 것이며

원문14 | 하월에ᄂᆞᆫ 방즁이 너무 덥게 마오시며 ᄯᅩᄒᆞᆫ 사ᄅᆞᆷ이 만아 긔운이 훈증케 마오시며

번역 | 여름철에는 방 안을 너무 덥게 하지 말고 또한 사람들이 많아 기운이 훈증(熏蒸)케 하지 말고

원문15 | 음식을 과포치 마오시고 ᄯᅢ로 ᄀᆡᆼ반을 ᄂᆞ오셔 날로 졈졈 더 ᄂᆞ오시고 싱링과 단단ᄒᆞ온 것슬 일졀 금긔ᄒᆞ오시며

번역 | 음식을 지나치게 많이 드시지 마시고 때로 갱반(羹飯 : 국에

말은 밥)을 드시면서 날로 점점 더 드시며 생랭(生冷 : 날 것이나 찬 것)한 것이나 단단한 것을 일절 금지하시며

원문16 | 유즙이 쳐음 모인ᄣᅢ의 비록 긴이 알프오시나 ᄎᆞᆷᄌᆞ옵시고 손으로 셔셔이 쥬무르오셔 유즙을 유하ᄒᆞ오시게 ᄒᆞ와 응체 결ᄒᆡᆨᄒᆞ오실 환이 업게 ᄒᆞ오쇼셔

번역 | 유즙(乳汁)이 처음 모였을 때 비록 매우 아프지만 참으시고 손으로 서서히 주물러 유즙을 흘러내리도록 하여 멍울[凝滯 結核]이 질 걱정이 없도록 하십시오.

③ **히틔독법(解胎毒法)**

원문17 | 아기시 탄강ᄒᆞ오신후 쇼릐나오기를 기다리지 마오시고 뫼신 부녜 급히 보ᄃᆞᄅᆞ온 면쥬로 올흔손 데이지에 감아 황련감초탕에 좀가 구즁을 두로 ᄡᅵᆺᄌᆞ오시고 ᄯᅩ 손가락에 ᄭᅮᆯ쥬사를 뭇쳐 구즁에 두로 발나 숨키오시게 ᄒᆞ오시고 즉시 졋을 ᄂᆞ오시지 마오시고 ᄭᅮᆯ쥬사를 다숨키오시기를 기ᄃᆞ려 호도육을 콩만치 보ᄃᆞᄅᆞ온 깁에 ᄡᅡ와 구즁에 먹음으시게 ᄒᆞ오쇼셔

번역 | 아기씨 탄강하신 후 울기를 기다리지 말고 모시고 있는 부녀는 급히 보드라운 명주[綿紬]를 오른손 둘째손가락에 감은 후 황련감초탕(黃連甘草湯)에 담가 입 안을 두루 씻으시고 또 손가락에 꿀주사[蜜硃 : 꿀에 버무린 주사]를 묻혀 입 안에 두루 발라 삼키게 하시고 즉시 젖을 먹이지 마시고 꿀주사를 모두 삼키기를 기다린 후 호두살[胡桃肉]을 콩알만하게 부드러운 깁[비단]에 싸서 입 안에 머금고 있도록 하십시오.

④ **단제법(斷臍法)**

원문18 | 틱쥴을 빅곱브터 두치 남즉이 머무르오시고 실로 단단이

ᄆᆡ온 후에 ᄉᆞᆷ가 ᄭᅳᆫᄌᆞ오시고 일절 잡아 달로이게 마오시고 즉시 힛소음으로 덥ᄌᆞ와 ᄉᆞᆷ가 풍한을 피ᄒᆞ오쇼셔

번역 | 탯줄을 배꼽부터 두 치 정도 남겨두고 실로 단단히 매온 후에 조심해서 끊어내고 일절 잡아당기지 말고 즉시 햇솜으로 덮어 삼가 풍한(風寒)을 피하도록 하십시오.

⑤ 진유법(進乳法)

원문19 | 졋을 ᄂᆞ오실ᄯᅢ ᄆᆡ양 ᄧᅡ섀리온 후 ᄂᆞ오시고 밤ᄌᆞᆫ 졋을 ᄯᅩᄒᆞᆫ ᄆᆡ양 ᄧᅡ섀리온후 ᄂᆞ오시고 비록 ᄌᆞ로ᄂᆞᆫ ᄂᆞ오시나 ᄆᆡ양 부죡히 ᄂᆞ오시고 ᄒᆞᆫ번에 과히 ᄂᆞ오시게 마오시며

번역 | 젖을 먹이실 때 매번 짜버린 후에 먹이시고 밤에 자고나면 젖을 또한 매번 짜버린 후에 먹이시고 비록 자주 먹이시지만 매번 부족하게 먹이시고 한 번에 지나치게 먹이시지 말고

원문20 | 유모 잠자올 ᄯᅵᄂᆞᆫ 졋을 아스시며

번역 | 유모가 잠잘 때는 젖을 먹이지 않도록 하고

원문21 | 울으시ᄂᆞᆫ 소릐 긋치 아니ᄒᆞ오신 ᄯᅵᄂᆞᆫ 문득 졋을 ᄂᆞ오시지 마오쇼셔

번역 | 울음이 그치지 않은 경우에는 문득 젖을 먹이지 마십시오.

⑥ 셰욕법(洗浴法)

원문22 | ᄒᆡ만ᄒᆞ오신 후 데삼일에 셰욕ᄒᆞ오실 탕슈를 약원이 당일에 맛당이 젼입ᄒᆞ올 거시오니 다만 슈건에 략략히 뭇치와 ᄡᅵᆺ자오시되 오릐 마오시며 일후 셰욕ᄒᆞ오실졔 ᄆᆡ양 졔담즙을 죠곰식 넛ᄌᆞ오쇼셔

번역 | 분만하신 후 3일째에 목욕하는데 탕수(湯水)를 약원(藥院 : 내

의원)에서 당일에 마땅히 들여올 것이니 다만 수건에 간단하게 묻혀 씻는데 오래하지 말 것이며 이후 세욕하실 때 매번 저담즙(猪膽汁 : 돼지 쓸개의 즙)을 조금씩 넣으십시오.

⑦ 보호법(保護法)

원문23 | 믈읏 쇼ᄋᆡ 긔뷔 실치 못ᄒᆞ오니 의복과 덥즙기를 둣거이 마오셔 ᄯᆞᆷ이 나오시지 아니케 ᄒᆞ오시고 ᄇᆡᆨ일 후에 텬긔 화란ᄒᆞ고 ᄇᆞ람 업ᄉᆞ오 날에 ᄌᆞ로 힛빗츨 뵈오시며

번역 | 무릇 소아의 기부(肌膚 : 살갗)가 실하지 못하니 의복과 덮는 것을 두껍게 하지 말아 땀이 나지 않게 하고 백일 후에 천기(天氣)가 화란(和暖 : 온화하고 따뜻함)하고 바람 없는 날에 자주 햇볕을 쬐도록 하시며

원문24 | 일향 안기옵고 눕ᄌᆞ오시지 아니ᄒᆞ오시면 근골이 실치못ᄒᆞ기 쉽ᄉᆞ오니 ᄌᆞ로 눕ᄌᆞ오시게 ᄒᆞ오시며7)

번역 | 한결같이[一向] 안아주고 눕히지 않으면 근골(筋骨)이 튼튼하지 못하기 쉬우니 자주 누이도록 하시며

원문25 | ᄌᆞ로 울으셔야 ᄐᆡ독이 훗터지오니 울ᄉᆞ시ᄂᆞᆫ ᄯᅢ롤 ᄯᆞ와 졋을 ᄂᆞ오지 마오시게 ᄒᆞ오시며

번역 | 자주 울어야 태독(胎毒)이 흩어지는데, 울 때마다 젖을 먹이지 말 것이며

7) 한국학 중앙연구원 장서각 본은 이 부분까지만 남아 있다. 해당 부분이 오염되어 읽을 수 없는 글자도 있다('□□□옵고 눕ᄌᆞ오시지 아니ᄒᆞ오시면 근골이□□□□□□□오서 맛당이 ᄌᆞ로 눕ᄌᆞ오시게')

원문26 | 무론쥬야ᄒᆞ옵고 칩[8]슈ᄒᆞ오실 ᄣᅢ에 풀을 볘지 마오시게 ᄒᆞ오시고 콩으로 벼기를 ᄆᆡᆫᄃᆞ라 벼오시게 ᄒᆞ오시고 겸ᄒᆞ여 좌우에 눕ᄌᆞ오시고 의금 덥즙기도 두부와 면부를 드러ᄂᆞ오시게 ᄒᆞ오시며 일향 반ᄃᆞ시 눕ᄌᆞ오시지 마오시며 ᄣᅢᄣᅢ로 도로히 눕ᄌᆞ오시게 ᄒᆞ오시며

번역 | 주야(晝夜)를 막론하고 침수[寢睡]할 때에는 팔을 베도록 하지 말고 콩으로 베개를 만들어 베도록 하고, 함께 좌우에 누워 옷과 이부자리[衣衾]를 따뜻하게 하여도 머리와 얼굴은 드러나도록 하고 한결같이 반듯하게만 누이지 마시고 때때로 엎드려 눕게 하실 것이며

원문27 | 텬긔 칩ᄌᆞ올 ᄣᅢ에 의복을 반ᄃᆞ시 칠팔십셰 노인의 닙던 오스로 고쳐 의숨을 짓ᄌᆞ오면 진긔 서로 ᄌᆞ양ᄒᆞ여 반ᄃᆞ시 샹슈를 엇ᄌᆞ오시고 식소음 부치로써 너모ᄃᆞᄉᆞᄒᆞ오시게 마오시며

번역 | 날씨[天氣]가 추울 때 의복을 반드시 칠팔십세의 노인이 입던 옷을 고쳐 아이 옷을 만들면 진기(眞氣)가 서로 기르게 되어[滋養] 오래도록 장수할 수 있고 새솜 등을 사용하여 옷을 너무 따뜻하게 하지 말 것이며

원문28 | 두부는서눌케 ᄒᆞ오시며 가슴도 서눌케 ᄒᆞ오시며 ᄇᆡ부는 덥게 ᄒᆞ오시며 죡부도 덥게 ᄒᆞ오시며 비위도 샹샹 ᄃᆞᄉᆞ케 ᄒᆞ오시며

번역 | 머리[頭部]는 서늘하게 하고 가슴도 서늘하게 하고 등[背部]은 덥게 하고 다리[足部]도 따뜻하게 하고 배 부위[脾胃]도 항상 따뜻하게 하시며

8) 칩은 '寢'의 誤字로 보인다.

원문29 | 셰욕을 ᄌᆞ로 마오시며 ᄂᆞᆽ서온 ᄉᆞ람과 고이ᄒᆞᆫ 거죠를 보시게 마오쇼셔

번역 | 세수와 목욕[洗浴]을 자주하지 말고 낯선 사람과 괴이(怪異)한 행동을 보지 말도록 하십시오.

3. 최초 교육의 장, '자궁(子宮)'

『임산예지법』의 내용을 일별하면, 전반부의 출산 지침과 후반부의 산후 조리 및 소아 보호관련 정보로 이루어져 있음을 알 수 있다. 앞으로 자세하게 설명하겠지만 『임산예지법』에 소개되어 있는 산부인과 지식, 즉 산부의 주의사항과 소아 보호의 기술은 허준의 『동의보감』(1610)을 넘어 조선초기의 『태산요록』으로 소급된다.

『태산요록』은 1434년 노중례(盧重禮, ?~1452)에 의해 편찬된 출산 및 육아에 관한 지침서이다. 당시 판전의감사(判典醫監事) 노중례[9]가 편찬하고 밀양부사 임종선이 인쇄를 주관했다. 기왕의 연구들은 이 책을 산부인과학에 뛰어난 노중례가 『산서집록(産書集錄)』[10]을 완성한 후 복잡한 처방이나 전문적인 의학지식을 삭제하고 간단한 산전(産前)·산후(産後) 관리 지식을 '민간에 보급'하기 위해 만들었다고 설명했다.[11]

앞으로 차차 밝히겠지만 '민간의 보급'이라는 표현은 주의해야 한다. 『태산요록』을 일별해보면, 저자 노중례는 유모(乳母)를 둘 수 있는 형편이거나 출산에 대비하여 여러 종류의 예비 약물을 마련할 수

9) 노중례에 대해서는, 이민호 외(2008), 참조.
10) 현재 전하지 않는다.
11) 장경은(2012), 참조.

있는 상층 신분을 염두에 두고 이 책을 저술했음을 알 수 있다. 민간의 상천(常賤)을 대상으로 한 책이라기보다 왕실이나 사족 이상의 양반가에 보급되었을 가능성이 높다는 의미이다. 또한『태산요록』에는 구체적인 처방이 많지 않다. 처방은『산서집록』을 참조하라고 지시한 것을 보면 전문적인 의원을 대상으로 한 의서도 아니었음을 추측케 한다.『동의보감』이나『산서집록』과 달리『태산요록』은 사족이나 왕실의 산모(혹은 산파 등 출산을 돕는 사람들)를 위한 지침서의 성격이 강하다.

15세기 초반의『태산요록』은 계보 상 19세기에 저술된『임산예지법』의 시발로 여겨진다. 이는『태산요록』과『임산예지법』의 목차와 내용을 비교해보면 분명해진다. 다음은『태산요록』의 목차이다.

〈표 1〉『태산요록』의 구성

胎産要錄 서문 및 목록	
胎産要錄 권상 : 胎産門	胎産要錄 권하 : 嬰兒將護門
상-1 : 胎敎論	하-1 : 擧兒法
상-2 : 轉女爲男法	하-2 : 拭口法
상-3 : 養胎謹愼法	하-3 : 治不啼法
상-4 : 妊娠逐月十二經脈養胎將息愼護法	하-4 : 斷臍法
상-5 : 食忌論	하-5 : 初生洗兒法
상-6 : 胎殺避忌産前將護	하-6 : 與甘草汁法
상-7 : 十二月産圖	하-7 : 與朱蜜牛黃法
상-8 : 滑胎例	하-8 : 藏胞衣法
상-9 : 經驗良方云妊娠難産有五	하-9 : 擇乳母法
상-10 : 楊子建所著産論	하-10 : 乳兒法
상-11 : 推婦人行年法	하-11 : 乳母忌愼法
상-12 : 産寶諸方産婦衣色及首指幷起日法	하-12 : 三朝浴兒法
상-13 : 推日遊神	하-13 : 裏臍法
상-14 : 日曆法	하-14 : 衣兒幷護養法
상-15 : 體玄子借地法	하-15 : 刺泡法
상-16 : 禁草法 鋪草及氈褥訖卽呪曰	하-16 : 治重舌法
상-17 : 禁水法 欲産時貯水呪曰	하-17 : 治重齶重斷法
상-18 : 入月預備藥物	하-18 : 初生兒防撮口著噤及鵝口重齶法

상-19 : 將護孕婦	하-19 : 小兒始哺法
상-20 : 産後食忌	하-20 : 治兒穀道無穴法
상-21 : 産後避忌	하-21 : 通便法
	하-22 : 治不成肌肉法
	하-23 : 小兒變蒸
	하-24 : 小兒客忤并雜忌法
	하-25 : 小兒食忌
跋文	

목차에서 알 수 있듯이 『태산요록』의 상권은 태교와 출산 그리고 하권은 소아 보호에 관한 지식으로 구성되어 있다. 「서문」을 지은 정인지(鄭麟趾, 1395~1478)는 "상권은 임신과 태교의 방법을 상술하였고, 하권은 영아를 보살피는 방법을 수록하였다. 이치가 정묘하면서도 글은 간요(簡要)하므로 열람에 편리하여 쉽게 효과를 얻을 수 있다."[12] 고 밝혔다.

노중례는 『태평성혜방(太平聖惠方)』을 인용하여 '태교'를 가장 앞에 서술한 이유를 장황하게 설명하고 있다.

> 『태평성혜방』에 "비로소 태아를 임신하게 되어 점점 형질을 이루게 되면 태아는 뱃속에 있어 산모가 듣는 것을 따라 듣게 되는데 이것이 성현께서 태교를 전한 이유이다. 임신한 후부터 출산 전까지는 앉고 일어서는 행동거지가 단정하고 엄정하여야 하고, 성정을 온화하고 즐겁게 하며, 항상 조용한 방에 앉아 좋은 말을 많이 듣고, 사람을 시켜 시서(詩書)를 읽게 하고, 예의를 실천하고 음악을 즐기며, 구슬이나 옥돌을 가지고 놀고 악기를 연습하며 귀로는 나쁜 말을 듣지 않고 눈으로는 나쁜 일을

12) 『태산요록』, 「서문」, "…爲術其始蓋…聖人…後世由之旣久述之…施甚博固仁…恭惟我…別爲産…其治産之方 無不該寅 一監盡得 宣德甲寅春 又令判典醫監事臣盧重禮 編成胎産要錄 其上卷詳論胞胎敎養之法 下卷具載兒將護之術 其理精而妙 其書簡而要 便於考閱 可以易得其效 蓋將不待乎産書之用也 有以見殿下敎養元元 爲民父母之道 其盡矣 宣德九年甲寅秋七月日에 嘉善大夫吏曹左參判集賢殿提學同知春秋館事世子右副賓客 臣鄭麟趾 拜手稽首 謹序."

> 보지 않는다. 이처럼 하면 태어나는 자녀가 오래 살며 길이 복을 누리게 되고, 충효를 스스로 갖춘 사람이 된다. 그러나 만약 이런 과정을 소홀히 하면 자녀가 흉악하고 잔혹하거나 오래 살지 못하는 경우가 많다. 이것이 성인께서 태교하는 방법이니, 사람의 부모로써 행하지 않을 수 있겠는가?" 라고 하였다.[13]

태교는 부모로서 성현의 뜻을 미리 체현하려는 의지의 소산이었다. 이른바 군자가 되고자 하는 사람은 자식을 뱃속에서부터 잘 길러야 할 필요가 있다. 좋은 말과 음악과 책을 통해 산모의 정신적인 안정뿐 아니라 태어날 아이의 건강과 충효의 마음이 잘 보전될 수 있기 때문이다. 태아는 산모의 모든 행동거지와 생각을 배우기 때문에 산모의 마음가짐이 중요해진다.

노중례의 태교에 대한 강조는 계속되었다.

> 『내경』에 "하늘은 오기(五氣)로써 사람을 먹이고, 땅은 오미(五味)로써 사람을 먹인다."고 하니 바로 이것을 이르는 것이다. 만약 아이가 출생했을 때 형체와 기질이 완전하지 못한 경우는 다 어머니가 그 아이를 임신해서 음식을 가려먹을 때 그 기미(氣味)에 맞게 먹지 못했기 때문이다. 따라서 사시 · 근시가 있거나, 한쪽 또는 양쪽이 귀머거리거나, 손이 오그라들거나, 절름발이거나, 허리가 굽어 지거나 등이 굽은 증상이 있는 것은 간(肝)의 형체가 완전히 갖추어지지 못했기 때문이다. 말이 느리고 어눌하며, 벙어리 또는 귀머거리거나 정신이 흐리멍텅한 것은 심(心)의 형체가 갖추어지지 못한 것이다. 가슴과 등이 평평하지 않고 울퉁불퉁하며, 혀가 짧고 언청이가 된 것은 비(脾)의 형체가 갖추어지지 못한 것이다. 터럭이

---

13) 『태산요록』, 「胎教論」, "聖惠方云 始受胞胎 漸成形質 子在胎內 隨母聽聞 所以聖賢 傳乎胎教 凡妊娠之後 纔及月餘則須行坐端嚴 性情和樂 常處靜室 多聽美言 令人講讀詩書 陳設禮樂 翫弄珠玉 按習絲篁 耳不入其非言 目不觀於惡事 如此則男女福壽敦厚忠孝自全 若虧此儀則男女 或多狠戾及壽不長 斯乃聖人胎教之道 爲人父母可不行乎."

> 성글고 듬성듬성하며, 머리카락이 빠져 대머리가 되거나 흰머리로 변하기도 하고, 피부가 붉게 되는 것은 폐(肺)의 형체가 갖추어지지 못한 것이다. 모발이 그을린 것처럼 누렇고, 형체가 검고 작으며, 오연오경(五軟五硬)이 있거나, 몇 해가 지나도 걷지 못하는 것은 신(腎)의 형체가 갖추어지지 못한 것이다. 임산부가 음식을 가려먹는 것은 그 기미에 근거하여 오장을 생성하기 때문이니, 하나라도 갖추어지지 않으면 병이 번번이 생기게 된다. 비유하자면 질그릇을 구워 도자기를 만들 때 물과 불의 조절이 잘못되면 그릇이 찌그러지는 것과 같으니, 어찌 좋은 장인이라 말할 수 있겠는가?"라고 하였다.[14]

이상의 내용을 통해 볼 때, 태교는 좋은 기질의 아이를 낳기 위한 필수 조건이었다. 어머니는 태안의 아이를 위해 적절한 음식을 섭취함으로써 기형과 불구를 미연에 방지해야 한다. 아이가 건강하지 못하거나 장수하지 못하는 가장 큰 이유는 산모의 섭생이 잘못되었기 때문이다. 음식의 금기는 자연스럽게 강조되었다.[15]

태교는 10개월 임신 중 태아의 성장 과정에 대한 의학 지식에 기초한 것이었다. 『태산요록』에는 복중 태아의 10개월 성장과정을 월별로 구별하고 각각의 단계에 따른 산모의 주의사항을 설명했다. 태아의 성장과정에 따라 산모(여성)의 몸은 세밀하게 관리되었다.

먼저 임신 1개월에서 3개월 전[始胚→始膏]에는 실질적인 '태아'가

---

14) 위와 같음.

15) 임신 중의 食忌는 『동의보감』을 비롯하여 조선 후기의 『증보산림경제』 『임원경제지』 『태교신기』 등을 통해 널리 확산되었다. 가령 서유구는 『보양지』 권7, 「妊娠食忌」에서 닭고기와 찹쌀을 함께 먹으면 태아에 寸白蟲이 생긴다는 문구를 『증보산림경제』에서 인용한 후 자신의 의견[案]을 붙여 음식의 禁忌에 대해 상세하게 설명하고 있다. 예를 들어 산모가 계란을 많이 먹게 되면 여러 가지 기생충[諸蟲]이 생기거나 아이가 失音하게 된다. 羊肝을 먹게 되면 아이가 일찍 죽는다. 山羊의 고기를 먹게 되면 아이의 질병이 많아진다. 잉어와 계란을 함께 먹으면 아이에게 疳瘡이 생긴다. 개고기를 먹으면 아이가 목소리를 잃게 된다. 茨菰를 먹으면 낙태하게 된다는 것 등이다.

완성되기 전이다. 따라서 맵고 비린 음식을 피하고 성생활을 하지 못하도록 했다. 3개월에 비로소 태아의 형체가 완성[始胎]되기 시작한다. 이때 몸가짐이 가장 조심스러워야 한다. 4개월 이후 태아는 '수(水)→화(火)→금(金)→목(木)→토(土)'라는 오행 상극의 순서로 성장한다. 4개월째 수(水)의 정기(精氣)를 받아서 혈맥(血脈)이 생긴다. 5개월에 화(火)의 정기를 받아서 기(氣)가 생긴다. 6개월에 금(金)의 정기를 받아 근육[筋]이 생긴다. 7개월에 목(木)의 정기를 받아 뼈가 생긴다. 8개월에 토(土)의 정기를 받아 피부[膚革]가 생긴다. 9개월에 석(石)의 정기를 받아 피모(皮毛)가 생기고 오장육부(五臟六腑)와 모든 관절(關節)이 다 갖추어진다. 마지막으로 10개월에 정신기능[人神]이 갖추어지고 아이가 태어난다.

각 단계마다 주의할 일과 음식의 섭취가 달랐다. 가령 4개월에는 쌀밥과 생선 등을 먹음으로써 혈(血)을 왕성하게 해야 한다. 또한 5개월에는 거처를 깊은 곳으로 하고, 옷을 따뜻하게 입으며, 아침에 태양의 기운을 들이마셔 추위와 나쁜 기운을 물리치도록 한다. 쌀밥과 보리밥을 먹고, 소고기와 양고기로 국을 끓여 먹음으로써 오장의 기운을 북돋는다. 6개월에는 근육 발달을 위해 뱃속의 태아가 몸을 좀 움직이면 산모는 가만히 있지 말고 들에 나가 개와 말이 뛰어 노는 것을 자주 본다. 사나운 새와 맹수의 고기를 먹는 것이 좋으니, 이렇게 해야 살갗이 변화되고 근육을 굳세게 하여 손톱과 발톱을 기르고 척추를 탄탄하게 할 수 있기 때문이다. 7개월에는 뼈의 발육을 위해 산모는 몸을 움직여 가만히 있지 않도록 하며, 몸을 굽혔다 폈다 하면서 기혈이 잘 운행되도록 해준다. 8개월에는 피부[膚革]가 생기는 때이므로, 마음을 편하게 하고 조용히 쉬어 기운이 다하지 않도록 해야 하니, 이렇게 해야 주리(腠理)를 조밀하게 하고 얼굴빛을 윤택하게 할 수 있다. 9개월에는 단 음식을 먹으며, 옷을 따뜻하게 입고 띠를 헐렁하게 하여 몸을 편안하게 해야 하니 이렇게 해야 모발이 자라고 재주와 힘을 기를 수 있다. 마지막으로 임신 10개월은 오장육부와 관절과 사람의 정신기능[人神]이 모두 다 갖추어지니, 오직 나올 때만 기다렸다가 출생하게 된다.[16]

사실 타고난 기질의 중요성은 장수하거나 건강한 삶의 기초이기 때문만은 아니다. 주지하는 대로 성리학의 기획은 인간 모두가 품부받은 천명의 본성[理], 즉 선한 도덕성을 회복함으로써 군자의 나라를 만드는 데 있다. 그런데 인간이라면 또 누구나 기질[氣]의 제약에서 자유로울 수 없다. 탁한 기운을 받은 이보다 맑은 기운을 받은 이의 도덕 회복이 유리하다. 때문에 태 안의 양육에서 기질의 청탁(淸濁)이 결정된다면 특히 산모의 역할이 중요해진다.

성리학의 목표를 달성하려면 여성(산모)은 올바른 마음가짐과 적절한 식생활이 필요하다. 다시 말해 올바른 마음가짐과 적절한 섭생을 유지하는 산모야말로 성리학의 기획에 참여할 수 있는 자격을 부여받았다. 출산은 여성들의 '생물학적 지위'와 관련한 생래적인 조건이었지만, 태교는 여성들에게 중요한 '사회적 지위'를 부여했다. 물론 태교는 중국의 고대로부터 강조된 바였다. 하지만 성리학 정치를 강하게 밀고 나갔던 조선 전기에 여성의 사회적 역할과 관련하여 태교의 중요성은 다시 한번 강조되었다. 『태산요록』은 저간의 사정을 적절하게 담아내고 있다.

기질을 변화시키는 것은 오직 '교육'의 힘이다. 태어난 이후의 교육뿐 아니라 출생 전의 교육을 강조하는 것은 바로 교화를 통한 기질의 변화 때문이다. 교화와 관련하여 조선의 성리학자들의 기획 가운데 주목해야 할 점이 있다. 사림파의 향약 시행이다. 조광조 등으로 대표되

16) 이상의 내용은 『태산요록』, 「妊娠逐月十二經脈 養胎將息愼護法」 참조.

는 사림파는 향약을 통한 인민의 교화에 적극적이었다. 사림파는 근본적이고도 급진적으로 향약을 보급하려는 의지 때문에 시행착오는 물론 도리어 향약의 시행이 불가능하다는 반론에 부딪히기도 했다. 때문에 후일 율곡 이이는 상천(常賤)들은 항심을 위한 교육보다 먹고사는 항산의 문제가 우선이라고 강조하기도 했다.[17] 주자학자들은 누구나 성인군자가 될 수 있다고 강조하지만 사실상 모든 인민이 군자가 되기는 어렵다고 생각했다. 특히 상천들은 교화를 통한 기질의 극복에 앞서 경제적인 문제를 해결하는 일도 쉽지 않았다. 상천의 산모가 출생 전의 아이를 위한 '교화의 의지'를 갖기는 매우 어려웠다.

『태산요록』의 태교 강조는 적어도 상천이 그 대상이라기 보다는 사족 이상을 대상으로 한 것으로 보인다. 허준의 『언해태산집요』를 보면 조선 전기의 태교가 적어도 상천을 위한 교육 목표는 아니었다는 또 다른 증거를 찾을 수 있다. 『태산요록』 출간 후 백여 년 이상이 지난 1608년 허준은 임란을 거치면서 피폐해진 민생을 회복하는 방법으로 산과 의서를 편찬하고 또 이를 한글로 번역하여 보급했다. 허준은 당시 명(明)으로부터 수입한 『의학입문(醫學入門)』 등 새로운 의서를 토대로 출산과 소아 보호에 대한 여러 가지 처방과 정보를 상세하게 서술했다. 그러나 허준은 이 책에서 '태교'를 자세히 논하지 않았다. 단지 「금기(禁忌)」 항목에서 산모가 주의할 네 가지만을 기록했을 뿐이다.

허준은 『의학입문』을 인용하여, '자식을 밴 뒤에 남편과 부인이 한데 자는 일을 크게 삼가라.'고 하여 부부교합을 금지했다. 둘째, '말고기와 나귀 고기, 개고기와 토끼 고기, 양의 간과 새 고기, 자라 고기, 닭의 알과 오리 알, 비늘 없는 물고기, 게, 생강과 파와 마늘, 율무와 보리 기름, 비름과 도인, 건강과 후추 이런 것들을 먹이지

17) 김인걸(2007), 104쪽 참조.

말라.'고 하여 음식의 금기를 소개했다. 셋째, 『부인대전양방』을 인용하여, '자식을 밴 부인은 옷도 너무 덥게 말며 밥도 너무 배부르게 말라. 술도 많이 취하지 않도록 하며, 탕약을 함부로 먹지 말며, 침구를 함부로 말며, 무거운 것을 들며 높은 데를 오르며 험한 데를 건너지 말며, 오래 누워 자지 말며, 반드시 때때로 거닐며, 아이를 낳을 산월에 머리를 감지 말라'고 했다. 그리고 마지막에 태살(胎殺)을 주의하라고 요청했다. '자식 밴 후에 태살 있는 것을 가장 피하라. 이웃집에 바삐 놀러 다님도 또한 삼가라.'는 것이다.[18]

이상 허준의 논조는 태교를 강조했던 『태산요록』의 서술과는 사뭇 다르다. 그 이유를 생각해 보자. 주자학의 이상으로는 상천들까지 태교의 기획에 포함되어 있지만 현실적으로는 교화의 대상으로 포섭하기 어려웠던 점이 고려되었다.[19] 사족 이상의 양반층을 대상으로 한 『태산요록』과 달리 『언해태산집요』는 상천을 포함한 산모의 안전과 소아 질병의 문제 해결에 집중했다.[20] 조선시대의 태교론은 산모의 사회적 지위를 규정할 수 있는 근거였다.

4. 난산의 해결

『태산요록』이 단지 태교의 중요성을 강조하는데 국한된 것은 아니었다. 『태산요록』의 「발문」을 쓴 김효정(金孝貞)[21]은 당시 '난산(難産)'의

18) 『諺解胎産集要』 권상, 「禁忌」.

19) 최미현(2010), 260쪽 참조. 국어학적으로 두 책을 비교 연구한 결과에서도 두 책은 전연 성격을 달리하는 것으로 판단되었다.

20) 조선 후기에 태교는 점차 일반인을 대상으로 한 교화의 영역으로 확장되었다. 조선 후기 師朱堂 李氏(1739~1821)의 『胎教新記』는 '성리학 教化의 확산과 女士[여자 선비]의 탄생'이라는 관점에서 새롭게 재조명될 필요가 있다.

21) 김효정은 기묘사림의 일원이었던 김정의 아들이다.

해결이 시급한 과제였음을 강조하고 있다. "임신과 태교의 가르침과 영아를 보호하는 방법은 사람의 도(道) 가운데 가장 중요하여 반드시 알지 않을 수 없다. 하물며 임신과 난산은 부녀에게 더욱 급한 일이다."[22) 김효정은 '난산'으로 인한 산모와 영아의 죽음을 특별히 취급했다. 난산의 위험은 상천과 양반사족을 구별하지 않았다.[23) 난산은 산모와 함께 태아의 목숨까지 위태롭게 했기 때문에 출산에 임박하여 가장 주의할 사안이었다.

『태산요록』에는 위험한 '난산 다섯 가지'를 『경험양방(經驗良方)』에서 인용하여 자세히 설명하고 있다.[24)

> 첫째, 임신 6~7개월에 태아가 이미 성장했는데 금기를 지키지 않고 마음대로 성관계를 가지면 패정(敗精)과 어혈(瘀血)이 자궁에 뭉치게 되니 출산 시 반드시 난산이 된다.
>
> 둘째, 출산에 임박해서 너무 서두르고, 어른이나 아이나 시끄럽게 떠들고 다니며, 무당이 점치는 것을 망령되이 믿고, 귀신에 대해 말하고 다녀 임산부가 듣고 놀라 정신이 놀라고 두려워하며 근심걱정하게 된다. 또 할 일 없는 여자들이나 상갓집에 있던 사람 및 더럽고 불결한 사람들이 오고 가면서 부딪히는 것을 금기해야 하는데, 미리 막아 끊지 않으면 출산 시 반드시 난산하게 된다.
>
> 셋째, 출산 무렵에 반드시 농통[弄痛 : 가진통]이 생기는데 산파가 서투르게 다루어 자주 힘을 주게 하거나 태아가 돌 때 출산할 자리에 너무 일찍 앉히면 태아가 돌기 어렵게 되고 진통이 이어졌다 끊어졌다 하면서 양수가 너무 일찍 터지게 되는데, 만약 산문(産門)에 바람이 들어가면

---

22) 『태산요록』, 「跋文」, "胞胎之敎 嬰兒之護 最重於人道而不可不知也 況妊娠難産 尤有急於婦人乎."

23) 조선시대 사족들의 한글 편지에서 부인이나 친인척의 難産을 우려하는 모습을 자주 볼 수 있다(백두현(2011), 77~89쪽 참조).

24) 『태산요록』, 「經驗良方云妊娠難産有五」.

산도(産道)가 마르고 껄끄럽게 되니 반드시 난산이 된다.

넷째, 산모가 힘을 너무 쓰거나 구부린 채 허리를 편안하게 하지 못하여 산모가 피곤하여 잠이 들었거나 앉고 설 때에 몸이 기울어지면 태아가 뱃속에서 죽으니 반드시 난산에 이르게 된다.

다섯째, 태아가 만출되었는데도 포의(胞衣)가 배출되지 않으면 즉시 조취를 취해야 하니, 태반에 그득하게 차 있는 어혈(瘀血)을 제거해야 한다. 어혈이 잘 빠지지 않을 뿐만 아니라 혈기가 가슴으로 치밀어 올라 숨이 끊어질 것 같고 정신을 똑바로 차리지 못하면 반드시 사망에 이르게 된다.

다섯 가지는 치료가 동일하지 않다. 아이를 출산하는 집에는 반드시 위의 사항을 예방하도록 하고, 탕약을 준비하여 치료하도록 하면 황급히 실수하는 일을 면할 수 있을 것이다.

이상 몇 가지 난산에 대비한 주의사항을 읽어보면, 조선 후기의 『임산예지법』과 상당 부분이 일치한다. 먼저 **원문1** 출산할 때 산실의 방 안과 방 밖에 시끄러운 소리와 급한 걸음걸이를 못하도록 금지하며 마땅히 문과 창문을 닫아 조용하게 때를 기다리도록 한다. **원문2** 나이 어리고 성질이 경박하고 급한 사람과 단지 행동이 경망한 사람은 일절 출입하지 못하도록 한다. **원문4** 복통이 비록 긴급하지만 경동(驚動)하지 마오시며 힘주는 것을 일찍하지 말 것이며 기다리다가 자연스럽게 힘이 들어가면 가의(加意 : 더 주의하여)하여 힘을 준다. **원문5** 주의하여 평안히 마음을 너그럽게 하시고 공겁(恐怯)지 말고, **원문6** 복통이 비록 긴급하더라도 사람을 붙들고 천천히 걷도록 하고 만일 피곤하실 때는 사람에 의지하여 서 계시고 상당히 쉰 후 즉시 붙들고 행보하며, **원문7** 자주 허리를 구부리거나 안거나 눕거나 잠을 자지 말고 **원문8** 복통이 없을 때는 좌와(坐臥)를 임의로 하면서 자주 곽탕(藿湯 : 미역국)에 흰 수라를 말아 내오도록 할 것 등이 모두 '난산'에 대처하는 항목임을 알 수 있다. 『임산예지법』이 『태산요록』의 내용을 상당 부분 수용하고 있으며, 이는 선초부터 『태산요록』이 사족이나 왕실의 출산 지침으로 활용되었을 가능성을 암시한다.

한편 『태산요록』에는 「양자건산론(楊子建産論)」을 인용하여 정산(正産) 이외의 위험한 출산 상황을 상술하고 있다. 각각 상산(傷産), 최산(催産), 동산(凍産), 열산(熱産)이다. 특히 '산론은 만일 산파가 사리에 밝고 글자를 아는 사람이면 이를 상세하게 해독해야 한다. 산파와 더불어 듣고 알면 잠깐 사이에 산모와 태아가 잘못되는 일이 없고 하늘이 가만히 돕는 일이 있을 것이다.'라고 하여 산파는 물론 산모의 가족들 가운데 문자를 해독하는 이들은 반드시 익혀두어야 한다고 강조했다.

정산(正産)은 임신 10개월 만의 정상적인 출산이다. '정산은 임신 10개월에 음양의 기가 갖추어지고 맥은 이미 리경맥(離經脈)이 보이며 허리와 배에 진통이 생기고 태기가 갑자기 아래로 푹 꺼져 배꼽 상부가 다 빈 것 같은 것이니, 태아가 이미 아래로 내려온 것이다. 허리까지 땅기는 듯 아프다가 눈에서 번쩍 불이 나고 항문이 빠져 나오며 이어 양수가 터지면서 피가 나오다가 아이가 태어나게 되는데 이것이 정산이다.[25]

그러나 상산, 최산, 동산, 열산은 난산으로 이어질 가능성이 높은 위험한 상황이다. 먼저 상산(傷産)이다. '임신 7~8개월에 조산하거나 1년이 지난 후 출산하는 것으로 모두 정산이 아니다. 열 달이 차기 전에 제복부(臍腹部)가 아프고 마치 출산할 것 같은 증세를 시월(試月)이라 한다. 산달이 되어도 정산의 증후가 보이지 않으면 절대로 힘을 주거나 약물을 함부로 복용해서는 안 된다. 자리에 너무 일찍 앉아 지나치게 힘을 주면 태아가 제대로 나오는 길을 벗어나 횡산(橫産)이

25) 上同, "正産 妊娠十月 陰陽氣備 脈已離經 腰腹陣痛 胎氣頓陷 臍上皆空 胎已墜下 連腰引痛 眼中火生 穀道挺迸 繼而漿破血下 兒卽隨生 是也."

되거나 역산(逆産)이 되어 정산을 할 수 없다.'[26]

상산은 이른바 조산이나 횡산, 역산 등 매우 위험한 난산을 말한다. 상산을 예방하는 법은 첫째, 진통시 무조건 힘을 주거나 과도하게 힘을 주지 않는 것이다. 『임산예지법』의 **원문4~5**를 보면, 이러한 위험을 방지하기 위한 내용이다. 둘째, 출산 자리에 너무 일찍 눕거나 앉아 힘을 줄 경우, 횡산 혹은 역산의 문제가 발생할 수 있다. 태아가 충분히 돌면서 자리를 잡도록 해주어야 한다. 따라서 산모로 하여금 충분히 걸으면서 눕지 못하도록 함으로써 난산을 예방하고자 했다(**원문6** 참조).

최산(催産)은 '출산할 무렵 양수가 터지고 피가 나와 정산의 징후를 다 갖췄는데도 태아가 나오지 않는 것이다. 며칠이 지나고 산모의 병이 위험해지는데 부적이나 약을 써 봐도 아이가 역시 나오지 않을 수 있다. 때가 적절하지 않음이 두려울 뿐이니 이런 경우의 난산에는 궁귀탕(芎歸湯)을 사용하면 좋다. 만약 태아가 평온하면 황망히 서두르지 말고 다만 병증에 따라 약을 써야 할 것이니, 궁귀탕, 즉 불수산(佛手散)으로 치료한다.'[27] 조선 숙종대 숙빈 최씨의 출산일기를 분석해 보면, 출산이 임박하여 불수산을 수차례 복용한 사실을 확인할 수 있다. 조선 왕실에서 최산을 예방하기 위한 조처로 불수산을 산모에게 복용하도록 했음을 알 수 있다.[28]

마지막으로 계절의 요인과 관련한 너무 춥거나 더워서 발생할 수 있는 난산의 사례이다. 동산(凍産)과 열산(熱産)이 그것이다. 먼저 '동산

---

26) 上同, "傷産 妊娠七八月而早産 或至一年之上而後産者 皆非正産 未滿十月已前 臍腹疼痛 如欲産者 謂之試月 及其臨月 未有正産證候 切不可令人試水及妄服藥餌 坐草太早 用力過當 使兒錯路 或橫或逆 不得正生 是也."

27) 上同, "催産 妊娠臨蓐 漿破血下 正産之候悉具 兒却未生 或經數日 産母困篤 偏服符藥 兒亦不下 但恐時日未正 所以難生者 是當以芎歸湯驗之 如胎平穩 不須倉忙 但隨證用藥 治之芎歸湯 卽佛手散 方見産書."

28) 김호(2002), 745~769쪽.

은 늦겨울 초봄에 날씨가 매우 추운데 산모가 한기에 저촉되어 경혈(經血)이 응체되고 태아도 한사(寒邪)로 혈이 응체되어 난산이 되는 것이다. 폐해가 가장 심한데도 사람들은 이를 알지 못한다. 겨울에 산모는 하체의 솜옷을 벗으면 안 되고 차고 습한 바닥에 앉으면 안 된다. 산실의 방문을 꼭 닫고 안팎으로 불을 때서 늘 봄날처럼 온기가 돌게 한다. 그러나 너무 덥게 해서도 안 되는데 어지럽거나 답답하기 때문이다. 적당해야 좋다.'[29]

반대로 여름은 지나치게 더워 열사(熱邪)에 저촉될 수 있다. '열산은 성서(盛暑)에 날씨가 너무 더워 산모는 열사를 받아 경혈이 끓어 넘치고 태아도 열사로 혈이 뜨거워지니, 혈열(血熱)이 망행(妄行)하여 혈허(血虛)로 발열하고 얼굴이 붉어지며 마음이 불안하고 정신을 잃어 사람을 알아보지 못한다. 이러한 폐해 역시 심각하나 대부분의 사람들은 이를 생각조차 하지 않다가 급해진 다음에야 놀라서 어쩔 줄 몰라 한다. 여름이 되면 산모는 해가 들지 않는 깊숙한 방에 거처하는 것이 좋다. 창문을 많이 열어 놓아 풍사(風邪)에 상하는 일이 없도록 해야 한다. 다만 나이와 경험이 많은 한 두 사람이 방에 들어와 출산을 지켜본다. 산모의 얼굴 주위에 맑은 물을 떠 놓으면 자연히 혈훈(血暈)과 혈민(血悶)의 증상이 없어진다.'[30]

『임산예지법』의 해당 조문을 보면, "산실의 방안에 병풍과 장(帳 : 장막)을 치되 다만 풍한(風寒)을 피하는 정도여야지 여러 겹을 두어서는 안 된다. 공기가 응울(凝鬱)해져 더운 기운이 증핍(烝逼)하도록 말 것이

29) 『태산요록』, 「經驗良方云妊娠難産有五」, "凍産 冬末春初 天氣嚴寒 産母感寒 經血凝滯 胎寒血凝 所以難生者是也 此害最深 人不知覺 冬月 産母下部不可無綿及坐冷濕地 密糊産室 內外略燒 火令溫煖如春 又不可太熱 恐生暈悶 切須斟量 得所爲好."

30) 上同, "熱産 盛暑之月 天氣炎烈 産母感熱 經血沸溢 胎熱血熱 乃至妄行 血虛發熱 面赤心躁 神志昏亂 卒不知人者是也 此害亦深 人多不慮 遂至驚惶 夏月 産母宜居深幽房室 日色遠處 亦勿太啓窓戶 恐外風傷人 只用一二老成人看産 面前左右盆貯淸水 自然無血暈血悶之證."

며 옷의 온량(溫涼)을 반드시 적중하도록 하여서 너무 덥거나 너무 서늘하게 하지 말아야 할 것이며(**원문1**)", "출산에 임박하여 매우 더운 날[盛暑]인 경우 당연히 깊고 조용한 집에 햇빛이 잘 들지 않는 곳에 거처하며 창문을 열어두며 맑은 물을 많이 담아놓도록 하여 열기를 막도록 권하고 있다(**원문3**)." 『태산요록』의 동산과 열산의 폐해를 예방하기 위한 주요한 내용이 『임산예지법』의 주의 사항으로 인용되었음을 알 수 있다.

5. 벽사(辟邪)의 기술

『태산요록』에는 태살이나 부인행년(婦人行年)처럼 부적이나 주술에 의지하여 산모의 안녕을 기원하는 내용이 적지 않은데, 중국 송대 진자명(陳自明)의 『부인대전양방(婦人大全良方)』을 참고했다. 가령 「추부인행년법(推婦人行年法)」은 산모의 나이에 맞추어 거처하는 산실자리의 길방(吉方)을 결정하는 방법이다. 먼저 생기방(生氣方)은 생기를 불러들이는 방향이다. 생기방은 산모가 앉거나 눕는 방향으로 출산할 때 장막이 향하도록 해야 한다. 이쪽으로 문을 열어 두어야 길하기 때문이다.[31] 다음 화해방(禍害方)으로 흉한 방향이다. 이 방향으로 누워서 출산할 수 없으며, 또 대소변을 보아도 안 된다. 또한 팔장방(八莊方)은 산실의 장막이 향하지 않도록 해야 하며,[32] 폐두방(閉肚方)은 산달에 들어 출산 당일까지 이 방향으로 대소변을 보거나 더러운 물을 버리지 않아야 한다는 것 등이다.[33]

---

31) 『태산요록』, 「推婦人行年法」, "産婦宜向之坐臥及産帳向之 開門大吉."
32) 上同, "産帳 不得向之開門 忌之大吉."
33) 上同, "臨月至滿月 竝不得向之大小便及棄不淨之水 謹之吉 ○ 千金方云 勿向非常地大小便."

한편, 반지월(反支月)은 특별하다. 산달이 이 달에 해당한다면 재를 뿌린 위에 소가죽이나 말 혹 나귀 가죽을 덮고 짚을 깔아 나쁜 피가 땅을 더럽히지 않도록 해야 한다.[34] 또한 현시일(懸尸日)이 출산 당일이 되면 출산할 때 새끼줄을 잡는 대신에 말가죽으로 고삐를 매달아 이를 잡고 아이를 낳아야 길하다.[35]

조선 왕실의 출산 과정을 살펴보면, 산실을 설치하면서 길방을 향해 산모의 머리가 향하도록 했다. 이는 모두 『태산요록』의 길방에 대한 지침을 그대로 따른 것이었다. 또한 산실에 깔아놓은 자리를 보면 짚과 모직(毛織) 그리고 유둔[油芚 : 일종의 기름종이]을 깔아 오물이 땅에 스며들지 않도록 했다. 마지막에 백마 가죽을 덮어 자리를 준비했다. 『태산요록』에서 출산 당월이 반지월에 해당할 경우 난산 예방 차원에서 재를 뿌리고 말이나 소가죽을 이용하도록 했는데 비해, 조선의 왕실에서는 모든 산달에 이러한 지침을 따라 산실을 준비했다. 또한 출산 당일이 현시일인 경우 새끼 대신에 가죽 끈을 붙들고 아이를 낳도록 한 『태산요록』의 주의에 따라 조선왕실에서는 새끼줄 대신 항상 노루가죽을 잡고 출산하도록 했다.[36]

조선왕실의 산속(産俗)에 끼친 『태산요록』의 영향은 다음 차지법(借地法)에서도 잘 드러난다. 『태산요록』에는 『부인대전양방』을 인용하여 「체현자차지법(體玄子借地法)」을 소개하고 있다.

> 동쪽으로 10보 빌리고, 서쪽으로 10보 빌리며, 남쪽으로 10보 빌리고, 북쪽으로 10보 빌리며, 위로 10보 빌리고, 아래로 10보의 산실 안 40여 보를 출산을 위해 빌리니, 혹시 더러운 귀신이 있을까 두렵습니다. 헌원초

---

34) 上同, "遇此月 卽鋪灰上 用牛皮或馬驢皮 訖鋪草 勿令惡血污地吉."

35) 上同, "遇此日 産不得攀繩 宜懸馬轡攀之 大吉."

36) 김호, 앞의 논문, 745~769쪽 참조.

요(軒轅招搖)는 높이 10장까지 올라가시고 천부지축(天符地軸)은 지하로 10장까지 내려가셔서 이 자리를 비워주시고 방어해 주시어 산실 안의 산부 아무개 씨가 방해받거나 두려워하지 않도록 모든 신께서 호위해 주시어 사악한 것을 속히 물리치소서.(차지법은 산달 첫 날 붉은 글씨로 한 장을 써서 산실의 북쪽 벽에 붙여 놓으면 신살(神殺)을 피하지 않아도 된다.)[37]

차지법은 산실의 상하사방 공간을 빌리기 위해 신들의 보호를 주문하는 것이다. 조선왕실의 출산 일지를 확인해 보면, 붉은 주사로 차지법을 써서 북벽에 붙인 후 내의원 어의로 하여금 이를 읽어 벽사하도록 했다.[38]

『태산요록』의 저자 노중례는 벽사의 부적과 주술을 너무 무시하거나 혹은 반대로 너무 신뢰해서는 안 된다고 했다. '태교와 산도(産圖)에 관한 내용을 너무 오활하다고 해서는 안 된다. 이를 깊게 믿을 바는 아니지만 그렇다고 너무 무시할 수 없다. 지금 세속의 사람들이 이러한 부정한 것들을 장차 피하고 꺼리기를 대충하고 제대로 하지 않는다. 혹 약을 복용했으나 독에 상하지 않고 바람과 이슬을 맞으며 출산했는데 아무런 횡액이 없어 산모와 태아가 모두 무사한 경우가 있기는 하다. 그러나 대를 잇는 일에 좋지가 않다. 혹 교만함과 거드름이 지나치면 도리어 재앙을 만들기 때문이다.'[39]

노중례가 『태산요록』을 편찬할 당시 ① 출산을 위해 산모가 바른

37) 『태산요록』, 「體玄子借地法」, "東借十步 西借十步 南借十步 北借十步 上借十步 下借十步 壁方之中 四十餘步 安産借地 或有穢汚 或有軒轅招搖 擧高十丈 天符地軸 入地十丈 令此地空閑 産婦某氏安居 無所妨礙 無所畏忌 諸神擁護 百邪速去 急急如律令勅 (前項借地法 於入月一日 朱書一本 貼於産婦房內北壁上 更不須避忌神殺也."

38) 차지법과 부적 작성법은 『동의보감』에도 동일한 내용이 실려 있다.

39) 『태산요록』, 「體玄子借地法」, "又云 胎敎産圖之書 不可謂之迂而不加信 然亦不可狎泥之 方今俚俗之家 與不正之屬 將息避忌 略不如儀 或藥毒不侑 或産於風露 旣無産厄 子母均安 固有之 如不利嗣續 或驕倨太甚 却動必成咎."

말과 음악을 듣고 바른 몸가짐을 가져야 한다는 태교론, ② 태아의 기질을 보호하고 건강을 위해 산모가 주의해야 할 음식 금기, 그리고 ③ 태살이나 길방 등 주술적인 부적이 과연 산모와 앞으로 태어날 아이를 위한 주의 사항을 놓고, 전연 미심쩍어하거나 반대로 과신하는 등 이견들이 경쟁하고 있었음을 유추할 수 있다. 이에 대해 노중례는 산모와 태어날 아이를 위한 태교의 중요성을 강조하고, 건강한 기질을 위해 주의할 음식 금기, 그리고 마지막으로 태살과 같은 금기 등에 주의할 것을 요청했다. 노중례는 혹시 모를 난산의 위험으로부터 산모와 태아를 구하기 위해 심신의 안녕은 물론 길흉의 운세마저 소홀할 수 없었던 것이다.

이후 『태산요록』을 기초로 성립된 조선왕실의 출산 풍속은 '태교'와 '음식 금기' 그리고 '길흉의 주술'을 주요한 구성요소로 삼았다. 올바른 기질의 아이를 낳기 위해 산모의 개인적인 노력 뿐 아니라 운기(運氣)의 길흉과 같은 자연의 변화에도 주의한 것이다.

6. 산모의 보호

태교와 음식 금기 그리고 길흉의 운에 주의하는 일로는 충분하지 않았다. 출산시 발생할지 모르는 모든 위험에 대비하는 마지막 단계는 예비 약물의 준비였다. 『태산요록』「입월예비약물(入月預備藥物)」에는 출산 당월 준비해야 할 다양한 약물과 물종이 소개되어 있다. 노중례는 『태산요록』에서 약물의 이름만을 나열했을 뿐 상세한 처방내용은 『산서집록』을 참고하도록 했다.

『태산요록』의 독자들은 아래와 같은 약물을 구비할 수 있어야 했다. 먼저 준비할 약물과 약재는 다음과 같다. 보기산(保氣散), 불수산, 지각산(枳殼散), 신침원(神寢圓), 유백피산(楡白皮散), 보생원(保生圓), 최생단(催生丹), 흑신산(黑神散), 대성산(大聖散), 화예석산(花蕊石散), 흑룡단(黑龍丹), 이중원(理中圓), 최생부(催生符), 생지황(生地黃), 강활(羌活), 규자(葵子), 황련(黃連), 죽여(竹茹), 오매(烏梅), 자웅(雌雄), 석연(石燕), 감초(甘草), 해마(海馬), 마함철(馬銜鐵), 조자(棗子), 진피(陳皮), 흑두(黑豆), 백밀(白蜜), 무회주(無灰酒), 동자소변(童子小便), 호초(好醋), 백미(白米) 등이다.

그 다음은 출산 시 필요한 도구들이다. 전약로(煎藥爐), 요자(銚子), 자죽사병(煮粥沙瓶), 초탄분(醋炭盆), 소석(小石), 탕병(湯瓶), 세아비조(洗兒肥皂), 단제선급전도(斷臍線及剪刀), 간욕초(幹蓐草), 와교의(臥交椅), 연농전(軟濃氈), 등롱(燈籠), 화파(火把), 격건(繳巾), 유촉(油燭), 발촉(發燭), 등심(燈心)이다. 간단히 설명하면, 각각 약 달이는 화로, 냄비, 죽 끓이는 사기 그릇, 약 거르는 비단, 식초에 숯을 담글 단지, 작은 돌, 끓인 물을 담을 병, 아이 씻기는 비누, 탯줄을 자르기 위한 실과 가위, 마른 자리, 눕는 의자, 부드럽고 두터운 담요, 등롱, 횃불, 수건, 초, 발촉, 등심이다.

한편, 노중례는 『부인대전양방』을 인용하여 출산 당월 산모의 보호법을 자세하게 소개하고 있다. '임신한 후부터 산달까지 장부가 잘 막히고 관절이 원활하지 않기 때문에 절대 많이 자서는 안 된다. (낮에 자면 태아가 몸을 돌릴 수 없어 반드시 난산이 된다.) 때때로 자주 걸어야 하는데, 혹자는 하루에 삼천보를 걸으라 하고 산달에는 육천보를 걸어야 된다고 한다. 찰지고 딱딱하거나 소화가 잘 안 되는 음식은 먹지 않는다. 술을 많이 마시면 안 되는데, 산모의 주변 사람들도 술을 마시지 않도록 한다. 산달에 들면 연하고 부드러운 죽을 세 냥 정도씩 자주 먹고, 하루에 한 번은 아욱[葵]을 먹는다. 산달이 아니면 아욱을 먹지 않는다. 곧 출산할 것 같으면 주변에서 큰 소리로 떠들거나 크고 작은 일로 산모를 두렵게 하거나 놀라게 하지 않는다.

또한 일 없이 돌아다니는 밖에 사람이나 상갓집 사람, 더러운 것을 접촉한 사람들을 멀리 하도록 한다. 항상 향을 피워 정결하게 한다.'[40] 고 강조했다. 그 다음 이어지는 내용은 매우 상세한데 기본적인 의미는 동일하다.

> 출산할 때쯤 배는 비록 아프나 허리가 많이 아프지 않은 것은 아직 출산할 때가 되지 않은 것이다. ① 우선 부축하여 걷게 하면서 꾹 참게 하는데, 만약 그럴 힘이 없다면 물건에 기대게 하여 붙잡아 세웠다가 걸을 수 있으면 다시 걷게 한다. 만약 양수가 먼저 나오다가 허리와 배에 진통이 오고 눈에 불이 번쩍 나면 이것은 태아가 자궁에서 떨어져 나와 산문에 다다른 것이니 부축해서 아이 낳을 자리에 앉힌다. (요통이 느껴지면 두 손으로 해마를 잡거나 석연을 쥐게 하고 부축해서 아이 낳을 자리로 몇 걸음 걷게 한다.) 이때 절대 자리에 미리 앉혀서는 안 된다. 중요한 것은 산모가 힘을 보존하고 기르며 조절할 수 있도록 해주고, 산파가 이런 내용을 미리 설명해 주어 산모가 알게끔 하는 것이다. ② 만약 가슴이 답답하면 끓인 꿀 한 숟가락을 새로 길어온 물에 타 먹인다. 만약 허기가 느껴지면 진밥이나 죽을 먹이는데, 미리 준비해 두어 산모가 중간에 갈증이나 허기를 느끼지 않도록 한다. 이것은 출산할 때 산모가 힘이 없어 극심한 피곤함을 느끼지 않게 하기 위함이다. 만약 갈증이나 허기를 느끼지 않는다면 굳이 먹일 필요는 없다.
>
> 출산할 때 갑자기 복통이 생겼다가 그쳤다가를 반복하는 것을 '농통(弄痛)'이라고 한다. ③ 산모가 배꼽 주위가 아프다고 하여 태아가 돌기도 전에 산파가 산모에게 헛되이 힘을 주라고 지시하면 태아의 몸은 겨우 돌려고 하는데 산모가 힘을 힘껏 준 까닭에 태아의 머리가 바로 놓이지

40) 『태산요록』, 「將護孕婦」, "凡妊娠之後 以至臨月 臟腑壅塞 關節不利 切不可多睡(晝日睡則胎不轉 必難産) 須時時行步 一云日行三千步 臨月更倍於數 不宜食粘硬難化之物 亦不可多飲酒(聖惠云 切不得飮酒) 看産人 亦不得飮酒 入月後 宜數食軟滑粥三兩 日一食葵 未臨月又不得食葵也 欲産不得喧鬨 大小愴惶 驚動産婦 又忌閑雜外人 并喪孝穢觸之人 常燒香令潔淨."

> 못하고 정상적인 길에서 벗어나 제대로 낳지 못하게 된다. 이것은 다 주지 말아야 할 힘을 준 탓이다. … 출산할 때에는 절대 산모를 놀라게 하거나 근심하게 해서는 안 되며, 주위 사람들도 급하게 서두르지 않도록 해야 하고, 태아가 아직 산도로 내려오기 전에 먼저 기력을 도울 수 있는 약이나 음식을 먹도록 한다. 출산에 임박하면 주위 사람들이 알아채지 못하도록 한다. … 놀라거나 생각을 많이 함으로써 혈(血)을 동(動)하게 해서는 안 된다. 죽을 자주 먹도록 하여 너무 허기지거나 배부르지 않게 한다. 서고 걸을 수 있도록 잘 부축하여 근력이 피로감을 느끼지 않도록 한다.[41]

이상 『태산요록』의 내용을 「임산주의법」과 비교하면 다음과 같다. 먼저 ① 계속 걷도록 하여 태아의 회전을 유도하고 난산을 예방하는 방법은 "복통이 비록 긴급하더라도 사람을 붙드시고 천천히 걷도록 하고 만일 피곤하실 때는 사람에 의지하여 서 계시고 상당히 쉰 후 즉시 붙들고 행보하는 내용(**원문6**)"에 해당한다. ②는 "복통이 없을 때는 좌와(坐臥)을 임의로 하면서 자주 곽탕(藿湯)에 흰 수라를 말아 드시도록 한다(**원문8**)", "만일 가슴이 답답하거든 흰꿀 한 두 숟가락을 물에 타서 드신다(**원문9**)", "복통이 매우 긴박할 때는 미역국에 흰쌀밥을 말아 많이 따뜻하게 하여 자주 드시어 원기(元氣)를 돕도록 할

41) 上同, "欲産 腹雖痛而腰不甚痛者 未産也 且令扶行熟忍 如行不得 凭物扶立行得又行 或衣漿先下然後 作陣腰腹痛 眼中如火生 此是胎離腎經 兒逼産門也 扶上蓐草(覺腰痛時 帶海馬兩手把石鷰 扶行數步坐草) 切不可坐草早 務要産婦用力 存養調停 亦令産婆先說諭之 如覺心中煩悶 可取熟白蜜一匙 用新汲水調下 或覺飢則喫軟飯或粥少許 亦須預備 勿令飢渴 恐産婦無力困乏也 若不飢渴 亦不須强食也 凡臨産 忽然腹痛 或作或止 名曰弄痛 産婦臍腹疼痛 兒身未順收生之人 却教産母 虛亂用力 兒身纔方轉動 却被産母用力一逼 遂使兒子錯路 不能正生 皆緣産母 未當用力之所致也 産婦腰腹作陣疼痛 相次胎氣頓陷(經驗云 臍上皆空 眼中生火)至於臍腹疼痛極甚 乃至腰間重痛 穀道挺迸 繼之漿破血下 兒子遂生 臨産 須避大歲所在 不得面對大歲 蹲坐時須要四體平正 不得傴曲 心氣下通胞絡 妊婦臨産 心氣和平則胞絡滑利 若恐怖驚憂則心氣不能下通胞絡 凡臨産 切忌驚憂 傍人揮霍及胎未逼迫 先用氣力之類 臨在産時 務要使人不覺 勿久坐以傷胞 勿驚思以動血 粥食頻進 使飢飽適中 扶護行立 使筋力不疲."

것(**원문10**)"과 일맥상통한다.

③은 "복통이 비록 긴급하지만 경동(驚動)하지 마오시며 힘주는 것을 일찍 말 것이며 기다리다가 자연스럽게 힘이 들어가면 주의하여 힘을 준다(**원문4**)", "주의하여 평안히 마음을 너그럽게 하시고 두려워하지 말 것(**원문5**)"과 같다.

다만 『태산요록』에는 아욱을 먹도록 한 데 비해 조선에서는 미역국을 주로 먹었다. 미끌한 식감과 이뇨작용이 탁월한 아욱(씨앗)으로 출산 당월 태아의 빠른 분만을 돕도록 했는데,[42] 조선의 풍속에는 아욱 대신 미역을 주로 사용했다.[43]

한편, 『태산요록』에는 「산후식기(産後食忌)」라 하여 산후 조리에 관한 주의 사항이 자세하다.

> ① 산후에 부지런히 젖을 짜내어 젖이 옹체되지 않도록 한다. 산후 7일이 지나면 음식 맛이 없을까 염려되는데, ② 양고기나 암탉을 푹 고아 삶은 국물에 양념을 가미하여 죽을 만들어 먹고 많이 먹지 않는다. 음식을 많이 먹으면 적체(積滯)가 생길수 있다. 붕어죽이나 무른 밥, 흰 양고기, 붕어, 누런 암탉, 파, 부추로 국을 끓여 먹는데, 모두 과식해서는 안 된다. … ③ 날 음식, 찬 음식, 찰진 음식, 딱딱한 음식, 과일과 채소, 기름진 생선과 육류도 피하는 것이 좋다. … ④ 출산하고 나면 잠시 뒤에는 흰 죽 한 가지를 먹도록 하는데 너무 배부르지 않게 조금씩 자주 주는 것이 좋다. 날이 경과하면 점점 양을 늘리고, 또한 음식이 너무 차거나 뜨겁지 않게 한다.[44]

42) 아욱[葵]의 名物 고증과 효능은, 서한용(2011), 84~90쪽참조.

43) 조선에서 産後 음식으로 미역국을 먹는 풍속에 대해서는 19세기 초 조선의 학자 李圭景의 고증이 자세하다(김호(2014), 92쪽 참조).

44) 『태산요록』, 「産後食忌」, "産後 勤去乳汁 不致壅滯 一臘之後 恐喫物無味 可爛煮羊肉或鴟鷄汁 略用滋味 作粥飮之 不可過多 凡喫物過多 恐成積滯(可食鯽魚粥 軟飯 白羊肉 鯽魚 黃鴟鷄 葱薤 作羹 皆不可過也) … 分娩之後須臾 且食白粥一味 不可令大飽 頻少與之爲妙 逐日漸增之 又不可溫冷不調."

이상의 주의 사항을 『임산예지법』과 비교해 보면, 먼저 ①은 "유즙(乳汁)이 처음 모였을 때 비록 매우 아프지만 참으시고 손으로 서서히 주물러서 유즙을 흘러내리도록 하여 멍울이 지지 않도록 할 것(**원문16**)"과 같다.

다음 산후 음식으로 양이나 닭 혹은 붕어 등을 고아 국과 죽으로 먹도록 한 『태산요록』의 내용과 달리 조선 왕실의 산후 음식으로 미역국에 흰 밥을 말아 먹도록 했다.[45] 중국 의서를 인용한 『태산요록』에 따라 출산 지침을 유지하면서도 음식과 관련한 조선의 풍속을 그대로 인정한 것이다.

한편 ③과 ④는 "출산 당월에는 굳은 수라와 차진 병식과 마른 병식과 마른 포육과 마른 어물과 유니한 것과 지짐 등 소화하기 어려운 것은 먹지 말 것(**원문11**)", 그리고 "음식을 지나치게 많이 드시지 마시고 때로 갱반을 드시면서 날로 점점 더 드시고 생냉한 것과 단단한 것을 일절 금지할 것(**원문15**)"과 같다.

다만 『임산예지법』의 '히만후 근신졔방'에는 "해만하오신 후 즉시 평안히 눕고 모시고 있는 부녀로 하여금 서서히 허리와 다리의 마사지를 무수히 하도록 할 것(**원문13**)"이라는 내용이 소개되어 있다. 조선왕실의 산후 조리 관련 기술로 보이는데, 중국 의서나 이전의 한국의 의서들 속에서 인용처를 발견하지 못했다. 아마 조선의 풍속을 삽입한 것으로 여겨진다.

45) 김호(2002), 참조.

7. 소아 보호

노중례는 중국 송대 『부인대전양방(婦人大全良方)』과 원대 증세영(曾世榮)의 『활유구의(活幼口議)』 같은 소아 의서를 참조하여 소아 보호에 관한 기술을 자세하게 설명했다. 『임산예지법』의 소아 보호 지식을 살펴보면, 『태산요록』의 해당 지식을 상당 부분 수용하고 있음을 확인할 수 있다.

먼저 초생아(初生兒)의 입안을 닦는 방법[拭口法]이다. 『태산요록』에는 '『부인대전양방』에 이르기를, 아이가 태어나면 산파는 신속하게 손가락을 무명천으로 감아 아이 입 안의 오물을 모두 닦아주는데 지체해서는 안 된다. 만약 삼켜 뱃속으로 들어가면, 반드시 여러 질병이 발생한다.'[46]고 했다. 이어 「여감초즙법(與甘草汁法)」에는 『천금방(千金方)』과 『부인대전양방』을 인용하여, 감초탕 혹은 감초황련탕으로 입안의 오물을 제거하는 방법을 소개했다. '아이를 씻기고 탯줄을 자른 뒤에 포대기로 싸고 나면, 주사 섞은 꿀을 먹이기 전에 감초탕을 먹인다. 감초를 손가락 중지의 한 마디 정도 크기로 잘라 물 2홉을 넣고 끓여 1홉으로 만든다. 무명솜으로 감초탕을 적시어 아이한테 빨도록 한다. 빨아 먹은 양이 조개껍질 하나 정도면 그친다. 아이는 상쾌하게 토하는데, 토하면 심흉(心胸)에 있던 오물이 나온다. 토하고 나면 남은 약물은 다시 주지 않는다. 만약 토하지 못하면 조금 쉬었다가 배고프고 목마를 때를 기다려 다시 준다. 만약 전에 복용한 것을 다시 주어도 토하지 못하면 다만 조금씩 주고 전에 달인 1홉을 다 쓰면 그친다. 만약 토해내어 오물을 뱉어버리면 아이의 심신(心神)이 지혜로워지고 무병(無病)한다. 1홉을 모두 마시고도 토하지 못하는 경우 아이가 오물

46) 『태산요록』, 「拭口法」, "大全云 新生兒 坐婆急以綿纏手指 繳去兒口中惡物令盡(千金 拭兒口中及舌上靑泥惡血) 不可遲 若嚥入腹中(千金 啼聲一發卽入腹) 必生諸疾."

을 머금고 있지 않으니, 감초탕을 다시 주지 말고 주사 섞은 꿀을 주어 심신을 진정시키고 혼백을 편안하게 한다."고 했다. 또한 '요즘 사람들은 단지 황련과 감초를 진하게 달인 물에 솜을 적셔 갓난아이 입에 넣어준다. 이렇게 하면 3일 후에 입안의 오물이 대변으로 나가는데 이것을 제시(臍屎)라고 한다. 이러한 방법은 토법(吐法)을 사용하고 싶지 않을 때 쓴다.'고 설명했다.[47]

감초탕과 황련감초탕은 모두 태아 입안의 오물을 제거하기 위한 방법이었다. 입안의 오물을 제거한 후 주사를 섞은 꿀과 우황을 먹이도록 했는데, 이를 '여주밀우황법(與朱蜜牛黃法)'이라 했다. 주밀은 심신을 안정시키는 효과를, 우황은 간담(肝膽)을 보하고 열을 제거하며 정신을 안정시키고, 경풍(驚風)을 그치게 하며 나쁜 기운을 물리치는 효과가 있다고 설명했다.

> 『천금방』에 수비(水飛)한 제련된 주사를 콩알만큼씩 적밀[赤蜜 : 붉은 빛깔의 꿀] 조개껍질 하나 분량에 개어서 솜으로 싼 젓가락에 찍어 아이에게 빨아 먹도록 한다. 세 번 먹이는데 하루에 콩알 하나 정도 준다. … 이보다 많으면 아이를 상하게 한다. 주밀(朱蜜)을 먹인 후 같은 분량의 우황을 먹인다. 우황은 간담을 보익하고 열을 제거하며 정신을 안정시키고 경풍을 그치게 하며 나쁜 기운을 물리쳐 소아의 모든 병을 없앤다.[48]

이상의 내용은 『임산예지법』의 "아기씨 탄강하신 후 소리내기를

---

47) 上同, "千金云 洗浴斷臍竟 繃抱畢 未可與朱蜜 宜與甘草湯 甘草如手中指一節許(大全用生王嶽炮用)打碎 以水二合 煮取一合 以綿纏(大全 纏作篆 沾取 與兒吮)之 連吮汁計 得一蜆殼入腹止 兒當快吐 吐去心胸中惡汁也 如得吐 餘藥更不須與 若不得吐 可消息 計如飢渴 須更與之 若前所服 及更與 竝不得吐者 但稍稍與之 令盡此一合 止 如得吐 去惡汁 令兒心神慧 無病也 飮一合盡 都不吐者 是兒不含惡血耳 勿復與甘草湯 乃可與朱蜜 以鎭心神 安魂魄 ○大全注云 今人 止以濃煎黃連弁甘草汁 以綿篆子 蘸令兒咂 三日以來 以退惡物 大便下 謂之臍屎 此乃忌吐故也 ○直指方云 黃連差苦傷胃 不苦但用 甘草炙煎 綿蘸入口良久 迭用 惡物自出."

48) 『태산요록』, 「與朱蜜牛黃法」.

기다리지 말고 모시고 있는 부녀는 급히 보드라운 명주를 오른손 둘째손가락에 감은 후 황련감초탕에 잠가 입 안을 두루 씻으시고 또 손가락에 꿀주사를 묻혀 입 안에 두루 발라 삼키게 하시고 즉시 젖을 먹이지 마시고 꿀주사를 모두 삼키기를 기다리는데 호두를 콩알만하게 부드러운 비단에 싸서 입 안에 머금고 있도록 한다(**원문17**)"는 내용과 대동소이하다. 조선 왕실에서는 감초탕으로 입안을 닦고 주밀을 먹이도록 했으며, 우황을 복용하지 않은 차이가 있을 뿐이다.

다음 탯줄을 잘라 묶는 단제법이다. 『태산요록』의 저자 노중례는 역시 『부인대전양방』을 인용했다. "먼저 아이의 탯줄을 끊어 주는데 2촌정도 남기고 자른다. … 『비급대전(備急大全)』의 노래에는, '아이가 태어나면 합당한 조취를 해주어야 하니, 홑옷으로 탯줄을 싸고 이빨로 물어 끊어야하네. 짧으면 장부(臟腑)를 상하게 할 수 있고, 길면 기부(肌膚)를 상하게 할 수 있다네. 한 쪽으로 물이 들어가지 않게 하는 것이 중요하니, 풍사(風邪)에 상하지 않을까 염려될 뿐이네. 또 새 솜으로 묶고 고정시켜서, 어린아이가 위태로운 재앙을 받아 죽는 것을 면해보세'라고 했다."[49] 이상의 구절을 인용하여 노중례는 단제의 중요성을 강조했다.

『임산예지법』의 「단졔법」에는 "탯줄을 배꼽부터 두 치 정도 남겨두고 실로 단단히 매온 후에 조심해서 끊어내고 일절 잡아당기지 말고 즉시 햇솜으로 덮어 삼가 풍한(風寒)을 피하도록 한다(**원문18**)"고 했다.

다음 목욕법이다. 노중례는 중국과 다른 조선의 풍속을 존중했다. 그는 「초생세아법(初生洗兒法)」에서 목욕법을 설명하면서, 중국의 『천금방』에는 먼저 씻긴 후 탯줄을 끊도록 했지만, 조선의 풍속은 탯줄을

49) 『태산요록』, 「斷臍法」, "大全云 先斷兒臍帶 可只留二寸許 … ○備急大全 作歌曰小兒生下合應爲 須隔單衣咬斷臍 短則又緣傷臟腑 長因應是積膚肌 無令水入偏爲妙 莫使風傷恐致疑 且用新綿纏縛定 免教孩子受災危."

먼저 자른 후에 목욕을 시킨다고 언급한 후, "(그 방법은) 물로 씻기지 않고 다만 부드러운 비단을 물에 적셔 닦아서 말린다. 3일을 기다렸다가 정해진 법에 따라 목욕시킨다."고 설명했다.[50] 정해진 방법이란 『태산요록』의 「삼조욕아법(三朝浴兒法)」이었다.

> 생후 3일 후 목욕법 : 『부인대전양방』에 삼일 째 되는 날 호랑이 머리뼈와 복숭아 나뭇가지와 저담(猪膽)과 금과 은을 넣고 끓인 물로 아이를 씻어주면 아이가 놀라는 것이 적어진다.(평소에 목욕시킬 때에 저담을 뜨거운 물에 타서 쓰면 헌데나 옴이 생기지 않는다.)고 했다. ○『천금방』에 … 아이는 겨울에 오래 목욕시키면 안 되는데, 오래 목욕시키면 한사(寒邪)에 상한다. 여름에 오래 목욕시키면 안 되는데, 오래 목욕시키면 열사에 상한다. 너무 자주 목욕시켜 등골이 서늘하게 되면 간질이 발작하게 된다. 만약 목욕시키지 않으면 아이의 털이 빠지게 된다. 맨 처음 아이를 목욕시킬 때에는 저담 한 개를 즙을 내어 뜨거운 물에 넣고 아이를 목욕시키면 죽을 때까지 헌데와 옴을 앓지 않는다. 다른 물을 섞어서 목욕시키지 말고 생후 3일이 되면 도근탕(桃根湯)으로 목욕시킨다. 도근(桃根), 이근(李根), 매근(梅根) 각 두 냥을 잘게 썰어 물 3말에 넣고 20여 번 끓어오르게 달여 찌꺼기를 버리고 아이를 목욕시키면 좋다. 그러면 상서롭지 못한 것이 사라지고, 아이가 죽을 때까지 헌데나 옴을 앓지 않게 된다고 했다.

이상의 태아 목욕법은 『임산예지법』의 「세욕법(洗浴法)」에 잘 요약되어 있다. "분만하신 후에 제3일에 목욕할 때에 탕수(湯水)를 내의원에서 당일에 마땅히 들여올 것이오니 다만 수건에 간단하게 묻혀 씻는데 오래하지 말 것이며 이후 세욕하실 때도 매번 저담즙(猪膽汁)을 조금씩 넣는다(**원문22**)." 숙종대 숙빈 최씨의 출산 일지를 보면, 내의원에서는

---

50) 『태산요록』, 「初生洗兒法」, "今本朝人 先斷臍帶而後 不以水洗 但以軟帛拭乾 待三朝 依法洗浴."

호두골(虎頭骨), 도근(桃根), 이근(李根), 매근(梅根) 그리고 저담즙을 넣어 탕수를 준비했다.[51]

한편 유모를 선택하고 젖먹이는 방법이다. 노중례는 『부인대전양방』을 인용하여 「택유모법(擇乳母法)」 「유아법(乳兒法)」을 설명했다.

택유모법 | 『부인대전양방』에, 유모를 선택할 때에는 반드시 정신이 똑똑하고 건강하며 성질이 온화하고 명랑하며 살집이 충실하고 아무런 병이 없으며 차고 더운 것을 조절할 줄 알아 젖을 잘 조절하여 먹일 줄 알아야 하며 젖이 진하고 희면 좋다. 유모는 너무 시거나 짠 음식을 먹지 않도록 한다. … ○ 『격치여론(格致餘論)』에, 유모의 체질이 건강한지 약한지, 성질이 부드러운지 급한지, 체격이 귀한지 천한지, 덕행이 선한지 악한지 등은 아이가 급속하게 닮아가므로 더욱 잘 살펴보아야 한다."고 하였다. ○ 『비급대전(備急大全)』의 가결(歌訣)에, 얼굴이 추악하면 그 젖은 좋지 않네. 암내와 거친 숨결 유모로 쓰지 마라. 그 젖을 오래먹고 버릇 점차 물들면, 유모의 성질이 아이에게 나타난다.[52]

유아법 | 『부인대전양방』에, 때맞춰 수유해야 하는데 양을 잘 조절하여 너무 배부르지 않게 먹여야 한다. 많이 먹이면 아이는 젖을 토하게 되는데, 오래되면 젖을 계속 토하게 되어 젖을 제대로 먹이지 못하기 때문이다. 밤에 아이가 팔을 베고 자지 않도록 하는데, 콩 한 두 자루로 베개를 만들어 아이가 베고 자도록 한다. 아이는 유모의 왼쪽이나 오른쪽 가까이 곁에서 재운다. … ○ 『천금방』에, 아이들이 매번 젖을 게우는 것은 너무 배부르게 젖을 먹였기 때문이다. … 또한 항상 묵은 젖은 짜주어야 한다. 만약 누워서 젖을 먹이려면 어머니가 팔을 베어서 젖과 아이의 머리가 평평하게 되도록 높이를 맞추고 젖을 먹여야 아이가 목이 메지 않는다. 어머니가 자고 싶으면 젖을 빼고 자야하는데, 그렇지 않으면 아이의

51) 김호(2002), 760쪽 참조.

52) 『태산요록』, 「擇乳母法」.

입과 코가 막힐 수도 있고 아이가 너무 많이 먹는지 덜 먹는지 알 수가 없기 때문이다. ○『태평성혜방』에 젖이나 밥을 잘 조절하여 먹이지 못하면 담벽(痰癖)이 생길 수 있다. 따라서 항상 젖이나 밥을 잘 조절하여 먹여야 한다. 만약 조금이라도 먹지 못하면 빨리 대책을 세워야 한다. 대체로 젖이나 밥을 먹지 못하면 설사시키는 것이 좋다. 이렇게 하면 추웠다 더웠다 하는 질병에까지는 이르지 않는다.[53]

이상의 내용은『임산예지법』「진유법(進乳法)」의 내용과 일맥상통한다. "젖을 먹이실 때 매번 짜버린 후에 먹이시고 밤에 자고나면 젖을 또한 매번 짜버린 후에 먹이시고 비록 자주 먹이시지만 매번 부족하게 먹이시고 한 번에 지나치게 먹이시지 말 것(**원문19**)", "유모가 잠잘 때는 젖을 빼도록 하고(**원문20**)", "우는 소리가 그치지 않은 경우 젖을 먹이지 말 것(**원문21**)" 등이다.

마지막으로 소아 보호법이다.『태산요록』은『태평성혜방』을 인용하여 소아 보호의 방법을 설명했다.

의아법 |『태평성혜방』에, 아이가 태어나면 아버지의 헌 옷으로 싸주고, 여아는 어머니의 헌 옷으로 싸준다. 절대 새 비단 옷을 쓰지 말고, 정해진 법식대로 따라야 아이가 오래 살 수 있다. 갓난아이의 기육(肌肉)이 아직 형성되지 않았다고 하여 너무 따뜻하게 입히면 안 되는데, 따뜻한 옷을 입히면 근골이 늘어지고 약해질 뿐만 아니라 피부와 기육을 상하고 혈맥을 해하여 창증(瘡證)이 생기게 된다. 아직 돌이 지나지 않은 아이의 옷은 반드시 헌 천이나 헌 솜으로 만들도록 하고, 솜옷으로 아이의 머리나 얼굴을 덮지 않는다. 겨울에는 겹옷으로 머리를 덮어주고, 여름에는 홑옷으로 덮어주는데 둘 다 얼굴에 닿지 않게 하고, 젖을 먹일 때 어머니의 입김이나 콧바람이 아이의 숫구멍에 닿지 않도록 한다. 대체로 아이의

53)『태산요록』,「乳兒法」.

솜옷은 너무 두텁거나 새 솜을 쓰지 말아야 하는데, 아이가 열이 심하게 나서 간질이 발작할 수 있기 때문이니 특히 조심해야 한다. … ○『천금방』에, 때때로 바람과 햇볕도 쐬어 주어야 한다. 만약 바람과 햇볕을 전혀 쐬어 주지 않으면 살과 피부가 연약해져서 손상되기 쉽다. 날씨가 화창하고 따뜻하며 바람이 없는 낮에는 어머니가 아이를 안고 나가 놀면서 자주 바람과 햇볕을 쐬어 주면 혈기가 강성해지고 살결이 튼튼하고 조밀해져 풍한사를 이겨낼 수 있는 힘이 강해짐에 따라 병에 잘 걸리지 않는다. 그러나 항상 방안에만 두고 옷을 너무 따뜻하게 입히는 것은 그늘에 있는 풀과 나무가 바람과 햇빛을 보지 못하여 연약하고 바람과 추위를 이겨낼 수 없는 것과 같다. 따라서 옷을 얇게 입혀야 하는데, 옷을 얇게 입히려면 미리 가을부터 습관을 들여놓아야 한다. 봄이나 여름에 갑자기 옷을 얇게 입히면 풍한사에 상하게 되는데, 가을에 점차 쌀쌀해질 때부터 습관을 들여 놓으면 추위에 대한 적응력이 생기게 된다. 겨울에는 얇은 겹저고리와 겹치마를 입히는 것이 좋은데, 추위를 이겨낼 수 있을 정도가 적당하다. 사랑한다고 하여 너무 따뜻하게 하면 오히려 해가 되니, 아이의 성쇠에 따라 땀이 나지 않게 해 준다. 땀이 나면 허약해지고 문득 풍한사를 받게 된다. 따라서 낮이나 밤이나 자나 깨나 항상 주의해야 한다.[54]

이상의 내용은『임산예지법』의「보호법(保護法)」과 동일하다. "무릇 소아의 피부가 실하지 못하니 의복과 덮는 것을 두껍게 말고 땀이 나지 않게 하고 백일 후에 천기(天氣)가 화란(和暖)하고 바람 없는 날 자주 햇볕을 쬐도록 한다(**원문23**)", "날씨가 추울 때는 반드시 칠팔십세의 노인의 입던 옷을 고쳐 아이 옷을 만들면 진기(眞氣)가 서로 길러주어 오래도록 장수한다. 새 솜 등을 사용하여 옷을 너무 따뜻하게 하지 말 것(**원문27**)"과 같다.

또한 이부자리를 덮어줄 때 반드시 머리와 얼굴 부위는 드러나게

54)『태산요록』,「衣兒并護養法」.

해주어야 한다. 머리와 가슴 부위는 서늘하게 해준다. "주야(晝夜)를 막론하고 잘 때 팔을 베고 자도록 하지 말고 콩으로 베개를 만들어 베도록 하고, 함께 좌우에 누워 옷과 이부자리를 따뜻하게 하지만 머리[頭部]와 얼굴[面部]은 드러나도록 하고 한결같이 반듯하게만 누이지 마시고 때때로 엎드려 눕게 하실 것(**원문26**)"이며, "머리는 서늘하게 하고 가슴도 서늘하게 하고 등은 덥게 하고 다리도 따뜻하게 하고 배를 항상 따뜻하게 할 것(**원문28**)" 등이다.

8. 결론

19세기 초 사가로 시집간 명온공주(明溫公主)에게 전해진 『임산예지법』은 조선 왕실의 출산 풍속과 육아 지식을 기록하고 있다는 점에서 매우 특별하다. 필자는 이 책에 담겨 있는 왕실의 산부인 및 소아과 지식의 기원이 궁금했다. 조선의 대표적인 의서인 『동의보감』의 산부인 및 소아과 지식과는 달라 보이는 『임산예지법』의 산과 지식의 출처는 어디일까? 의문은 15세기 초반 노중례가 편찬한 『태산요록』을 읽으면서 해결되었다. 거질의 산과 의서 『산서집록(産書集錄)』을 출판한 후 노중례는 출산 및 육아 지식이 가장 필요한 조선의 양반 이상의 '가(家)'를 위한 의서 편찬에 나섰다. 그 결과물이 1434년 편찬된 『태산요록』이었다. '태교 및 출산' 그리고 '육아'가 중심인 이 책은 출산의 생물학적 의무를 다하던 여성들에게 '생애 최초의 교육[胎敎]'을 강조함으로써 여성의 사회적 지위와 책임을 각인하였다.

이후 기질(氣質)의 변화와 관련한 태교의 강조는 조선왕실 출산 풍속의 가장 중요한 강조처가 되었다. 기질의 변화와 관련한 음식의 금기가 자연스럽게 연결되었다. 음식 금기가 산모의 건강관리에도 중요했음은 물론이지만, 기본적으로는 태아의 기질과 연관되어 있었다.

한편, 자연의 기운에 따른 길방(吉方)의 선택은 출산과정이 단지 산모의 개인적 의지에만 달려있지 않았음을 보여준다. 출산은 여러 가지 예측할 수 없는 난관의 극복 과정이었다. 자연의 가호(加護)를 빌어야만 겨우 훼방을 막을 수 있었다. 난산을 막기 위한 여러 가지 예방법과 약물 처방은 이러한 조선시대 출산의 어려움을 증명한다.

중국 송·원대의 의서를 기초로 편찬된 15세기 초의 『태산요록』은 이후 명대의 새로운 의학지식을 보충한 『동의보감』의 간행에도 불구하고 여전히 조선 왕실의 산과 및 소아과의 기본으로 활용되었다. 시대가 흘러 새로운 의학지식과 조선의 고유한 풍속들이 누적되었지만, 『태산요록』을 통해 정립된 조선 왕실의 출산 및 육아 지식의 근간은 흔들리지 않았다.

18세기 후반 19세기 초에 이르러 점차 명말(明末) 및 청대(淸代)의 새로운 지식들이 수용되고 또한 여성들의 서적 편찬 의지가 고양되면서, 몇몇 여성 선비[女士]들을 중심으로 자신들의 경험을 덧붙인 산부인 및 소아과 지식의 수집 및 정리가 시작되었다. 비로소 『태산요록』에 기초한 왕실의 『임산예지법』은 변화를 맞이했다.

『규합총서(閨閤叢書)』의 편저자로 알려진 빙허각(憑虛閣) 이씨(李氏)는 19세기 초 『부녀필지(婦女必知)』를 저술했다.[55] 이 책은 『임산예지법』을 기본으로 하면서도 이씨 본인의 출산과 육아 경험 그리고 새롭게 수입되고 있는 지식정보들로 증보되었다. 태교와 음식 금기의 내용이 보충된 것은 물론이거니와 아이 기르는 방법은 대폭 증보되어 당시의 육아 풍속을 재현할 만큼 자세하다. 빙허각은 이 책을 시집가는 딸에게

---

55) 『婦女必知』는 현재 日本의 東洋文庫에 소장중이다.

필사해주었다. 조선 왕실의 출산 및 육아 지식은 이렇게 민간으로 전파되어 다양한 방식으로 진화해갔다.

참고문헌

| 자료 |

『胎産要錄』

『諺解胎産集要』

『東醫寶鑑』

『增補山林經濟』

『林園經濟志』

『胎教新記』

『婦女必知』

『胎産育兒法』

| 연구논저 |

김영조, 『아무도 들려주지 않는 서울문화 이야기』, 얼레빗, 2012.

김인걸, 「栗谷鄕約 再論-養民을 위한 인재 육성」, 『韓國史論』 53, 2007, 97~142쪽.

김호, 「조선후기 왕실의 出産 풍경」, 『朝鮮의 政治와 社會 : 崔承熙教授停年紀念論文集』, 집문당, 2002, 744~770쪽.

김호, 「조선후기 왕실의 출산 지침서 : 임산예지법」, 『醫史學』 13-2, 2004, 347~359쪽.

김호, 「五洲 李圭景의 醫藥論」, 『진단학보』 121, 2014, 83~111쪽.

서한용, 「18·9세기 韓中 학자의 名物考證－李德懋와 阮元의 "葵"에 대한 고증을 중심으로」, 『漢文學論集』 32, 2011, 81~106쪽.

이민호 외, 「世宗代의 醫官 盧重禮의 삶과 醫史學에의 貢獻-鄕藥 및 産婦人科 醫學의 發展과 관련하여」, 『한국한의학연구원논문집』 14-2, 2008, 1~10쪽.

장경은, 「胎産要錄에 對한 硏究」, 원광대학교 한의학전문대학원 박사학위논문, 2012, 1~212쪽.

최미현, 「『胎産要錄』과 『諺解胎産集要』의 관련성 고찰」, 『한말연구』 26, 2010, 239~264쪽.

식민지주의에서 다시 보는 나혜석의 여성주의

송 연 옥

1. 들어가며

필자는 일본에서 태어난 소위 재일조선인 2세이다.[1] 필자가 대학교를 졸업할 무렵엔 민족 차별로 인하여 일본 학교나 회사에 취직한다는 것은 꿈도 꾸지 못했다. 그런 암울한 현실이 앞길이 막히고 전공을 살릴 수 없는 수재들을 조부모의 고향도 아닌 낯선 북한 땅으로 내밀었다.

필자가 대학교를 졸업한 1970년 당시는 재일조선인들이 종사한 생업은 거의 대부분이 영세가내공업이나 자영업이며 직종은 한식당,

1) 여기서 조선인이란 호칭을 쓰는 것은 첫째 저희들이 식민지주의의 산물이란 것을 각인하고자 하는 의도가 있기 때문이다. 일본이 패전하고 조선이 해방된 후에도 일본에서 사는 조선민족에게는 여전히 식민지 지배는 계속되었다. 국민 연금이나 장학금, 공영 주택의 입주 허가 같은 기본적인 사회보장은 일본이 1980년의 난민조약에 가입된 후부터 인정된 것이다. 선거권에 관해서는 아직도 지방 선거마저 허락되지 않았다. 두 번째로 적어도 1960년대까지는 재일한국인이란 용어가 일본에서는 일반적이지 못했기 때문이다. 성장기에 조쎈진이란 욕은 들어봐도 한국인이란 욕은 한번도 들어본 적이 없기 때문이다. 그래서 저는 국적은 대한민국이지만 역사적인 용어로서 재일조선인을 쓰려고 한다.

빠징코업, 다방, 폐품회수업(廢品回收業) 등등, 비공식 부문(informal sector)에 속하는 것들이며 가족의 노동력을 필요로 하는 경영 형태가 많았다. 이런 환경에서 여성해방이나 여성의 자립은 가능할까 아무리 사회과학 서적을 뒤져도 의문을 풀어주는 답은 없었다. 왜냐면 여성해방사상 자체가 고도로 자본주의적 발달을 한 제국의 산물이기 때문이며 주로 도시에서 노동하는 여성을 상대로 형성된 사상이기 때문이다.

재일조선인을 그린 소설 책에서 작가들은 예외없이 재일조선인 사회는 가부장제가 강하다고 말한다. 조선인 가부장들은 차별이란 북풍에서 가족을 지키기 위하여 고향에서 배운 유교적 가부장 문화나 규범으로 가족을 다스렸다.

이런 현실에서 여성이 억압되지 않는 삶을 살려면 성공적인 결혼을 하는 것이 몇 안 되는 선택지가 된다. 그러나 일본 사회가 주는 스트레스에 신음하는 재일조선인 남성은 가부장 문화를 혐오하는 여성들에게는 좋은 신랑감이 못되고 가부장적인 문화를 민족 문화라고 오해하는 여성들은 일본 남성과의 결혼을 선호하게 된다. 그러나 일본 남성이 배우자가 된다고 해서 가부장제, 혹은 가부장 문화를 벗어날 수 있을까.

위안부 할머니들의 증언을 들어보면 가족의 붕괴, 가부장의 부재로 결과적으로 먼 전쟁터로 끌려간 예도 적지 않다. 또 그 중에는 아버지가 자기를 팔았다고 믿는 할머니도 계셨지만 제국 일본의 침략 전쟁으로 위안부로 끌려간 장본인은 식민지의 아버지를 지배하던 천황이란 제국의 가부장이며 가부장제 국가였다.

여성주의자(feminist) 가운데는 국경을 넘어서 가부장제를 공통의 적(敵)으로 삼고 같이 싸울 수 있다고 생각하는 사람도 있으나 식민지의 가부장제와 제국의 가부장제는 같을 수는 없다. 가난 때문에 딸을 판 아버지와 제국에 군림한 아버지는 같은 가부장으로 묶을 수는 없다.

재일조선인은 구 종주국(舊宗主國)에서 식민지주의가 청산되지 못한 상황을 살아야 했으나 본고에서는 필자가 몸소 겪은 식민지주의를 키워드로 나혜석의 여성주의를 비판적 시각으로 재고(再考)하고자 한다.

2. 나혜석 연구 현황

> 나는 18세부터 20년간을 두고 어지간히 남의 입에 오르내렸다. 즉, 우등 1등 졸업사건, M과 연애 사건, 그와 사별 후 발광 사건, 다시 K와 연애 사건, 결혼 사건, 외교관 부인으로서의 활약 사건, 황옥(黃鈺)사건, 구미 만유 사건, 이혼 사건, 이혼고백서 발표 사건, 이렇게 별별 것을 다 겪었다.[2]

위 글은 나혜석이 자기 40년 인생을 회고하면서 자기가 겪은 사건들을 열거한 것이다. 같은 글에서도 "경제는 기차, 기선에 1등, 연극, 활동사진에 특등석이던 것이 전당국 출입을 하게 되고"라고 썼듯이 유복하게 지낸 유년 시절을 거치고 첫 여류서양화가로서 각광을 받은 화려한 전반생(前半生), 그와 반대로 행로병자가 되어 죽은 말기, 그 드라마틱한 인생은 많은 사람들의 관심을 불러일으켜왔다.

미술사가 이구열(李龜烈)이 『羅蕙錫 一代記－에미는 先覺者였느니라』[3]에서 나혜석의 기억을 되살린 이래로 한국사회의 시대적 변화를 반영하면서 나혜석에 대한 해석과 평가는 크게 달라졌다.

1998년에 나혜석이 쓴 소설 「경희(瓊姬)」가 발견된 것이 계기가 되어

2) 「신생활에 들면서-내 일생」, 『三千里』 1935년 2월호.

3) 이구열(1974).

나혜석 연구가 더 활발하게 되었으며, 근대 여성으로서 가장 많이 연구된 인물이 나혜석이라고 해도 과언이 아닐 정도로 연구 성과가 쏟아져 나왔다. 이젠 나혜석은 여성주의를 실천한 선구적인 인물로 평가 받고 있다. 1995년에 설립된 '정월나혜석기념사업회'에 의해 탄생 100주년 기념행사, 1999년에는 기념사업회 주최로 '나혜석 바로 알기 국제심포지움'이 열렸고 그 다음 해인 2000년에는 문화관광부가 나혜석을 '2월의 문화인'으로 선출했다. 또 그녀의 고향인 수원시에서도 '나혜석 거리'로 이름 지은 길에 동상을 건립했다.

2000년에 『나혜석 전집』,[4] 2001년에 『정월 나혜석 전집』[5]이 간행되어 나혜석 연구에 필요한 기초적인 자료가 마련되었다. 또 질녀인 나영균이 한국보다 먼저 일본에서 『日帝時代, わが家は(일제시대, 우리 가족은)』[6]을 간행해서 가족사 이야기를 자세히 서술하고 있다. 이런 나혜석에 대한 뜨거운 관심과 높은 평가에 불편을 느낀건지 나혜석의 차남인 김진(金辰)[7]이 오랜 침묵을 깨고 2009년에 헤어진 가족의 눈으로 나혜석을 말한 『그 때 그 길이 왜 그리 좁았던고』[8]가 간행되었다.

지금 나혜석은 한국에서 가장 많은 관심을 모은 여성이며 최초의 여류서양화가, 소설가, 선구적 페미니스트, 여성의 근대화를 이루려던 사회운동가, 독립운동을 지원한 민족주의자 등등, 다각적으로 평가된 여성이다. 문학, 미술, 역사, 여성학에 있어서 축적된 나혜석 연구를 결합시키는 장으로서 2012년 9월에 '나혜석학회'가 창립되었으며 동회가 그 해 12월부터 낸 연구기관지 『나혜석연구』가 나오게 되었다. 2013년에는 이를 집대성한 『(원본)나혜석연구』[9]가 나왔다.

---

4) 이상경(2000).

5) 서정자, 『정월 나혜석 전집』, 국학자료원, 2001.

6) 나영균(2003). 한국어 판은 2004년에 황소자리 출판사에서 나왔다.

7) 미국 캘리포니아 주 샌디에이고 거주.

8) 김진(2009).

3. 전통과 근대가 교차하는 생가(生家)

이미 많은 연구에서 나혜석의 집안에 대해서는 소개되어 있어서 중복되지만 여기서도 약간의 소개를 해두겠다.

나혜석은 명성황후가 살해된 반년 후, 즉 시대가 아주 어수선할 때인 1896년 4월에 수원군 봉담면 분천리[10]에서 나기정(羅基貞)과 최시의(崔是議)의 딸로 태어났다. 집안은 19세기 이후에 관직에 오른 백부와 부친의 공로로 재산을 불리고 가운이 융성하게 되었다. 부친 기정은 격동기의 시세에 잘 대응해서 1910년의 한일합병 후, 시흥군, 용인군의 군수도 역임했다. 급변한 시대에 적응한 만큼 선견지명이 있는 사람이라 당연히 자녀들에게도 새로운 근대 교육을 받게 했다. 나영균의 저서에 의하면 혜석의 부친은 조용하고 섬세한 선비 타입인데 모친은 통이 크고 개성이 강한 여장부였다고 한다. 그러나 그 부친은 재력의 힘으로 첩을 번갈아 둔 탓으로 가정에 풍파가 일어날 일도 있었다고 한다. 이런 어릴 때의 가슴 아픈 경험이 나중에 성차별에 대한 강한 거부감과 여성성에 대한 집착심을 키웠을지도 모른다.

형제 관계는 장남 홍석(弘錫), 차남 경석(景錫, 1890~1959), 차녀 혜석(蕙錫), 삼녀 지석(芝錫)의 넷에다가 서자인 장녀 계석(稽錫)이 있었으나 배다른 언니이고 일찍 출가했기 때문에 같이 지낸 기억은 없었던 것 같다.

본인의 표현에 의하면 혜석의 천성은 순진하고 정직하고 순량하고 온유하고 부지런하고 총명했다고 한다.[11] 그러면서도 방 안에 틀어박

9) 나혜석기념사업회 간행, 서정자 엮음, 『(원본)나혜석연구』, 푸른사상사, 2013.

10) 나경석의 자료(『왜정시대인물자료』, 한국사데이터베이스)에는 수원면 신풍리(新豊里) 291로 되어있다.

11) 「신생활에 들면서-내 일생」, 『三千里』 1935년 2월호.

혀 그림을 그리면서 혼자 지내는 시간도 즐겼다고 한다. 아들 진의 기억에는 혜석이 말한 천성은 찾을 수 없고 내면 세계 속에서 갈등하고 그것에서 인생의 의미를 찾아내려고 애를 쓴 어머니 상(像), 그리고 대인 관계는 매우 편협했다는 인상이 남아 있다.

혜석은 종형인 중석(重錫)이 설립한 삼일여학교에서 기초 교육을 마친 후에 서울의 진명여자고등보통학교에 동생과 함께 진학한다. 창립된 지 4년밖에 안 되는 새로운 학교에는 7명의 생도만이 배우고 있었다.

어릴 때의 이름은 아지(兒只), 서울에 진학했을 때에는 명순(明順)이라고 개명했으나 졸업할 때 경석의 제안으로 다른 형제와 같은 돌림자를 자매도 쓰게 되었다. 여기서 경석이 일찍부터 일상생활에서 남녀평등을 실천하려고 한 것을 엿보게 된다. 근대 교육을 받는 여자가 드문 때라 진명여자고등보통학교를 수석 졸업한 혜석은 신문 기사에서도 소개가 되어 일약 유명인사가 되었다.

한국이 병합되던 해, 1910년에 이미 일본 유학길에 올랐던 경석은 여동생들에게도 일본 유학의 기회를 주도록 부친에게 간청한다. 장남인 홍석이 큰집의 양자로 들어간 탓으로 경석은 집안에서 장남 역할을 맡고 있었다. 여동생을 아끼고 비상한 재능을 평가한 것도 있으나 그 당시의 지식인들은 여자도 근대 교육을 받아야 민족의 실력 양성이 되고 민족 독립의 기반이 된다고 생각하였던 것이다.[12)]

---

12) 나경석은 1914년에 東京高等工業學校 졸업. 경찰자료로는 경석이 기독교청년회, 고려공산당과 관련한 것 같고 그로 인하여 1919년에 3개월의 옥고를 치렀다. 1923년 만주 봉천에 건너가서 사업을 하면서 1928년에 잠시 동아일보 남만주 총지국장을 지낸 적도 있다. 독립운동을 후원하면서도 인맥은 조선총독부 권력자까지 넓혀 1937년 8월에는 "지나사변(支那事変)국민대회"에서 조선인대표로 연설하고 공산주의는 인류의 공적이라고 규탄했다.(「재외동포사연표」, 한국사데이터베이스). 저서로는 『공민문집』(정우사, 1980)이 있다.

4. 도쿄에서 만난 페미니즘과 자유연애사상

학교의 그림 수업에서 서양화에 관심을 갖게 된 혜석은 1913년 4월, 17살에 동경여자미술학교(東京女子美術學校)에 입학했다. '바깥에서는 제국주의, 안에서는 입헌주의', 즉 서양의 민주주의적인 사상을 일본에서만 허용했던 다이쇼(大正)데모크라시의 시대, 민중의 활력이 느껴질 도쿄의 공기는 자극적이며 신선했다. 혜석은 학교에서 서양화 수업을 받으면서 세이토샤(青鞜社)나 시라카바하(白樺派) 사상에서 여성해방이나 개인주의, 이상주의, 인도주의를 배우고 거기서 강한 영향을 받는다.

1915년 말에 도쿄에 재류했던 조선인 유학생은 362명, 여학생은 그 10분의 1이었다. 일본 경찰에서 요시찰(要視察)로 지목된 사람은 거의 다 학생이며 그 숫자가 도쿄에서만 171명이라고 하니까 전문학교나 대학에 적을 둔 대부분의 학생은 경찰 당국의 감시를 받고 있었다고 해도 과언이 아니다.

다이쇼데모크라시 시대에 유학생들이 제국 일본에서 만난 사회사상은 사회주의에서 개인주의까지 다양해도 대부분의 학생들이 관심을 갖게 된 것은 연애사상(romantic love ideology)이었다. 양반일수록 같은 마을에서 일가친척들이 모여 살았던 조선 사회에선 연애할 상대를 만나기도 힘들고 마음대로 연애할 수도 없는 상황이었다.

그런 얽매임을 벗어난 해방구, 도쿄에서 청춘시절을 보낸 조선인 유학생들은 사랑에 빠지게 되고 이미 조선에서 원하지 않는 조혼(早婚)을 한 남자유학생들은 현실과 이상 사이에서 갈등하고 고민을 했다.

경석도, 혜석이 연애한 상대 M, 즉 최승구(崔承九)도 기혼자였다. 경석은 형식뿐인 결혼을 해소하지 못한 채 다른 여성과 사실혼을 했다. 혜석보다 4살 연상이었던 최승구는 게이오의숙(慶応義塾)의 학생이었으나 역시 집안의 권유로 결혼한 유부남이었다. 최승구의 처는 누가 봐도 남편과 어울리지 않는 상대였다고 사촌동생인 최승만(崔承萬)이 증언하는데,[13] 그만큼 최승구는 용모도 문학적 재능도 뛰어나고 여자유학생들의 동경의 대상이었다고 한다.

유학생 학우회 기관지 『학지광(學之光)』 등에서 시, 수필, 평론을 정력적으로 쓰던 최승구는 예술을 지망하는 혜석과 뜻이 맞아 서로 사랑하게 된다. 최승구의 영향도 있어서 혜석은 첫 수필 「리상적부인(理想的婦人)」을 『학지광』 제3호(1914)에 발표한다. 또 동경여자유학생친목회(東京女子留學生親睦會)의 창설에도 관여해서 기관지 『여자계(女子界)』 발간에 노력하고 활약한 모습이 경찰조사기록에 남겨져있다(警保局保安課, 「大正 7年 5月 31日調 朝鮮人概況 第二」).

이렇게 혜석은 알차고 행복한 유학생활을 2년간 보내지만 결혼을 강요하는 부친 때문에 1915년 연초부터 학업을 중단한다. 여동생은 이미 유학을 중단해서 집안 어른들이 권장하는 결혼을 하고 그 후에 남편과 같이 다시 일본 유학길에 올랐다.

혜석은 부친의 압력을 피하기 위해 1년간 경기도 여주의 공립보통학교 교원으로 부임하지만 그해 연말에 부친이 사망한다. 같은 즈음에 최승구도 유학생활의 고생으로 결핵을 앓게 되고 전라남도 고흥군에 전지요양(轉地療養)하게 된다.

1916년 4월에 서양화 사범과 1학년에 전입(轉入) 수속을 한 후에 혜석은 승구를 문병하러 고흥군에 찾아가지만, 그 직후에 승구는 숨을 거두게 된다. 향년 25살이었다. 최승구의 죽음에 충격을 받은 혜석은 정신적인 위기에 빠지고 그것을 걱정한 오빠는 여름에 친구 김우영(金雨英, 1886~1958)을 소개한다. 이후 김우영에게서 열렬한 청혼을 받게

13) 최승만(1985).

된다.

경상남도 동래(東萊) 출신인 김우영은 한일병합 이전에 일본에 유학 가서 교토제국대학 법학부에 재적하고 있었다. 혜석보다 10살 연상인 김우영은 아내와 사별하고 고향에 남긴 딸이 하나 있던 신세였다. 기혼자가 많은 유학생 세계에서는 김우영의 조건은 나쁘지 않다고 판단한 경석이 여동생의 신랑감으로 추천한 것이다.

1918년에 여자미술학교를 졸업하고 귀국한 혜석은 한때 모교의 미술교사를 한다. 이듬해 3·1독립운동이 일어나고 동경여자유학생친목회에서 알게 된 김마리아, 황에스터(黃愛施德)들의 권유로 집회에 참가한 이유로 체포되어 5개월의 옥중생활을 체험하게 된다.

5. 식민지의 근대 가족의 정치성

혜석은 8월에 출옥한 후 정신여학교 미술교사로 취직하지만 변호사가 된 김우영의 열의에 밀려 1920년 봄에 결혼한다. 초혼의 사위를 바랐던 혜석의 모친도 1919년 말에 세상을 떠났다.

〈사진1〉 왼쪽부터 나혜석, 김우영, 허영숙(許英肅 : 이광수 아내)**, 나경석, 나지석** | 다른 여성이 일본에서 유행했던 속발(束髮)인데 혜석은 전통적인 머리 모양이다. 양복을 입은 김우영은 인자하게 보이는 신사다.

혜석은 평생 변함없이 자기를 사랑할 것, 미술을 계속하게 할 것, 시어머니와 의붓딸과 별거할 것, 최승구의 성묘에 동행할 것 등 현대라도 여자가 일방적으로 요구하기가 어려운 것들을 신랑에게 요구하고 외아들인 김우영은 그런 것들을 다 받아들인 것이다.

창간 직후의『동아일보』지상에 결혼식 초대 광고를 낸 것도 그렇고 나혜석의 개성적인 행동은 세간의 화제가 되었고 시발점에서부터 사람들의 주목을 받았던 것이다.

임신한 몸으로 두 달 동안 그림을 그리러 일본에 체류하고, 1921년 3월 출산 직전에 개인전시회를 연다. 관객 5,000명이 모이고 70점의 전시 작품 중에 20점이 팔릴 정도로 전시회는 성황리에 끝났다. 곧 태어난 장녀에게는 남편의 제안으로 둘이의 희열이란 뜻으로 김라열(金羅悅)이라고 이름지었다. 참으로 김우영은 신여성 아내를 지원하는 모범적인 신남성이며 둘은 식민지 조선에서 보기 드문 '뉴패밀리'를 실현했던 것이다.

1921년, 외무성에서 블라디보스토크나 만주에서 조선인 부영사와 서기생을 임용한다는 정보를 얻고 응모한 김우영은 요시노 사쿠조(吉野作造)나 야스이 세이이치로(安井誠一郎)[14] 등의 추천을 받고 만주안동현부영사(滿州安東縣副領事)가 된다. 일본 육군성 기밀 자료에 의하면[15] "김우영 및 양재하 2명의 부영사 임명에 대하여 일부 사람들은 '2명이 그런 그릇이 못되며 당국은 인선을 잘못했다' 등 비판을 하는 자가 있으나 조선인이라도 외교관 기용의 길도 열렸다고 재외조선인은 이것을 기뻐하고 내지인(일본인)은 일시동인(一視同仁)의 실현이므로 부정패들도 점차 자각하게 될 것이라고 하고", "이번에 조선인 부영사를 안동과 봉천에 배치한 것은 총독정치의 일시동인을 증명한 것으로 앞으로 더욱더 내선융화를 추진하게 할 것은 의심하지 않겠다."[16]라고

14) 1931년, 우가키 가즈시게(宇垣一成)의 요청으로 朝鮮總督秘書官 취임. 1936년 京畿道知事.

15)「密第33号其293 朝鮮人副領事任命に對する感想」,『陸軍省大日記』1921年 10月.

16) "金雨英及楊在河ノ二名副領事ニ任命セラレタルニ對シ一部ノ者ハ金·楊ノ二名ハ之カ器ニアラス当局ハ其人選ヲ誤れレリ等漫然排標ヲ試ムル者アルモ朝鮮人ニシテ外交官起用ノ途開リタルト在外鮮人ノ幸福トヲ喜ヒ內地人ハ之ヲ一視同視ノ實現ニシテ不逞輩モ漸次自覺スルニ

기재되어 있다. 즉 통치권력이 조선인인 김우영을 영사관 부영사로 채용한 속셈은 식민지 지배를 순조롭게 하는 회유책이라고 털어놓은 것이다.[17]

부영사로 임용된 김우영과 함께 가족은 만주 안동(安東, 현재의 단동)으로 거처를 옮겨 거기서 6년을 지내게 된다.

그 후 김우영, 나혜석 부부는 1년 9개월이란 긴 구미 여행을 떠나게 된다. 김우영의 『회고(回顧)』[18]에서는 그것이 벽지(僻地) 근무의 보너스로 되어 있지만 외무성이 관례적 특전으로 구미시찰로 보내는 것은 더러 있었다고 한다. 외무성 기록을 보면 "副領事金雨英歐米諸國へ出張ヲ命ス",[19] 즉 해외 출장의 명목으로 되어 있고 식민지 권력의 다른 의도가 있었는지는 알 길이 없으나 황옥사건의 와중에서 불필요한 오해를 면하려던 권력 측의 계산은 있었을 것이다. 그리고 창씨개명도 아닌데 김우영 이름을 가네다 에이(金田英) 혹은 가네아메 에이(金雨英)라고 한 것을 보면 일본 외무성 내부에서는 김우영을 조선인으로서가 아니라 가짜 일본인으로 다루었던 것이다.

오랫동안 가고 싶었던 구미 여행이라서 혜석의 기대는 컸고 시어머니에게 장녀, 장남, 생후 3개월의 차남을 맡기고 남편과 같이 출장

至ルヘシト謂ニ", "今回愈鮮人副領事ヲ安東奉天ニ配置セラレタルハ總督政治ノ一視同仁ヲ物語レルモノニシテ之ニヨリ一層內鮮融和ヲ濃厚ナラシムヘキハ疑ナシ".

17) 外務省記錄, 「朝鮮人設立株式會社ニ關スル件」, 『本邦會社關係雜錄6卷』에 나경석이 설립한 民天公司에 대한 농업분야 융자는 외무성의 회유책이냐는 문의 내용이며, 外務省記錄, 「要視察人關係纂／朝鮮人關係4」(1930年 1月 11日)에는 나경석이 사이토 총독과 고다마(兒玉) 정무총감과 면담을 해 三矢협장 철폐, 조선인의 외국 귀화, 물자원조를 요청한 결과 총독부 측에서는 그 요청을 회유책으로 다 받아들이겠다고 약속한 내용이다. 이렇듯 통치권력은 조선 지식인들을 돈과 관직을 이용해서 감시와 회유의 양면정책을 썼으며 조선인 측에선 面從腹背하면서 아슬아슬한 줄타기를 한 것이다.

18) 김우영, 『回顧』, 신생공론사, 1954.

19) 「本省並在外公館員出張關係雜錄」, 『外務省記錄』 1927年 5月 28日.

명령이 내려진 지 20일 만에, 즉 1927년 6월 19일 부산을 출발했다. 서울, 신의주, 하얼빈을 거쳐 시베리아 횡단 철도로 유럽을 향한다. 도중 모스크바, 네덜란드를 들러 파리에는 7월에 도착한다.

파리 도착 후에 해군군축회의[20]를 방청하기 위해 스위스 제네바로 가서 거기서 2주일 체류한다. 군축회의에는 김우영 부부를 안동경찰서에서 방면하게 해준 마루야마 츠루키치(丸山鶴吉)[21]가 전권 수원(全權隨員)으로서 와 있었다. 동행한 혜석은 만찬회를 즐기면서 그런 자리에서 서구의 언어를 이해하지 못하여 외교관 부인 노릇을 다 하지 못한 것을 아쉬워했다.

곧 이어 김우영은 독일 베를린으로 법학을 배우러 파리를 떠났고 객지에서 혜석만 남겨졌다. 그동안 혜석은 포비즘, 야수파(野獸派)[22]의 Bissiere, Roger의 화실에 다니면서 그림 공부에 열중했다. 간간이 파리에 체류하던 조선인 유학생들의 모임에 참가했는데, 거기서 김우영의 친지인 최린(崔麟, 1878~1958)을 만나게 된다. 최린은 대한제국 황실특파 유학생으로 이미 한일합병 전에 일본에서 유학하고 3·1독립운동에선 민족대표의 한사람으로 독립선언서에 서명한 유명인사다. 3년의 옥고를 치른 후 차차 개량주의적인 입장으로 기울어졌다.

1926년 9월에 조선을 떠나 미국을 경유해서 파리로 간 것이지만 최린의 외유(外遊)는 조선총독부의 의향, 특히 아베 미츠이에(阿部充家)[23]의 알선으로 자치운동을 추진하여 재외 민족주의세력의 지지를

---

20) 1927년 6월 20일부터 8월 4일에 걸쳐서 열린 보조함 제한에 관한 회의로 미국, 영국, 일본이 참석했으나 미국과 영국의 의견 대립으로 결렬되었다. 일본에서는 齋藤實, 石井菊次郎가 전권대사로서 파견되었다.

21) 1919년부터 4년 반 동안 朝鮮總督府警務局長.

22) 포비즘이란 모두가 강렬한 순색을 사용하여 감정 상태를 표현함으로써 색채의 해방을 모색했다는 점에서 20세기에 등장하는 추상화를 예고하는 선구적 역할을 담당하였다.

23) 나혜석은 「이혼고백장」에서 아베 요시에라고 했으나 요시에가 아니라 미츠이

얻으려고 한 것이다. 자치운동이란 바로 독립의 포기, 식민지 통치의 용인을 의미하는 것이었다.

혜석은 후원을 해도 예술을 이해하지 못하는 남편에게 불만을 느끼고 있었는데 그 마음의 빈틈에 최린이 침입한 것이며 둘은 곧 사랑에 빠지게 된다. 파리에 간 그 해 늦가을의 일이었다

그 후 혜석과 김우영은 파리를 떠나고 이태리, 영국, 스페인을 방문한 뒤에 미국을 향했다. 1928년 9월 하순에 뉴욕에 도착하여 도쿄에서 같이 지낸 김마리아하고도 상봉한다. 같은 해 연말에 조선인들의 송년회 회장에서 김우영이 친일파로 몰려 피습당하는 사건이 있었다. 그 사건은 김우영에게는 외무성을 그만둘 만큼 마음의 깊은 상처를 준 것이었으나 나혜석의 여행기에는 사건에 대한 기술이 일언반구도 없었다.

해가 바뀐 다음에 샌프란시스코를 거쳐 1929년 3월에 요코하마(横浜)에 도착, 도쿄에 며칠 머문 후에 3월 12일에 부산으로 돌아온다. 1년 9개월의 참으로 긴 해외여행이었다. 구미여행을 꿈꿀 수도 없는 시대에 나혜석은 화려한 '신여성'이며 눈부신 우상이었다.

조선에 돌아와 외무성을 그만둔 김우영은 서울에서 변호사 사무소를 개업하고 혜석은 6월에 넷째 아이의 출산에 대비하여 시댁에 머물기로 했다. 혜석의 말로는 자유롭게 행동하는 며느리를 시어머니와 시누이는 탐탁찮게 여겼다고 한다.

김우영이 개업한 변호사업은 잘 되지 않았다. 가계가 어려워지자 혜석은 최린에게 지원을 요청하는 편지를 보냈는데 이것이 발단이 되어 조선의 사교계에 혜석과 최린의 연애 소문이 퍼지고 말았다.

에라고 읽어야 한다. 아베(1862~1936)는 京城日報 사장, 齋藤實朝鮮總督의 개인적인 정치 고문, 中央朝鮮協會專務理事를 역임하여 조선통치와 깊이 관여한 인물이다. 조선인 유학생을 선발해서 장학금을 지급, 조선통치에 회유하려고 했다. 박순천, 황신덕도 아베의 장학금을 받았다고 한다(배영미(2011), 참조).

진상을 알게 되어 분개한 남편에게서 이혼이 청구되자 혜석은 처음엔 응하지 않았으나 간통죄로 고소하겠다는 남편의 압력에 밀려 끝내 1930년 11월 이혼을 하게 된다. 혜석의 낙심은 컸으나 김우영의 이혼에 대한 결심은 단호한 것이었다. 이때 나혜석은 35살, 김우영은 45살이었다.

혜석은 재결합의 가능성을 보류하고 2년 동안은 재혼하지 않겠다는 서약을 받고 이혼 서류를 냈으나 김우영은 곧 기생출신인 신정숙과 재혼을 해버린다.

이즈음에 우가키 총독의 비서관이 된 야스이(安井誠一郎)의 추천으로 식민지 관료가 된 김우영은 광주로 부임하게 된다. 아내의 스캔들 탓으로 변호사업을 계속할 수 없었다고 한다.[24]

상심이 컸던 혜석은 파리의 클루니 미술관[25]의 정원을 그린 작품 「정원(庭園)」을 완성해서 출품하여 제10회 조선미술전람회에서 특선, 제12회 제국미술원전람회에서 입선을 했다. 이로써 자립에 대한 자신감을 되찾은 것 같았으나 경제적인 자립은 쉽지는 않았다. 생활하기 위해 1933년에 서울 종로구 수송동에서 개설한 여자미술학사의 경영은 실패로 돌아가고 같은 해의 제12회 조선미술전람회에서는 낙선하고 재기도 어려웠다.

이하는 여자미술학사를 경영하던 때에 야나기하라 키치베(柳原吉兵衛)에게 유창한 일본어로 보낸 엽서다.

> 그간 무소식을 사과드립니다. 연말이라 할아버님 할머님 여러분께서는 바쁘게 지내실 줄 압니다. 덕분에 저는 매일 학교에 나가있으며 상관없는 일이오니 안심해주시기 바랍니다. 어제부터는 겨울방학이라서 느긋한

---

24) 「弁護士評判記」, 『東光』 31号, 1932年 3月.

25) 15세기 후반에 건립된 수도원. 중세 미술관으로 이용되고 있다.

> 생활이 되리라고 생각되옵니다. 내년부터 자격이 있는 학교로 하기 위하여 지금 교장(필자주 : 나혜석 자신을 가리킴)은 도쿄에 와서 운동하는 중입니다. 아마 돌아가는 길에 할아버님 댁으로 들릴 것입니다. 오늘은 변변치 않지만 조선산 꿀밤을 보내드립니다. 언짢게 생각하지 마시고 받아주시기 바랍니다. 그저 마음뿐인 것이니까 부끄럽습니다.
> 그러면 때가 때이니 아무쪼록 자중 자애하시기 바랍니다.[26)]

야나기하라는 일본 오사카 근교의 사업가이지만 기독교적인 우애정신으로 조선인 동화를 위한 「협화회(協和會)」 활동을 추진한 인물이며, 이왕가어경사기념회(李王家御慶事記念會) 설립자이기도 했다.[27)] 혜석의 진필 엽서는 1996년 경에 필자가 야나기하라의 유족이 모모야나가쿠인(桃山學院)에 기증한 자료의 정리를 사료실 개관 준비 과정에서 돕다가 관련 엽서 2장을 발견한 것이다.[28)] 그리고 나중에 사료실이

---

26) "御無沙汰致しました. 歳末で貴宅ではおじい様おばあ様を始めとし皆様はお忙しい事と存じます. お影(ママ)様で私は毎日無事に學校に出て居ますから他事ながら御安心下さいませ. 昨日からは冬休みですからしばらくはのん氣な生活だろうと思います. 來年からは資格のある學校にする爲めに只今校長(筆者注 : 羅蕙錫自身のこと)は東京に行って運動している際(ママ)中です. 多分歸りにはおじい様の處へ寄ることと存じます. 其の折は何卒よろしくお願い致します. 今日は御粗末ながら朝鮮御土産物として甘栗を少し御送り致しました. 惡しからず受け取って下さるやうお願い致します. ほんの心だけの物でございますから恥かしく思ふ次第でございます. それでは時節柄御身ご大切になさいませ."

27) 당시 협화회 자료에도 "실업가이면서 사회사업, 조선의 야나기하라씨냐 염색공장의 야나기하라씨냐 불릴 정도로 泉州 사카이(堺)의 독지가"라고 쓰여져 있다(『協和會·戰時下朝鮮人統制組織の硏究』, 社會評論社, 1986年). 야나기하라는 1896년에 염색소를 설립, 러일전쟁 때 육군 군복의 염색으로 성공하여 전후에는 조선인 상대로 표백한 무명을 수출한다. 그 사업을 통해서 조선인과의 인맥이 생겨 대량의 조선인을 고용하게 된다. 『大和川染工所七十年史小史』(同所, 1966年)에는 기독교의 인도주의로 內鮮一体를 추진하려고 했다는 기술이 있다. 야나기하라는 민간인이지만 미나미 총독 방에 자유롭게 출입할 정도로 힘을 가지고 나중에는 차별없이 내선일체를 하기 위해 조선인도 징병하자는 제안도 총독부에게 했다.

28) 『中央日報』(日本語版) 2012년 9월 3일부에서 우라카와 도쿠에(浦川登久惠) 교수가 나혜석이 야나기하라에게 보낸 서신과 사진자료를 처음으로 발견했다고 크게 보도한 바가 있으나 이미 필자의 논문 「朝鮮"新女性"に見る民族とジェンダー」(2001)

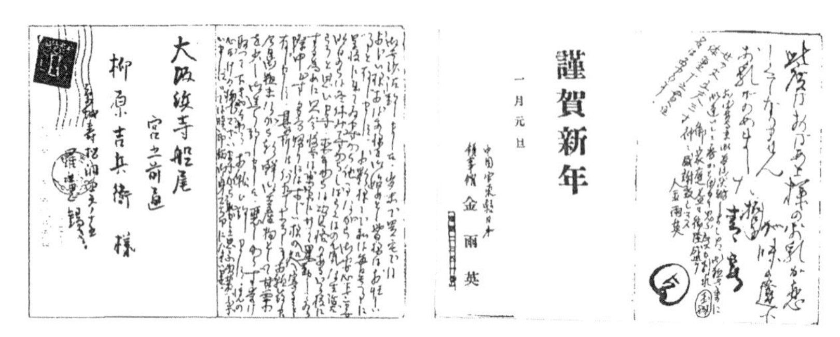
柳原吉兵衛 様

謹賀新年
一月元旦
金雨英

〈사진 2〉 나혜석이 야나기하라에게 낸 엽서(좌) / 봉천에서 김우영 가족이 야나기하라에게 낸 연하장(우)

개관된 후에 다른 편지나 사진들이 공개되었던 모양이다.

필자가 발견한 엽서의 한 장은 가족 모두가 보낸 연하 엽서인데 야나기하라와는 김우영이 봉천에서 부영사를 했던 시절에 이미 알게 된 것 같다. 또 한 장은 이혼한 후에 낸 것이며 정중하게 쓰여진 내용을 보니까 미술학교를 운영하는 데 도움을 청하려고 하는 분위기다.

그 후 사료실에서 야나기하라에게 그림 「정원」을 사주는 사람을 소개해달라는 편지도 나왔다니까 필자가 추측한 대로 경제적으로 어렵게 사는 혜석이 도움을 청했던 것이다. 누가 사갔는지 알 수 없으나 「정원」은 300엔으로 다른 소품까지 포함해서 도합 1400엔에 팔렸다고 한다. 그 전후해서 요시노 사쿠조에게도 도와달라고 연락을 하고 있다.

그러다 차차 궁지에 몰리게 된 나혜석은 갑자기 『삼천리』 1934년 8·9월호에 「이혼고백서(離婚告白書)」를 발표하여 세상을 놀라게 한다. 그 내용은 여성에게만 일방적으로 정조관념을 강요하는 사회통념을 비판하고 남성의 여성차별의식을 매섭게 고발한 것이다. 이어서 이혼

에서 발견한 엽서를 소개하고 있다.

의 원인을 제공한 최린을 고소한다. 친정 식구들은 혜석의 일련의 행동을 도저히 이해할 수 없다고 출입을 못하게 했다.

나혜석은 고독 속에서 신음하면서도 창작 활동을 계속하여 1935년에 개인전을 열지만 200점의 「근작소품전(近作小品展)」의 평판은 그다지 좋지 않았다. 아들 김진의 책에 의하면 그림에 문제가 있던 것이 아니라 세상을 떠들썩하게 한 사건 때문이라고 한다.

실의의 구덩이에 빠진 혜석에게 설상가상으로 덮친 것은 시어머니가 데리고 있던 장남의 죽음을 알리는 비보였다. 가부장제 규범에 반발해왔으나 항상 가부장들의 보호를 받고 살아온 그녀는 절망의 구렁텅이에 잠기게 된 것이다.

나혜석이 그린 400점을 넘는 작품 가운데 현존하는 것은 17점밖에 되지 않는다. 거기에다 남아있는 것은 졸작인데다가 수상작품도 흑백 사진이니 미술적 평가는 하기 어렵다[29]고 한다.

그러나 그 중에서 「자화상(自畵像)」은 혜석의 실력을 엿보이게 하는 작품이라고 평가 받고 있다. 서양인처럼 입체적인 얼굴, 평면적으로 처리되어있는 신체와 배경, 이런 기법으로 구미여행에서 돌아온 직후의 작품이라고 추정되지만 단순한 형식, 대조적인 색채의 명암(明暗)으로 우울한 심리가 잘 표현되어있다고 한다.

〈사진 3〉 자화상(自畵像)

그러나 얼마 후에 그동안의 고

---

29) 金喆孝(2004).

생으로 신경계의 만성진행성 퇴행성 질환인 파킨슨병에 걸려 그림도 못 그리게 된다. 하는 수 없이 김일엽이 비구니로 수행하는 수덕사를 찾아가 거기서 잠시 머물기로 한다. 당시의 조선인 지식인들이 대부분이 기독교 신자였기 때문에 아는 사람들을 멀리 하고 싶은 심정도 불교 사찰에 간 하나의 이유라고 보인다. 해인사, 마곡사, 다솔사등 불교사원을 전전하면서 외로운 세월을 보냈다.

아이들하고도 못 만나게 된 혜석의 형편을 가엽게 여긴 올케는 혜석을 양로원에 입소시키지만 몸과 마음이 망가진 그녀는 서울 주변을 배회하곤 했다가 원효로에서 쓰러지고 만다. 실려간 시립자제원(市立慈濟院)에서 1948년 12월에 파란만장한 일생을 마감했다.

양로원에서 우연히 만난 젊은 화가 박인경(이응로 화백의 아내)은 혜석을 돕고 원고 교정도 했으나 그런 원고나 거기서 그린 그림도 현존하는지 조차 모른다.

김우영은 그후 신정숙과 이혼, 부산YWCA를 설립한 사회운동가 양한나(梁漢拏, 1893~1976)와 결혼하여 제국 일본이 주최한 「紀元2600년(1940)축전」의 초대객으로 광영록(光榮錄)에 기록될 정도로 유력자, 총독부 관료로서 출세를 한다. 곧 그와 가까이 했던 이광수, 파리의 연인 최린도 일본의 침략전쟁에 적극 가담하였다.

6. 나아가며 : 식민지주의와 여성주의

오랜 세월 동안 나혜석은 '불륜'을 저지른 부도덕한 여자로서 사회에서 매장 당했고 여성의 지위가 많이 상승한 오늘날에는 그와 정반대로 그녀의 자유분방한 행동이나 솔직한 심정 토로가 가부장제와 맞서 싸운 페미니스트로서 높은 평가를 받고 있다.

분명 나혜석의 대담한 주장은 오늘날에도 퇴색되지 않았을 뿐더러 성차별적인 가부장 문화 속에서 당시 사회의 기만을 고발한 만용(蠻勇)에는 박수를 보내고 싶다. 한국 사회가 그녀의 사상에 대한 평가를 적극적으로 바꾼 배경에는 민주화가 진전됨으로써 페미니즘이 널리 수용된 것과 양성 평등을 보장하는 정책이나 법 정비가 있을 것이다.

그러나 본고에서는 나혜석의 섹슈얼리티에 관한 발언이나 생각을 평가하는 것이 아니라 식민지주의와 관련시켜서 나혜석의 사상을 재검토하고자 한다.

나혜석이 일본에 유학간 시기는 세이토샤를 중심으로 일본 신여성들이 화려하게 활약한 때이다. 경제적으로는 제1차 세계대전의 특수경기(特需景氣)로 채무국에서 채권국으로 전환한 호경기를 배경으로 도시 문화가 꽃피웠던 것이다.

나혜석이 쓴 「이상적 부인(理想的婦人)」(1914)에 히라츠카 라이초(平塚らいてふ)나 요사노 아키코(与謝野晶子)의 이름이 보이는 것으로 볼 때, 일본 다이쇼기의 여성해방사상에 강한 영향을 받은 것으로 짐작된다. 이혼 후에 쓴 「신생활에 들면서」(『三千里』 1935년 2월)에서 "정조는 도덕도 법률도 아무 것도 아니요, 오직 취미다.－밥 먹고 싶을 때 밥 먹고－임의용지(任意用志)로 할 것이요, 결코 마음의 구속을 받을 것이 아니다"라고 했다. 게재된 대중잡지를 통해서 나혜석의 충격적인 주장은 급속도로 사회에 퍼져 "뭐뭐는 취미"란 문구가 유행어가 되었다. 정조는 취미라는 표현이나 음식에 비유하는 표현은 당시 일본의 요사노 아키코나 이쿠타 하나요(生田花世) 같은 신여성들이 즐겨 쓰던 도발적인 말로 일세를 풍미했던 것이다.

활기찬 시기의 일본에서 조선 젊은이의 마음을 사로잡은 것은 전술한 대로 연애사상이었다. 일가친척들이 모여사는 조선의 마을 공동체에서 연애한다는 것은 곧 근친결혼이 된다. 그것을 엄격히 배제해온 조선에서는 자유연애 자체가 전통적인 규범에 대한 도전이며 저항이다. 고향 마을을 떠나 도쿄나 서울 같은 도시에 나간 남녀에게는 연애하는 것 자체가 근대로의 변혁이며 행복을 약속하는 계약서 같은 것이었다. 그만큼 1910년대의 일본에 간 유학생들에게는 근대가 절대적인 가치였다.

"나혜석 같은 사람은 결혼해서는 안 되는 거야"라고 장녀 나열은 말하지만[30] 당시는 자립해서 예술을 추구하는 것은 어렵고 엘리트 남자랑 결혼하는 것이 가장 합리적인 방법이었다.

남편의 이혼 신청에도 승복하지 않으려는 혜석을 보고 아광수는 엘렌 케이를 인용하면서 불화한 부모 밑에서 자녀를 기르는 폐해를 말했다. 혜석은 아이들에게 모성애가 중요하고 자기자신이 현모양처로 살아왔다고 항변했다.

「이상적부인」에선 현모양처는 교육가의 '상매적일호책(商賣的一好策)'이며 현부양부(良夫賢父) 교육법이 없는데 여자에게만 요구하는 것은 여자를 부속물로 보는 것이라고 날카롭게 비판하고 있다.

나혜석이 처음으로 쓴 단편소설 「경희(瓊姬)」(1918)의 내용은 도쿄 유학중인 주인공이 휴가로 집에 와있는 동안에 체험하는 신구(新舊)의 가치관의 갈등을 묘사한 것이다. 당시 밥도 제대로 짓지 못하는 '신여성'에 대한 편견은 심했으나 혜석의 분신인 주인공은 근대 가정학으로 가사도 해내는 슈퍼우먼으로 낡은 기치관과 대항하려고 한다. 즉 조선 사회에서도 받아들일 수 있는 근대적 여성상을 모색하고 있다. 그런데 이혼할 때에 자기자신을 현모양처라고 주장한 것은 자기도 모르게 현실과의 타협을 하면서 변화해온 것이다.

자신이 생존하려고 근대 가족이란 그릇에 자유연애를 담으려고

---

30) 김진, 『그 때 그 길이 왜 그리 좁았던고』.

하였으나 거기에는 피치 못할 딜레마가 있었다.

> 외국에 유람 중에 내외국에 큰 대우를 받으신 이는 그만한 이가 없을 것 같습니다. 나도 퍽 흠선(欽羨)하였습니다.(「구미 만유하고 온 여류화가 나혜석 씨와 문답기」, 『別乾坤』 1929年 9月)
>
> "(蕙錫) 나는 공을 사랑합니다. 그러나 내 남편과 이혼은 아니합니다."
> "(崔麟) 과연 당신의 할 말이오. 나는 그 말에 만족하오."
> "(蕙錫) 나는 결코 내 남편을 속이고 다른 남자, 즉 C를 사랑하려고 하는 것은 아니었나이다. 오히려 남편에게 정이 두터워지리라고 믿었습니다." (「離婚告白狀」)
>
> "나는 확실히 유혹을 받았었고 나는 확실히 호기심을 가졌었다. 우리는 황무한 형극의 길가에서 생각치 않은 장미화를 발견한 것이었다. 방향(芳香)과 밀봉 중에 황홀하였던 것이다."
> "가자, 파리로. 살러 가지 말고 죽으러 가자. 나를 죽인 곳은 파리다. 나를 정말 여성으로 만들어 준 것도 파리다."(「신생활에 들면서」)

생활비를 버는 수단으로 월간대중잡지에 정력적으로 원고를 썼는데 『삼천리』에 투고한 「이혼고백장」에서는 결혼과 이혼에 관한 전말을 밝히면서 여성에게만 정조관념이 강요되는 것을 비판했다. 세상을 더 놀라게 한 것은 최린을 상대로 고소한 것이다. 정조를 유린했다고 위자료 12,000엔의 청구 제소(提訴)를 한 결과, 소송 취하 조건으로 최린과 합의를 보고 위자료 6,000엔을 얻어낸 것이다.

혜석은 식민지 조선의 근대 가족에서 자아실현을 하려고 했으나 실제 결혼생활에서 생기는 모순을 독자적인 방법으로 극복하려고 하였다. 즉 일부일처제를 풍부하게 하기 위해 남녀에게 똑같이 혼외 연애가 허용되어야 한다고 생각했다. 이것은 자신의 혼외 연애를 이유로 이혼을 요구하는 남편에게 그리고 자기를 비난하는 세상에 대한 변명일지도 모르나 그녀 자신은 끝까지 근대 가족을 떼어놓으려고 하지 않았다.

기생 출신인 신정숙에게 "돈 있는 갈보"(「이혼고백장」)라고 멸시하고 남편의 재혼을 경계했다. 「이혼고백장」을 쓴 후의 나혜석은 정조를 유린당했다고 하는 한편으로 최린과의 연애를 스스로 받아들였다고 하는 혼란을 보이면서 벼랑 끝으로 몰려 무서울 게 없다는 박력으로 섹슈얼리티에 관한 본심을 털어놓는다. 「독신 여성의 정조론」(『三千里』 1935年 10月)에선 "성욕 한 가지로 인하여 일찍이 자기 몸을 구속할 필요가 없을 것 같아요", "그러기에 여자 공창만 필요한 것이 아니라 남자 공창도 필요해요", "돈을 주고 성욕을 풀고 명랑한 기분으로 살아가는 것이 아마 현대인의 사교상으로도 필요할 걸요"라고 해서 남녀의 성매매를 권장한다.

식민지의 근대 가족을 모범적으로 실천했던 모델은 공범관계에 있던 김우영과의 균열도 보이면서 자기 속마음을 털어놓는다.

이전에 나혜석이 평가받지 못했던 이유의 하나로 그녀가 친일파 세계에 몸담고 있었다는 것을 들 수 있다.

거기에 대해 나혜석의 민족주의자의 면모를 강조하는 주장도 있다. 그 근거로 나혜석이 3·1독립운동에 참가하여 5개월이나 감옥생활을 치른 것, 또 남편의 지위를 이용해서 의열단 단원의 권총을 숨겨준 것을 김원봉이 증언하고 있다는 것[31]들이다.

첫머리에 나혜석이 말한 황옥사건[32]이 그것이지만 이에 대해서

31) 朴泰遠(1980).

32) 백과사전에 의하면 경기도 경찰부 경부인 황옥이 1920년에 의열단의 제2차 국내 거사계획으로 일제기관 파괴와 친일파 암살을 위하여 무기를 국내로 반입하는 것을 돕다가 발각돼 체포된 사건. 학계에서는 황옥이 공을 세우기 위해 일제의 밀정 역할을 한 것으로 보고 있다.(『네이버 지식백과』)

혜석 자신은 자세히 말하지 않았으나 이 사건으로 부부는 경찰에서 취조를 받게 되었다. 그러나 전술한 바와 같이 김우영의 친지인 마루야마 츠루키치의 도움으로 방면(放免)되어 사건의 재판이 진행 중에 부부는 구미여행을 떠난다.

3·1독립운동의 보안법 위반에 관한 경성지방법원 검사국에서의 심문조서에서 총독정치에 대한 물음에 대해 나혜석은 정치에 대해서는 모른다고 대답하고 있다. 그 후의 혜석의 행동을 보는 한, 이것은 전술적인 답변이라기보다 그녀의 솔직한 마음을 표현한 것으로 보인다. 안동현에서의 권총 은닉도 소박한 동포의식의 발로인 것 같다. 인간 관계는 통치권력 측에 가까웠으나 고향이나 친지들을 아끼는 마음도 부부가 똑같이 자연스럽게 소유한 것이다.

그러나 두 사람이 생각하는 민족주의는 시간의 경과에 따라 조금씩 변화해가며 막바지에는 식민지 통치 밑에서 조선의 번영을 바라는 방향으로 기울어갔던 것이다. 차남 김진이 아버지가 친일파란 이유로 학교에서 따돌림을 당했을 때 계모인 양한나는 "만주에서의 독립운동은 계란으로 바위깨기와 똑같아요. … 대한제국이 독립하려면 하나님의 도우심밖에는 없다고 믿게 됐소."라고 타일렀다. 또 김우영이 관청에서 일하는 것은 호구지책일 뿐, 일본에 대한 충성도 아니요, 친일은 더욱이 아니라고 덧붙였다.

김우영 자신이 "세월을 이기는 사람은 없다. 그래서 우리는 세월 앞에 무력하다. 또 그러하기에 세월을 따를 수밖에 없다. 세월은 변화를 반드시 동반한다. 그 변화를 사람들은 예견한다고 하지만, 전혀 그렇지 못했다."고 아들에게 이야기하고 있다.[33] 좋게 해석한다면 면종복배하면서도 시세를 거스르지 않고 조용히 살겠다는 것이지만 현실주의와

33) 김진, 『그 때 그 길이 왜 그리 좁았던고』 참조.

허무주의가 갈등하는 조선인의 내면이 엿보인다.

다이쇼데모크라시의 시대, 많은 유학생은 요시노 사쿠조 같은 리버럴한 민주주의자를 만나 사상적인 영향은 물론이고 실생활에서도 도움을 받았다. 아이로니컬하게도 이런 경험이 일본에 대한 환상과 기대를 가지게 한 면이 있다. 특히 김우영의 경우 생계 때문에 관직을 얻고 일상적인 양보를 거듭하다가 객관적인 자화상이 안 보이게 된 것이다. 이혼 후에 나혜석은 회상에서 김우영을 "선량한 남편"이라고 했으나 그 선량함은 좁은 공간에서만 발휘되었다.

나혜석은 풍부한 재능과 날카로운 감수성으로 식민지기에 산 여느 여성보다 연구자료가 될 회화, 문장, 사진을 남겨 자기 내면을 다 말한 것 같으나 남편이 제국의 관료가 된 것에 대한 생각은 말하지 않았다. 「구미 여성을 보고 반도 여성에게」(『三千里』 1935년 6월)에서 차별의 실상을 감추기 위해 일제가 새로 만든 정치적인 언어 "반도"란 말도 그대로 쓰고 있다.

나혜석의 정치적인 관심은 희박하다고 할 수 있으나 미국이나 영국의 부인참정권에 대한 관심[34]은 일본 페미니즘의 영향이라기 보다는 조선의 자치를 지지했던 최린의 영향이라는 문맥으로 이해할 수 있을 것이다.

오히려 「이혼고백장」이나 정조유린소송에서 김우영과 최린을 고발한 것은 그들의 친일적인 자세에 대한 비판이 아니라 오직 여성에게만 정조가 요구되는 차별성에 대한 분노였다. 그녀는 이혼 후에도 사이토 마코토의 식민지 통치의 지적 고문이었던 아베 미츠이에들과 같이 압록강 여행을 하고 있었듯이 통치권력에 가까운 사람들과도 거리낌 없이 교류를 했다.

---

34) 「英米婦人參政權運動者會見記」, 『三千里』 1936년 1월.

물론 5개월이나 독립운동으로 감옥생활을 한 그녀에게 제국 일본에 대한 상반되고 모순된 감정이 전혀 없지는 않았을 것이다. 그런 내면의 균열을 메우는 일이 서양과 자기자신을 동일시하는 일이었다. 자화상이 서양인의 얼굴이 되어 있는 것도 그런 심리에서 나온 것으로 해석된다. 또 혜석이 친하게 지낸 사람들이 일본 여성이 아니라 일본 남성이었다는 것도 자기를 감싸줄 가부장에 대한 굴절된 심리를 나타낸 것이다.

요컨대 김우영과 나혜석 사이에 존재하는 어려움은 어디까지나 남녀에 관한 것이었다. 일본 여성 작가에 비하면 혜석에게는 항상 시대의 선구자로서 식민지하의 지식인으로서 조선을 어떻게 변혁하느냐 하는 문제의식이 있었다는 연구자도 있으나[35] 그럴 때엔 변혁의 내용을 검토해야 할 것이다.

이혼 후에 친권을 남편 측에 빼앗겨 아이들과도 못 만나게 된 것은 식민지 민법의 규정이다. 그러나 통치권력의 성차별에는 눈이 가지 않고 오로지 비난의 대상은 남편을 비롯한 조선의 남자 사회, 가부장제 사회였다.

많은 사람의 관심을 끄는 그녀의 독백의 매력은 본인의 솔직함에 있지만 아들 김진은 "절제해야 했다. 그런데 어머니는 절제를 인간적이지 못한 비겁함과 동일시하는 성숙되지 못한 시각을 가졌다"고 보고 있다.

그것은 그녀의 타고난 성격에다가 계급성이 겹쳐서 작용한 면도 있다. 이혼 전까지는 연인과의 사별 이외는 거의 자기 뜻대로 살아올 수 있었으며 창작과 가사를 양립한 것도 가사 도우미의 노동으로 가능했던 것이다. 김우영과 재혼한 신정숙을 대중적인 매체에서 "갈보"라고 매도하거나 만주에 있던 동포 "밀매음녀"들에 대해서 아무런

---

35) 浦川登久惠(2012).

감정도 안 보이는 것도 그녀의 감수성이 계급적인 한계를 넘어서지 못한 것을 말해준다.

나혜석은 앞에서 소개했듯이 남녀 쌍방이 이용할 수 있는 공창제를 제안했으나 이용할 남녀와 그것을 제공할 남녀는 계급적으로 다른 세계에 사는 조선인이다. 동시대에 인신매매되고 자기 인생을 체념할 수밖에 없던 젊은 여자들은 식민지 조선에서 증가 일변도에 있었으며 혜석 자신이 고국 땅에서 멀리 떨어진 만주에 그런 여성들이 있다는 것을 알고 있었다.

나혜석 사상의 핵심은 식민지 하에서도 근대 가족을 실현하고 현모양처와 자유분방한 연애를 한 그릇에 담으려고 한 데에 있다.

한편 조선총독부는 조선남자에게도 징병제도를 추진시키기 위해 근대 가족, 즉 핵가족으로 개편하려고 했다. 현모양처라는 근대 여성통치사상으로 가사를 합리화하고 식민지 경제 파탄을 미봉하려고 했었다. 권력이 볼 때 이혼 전의 나혜석은 식민지 가족의 성공적인 광고탑이었다.

지금 일본에서 과거 역사를 왜곡하려는 역사수정주의자들은 제국을 미화한 교과서를 만들려고 하는 한편, 양성평등을 부정한다. 이와 같이 성차별과 식민지주의는 서로 보완할 관계이다.

나혜석이 「이혼고백장」이나 「신생활에 들면서」를 쓰게 된 것은 식민지 근대 가족의 환상이 깨짐으로 가능했으나 보다 큰 장치–제국의 식민지주의까지는 그녀의 감수성은 이르지 못했다. 제국의 근대적 가부장제엔 둔했던 것인데 성차별을 더 조직적으로 한 것은 바로 근대 가부장제이다. 그녀의 좌절은 어찌 보면 식민지 근대의 함정에 빠진 '신여성' 스스로의 필연이었을지도 모른다.

물론 보수적인 정조관념에서 나혜석을 잘라낼 생각은 없다. 또 남편이나 연애 상대를 가지고 여성의 사상을 단정해서도 안 되지만 인물

평가의 자료로 삼을 수는 있다. 하여간 어떤 동기라도 고립된 상황에서 성차별을 맨손으로 고발한 용기는 평가될 것이고 나혜석이 주장하고 싶었던 심정은 많은 여성들이 공감해온 바이다.

그러나 여제론(女帝論)이 여성주의와는 무관하고 진공관(眞空管) 속에서의 양성평등이란 있을 수 없다. 어느 정도 민주화를 실현하고 경제성장을 이룬 한국에서 나혜석이 높이 평가되는 것은 민주화 다음의 타겟을 양성평등에 두는 여성들의 존재가 반영되어 있다.

제2차 페미니즘의 "개인적인 것은 정치적인 것"이란 슬로건은 "공사(公私)"간의 구별에 의문을 제시한 것이다. 나혜석의 민족주의, 혹은 식민지주의 비판을 문제 삼지 않고 섹슈얼리티 논의만 평가하려는 최근의 경향은 그 배경에 식민지 근대화론이나 사적 영역만 중요시하는 페미니즘의 잘못된 해석이 있어서가 아닌가 우려가 된다.

나혜석이 살았던 시대는 식민지지배를 받고 다가오는 전쟁으로 조선이 병참기지로 개편될 시기였다. 당연히 조선 안에서도 군대가 주둔하는 지역에는 군인을 상대로 하는 성 산업과 인신매매가 갈수록 더 융성하였다. 여성 존중에는 민감하면서도 식민지주의에 대한 언급은 왜 없었을까. 식민지 통치 하에서도 여성은 해방된다고 생각했을까.

그녀는 섹슈얼리티까지 깊이 파고든 말을 하면서도 왜 식민지 통치 권력에 가까운 남성들에게 구원을 요청했을까. 서구나 일본의 여성들이 누리는 여러 권리를 식민지 하의 조선여성도 얻어낼 수 있다고 생각한 것인가.

이런 의문을 푸는 보조선으로 미술사 분야에서의 나혜석 평가를 여기서 소개하고자 한다. 미술사 연구자 구보타 기미코에 의하면 나혜석의 작품에는 서양의 기법이나 양식을 원용하면서도 민족적인 것을 찾기는 어렵다고 한다. 그것은 서양의 그릇을 도입하는데 급급했으나 자기 것으로 소화하지 못한데서 온 것이고 만약 나혜석이 조국이

놓여있는 현실을 똑바로 보고 거기서 피하지 않고 민족의 정체성을 소중히 생각했더라면 미술 작품에도 모방이 아닌 창작성을 발휘할 수 있지 않았을까라고 한다.[36)]

사상이라는 것은 단편적인 언어를 잘라내는 것이 아니라 인생의 총체로 봐야 할 것이다. 1987년의 한국의 민주화는 성차별을 시정할 법이 정비되었고 양성평등도 크게 진전이 되었으나, 한쪽 바퀴인 경제면에서는 신자유주의 도입으로 오히려 남녀 격차보다 여여(女女) 격차가 심해진 결과를 초래했다.

가부장들의 민족주의에 몸서리치던 여성들의 나혜석 평가는 대부분이 긍정적이었으나 관제민족주의가 아니라 식민지주의 비판이란 관점에서 음영이 깊은 연구가 나올 때가 되지 않았나 한다. 그런 의미에선 나혜석의 평가는 미완의 과제로 남아 있으나 필자는 상식을 넘은 행동, 모순된 주장, 거기에 식민지주의의 앞길이 막힌 '신여성'의 망가진 자아를 보는 것이다.

반기를 든 '마녀'를 추방한 남자들, 최린, 김우영, 이광수들은 일제의 침략전쟁과 보조를 맞추다가 민족해방 후 1949년 1월 5일부터 한국에서 열린 반민족행위특별조사위원회(反民族行爲特別調査委員會)에서 차례로 체포되어 갔다. 김우영도 부산에서 1월 26일에 체포 구금되지만 2월 15일에 병보석(病保釋) 되었다. 세계의 냉전체제로 해방 후도 식민지주의는 계속되었기 때문에 역사적인 청산은 제대로 하지 못하였다. 아버지가 데리고 간 아이들, 나열과 진은 미국에 건너갔고 3남은 한국은행 제17대 총재를 했다가 2015년 4월에 세상을 떠났다.

36) 久保田貴美子(1997), 29쪽.

참고문헌

| 자료 |

金雨英, 『回顧』, 新生公論社, 1954.
최승만, 『나의 회고록』, 仁荷大學校出版部, 1985.
이상경 편집·교열, 『정월 나혜석 전집』, 태학사, 2000.
서정자, 『정월 나혜석 전집』, 국학자료원, 2001.
나혜석기념사업회 간행, 서정자 엮음, 『(원본)나혜석연구』, 푸른사상사, 2013.

| 연구논저 |

李龜烈, 『羅蕙錫 一代記－에미는 先覺者였느니라』, 同和出版公社, 1974.
나영균, 『일제시대, 우리 가족은』, 황소자리출판사, 2004.
김진, 『그 때 그 길이 왜 그리 좁았던고』, 해누리, 2009.

朴泰遠, 『金若山と義烈団』, 皓星社, 1980.
樋口雄一, 『協和會·戰時下朝鮮人統制組織の研究』, 社會評論社, 1986.
久保田貴美子, 「韓國最初の女流畵家 羅蕙錫について」, 『芸術研究』 12号, 廣島芸術學會, 1997.
宋連玉, 「朝鮮"新女性"に見る民族とジェンダー」, 『日本社會とジェンダー』, 明石書店, 2001.
羅英均, 『日帝時代, わが家は』, 岩波書店, 2003.
金喆孝, 「羅蕙錫の活動と社會狀況」, 『女子美術大學研究所 第1回シンポジウム議事錄』, 2004.
朴宣美, 「「女」を「言語化」しつづけた羅蕙錫という朝鮮女性」, 『現代の理論』 16号, 2008.
裵玲美, 「朝鮮總督 齋藤實と安倍充家による朝鮮人留學生"支援"」, 『日韓相互認識』 4, 2011.
浦川登久恵, 「離婚後の羅蕙錫の言論活動－1930年代を中心に」, 『朝鮮學報』 222号, 2012.
宋連玉, 「羅蕙錫(1896~1948)－壞れゆく朝鮮「新女性」の自我」, 『東アジアの知識人』 第3巻, 有志舍, 2013.

『무정』의 그 많은 기생들
: 이광수의 민족 공동체 또는 식민지적 평등주의

이 혜 령

1. 매춘의 일반화 과정으로서의 식민지화와 『무정』

1910년 국망에 이르자 스스로 절명한 황현은 『매천야록』에서 개항 이후 차마 얼굴을 가리고 싶을 정도로 변개한 성 풍속에 대해 탄식했다.[1] 식민지화 과정이 야기한 새로운 매춘 공간과 그것을 매개로 한 사회적 관계의 확장은 생활세계를 균열시키는 사건으로 나타났던 것이다. 보는 자가 얼굴을 가리고 싶을 정도로의 수치감을 안기는 상황을 넘어, 그 여자들 속에서 아는 이웃의 얼굴을 발견하게 된다면, 알고 지내던 이웃의 딸이 소식을 모르고 지내다가 '창기'가 되어 나타난다면 어떻게 반응할 것인가?

이 글은 『매일신보』에 1917년 1월 1일부터 6월 14일까지 연재된 이광수의 『무정』을 식민지화에 의해 야기된 매춘의 일반화 현상에 대한 식민지 원주민의 반응을 본격적으로 의미화한 텍스트로 재독할

1) 황현(1904), 177~178쪽. 이는 1904년 경무사 신태휴가 유녀들의 집거를 추진하게 된 전후 상황에 대한 글이었다. 1904년 러일전쟁 이후 일본의 군대와 함께 매춘이 증가하자 대한제국이 유녀들의 집거를 추진한 상황에 대해서는 강정숙(1998), 206~207쪽.

것을 제안한다. 나의 재독은 이 소설을 식민주의와 민족주의의 성적이고 젠더화된 알레고리로 해석하는 것[2]보다는 근대적 개인·민족 주체의 원형질을 다방골 기생에게 구한 『무정』이 기대고 있었던 사회적 실제의 매트릭스를 규명하는 방향을 취할 것이다. 기생 이야기로서의 『무정』은 전통적인 기녀담이나 애정소설, 신소설과 그 인기를 고려한 데서 탄생했다기보다[3] 당대 기생과 그것을 둘러싼 사회적 관계의 의미화 과정에서 나왔기 때문이다.

서영채가 『무정』을 자기 목적성과 도구적 합리성의 분열 사이에서 반성적이게 되는 근대적 욕망의 주체 탄생 서사로 독해[4]한 이후 '근대성'은 『무정』으로부터 다채로운 빛을 발산케 하는 만화경의 기능을 하였다.[5] 이영아는 영채를 근대적 연애, 결혼관과 함께 도시화, 산업화에 따른 매음의 증가에 의해 더욱 강조된 근대의 순결 이데올로기, 나아가 우생학에 의해 포착된 '육체'의 근대성을 각인한 인물 형상으로 포착해낸다.[6] 이경훈은 화폐의 교환 시장과 식민지/제국주의의 관계로 대변되는 사회적 관계를 규율하는 차이와 배제의 원리가 작동하는 근대 세계에서, 남자 주인공 형식에게 '근대지식'과 '하이칼라 처자'와의 '자유연애'가 원근법을 극복하게 하는 유일한 무기이자, 나아가

---

2) 예컨대 이정심은 영채에 대한 친일적 인물인 배학감과 김남작의 강간사건을 1910년 한일병합의 성적 알레고리고 본다. 이정심(2006), 참조. 이 강간사건이 식민주의에 대한 비판적 효과를 지닌다는 논의로는 김경미(2004), 참조.

3) 물론 『무정』의 영채는 대중들의 큰 호응을 얻은 '기녀담'(妓女談) 모티브의 신소설 또는 신작 구소설을 수용하여 탄생하였다. 여기에 대해서는 남상권(2001) ; 정병설 (2011), 참조.

4) 서영채(1992), 참조.

5) 1990년대 이후 민족주의/(탈)식민주의 이론의 도입에 의해 팽창한 『무정』 연구의 경향에 대한 비판적 개괄로는 최주한(2013), 참조.

6) 이영아(2002), 참조. 한편, 정혜영은 자유연애와 일부일처제의 이상에 의해 여학생이 그 중심에 부상하면서 기생과 첩은 일부다처의 상징으로 낙인찍히는 상황으로 『무정』 등의 근대문학에 나타난 기생의 표상과 그 변천에 주목한 바 있다. 정혜영(2007), 참조.

경쟁세계 내에서의 '우생학'과 매개된 자유연애는 근대 사회와 제국주의 경쟁의 생존을 위한 개인적·민족적 기획이었음을 주장했다.[7)]

그러나 이상의 논의들은 주인공인 계월향(영채의 기명)이었기도 한 영채의 역사적 형성에 대해서는 놀라울 정도로 무관심하다.[8)] 그것은 많은 논의들이 기생에 대해 현재에도 통용되는 통념에 기대고 있었기 때문이지만, 그 통념이 형성된 역사적 과정에 대해서는 충분한 접근이 없었다. 이 글은 당대 식민화에 따른 매춘의 일반화 문제, 그것과 동시적으로 진행된 전래의 신분제적 존재이던 기생의 근대적 전환 속에서 다방골 기생 영채의 탄생을 이야기하고자 한다.

기생은 전국적으로 실시된 공창제(1916)로 대표되는 식민지 매춘관리체계의 중심적 대상이 되었을 뿐만 아니라, 식민지-제국의 이벤트에 대거 동원, 전시되었으며 주요한 징세의 대상이었다. 식민지 국가와 미디어에 있어 기생이 가장 다루기 쉽고 유순한 신민(subject)이 되어가던 바로 그 무렵 이광수는 기생을 주인공으로 내세웠다. 영채 이야기가 『무정』이 대중 민족주의 텍스트가 될 수 있었던 기본적인 요소이다. 또한 『무정』은 근대성의 새로운 배제의 구조와 신체에 작용되는 규율을 드러낸 서사이기에 앞서서, 평등의 관념을 담고 있는 민족서사이기도 하다. '민족'은 평등의 관념과 서사를 통해서 출현한 근대의 산물이란 것은 재론하지 않겠다. 자체로 제한되어 있으면서 주권을 갖춘 것으로 상상되는, 상상의 정치적 공동체인 '민족'은 왕이나 귀족과 같은 신성한 정통성이 국민의 주권으로 대체되었을 때 생겨나며, 민족

---

7) 이경훈(2001), 참조. 한편 구인모는 '연애'라는 명사적 개념과 그 의미는 이광수의 「혼인에 대한 관견」(『학지광』, 1917. 4)에 의해 처음 도입되었으며, 『무정』에 나타난 우생학적 연애론은 당대 일본과 한국 근대문학에 공히 영향을 끼친 엘렌 케이의 '연애'론에서 연원이 있음을 주장한다. 구인모(2002), 참조.

8) 김철은 기생이 『무정』을 통해서 연구될 중요한 주제 중 하나임을 지적한 바 있다. 김철(2005), 507쪽 참조.

은 그 내부에 수직적이고 불평등한 관계가 있지만 원칙적으로 수평적인 연대를 전제한다.[9)]

이렇게 보자면, 김현주의 주장은 시사적이다. 그녀는 『무정』을 '감정'의 능력을 선험적인 강제로부터 자율적인 개인의 기초로 다룬 텍스트이자, 그리고 신분, 계급, 성별, 지역 등의 차이를 막론하고 그러한 감정의 능력을 지닌 보편적 인간으로 이웃과 타인을 발견하고, 그들과의 '동정'이라는 연대의 능력을 발휘함으로써 구성되는 '민족'의 서사로서 읽어냈다.[10)] 나의 시각으로 고쳐 쓰자면, 『무정』이 제시한 선험적 강제로부터 벗어난 인간의 감정이 민족 공동체의 창출을 가능하게 하는 평등의 요소였던 것이다. 허나, 그러한 감정과 감정의 능력을 지닌 인간에 누가 포함되는가? 『무정』의 서사는 거기에 신분제적 낙인 이상의 근대의 사회적 낙인을 받았던 기생이 포함되는 것으로 제시하였다. 아니 더 한걸음 나아가, 『무정』의 작가 이광수는 기생을 모든 이들이 연루된 사회적 관계의 매개로 상정함으로써, 역설적으로 평등한 민족 공동체를 제시할 수 있었다. 이철호는 기독교 신비주의 영향 속에서 영의 교통을 기반으로 한 민족적 일체감이 『무정』에 그려졌다고 하지만,[11)] 이 글은 『무정』에 나타난 기독교의 영향을 좀더 범박하게 이해하고자 한다. 『무정』은 성경에서 예수에 의해 믿음의 주체로 승인되고 구원받은 비천한 자들-창녀의 이야기를 민족서사로 번안한 것이다.

---

9) 베네딕트 엔더슨(2004), 19~28쪽 참조.
10) 김현주(2004), 참조.
11) 이철호(2013), 163~167쪽 참조.

2. 평양에서 온 다방골 기생 계월향 영채의 사회문화적 맥락

> **법률상** 기생은 소리와 춤으로 객을 대하는 것이라 하건마는 기실은 어느 기생치고 밤마다 소위 '손을 보'지 아니하는 자가 없다.(『무정』, 156, 강조 : 인용자)[12]

위 인용문은 영채를 강간한 배명식과 김현수가 어떤 양심의 가책도 느끼지 않았던 심적 상태의 사회적 근거이자 형식이 영채의 처녀성을 의심하는 근거이기도 하다. 이들에게 자리 잡은 통념은 기생을 규정한 식민지 법률에 의해 제도화 일반화되었다. 1909~10년 무렵 열두 살 때 기생이 된 영채가 서울 다방(茶房)골에 자리 잡았던 때인 1916년[13]은 식민지 매춘관리체계가 확립된 시기였다. 식민화과정과 동시적으로 확대, 팽창한 재조선 일본인들의 매춘업에 대한 식민지 권력의 관리체계는 유관한 업종에 종사하는 조선인 여성들을 그 체계로 흡수하는 방식으로 진행되었다. 「예기작부예기치옥영업취체규칙」, 「숙옥영업취체규칙」, 「요리점음식점영업취체규칙」, 「대좌부창기취체규칙」 등 경무총감부령으로 1916년 3월 16일에 반포되어[14] 5월 1일부터 시행된 법률은 매매춘에 관련된 숙박소, 요리점, 음식점, 대좌부(貸座敷)의 구별과 예기(藝妓), 작부(酌婦), 창기(娼妓)의 구별을 명확히 한 전국적이고 단일한 법적 체계로, 각도마다 제각기 실시되고 있었던 공창제의 전국적 확립을 위한 것이었다.[15] 법령상 예기는 기생을 포함하는

12) 이 글에서는 문학과지성사에서 간행된 김철 책임편집의 『무정』(2005)을 사용한다. 이 판본은 문학동네에서 간행된 바 있는 김철 校註의 『무정』(2003)을 현행 현대어로 고친 것이다. 인용시 괄호 안에 쪽수를 표기하도록 한다.

13) 이러한 추정은 영채가 형식 앞으로 남겨둔 유서에 밝힌 시간 "丙辰六月二十九日午前二時"에 의거한다. 이는 1916년 6월 29일이다.

14) 서영채(1992), 참조.

15) 그 직후 「창기건강진단 시행수속」도 발포하여 경찰서나 헌병대상, 헌병분견소

개념이었다.[16] 기생은 이전부터 성 관리체계의 핵심적인 대상으로 포섭되어왔다.

조선전래의 신분집단으로 관노비였던 기생은 1894년 갑오개혁 때 신분제 철폐로 면천(免賤)되고, 이때 조선 왕실은 재정적인 이유와 기강을 바로잡는다는 이유로 300명의 관기(官妓)를 해고한다.[17] 1897년 지방 관기제도의 혁파는 거주제한에서 자유로워진 기생들이 서울로 대거 올라오게 되었을 뿐만 아니라 기생이 양산되는 계기가 된다. 조선시대에 기생이나 기타 하층신분의 여성을 통해 비공식적으로 유지되어온 매춘이 일제에 의한 공창제도의 도입 속에서 새로운 구도로 재편성하는 과정은 기생을 '예'(藝)를 통한 역(役)의 수행을 하는 존재로서가 아니라 매춘을 본질적인 것으로 간주하는 인식론적 전환의 과정이었으며, 1906년 2월 6일 경무청이 각서에 성내 각처에 '기생과 더벙머리'를 검진의 대상으로 삼으면서 결정적인 계기를 이루게 된다.[18] 이 조치는 을사조약에 의해 통감부가 설치된 직후, 일제에 의해 경찰이 전국적으로 배치된 직후의 일이었다. 아직 조선인 의사가 양성되지 않았지만 대한제국의 관료들에게 근대의학 이데올로기가 전파되던 상황에서, 통감부가 설치되자 일본 경찰이 조선인 매춘부에 대한

에서 창기의 성병 검사를 시행할 때의 방법, 업무내용, 보고 양식 등을 상세하게 결정했다. 야마시타 영애(2012), 68쪽 참조.

16) 박정애(2009), 68~69쪽 참조. 제4호 「대좌부창기취체규칙」에서도 창기의 민족별 구별을 없앤다. 나아가 조선에서 조선인의 경우 17세 이상으로 정해져 있던 창기허가연령이 일본인 창기에게도 적용되는 등, 1916년 이전에 조선인과 일본인에 달리 적용했던 법규를 통합했을 뿐만 아니라 조선에 있는 모든 창기를 '내지'와 차별화는 식민지주의로 바뀌었다. 송연옥(2014), 참조.

17) 「경성의 화류계」, 『개벽』 48호, 1924. 6 ; 송연옥(1998), 253쪽.

18) 권희영(2004), 참조. 한편, 여기서 더벙머리란 塔仰謀利로, 三牌 기생을 일컫는다. 이들은 일패와 같은 가무를 酒席에서 할 수 없었으며, 잡가나 민요만을 부르도록 허용되었으며 매춘을 업으로 삼는 이들이라 알려졌다. 이러한 구분자체가 기생과 창기의 구분이 애매해진 상황에서 나온 것이라고 송연옥은 지적한다. 송연옥(1998), 254쪽.

검진을 실시토록 교섭하여 이루어진 일이었다.[19] 1907년 11월 궁내부 소속 상약방 기생의 폐지와 기부(妓夫)의 철폐, 궁중의 음악 및 무용을 관장해오던 장악원(掌樂院)의 축소 등으로 인한 기생의 실업 상태와 맞물려서, 정책의 방향은 밀매음의 단속과 매음의 공공기관(경찰)에 의한 관리 감독이라는 방향을 취하게 된다.[20] 1908년 경시청령 제5호 「기생단속령」과 제6호 「창기단속령」에 의해 서울의 조선인 매춘부를 대상으로 한 전면적인 관리체계가 수립된다. 관기를 포함한 모든 기생이 인가, 관리를 받게 되었다.[21] 이 법령이 추진하고 있는 집창화와 조합화는 성병관리의 효율성을 재고하고 징세의 편의를 도모하는 데 목적이 있었지만, 이를 계기로 매춘업은 매력적인 새 사업으로 부상하게 된다. 거기에 뛰어든 사람들로는 기생들의 조합화에 적극 나서며 기부의 존재를 부인하는 데 앞장선 기부(妓夫)도 있었으며, 이권을 위해 유녀조합과 기생조합의 설립에 관여한 송병준, 조중응과 같은 친일파도 있었다.[22]

광무대, 장안사, 단성사와 같은 극장들이 기생을 전속으로 둘 정도로 근대적 극장무대에 서게 된 기생들의 전문적인 기예 자체가 새로운 사업의 중요한 수익적 기반이었다. 이승희에 따르면, 이처럼 기생이 대중연예의 스타로 부상하나 그것이 위생을 위해 단속해야 할 대상으로서의 기생의 사회적 낙인을 경감시킨 것은 결코 아니며 위생과 아울러 풍속통제의 실제적 상징적 중심대상으로 만들었다.[23] 기생을

19) 송연옥(1998), 254~257쪽 참조.

20) 권희영(2004), 123~124쪽 참조.

21) 이 법령의 구체적인 시행 내용은 「妓生組合規約標準」, 「漢城娼妓組合規約」, 「妓生ニ對スル諭告條項」, 「娼妓ニ對スル諭告條項」에 규정되어 있다. 자세한 내용은 송연옥(1998), 261~262쪽 참조.

22) 위의 글, 264쪽.

23) 이승희(2010), 참조. 1900~1910년대 기생의 근대 극장 무대 공연에 대해서는 강인숙·오정임(2010), 참조.

중심적인 대상으로 삼았던 초기 근대 대중문화의 형성과정은 '화류계'의 팽창과 나란했던 것이다.

영채가 양반의 여식이었다는 것만을 제쳐둔다면 집안의 몰락과 가난으로 기생이 되었다는 많은 기생들의 사연과 닮아 있었다. 1910년대 신문지상에 소개된 기생이 된 사연을 살펴보면, 조선시대 마지막 관기의 흔적이거나 대개는 호구지책으로 기생을 선택했던 것이다.[24] 영채는 위와 같은 식민지화의 일환이었던 공창제의 전면화 과정에서의 기생의 매춘부화, 기생의 기예의 근대적 전환 과정 속에서 탄생했다.

영채가 7년 만에 홀연히 찾아와 제 살아온 내력을 말하다말고 가버린 다음날, 형식은 학교 교무실에서 배 학감 스캔들에 오르내리는 유명한 기생 월향에 대해 듣게 된다. 월향이 영채가 아닌가 하는 불안을 안고, 형식은 제자 희경을 앞세워 다방골 그녀의 집을 찾아 나서는데, 서양식 극장과 YMCA 청년회관이 들어선 종로에 야시[25]가 개설되는 등 식민지 수도 경성의 문화적 변화가 그려진다. 하녀에게 등을 들리고 장옷[26]을 쓴 부인이 이채일 정도로 풍속은 달라져 있었다. 조선인들의

---

24) 김영희(1999), 참조. 김영희는 『매일신보』의 「藝壇一百人」(1914.1.28~1914.6.11.)에 게재된 기생들의 신상에 대한 분석을 통해 위와 같은 결론을 내렸다.

25) 친일파의 거두인 자작 조중응, 금융인 백완혁, 실업가 예종석 등이 청원하여 종로경찰서로부터 1916년 7월 12일 허가지령을 얻는다. 종로야시는 "시가의 은성(殷盛)을 도(圖)하고" 내지인과 조선인의 "화충협동(和衷協同)을 계(計)기위"한다는 명분이었다. 종로야시의 개시식에는 조선물산공진회(1915) 첫날밤 이후 많은 관중이 모였다고 하며, 전등을 달아 밤거리가 환해진 것이 화재였다. 「종로야시인가」, 『매일신보』 1916. 7. 13. ; 「觀衆五萬 종로야시의 개시식 공진회 첫날밤 후 처음」, 『매일신보』 1916. 7. 23. ; 「不夜의 市」, 『매일신보』 1916. 7. 27.

26) 장옷은 조선시대 內外의 규범을 위해 여성들이 머리에서부터 둘러써서 거의 전신을 가리던 옷으로, 양장의 도입, 서양 기독교 건립의 여학교의 등장, 여성의 사회활동에 의해 점차 사라진다. 그러나 그 과정은 우여곡절이 있었는데 서양 기독교 건립의 여학교인 배화학당에서 장옷을 금지하자 학생수가 줄어들어 학생들에게 검은 우산을 나눠주는 조치를 취했다고도 한다. 兪水敬(1988), 139~141쪽 참조.

문화적 변화를 형식이 목도하는 끝에 닿게 되는 곳이 다방골(茶洞)이었다. '컴컴한 다방골 천변'은 화려해진 식민지 수도 경성의 어두운 속살로, "처음 이러한 곳을 오는 형식"의 가슴을 서늘하게 만든다. 다방골은 과거 조선에서 시전상인들이 집중적으로 모여 살던 곳이었으나, 1920년대 중반에 이르면 기생 소굴이 되었다[27]고 한다. 그러한 변화는 이미 1910년대에 상당한 정도로 진행되었던 것 같다. 1910년대 서울에 모여든 기생들 중 평안도 기생은 서울 기생과 거의 비등한 비중을 차지했으며[28] 그들 중 다수가 다방골이라 불리운 다동에 모여 있었다.[29] 계월향은 평양 기생이 상경하여 자리를 잡아 경성 화류계의 주축이 되었던 상황 속에서 걸어 나온 인물이었던 셈이다.

평안도 민요 수심가[30]를 잘 부른 월향은 기생어미는 있지만 기부(妓夫)가 없는 무부기(無夫妓)였다는 점에서도 당대 평양 기생다웠다. 기부는 주로 서울에 진연(進宴)을 위해 올라온 기생들의 의식주를 해결해주는 경제적 후원자로 역할을 하다가 조선시대 말기에 들어 민간의 풍류 현장과 유흥문화의 융성에 따라 관기들을 관리하고 연행을 중개하는 역할을 하는 직업으로 등장하기 시작한다. 또한 기부는 기생의 남편 노릇을 하면서 상업적으로 기생의 성을 알선하는 포주로서의 역할도 하였다.[31] 기부의 철폐는 즉각적으로 실천되기는 어려웠으나 앞서 살펴본 식민지 매춘관리체계의 확립에 있어서 중요한 조치 중

27) 「옥상에서 본 경성의 팔방」, 『동아일보』 1926. 12. 21.

28) 1910년대 경성에서 활동한 기생은 486명으로, 서울 기생이 183명, 평안도 기생은 143명이었다. 權度希(2004), 137쪽 표 참조.

29) 1914년 『매일신보』의 「藝壇一百人」(1914. 1. 28.~1914. 6. 11.)에 대거 소개된 기생 중 서울에서 활동하는 유명한 기생들 다수가 현재 주소지를 下茶洞(또는 아래다방골)이나 상다동으로 밝히고 있다.

30) 수심가는 평안도 기생들이 서울에 올라와 활동하면서부터 전국적이고 대중적 인기를 얻게 된다. 여기에 대해서는 최은숙(2005), 참조.

31) 서지영(2005), 282~284쪽 참조.

하나였다. 이는 기생을 기부로부터 독립시켜 국가적 관리를 조직화, 직접화하기 위해 기생조합의 설립을 주도하는 동시에 결혼제도와 매춘제도를 준별하여 도덕적 명분을 얻고자 한 식민지 국가의 조치이기 때문이다.[32]

대개가 무부기였던 평양 기생들은 경성 다방골에 자리를 잡고 다동기생조합[33]을 만들었다. 이 조합은 무부기조합이라 하여 이목을 끌었는데, 당대의 세평은 그리 좋지 않았던 것 같다. 예컨대, 무부기조합을 주도한 주산월(朱山月)은 평양 기생학교 출신으로 1912년 19세의 나이로 경성에 올라오니 "경성에 있는 기생들은 모두 사나이를 데리고 있는 것이 눈에 거슬리어 항상 개량하기를 유의하나 화류계에서는 주제 넘는다는"[34] 비난을 듣는다. 이러한 비난이나 노래와 춤만으로 기생 노릇하던 월향(月香)에 대해 "아직 아무도 그를 손에 넣어본 사람이 없더"라는 평가는 기생의 섹슈얼리티를 향한 것이다.

여기서 기부의 철폐 이유는 그 논리를 곱씹어 볼 만하다. 1908년 「기생단속령」과 「창기단속령」에 첨부된 유고조항에 「유부(有夫)의 부(婦)에 대한 제한」 항목은 "본가업은 부녀의 절조(節操)를 지킬 수가 없으므로 본부(本

32) 1908년에 취해진 두 단속령에 첨부된 이 유고조항에 대해 송연옥은 '貞女不更二夫'란 유교적 도덕관을 이용해서 결혼제도와 매춘제도를 준별하여 일본식 가족 제도의 正植을 바라본 것이며 조선 여성을 계층별로 분단하는 것이었으며, 본부나 가부를 배제함으로써 직접 기생이나 창기를 국가적 관리를 할 수 있게 했던 것이라고 평가하고 있다. 송연옥(1999), 262쪽. 홍미롭게도, 「감자」(김동인), 「뽕」(나도향), 「정조와 약가」(현진건)와 같이 1920년대에 발표된 하층민 여성들의 매춘을 다룬 일련의 소설들은 남편을 둔 여성들이다. 이러한 설정은 밀매음인 데다가 남편을 둔 여성이라는 점에서 이중으로 탈법적인 상황을 제시한 것이다.

33) 일제에 의해 기생조직화가 추진되면서 1912년 평양 기생들이 주도로 설립된 조합의 이름은 다동기생조합이었다. 다동기생조합은 1915년 大正券番으로 이름을 바꾼다. 이 권번과 친일파 송병준의 관련, 그리고 일본인에게 그 경영권이 넘어간 전후의 사정에 대해서는 권도희(2001), 327쪽 참조.

34) 「예단일백인2-주산월(朱山月)」, 『매일신보』 1914. 1. 29. 김영희가 정리한 자료 「『매일신보』 기사 예단일백인」, 『한국무용사학』 2, 2004, 164쪽 참조.

夫) 또는 가부(假夫)를 유(有)하는 부녀에게 절조를 버리게 하는 것은 인도상 용납할 수 없는 고(故)로 인가할 수 없다"는 내용이었다.[35] 이 논리는 기생과 절조의 보존이란 양립할 수 없는 것, 즉 기생은 매음을 업으로 삼는 직업이라는 것의 우회적 표현에 다름 아니다. 무부기 주창에 대해 주제 넘는다는 세간의 논평이 나올 수 있는 것은 유부기는 최소한 기부에 대한 성적 예속 자체를 가시화하고 있는 반면, 무부기는 남성에 대한 성적 예속의 가시화를 거부하는 것으로 해석될 수 있기 때문이었다. 기부의 철폐는 신분제의 해체, 공창제와 관련된 법에 수반된 것으로 성적 규범과 관련하여 기생임을 드러내는 중요한 사회적 신분적 표식의 제거를 의미한다.

기부가 없다는 것은 영채의 정조, 나아가 처녀성의 문제가 비로소 제기될 수 있었던 가능성의 조건이었던 것이다. 좀더 분명하게는 기부의 배제, 나아가 신분제의 철폐야말로 정조가 가시적 표상이 아닌-심지어 신체적 표상도 아닌-고백을 통해서만 밝혀질 수 있는 주관성과 내면성의 문제가 될 수 있었던 조건이었던 것이다.

그런데 가시적 표식은 사라졌으나 인신매매에 의해 기생이 되는 한 포주에 의한 경제적 인격적 구속에서 벗어나기 어려웠다. 또한 기생이라는 집단을 성관리에 초점을 둔 법적 체계화, 조직화 하에 둠으로써 기생하면 곧 '창기'로 인식되는 경향이 강화되었다. 영채는 "지나간 7년 간 노래와 춤으로 수 만원을 벌어다주어"(140쪽) 기생어미가 강권한 남자들로부터의 성적 침해를 유예할 수 있었으나, 자신의 몸값만 올려 기생어미에게 놓여날 길 없었다. 영채는 스스로를 화폐와 성의 교환 회로에서 빼낼 수 없다는 점에서 인간-상품이었다. 다른 한편 형식의 뇌리 속에서도 그녀가 '기생'이 아닐까 하는 불안한 의심을

35) 「妓生及娼妓ニ關スル書類綴」(1908) ; 송연옥(1999), 262쪽 재인용.

지워내지 못한다. 이 의심은 "법률상 기생은 소리와 춤으로 객을 대하는 것이라 하건마는 기실은 기생치고 밤마다 '손을 보지' 않는 자가 없다"(156쪽)는 통념 속에서 탄생한 것이다. 소설 속에서 기생이 창기라는 말과 빈번히 교차되어 사용되는 것처럼 기생이 매음부를 뜻하는 '창기'로 규정되는 경향 또한 강화되고 있었던 것이다.

이에 『무정』에서 영채의 섹슈얼리티는 두 가지 방향에서 이야기되는 구조로 전개된다. 즉 영채가 스스로 기생임을 밝히게 되는 과정과 형식이 소문 속의 월향과 영채의 신원(identification)을 일치시키는 과정으로 서술된다. 영채는 누구에게도 말하지 않았던, 그러나 형식을 만나면 흉중을 다 털어 말하고 싶었던 '슬픈 경력'—기생이 된 사연—을 7년 만에 만난 형식에게 정작 말하지 못한다. 작중의 영채는 눈물을 쏙 빼게 할 정도로 자신의 이야기를 잘하는 사람이었지만, 형식마저도 자신을 창기로 알까 두려워 그 슬픈 사연을 이야기하지 못하고 제 사는 곳도 밝히지 못하고 떠난다. 이야기를 통해 자신이 누구인가를 말할 수 없는 사태. 그 사태에는 이미 자신의 사회적 정체성이 폭력적으로 개시되는 상황이 잠재되어 있었다. 영채는 강간을 당하고, 형식은 우선과 함께 그 장면을 목격한다. 그것은 그들 모두에게서 말을 앗아가고 고개를 돌리게 만든다. 이 사건이 영채로 하여금 마지막 말—자신이 차마 말하지 못한 기생된 사연, 거기에 더하여 "약하고 외로운 몸이 애써 지켜오던 정절은 작야에 수포(水泡)에 귀(歸)하고 말았나이다"(195쪽)라는 사연을 담은 유서—을 할 수 있게 했던 것이다.

영채와 대조적으로 선형의 이야기성은 현저히 떨어진다. 그녀는 누구인가? 정신여학교를 우등으로 졸업한 김 장로의 딸이자 이형식의 약혼녀가 되는 자라고 할 밖에 없다. 이 빈약한 이야기성은 선형에게 거의 이동성이 주어지지 않는다는 사실과 짝을 이룬다. 선형의 재현방식은 거의 내외(內外) 규범에 긴박되어 있다. 선형은 형식과의 약혼

전에는 아버지의 집에서만 등장하며 그것도 형식과의 영어 과외 장면에는 친구라고는 하나 면전에서 "부모도 없고 집도 없는 불쌍한 아이요"(20쪽)라고 형식에게 소개된 순애(純愛)를 몸종처럼 동반하여 등장한다. 형식과 약혼 후에는 약혼자 형식을 동반해서 등장한다. 내외의 격자에 가둔 '여학생' 선형의 초상은 한편으로는 근대의 공적인 영역으로 진출한 대표적 집단인 여학생을 그리는 방식으로는 뜻밖의 것이지만, 섹슈얼리티와 근대 지식에 있어서 '기생'과 차별적인 존재로서 여학생을 그리는 것, 바꾸어 말하자면 순결이란 규범에 기초한 근대적 일부일처제적 결혼의 대상으로 여학생을 어떻게 재현할 것인가가 쉽지 않았음을 말한다.[36] 처녀성을 가시화하는 것이 그만큼 어려웠다는 점에서, 이는 청량사에서의 강간장면, 아니 더 적확하게는 강간을 목격토록 하는 장면에서 월향이 곧 영채라는 신원을 확인토록하고 궁극적으로는 영채로 하여금 자백의 편지를 쓰게까지 한 설정과 데칼코마니적인 쌍을 이룬다.

이상에서 알 수 있는 것은, 식민지 근대화 과정에서 야기된 여성의 이동성(mobility)과 이야기의 함수관계에는 섹슈얼리티의 문제가 잠복해 있다는 것이다. 영채처럼 삶의 근거가 박탈되어 떠날 수밖에 없었던 여성들의 이동은 곧 신분적, 계층적 하락이자 성적 타락으로 의미화되고 서사화되었다. 『무정』은 그런 의미에서 한국형 매춘부 서사의 효시였다. 아버지나 남편 등 남성 보호자를 동반하지 않은 여성의 이동서사란, 식민지 남성 지식인의 이동서사로 개척된 식민지 서사에 원초적으

36) 이에 대한 시사로는 이경훈, 「문자의 전성시대－염상섭의 『모란꽃 필 때』에 대한 일고찰」, 한기형·이혜령 편(2014), 참조. 이경훈은 최찬식의 『안의 성』(1914)에 등장하는 일본식 이름의 여학생들－봉자, 숙자－이 "문명개화와 더불어 집 밖으로 나가기 시작한 '신여성'에 대한 식민지 남성들의 불안"을 투사한 것이지만, 『무정』에 이르러서야 근대 일부일처제 규범에 의거한 '오빠의 탄생' 이야기가 탄생한다.

로 개입되어 있는 숨겨진 서사였던 셈이다.[37] 『무정』은 식민지 남성 지식인 형식의 통국가적 실천인 외국유학에 어떻게 기생이던 여성이 어떻게 동참하게 되었는가에 대한 서사이다.

영채가 기생인지 아닌지에 대한 형식의 의심은 지속되고 또 그 확인이 유예되는 데 그것은 그의 의심과 유예는 영채의 말할 수 없음, 침묵, 사라짐에 조응한 것이었다. 영채가 찾아온 다음날 학교에서 배학감과 월향의 스캔들을 듣고 다방골을 찾아가 '桂月香'이란 장명등을 발견하지만 이름을 고칠지언정 성을 고쳤을리 없다고 생각하고, 어느 귀한 가정의 딸이 되어 여학생이 되었으리라 상상한다(117~118쪽). 계월향의 집에서 영채를 만나지 못하자 월향이 또 영채이겠는가를 의심한다. 강간 장면을 목격하고서도 저 여자가 영채가 아니길 바라고, 영채임을 확인하자 자신과 신우선이 강간을 하려던 순간을 막아선 것이라고 믿고 싶어 한다. 그러면서도 또 칠년간이나 기생 노릇을 한 영채가 숱한 남성들의 유혹에 넘어가지 않았을 리 없고, 그 유혹을 이겨냈다고 하더라도 청량사에서 당하던 일을 여러 번 당하지 않았을까 하고 의심한다. 형식은 자신에게도 기회가 주어졌다면 굴복했으리

37) 이동성은 식민지 개척과 무역, 이민 등의 지리적 이동과 신분제의 해체, 계급간의 사회적 이동에 이르기까지 근대성의 두드러진 특징이다. 나는 식민지적 이동성은 제국 일본의 영토적 지배와 팽창에 따라 식민지인의 삶의 선택지가 어떻게 서사화, 의미화되는지를 시공간적으로 드러내기 위한 개념으로 사용하고자 했다. 일본과 유럽, 미국 등 비식민 지역으로의 식민지 지식인의 '유학'은 지리적 이동이 곧 근대성을 선취하는 경험으로 이해되었다. 시간과의 경쟁을 위한 공간이동은 이러한 경쟁을 문명화의 논리로 강요하면서도 동시에 식민지인의 이동을 제한하는 식민지-제국의 지배와 통치에 대한 거부로 의미화될 수 있었는데, 그것은 남성 젠더적이었다. 졸고, 「'트랜스' 식민지-제국과 식민지 서사」(2010), 참조. 다른 한편, 남성 가부장을 동반하지 않은 여성의 이동서사는 남성 지식인의 이동서사인 『무정』과 『만세전』보다 먼저 등장했다. 신소설은 거대한 정치적 사회적 변동이 일어났던 1894~1905년 길 위에 선 胥吏 딸을 그린 서사이자, 전쟁이 야기한 이산과 이동 서사였다는 것에 대해서는 다음을 참조. 권보드래(2014), 참조.

라고 생각되는 육욕을 시인하면서 "처녀 될 리 만무하다"(173쪽)고 생각한다. 이렇듯 끊임 없는 의심과 확인의 유예는 여성 섹슈얼리티에 대한 남성 중심적 환상이랄 수도 있다. 그러나 이러한 환상은 형식이 다른 남성들과 달리 성적 경험이 전무한, "순결한 청년"으로 설정되어 있으며 또 형식만이 영채의 정조에 관심이 있는 자라는 것에 의해 증폭된다. 정조에 대한 관심은 아내의 자격 여부의 문제로 상상되지만 동시에 영채가 형식에 대해서 그러하듯이 인륜적 관계 속에서만 그녀를 생각했기 때문에 가능하다. 그만이 영채의 과거를 알고 있는 자였다. 그는 영채의 유서 봉투 속에서 그녀에게 언문을 가르칠 때 만들어주었던 장지 조각을 발견하자 급기야는 체면도 보지 않고 소리를 내어운다(197쪽). 장지(壯紙) 조각은 그녀와의 과거를 한꺼번에 상기시키면서 그녀가 자신에게서 언문을 배운 어린 소녀였던 영채와 기생인 월향으로 나뉠 수 있는 존재가 아니며, 형식 그 자신이 그 존재 안에 각인되어 있음을 깨닫게 만든다.

3. 기생 연속체(continuum)로서의 민족 공동체 또는 식민지적 평등주의

> 누가 내 모친이며 내 동생들이냐 … 누구든지 하늘에 계신 내 아버지의 뜻대로 하는 자가 내 형제요 자매요 모친이니라(마태복음 12 : 48-50).

이 글은 『무정』을 식민지화에 수반된 매춘의 일반화를 생활세계 속에서 경험한 원주민의 진지한 반응으로 독해해 볼 것을 요청했다. 이는 『무정』에서 가장 중요한 사건인 영채와 형식의 7년만의 해후를 과거 친밀한 관계에 있던 여자가 '창기'가 되어 나타난 사건으로 읽는 것이다. 독자들은 당대 기생을 중심으로 벌어진 새로운 사회현상을 복기하면서 『무정』을 읽었을 것이다. 특히 식민지화와 기생집단의 연결고리는 『무정』의 독자라면 알 수 있을 만큼 가시적이었기 때문이다.

기생은 그들을 조직화하여 관리하고자 한 식민지 권력에 의해 손쉬운 동원의 대상이자 식민지 스펙터클이었다. "조선 시정(施政)" 5주년을 기념하던 1915년 조선물산공진회에 기생들은 시각적, 신체적으로 동원되었다. 경복궁에서 개최된 이 행사에 기생은 포스터, 사진전시회에 의해 대중적 시각화의 대상이 되었으며, 공진회에 참석하기 위해 경성의 도심을 가로질러 퍼레이드를 펼쳤다. 폐막 5일 전인 10월 26일 초대된 경성의 500여 명의 화려한 복장의 기생들은 '공진회구경'이라는 비단깃발을 세우고 각 기생조합마다 박람회에 이르는 경로를 달리하여 광화문을 향해 갔다.[38] 이는 동원일 수밖에 없었는데 기생조합은 해당 지역의 경찰서가 직접 관리했기 때문이다. 뿐만 아니라, 1916년 11월 3일 히로히토(裕仁)의 입태자식(立太子式)을 맞이한 경성의 봉축행사에 기생조합들은 축하행렬을 했으며,[39] 1917년 종로야시가 설 때도 기생조합들이 총출동하여 시내 퍼레이드를 벌인다.[40] 이처럼 제국의 축일(祝日)과 식민지 시정(施政)을 과시적으로 선전하는 행사에서 기생은 식민지 수도 경성의 정치적 중심부인 총독관저에서 광화문통을 가로지르는 장관을 선사하였다.

흥미로운 것은 『매일신보』는 이처럼 1915년 전후 폭발적이었던 기생을 둘러싼 사건과 이벤트를 보도하고 담론을 유포한 미디어라는 사실이다. 김현주는 식민지 권력의 담론정치 기구로 기능했던 『매일신보』

38) 그 밖에도 각종 여홍의 이벤트와 연예관에서의 공연 등 기생은 차라리 조선물산공진회에 진열된 전시품이었다. 조선물산공진회와 관련된 내용은 다음을 참조함. 이경민(2005), 143~159쪽 참조.

39) 「妓生行列」, 『매일신보』 1916. 11. 3.

40) 「夜市 開始에 妓生團 總出」, 『매일신보』 1917. 5. 1.

가 1912년 '사회면' 신설을 기점으로, 치안과 도덕의 차원에서 조선인의 생활세계 내지 공동세계로서의 '사회'를 재현하였다고 한다. 조선인 사회의 무질서와 불결, 부도덕의 처소들은 공권력의 눈으로 보았을 때 사기범, 방화범, 강도, 강간범, 무녀, 기생, 매음녀, 도적, 살인자들이 일으키는 문제들로 혼란한 세계였다.[41] 기생은 『매일신보』에 의해 형성된 '사회' 담론의 주요 등장인물이었다고 해도 과언이 아니다. 단적으로 자산가의 아들 몇 명을 방탕케 하여 현금 및 부동산을 사취한 기생, 부랑자 취체에 함께 검속된 기생들, 기생의 꾐에 빠져 한꺼번에 맡겨놓은 유흥비를 반환하고자 한 소송사건, 가무의 기예도 없이 기생이 되겠다고 모여드는 수가 많아지는 세태 등에서 나타나듯,[42] 사회를 기생에 의해 자산가의 자제들이나 지방의 청년들이 방탕과 낭비의 폐풍에 빠져 있는 것으로 재현하였다. 즉 기생은 동원의 대상이었으며 재정 확보를 위해 은근히 그 사업의 팽창을 부추겨야 했던 세수원이기도 했지만, 다른 한편 조선의 여전한 타락상의 증좌들이었다.

요컨대 기생은 식민주의의 담론정치 기구인 『매일신보』와 식민지 이벤트를 통해 조선 민족을 대표하는 표상으로 성립하였다. 식민주의는 지배를 위하여 식민 집단 내부의 차이를 막론한 특성, 곧 공통성을 창출해야 했을 때 조선 전래의 풍속 속에서 유래한 존재이자 식민화와 근대화의 교차점에 있었던 기생은 유력한 물질적 상징적 자원이었다. 『무정』의 작가가 기생에 주목했던 것은 바로 이 지점에서였다. 이광수는 기생에 대한 식민주의적 스테레오 타입화를 감수하면서 그것을 변형시킴으로써 민족서사를 창출한다. 기생집을 드나드는 방탕한 청년들을 친일적인 인사들이나 총독부 지방 관리들로 설정하여 젊은이들이 향락적 유흥문화에 빠져든 구조적 원인에 식민지화와 그 권력적

41) 김현주(2013), 204~205쪽 참조.
42) 이에 대해서는 손종흠 외 편(2009), 47~107쪽 참조.

작용을 지시하고, 또 기생들을 도덕적 비난의 대상이 아니라 피해자로, 또 민족 주체로서의 가능성이 있는 존재로 간주하여 식민주의 담론을 변형시켰다. 더욱이 『무정』에는 주인공 영채 이외에도 많은 기생들이 등장하고 언급된다는 것에 주목할 필요가 있다. 영채의 기생어미인 노파는 물론, 정절을 잃고 영채가 자살로 뒤쫓고자 하는 평양 기생 월화, 영채의 유서를 보고 평양으로 간 형식이 만난 어린 기생 계향(桂香) 외에 기생들이 수두룩하다. 형식의 약혼자인 김 장로의 딸 선형의 어머니는 '부용'이라는 유명한 평양 기생이며, 형식의 서조모는 기생 출신이었다고 이야기된다. 어릴 때 정혼한 여자 영채는 기생이 되었으며, 약혼한 여자 선형의 엄마도 기생이다. 박 진사와 김 장로와 같은 장년 세대 이상의 남성들은 물론 형식과 같은 청년 세대의 남자들도 기생들과 관계되어 있다. 상류계급이랄 수 있는 김 남작의 아들 김현수나 배 학감은 물론 경성학교의 학생들 또한 이들에 대한 불만 때문이라지만 화류계의 동태에 관심을 기울이고 있다. 신우선은 "원래 서울에 똑똑한 집 자손으로 부귀한 집 자제들과 친분이 있겠다, 게다가 당시 서슬이 푸른 대신문에 기자였다. … 그는 여러 기생을 상종하였고 또 연극장의 차리는 방(樂屋)을 출입하여 삼패며 광대도 희롱하였었다."(147쪽) 정절을 잃고 자살하려던 영채를 구원한 여학생 병욱의 아버지는 딸에게 재판소 서기인 남자와 결혼하라고 강권하는데, 그 또한 기생을 희롱하여 자신의 월급과 가산을 탕진하는 청년이다. 이렇게 기이할 정도로 거의 모든 인물들이 직간접적으로 기생과 관련을 맺고 있다. 개인이든 가족이든, 아니면 교사와 학생 같은 특정한 사회집단이든 그들의 관계를 해부해본다면 거기에는 언제나 기생이 있다는 점에서, 조선 사회는 기생 연속체(continuum)[43]이다.

---

43) 여기서 기생 연속체라는 용어는 페미니스트 아드리엔 리치(Adrienne Rich)의 레즈비언 연속체라는 용어에서 착안하였다. 제인 프리드만(2002), 참조. 이

많은 관계 속의 중심인물인 형식은 특히 경성학교의 학생과 교사들의 생활세계 속에 깊게 들어와 있는 화류계의 존재를 알고 있기는 하지만, 각각의 등장인물이 어떻게 기생과 관련되어 있는지를 기생과 관련된 모든 사연들을 알고 있는 것은 전지적 작가이다. 그 의도는 무엇이었을까? 나는 식민지적 상황 속에서 평등한 민족 공동체의 상상을 위해서였다고 생각한다.

주지하듯이, 프랑스 혁명 이래, 국민국가, 내셔널리즘, 그리고 국가적 동원은 그 호소와 약속의 중요한 성분이었던 '권리'의 강령을 수반하였다. 프랑스 혁명에서 제시된 '인권'은 몇몇 서구 국가들의 민족적 권리로서만 보호, 구현되었으며 국내 일부 집단에게만 적용되어 소수민족, 하층계급 등에게는 어떤 전제조건 하에 허용된 것이기는 하지만[44] 권리의 강령은 때로 목숨을 건 혁명적 투쟁과 전쟁에 가담케 하는 평등에의 약속이었다.[45]

근대 민족은 언어적, 혈연적, 문화적 동일성의 관념만으로는 충족되지 않는 평등의 관념 없이는 탄생할 수 없다. 물론 식민지 민족이나 약소민족에 있어 권리의 강령은 우선 평등한 인간으로서 자신들의 양도할 수 없는 권리를 보장해줄 정부를 구성할 보편적 권리, 즉 민족자결권으로 주창되었다.[46] 1919년 3·1운동은 식민지 조선에서도 일어난 그 예이다. 그러나 주권이 없는 이상 식민지 민족 구성원 내부의

글에서 기생 연속체는, 『무정』에서 기생이 개인과 사회적 관계에 있어 상수적 존재임을 드러내기 위한 용어이자, 또 기생들을 통해 드러나는 사회상을 드러내기 위한 용어로 사용하고자 한다.

44) 프래신짓트 두아라(2008), 46~50쪽 참조.

45) 인권의 주체인 추상적, 보편적인 것으로 제시된 인간과 시민에서 여성은 배제되어 있다는 간극에서 페미니즘이 출발했음을 주장한 다음을 참조. Joan W. Scott(1996), 참조. 보편사와 권리의 강령이 자신들에게 관철되어야함을 주장한 아이티 흑인 '노예'와 헤겔의 『정신현상학』에 대해서는 수전 벅모스(2009), 참조.

46) 프래신짓트 두아라, 앞의 책, 46쪽.

평등 관념은 권리의 강령에 의해 정초할 수 없었다. 그것은 다르게 계발되어야 했는데, 이에 식민지 지식인 이광수는 권리의 강령이 가정하고 있는 민족 구성원 모두의 고귀함이 아니라 비천함을 근거로 평등의 관념을 만들어내는 데 이른다. 『무정』은 민족 구성원 모두가 비천한 존재인 기생과 연루되어 있다는 점에서 모두 평등하다는 발상을 드러낸다.

『무정』에서 기생 연속체는 식민지 권력과의 관련 속에서 상층부에 속하는 조선귀족들, 원래 부요한 집 자제로 신교육을 받아 지방 법원의 서기나 대신문기자가 된 이들 등 식민지 권력과 자본주의가 결합하여 만들어낸 신사(紳士)집단, 무엇보다도 옛 지배신분집단인 양반의 문화적 도덕적 헤게모니를 무효화시키는 매개로 기능하고 있다. 이는 일견 식민지 권력의 스티그마 정치[47]와 공모하는 것으로 보일 수도 있지만 실제 사회적 삶에 있어서 힘을 행사하고 있던 양반 집단에 대한 광범한 피억압의 경험과 혐오의 정서를 수렴한 것이기도 하다.[48] 심지어 기생이 된 딸 때문에 자살을 한 박 진사 또한 차별적 신분제를 옹호했다는 데서 양반임을 벗어나지 못한 역설적 상징인 것이다. 이광수는 『무정』에서 형식으로 하여금 기생에게 '씨'라는 존대의 호칭을 붙이게 하고, 나아가 차라리 그들 집단이 아닌 기생을 계몽적 각성의 매개자이자 동반자로 삼는 서사를 창출한다.

『무정』에서 비극적인 월화 이야기는 영채에 와서는 그녀가 자살을 하지 않고 "조선 사람"을 위한 교육과 실행에 동참하는 것으로 변형되

47) 스티그마 정치는 일제가 1910~20년대 상류층 명문세도가 및 부호가 자제들을 사치, 낭비, 도박, 기생유흥을 일삼는다는 이유로 '부랑아'라고 낙인찍고 공격, 배제하여 옛 지배집단에 대한 조선인들의 관성을 해체함으로써 식민지 지배를 이롭게 한 전략을 일컫는다. 유선영(2011), 참조.

48) 이광수의 「신생활론」(『매일신보』 1918. 9. 6~10. 19)에 대한 양반층의 실력행사로 기사게재가 일시 중단된 것은 그 상징적인 예라고 할 수 있다. 김윤식, 『이광수와 그의 시대』, 한길사, 1984, 524~526쪽 참조.

지만, 월화 이야기는 패성학교의 연설회장에서 함 교장과 학생들이 다른 방청객들이 은근히 경원시하는 기생인 그녀와 영채를 위한 자리를 내주고, 동등한 사람으로 받아들였다는 데 주지가 있다. 영채의 구원에서 완성되는 이러한 에피소드는 성경에서 예수가 세인들이 능멸하던 창녀를 제자로 받아들인 것을 연상시킨다. 그렇지 않더라도 멸시 당하는 사람들이 도리어 구원에 이르는 성경의 모티프는 『무정』에서 성화를 통해 직접적으로 제시되며, 그 성화를 계몽적 각성의 계기로 매개한 것은 기생 영채의 존재였다.

김 장로의 집에서 본 십자가에 달린 예수의 주변에서 세속적 관심에만 홀려 있는 로마병정들과 군중을 그린 성화가 촉발시킨 각성은 바로 기생이 된지도 모르겠는 영채의 등장 이후에 온 것이며, 기생어미 노파에게서도 존재하는 '참사람', '속사람'의 발견 또한 영채의 강간사건 후 영채가 남긴 유서를 읽고 이루어진 것이다. 위의 성화는 여기서 완성된다고 할 수 있는데, 형식은 노파에게서 예수와 함께 십자가에 달리던 도적을 연상하기 때문이다.[49] 그는 짐작하겠듯이, 예수와 함께 십자가에 달린 도적 두 명 중에서 예수에게 구원을 약속받은 자이다.[50] 나중에 이 노파는 진실한 예수교 신자가 됨으로써 성경 속 구원받는 도둑 이야기를 완성시킨다. 한편 성화에 대한 설명 속에 등장하는 "치마 앞자락으로 낯을 가리고 우는 자"란 십자가 아래까지 동행하고

49) 『무정』, 203쪽. 한편 이 성화에 대한 설명은 『무정』, 104쪽 참조. 이 설명과 유사한 그림은 안드레아 만테냐(Andrea Mantegna, 1431~1506)가 그린 이탈리아 베로나의 산제노 성당 제단화의 일부분인 〈갈보리(Calvary)〉(1456~1459, 루브르 박물관 소재)이다.

50) 그는 예수에게 네가 그리스도라면 우리를 구원하라고 힐난한 도적에게 "이 사람이 행한 것은 옳지 않은 것이 없느니라 하고 이르되 예수여 당신의 나라에 임하실 때에 나를 기억하소서"라고 말한다. 예수는 "내가 진실로 네게 이르노니 오늘 네가 나와 함께 낙원에 있으리라"고 구원을 약속한다. 누가복음 23 : 39~43 참조.

예수의 장례 끝까지 함께 했던 여인들인데, 이 중에 마리아 막달레나는 창녀로, 예수의 제자가 된 여인이기도 하다.[51] 이광수는 이 여인에 대한 언급을 특별히 하지는 않았지만, 예수와 함께 십자가에 못 박혔으나 구원받은 도둑에 기생이었던 노파를 포개어 넣은 것은 예수에게 받아들여지는 창녀 모티프를 간접화한 것이라고 할 수 있다.

이 사건에 대한 등장인물들의 감정적이고 도덕적인 반응과 그 변화에 대해서는 기왕 충분히 논의된 바 있지만,[52] 여기서 강조하고 싶은 것은 그것이 기생인 영채의 신체에 가해진 상징적 · 물리적 폭력, 그 때문에 야기된 고통, 수치와 슬픔을 자신이 겪은 것처럼 느끼는 것을 통해서 이루어진다는 사실이다.[53] 나중에 갱생한 영채와의 재회 이후에 있었던 참담한 삼랑진 수해 사건도 그러한 사건에 포함될 터인데, 이후에 펼쳐지는 동정(同情) 혹은 영통(靈通)이라는 상호관계성 형성에 합류한 자들은 다른 어떤 이들도 아니고 내세울 것이라곤 자신의 지적 능력밖에 없는 청년 형식과 옛 기생이었던 영채를 포함한 여성들이었다. 이 기존의 지배신분 계급의 남성 엘리트들이 부정되고 형식과 여성들만이 남은 상황은 식민지적 평등주의의 효과였다.

요컨대, 『무정』은 위로부터는 과거와 현재의 지배집단의 문화적 도덕적 권위를 무효화시키고, 아래로부터는 그들에 의해 소유되거나 유린의 대상이 되기도 한 사회적 약자인 기생을 도덕적 능력이나 계몽적 기획에 있어 상승이 가능한 존재로 상정함으로써 민족 구성원 내부의 차별적 위계, 무엇보다도 봉건적 신분이나 근대사회에서 관철

---

51) 최원오(2006), 54쪽.

52) 김현주(2013), 참조.

53) 사회적 약자들에게도 인권이 주어져야 한다는 생각은 타인의 신체가 겪은 고통과 수모를 자신이 겪은 것처럼 공감하는 감정의 발견을 통해서 당연한 것이 되며, 이러한 생각은 개개인의 신체가 독립적이고 불가침한 것이다라는 인식의 확립과 동시적이었다. 린 헌트(2009), 32~39쪽 참조.

되는 경제적 지위에 따른 사회적 위계의 구조화에 대한 부정[54]을 통해 창출한 평등한 상상의 공동체인 민족 서사였다.

4. 순결한 창녀인 누이와 한국형 매춘부 서사의 망탈리테

『무정』에서 영채는 받아들일 수도 받아들이지 않을 수도 없는 '순결한 창녀'[55]였는데, 『무정』에서의 구원이란 성경과 다르게 세속적인 것이기 때문에 어떤 얼룩[56]이 남겨져 있다. 민족으로서의 순결성을 얻는다 하더라도, 그것의 실제적 역설적 근거인 '창녀'라는 사회적 실존은 남겨져 있기 때문이다. 영채의 받아들여짐이 가족이라는 개인적이고 인륜적 관계로서가 아니라 '민족'으로서의 받아들여짐을 뜻하는 이유는 여기에 있다. '무정(無情)'은 그 사태를 말한다. 형식의 하숙집 노파는 총총 떠나간 영채를 불러 세우지 않았던 형식의 '무정'을 비난하고 형식 또한 죄책감을 느끼게 된다. 그러나 '무정'은 형식 개인의 감정적 상태라기보다는 영채의 사건이 기존 사회적 관계의 탈구축을 통해서만 의미화될 수밖에 없음을 드러낸 임계조건이다. 영채의 죽음

54) 『무정』은 그런 점에서 멜로드라마적이다. 멜로드라마는 세계를 도덕적으로 판독할 수 있다고 주장하고, 미덕(virtues)의 인격화를 현저하게 하층계급 인물에 할당함으로써 지배계급의 억압에 저항한다. 그럼으로써 계급적 관계나 정치 · 경제적으로 위계화된 사회질서를 전복시키는 것은 아니지만 윤리적 관계의 민주화를 주창한다. 피터 브룩스(2013), 340~341쪽.

55) 이 표현은 최원오 신부의 「왜 교회는 '순결한 창녀'인가?-교부들의 교회론」(『신앙과 삶』 6, 2002)에서 얻어온 것이다. 최원오 신부는 이제민 신부의 『순결한 창녀-교회』(1995)에 대한 옹호를 표하며, 교회를 거룩하고 죄스러운 이들로 뒤섞여 있는 곳으로 규정한 아우구스티누스 등 교부들의 교회론을 긍정적인 것으로 평가한다.

56) 이 얼룩이 영채의 민족됨(nationhood)에도 불구하고 출몰할 영채의 실제성(virtuality)이라고 한다면, 이에 대한 영감을 다르게 자극할 논의로는 다음을 참조. 차미령(2003) ; 손유경(2011), 참조.

을 너무 금방 믿은 형식이 평양에 가서부터 나오는 '누이'의 수사야말로 이것을 보여준다. 누이란 근친상간 금기의 존재이자 친애의 정으로 대하지 않을 수 없는 존재이기 때문이다. 그러나 누이는 여전히 남성에 의해 호명된 존재라는 점에서 불완전하다.

『무정』이 율법론자들이나 제자들에 의해서가 아니라 어린 아이, 여성이나 심지어 범죄자로 낙인찍힌 도둑, 창녀 등 약한 자들이나 죄인을 통해서 믿음이 간직되는 성서의 이야기를 민족서사로 번안한 것이기도 하다면, 민족이라는 새로운 종교를 받아들이는 것 또한 개인적 사회적 관계의 탈구축을 요구한다. 그런데 그 탈구축이 무엇을 뜻하는지를 처음 말한 이는 형식이 아닌 병욱이었다는 사실은 주목을 요한다.

정절을 잃고 이제 더 이상 살 이유가 없어져 죽겠노라는 기생을 구하기 위해 병욱은 "영채씨는 결코 부친과 이씨만을 위하여 난 사람이 아니외다. … 그러니깐 부친께 대한 의무 외에, 이씨께 대한 의무 외에도, 조상께, 동포에게, 자손에 대한 의무가 있어요. 그런데 영채씨가 그 의무를 다하지 아니하고 죽으려 하는 것은 죄외다."(343쪽)라고 설득한다. 이 논리야말로, 민족됨을 자각하는 것, 민족으로서 일체화되기 위한 전제가 아버지와 정혼자와 같은 생득적이고 주어진 인간관계로부터 인식론적 정서적 단절, 즉 무정(無情)임을 말해준다. 삼랑진 수해에 함께 민족을 위한 교향악을 펼칠 때 영채와 형식, 선형이 개인적인 갈등과 원한을 해소해낸 것은 단지 손쉬운 봉합이 아니다. 애초에 '민족'이란 개인적 관계나 경험 가능한 사회적 관계들을 막론해서만이 탄생할 수 있다. 이 선언을 담은 대화가 기차간에서 그것도 생면부지의 사람들 사이에서 오고갈 수밖에 없었던 것이다. 영채는 죽음을 결심해서야 형식에게 간신히 유서로 쓸 수 있었던 말을 생면부지의 여자에게 한다. 병욱은 여성으로서의 경험에서 이야기하는 것이 아니라 민족의 일원으로서 답한다. 이 둘의 관계는 주어진 관습적 관계의 통념으로부터 벗어나 있다. 병욱은 조상, 동포, 자손 등에 대한 의무를 언급하여 영채를 부친과 형식이라는 사적이자 가부장적인 관계로부터 탈구축한다.

이는 다른 한편으로는 식민지의 민족주의가 남성 중심적인 가부장제의 메타포를 동원함에도 불구하고 사실상 근대적 가족, 특히 낭만적 사랑에 기초한 결혼과 부부 관계를 그 메타포에 포함시킬 수 없을 정도로 관계에 대한 상상을 재구축해야 하는 사태에 부딪혔음을 보여준다. 단적으로 『무정』의 유토피아적 전언으로 맺어지는 대단원에서도 형식과 선형은 여전히 약혼인 채이다. 이는 영채가 형식은 물론 다른 남성과의 사적 관계로 구원되는 서사 또한 제시될 수 없다는 것을 의미한다. 이광수의 『무정』은 식민지에서의 매춘이 우생학이나 사회사업적인 비전에 의해 비판되는 것이 공소하고 무망할 정도로 식민지 원주민의 생활세계에 침투하고 있는 상황에 대한 증언이었다. 『무정』에서 마치 조선을 기생과 연루된 공동체로 제시한 것, 불가피하게 남성 계몽주체의 가부장적 권위를 훼손하면서까지 민족을 '순결한 창녀'의 메타포로 제시할 수밖에 없었다. 『무정』은 그런 의미에서 더 이상 가족의 생계와 안위를 책임질 수 없는 가부장들을 대신하여 집 밖으로 나와야 했던 한국형 매춘부 서사의 망탈리테를 보여준 첫 작품이라고 할 수 있다.

『무정』은 오늘날의 시각에서 보았을 때 은폐와 전도가 있다. 영채는 누구에 의해 강간을 당했다고 이야기되지 않고, 누구에 대한 정절을 잃었다고 이야기된다. 영채를 강간한 자들을 일본인도 아닌 친일조선인으로 설정하고, 그들은 강간 사건 이후 별다른 서사적 기능을 하지 않는 것은 식민지적 재현체계의 압력이지만, 외재적 폭력에 의한 외상을 주체 내부의 문제로 돌림으로써 관장 가능한 것으로 순치시키는 효과가 있다. 영채와 관련된 청춘남녀 모두가 기차에서 한데 만나 조선을 탈출하듯 떠나는 외국유학이 그 폭력의 외재성을 그나마 표현한 것이라고도 할 수 있지만, 그것은 외상에 대한 대증적 요법조차 되지는 않았다. 왜냐하면 그 외상은 일시적인 것이나 내면적인 것이 아니라 생존을 위한 유랑과 전락에 의한 것이어서 파상적인 형태를 띠었기 때문이다. 이십 원 몸값에 '유곽'에 팔려와 병이 들고 나이가 늙어져서 산송장이 되니까 십여 년 만에 놓여날 수 있었던 '궐녀(厥女)'의 이야기를 우연찮게 들었던 증언자가 등장하기 시작했다. 이 증언자는 여러 겹의 증언을 매개한 자일 수밖에 없었다. 증언자가 보기에 자신에게 그 증언을 해준 이는 그만큼 그것을 말로 꺼내면 새기게 되어 힘들었던 것 같다. 그 이야기를 전하는 것으로 이 글을 마무리하고자 한다.

'나'는 대구에서 서울로 올라오는 기차에서 만난 한 남자의 이야기를 듣는다. 그는 먹고 살 길이 없는 고향을 떠나 서간도에 가지만 부모를 여의고, 일본의 규슈 탄광과 오사카 철공장을 전전하다 고향에 돌아온다. 고향마저 아무도 살지 않는 빈터가 되어버린 것을 보고 읍내에서 그와 과거에 혼인 말이 있던 여자를 만난다. 그 처녀가 열일곱 되던 해 간 곳을 모르게 되었다. "그 아비 되는 자가 이십 원을 받고 대구 유곽에 팔아먹은 것이었다. 그 소문이 퍼지자 그 처녀 가족은 그 동리에서 못 살고 멀리 이사를 갔"다. 빈터가 된 고향 읍내에서 만난 그녀는 어떤 일본 사람 집에서 아이를 보고 있었다고 한다. "참혹한 사람살이"에 대한 이야기 끝에 말없이 술잔을 기울이던 그는 "취홍에 겨워서 그는 취홍에 겨워서 우리가 어릴 때 멋모르고 부르던 노래를 읊조리었다."

벗섬이나 나는 전토는/신작로가 되고요-/말마디나 하는 친구는/감옥소

로 가고요-/담뱃대나 떠는 노인은/공동묘지 가고요-/인물이나 좋은 계집은/유곽으로 가고요.[57]

참고문헌

| 자료 |

이광수, 『무정』, 1916 ; 김철 책임편집, 문학과지성사, 2005.

황현, 「梅泉野錄』 권4」 1904(光武 8) ; 임형택 외 역, 『역주 매천야록 하』, 문학과지성사, 2004.

| 연구논저 |

권보드래, 『신소설, 언어와 정치』, 소명출판, 2014.

강정숙, 「대한제국·일제 초기 서울의 매춘업과 공창(公娼) 제도의 도입」, 『서울학연구』 11, 1998, 197~237쪽.

권도희, 「20세기 기생의 음악사회사적 연구」, 『한국음악연구』 29, 2001, 319~344쪽.

권도희, 「20세기 관기와 삼패」, 『여성문학연구』 16, 2006, 81~119쪽.

권도희, 「20세기 기생의 기무와 조직」, 『한국음악연구』 45, 2009, 5~27쪽.

권희영, 「호기심어린 타자 : 구한말-일제 시기의 매춘부 검진」, 『사회와 역사』 65, 2004, 101~131쪽.

구인모, 「『무생』과 우생학적 연애론-한국의 근대문학과 연애론」, 『비교문학』 28, 한국비교문학회, 2002, 179~198쪽.

김경미, 「1910년대 이광수 문학에 나타난 '준비론'의 양가성」, 『어문학』 86, 한국어문학회, 2004, 217~244쪽.

김영희, 「『예단일백인』 기사 중 기생에 대한 연구」, 『한국무용교육학회』 Vol.10 No.2, 1999, 113~152쪽.

김윤식, 『이광수와 그의 시대』 2, 한길사, 1986.

김현주, 「1910년대 '개인', '민족'의 구성과 감정의 정치학-李光洙의 『무정』을 중심으로」, 『현대문학의 연구』 22, 한국문학연구학회, 2004, 260~294쪽.

김현주, 『사회의 발견』, 소명출판, 2013.

김 철, 「작품 해설 : 내가 누구인지 말할 수 있는 자는 누구인가?-『무정』을 읽는 몇 가지 방법」, 『무정』, 문학과지성사, 2005.

---

57) 玄鎭健, 「고향」, 『조선의 얼골』(글벗집, 1926), 『玄鎭健文學全集』 1, 李康彦 외 편, 국학자료원, 2004, 184~185쪽.

남상권, 「『무정』의 〈기녀담〉 수용과 후일담 소설의 성격」, 『어문학』 74, 2001.
박정애, 「일제의 공창제 시행과 사창 관리 연구」, 숙명여대 박사학위논문, 2009.
서영채, 「『무정』 연구」, 서울대 석사학위논문, 1992.
서지영, 「식민지 시대 기생 연구(I)－기생집단의 근대적 재편 양상을 중심으로」, 『정신문화연구』 99, 한국학중앙연구원, 2005a, 267~294쪽.
서지영, 「식민지 시대 기생 연구(II)」, 『한국고전여성문학연구』 10, 한국고전여성문학학회, 2005b, 433~465쪽.
손유경, 「1910년대 李光洙 소설의 개인과 인류」, 『현대소설연구』 46, 한국현대소설학회, 2011, 251~279쪽.
송연옥, 「대한제국기의 〈기생단속령〉, 〈창기 단속령〉 : 일제 식민화와 공창제의 도입의 준비 과정」, 『한국사론』 40, 1998, 215~275쪽.
송연옥, 「식민지 조선의 공창제도와 '위안부' 제도」, 『동아시아 지식과 정치, 그리고 젠더』(연세 · 유비씨 · 히토츠바시 제2회 워크숍 자료집, 연세대 국학연구원 주최, 2014. 6. 27), 2014.
유수경, 「한국여성양장의 변천에 관한 연구」, 이화여대 박사학위논문, 1988.
이경민, 『기생은 어떻게 만들어졌는가』, 아카이브북스, 2005.
이경훈, 「『무정』의 패션」, 『민족문학사연구』 18, 민족문학사학회, 2001, 327~358쪽.
이경훈, 『오빠의 탄생』, 문학과지성, 2003.
이승희, 「무단통치기 흥행/장 통제의 기술」, 『한국극예술연구』 39, 한국극예술학회, 2010, 11~47쪽.
이영아, 「이광수 『무정』에 나타난 '육체'의 근대성 고찰」, 『한국학보』 28권 1호, 2002, 132~162쪽.
이정심, 「강간당한 조선여자 거세당한 조선남자 : 식민지소설 『무정』으로 보는 성과 식민주의」, 『국제고려학회 서울지회 논문집』 7, 2006, 3~28쪽.
이철호, 『영혼의 계보』, 창비, 2013.
정병설, 「『무정(無情)』의 근대성과 정육(情育)」, 『한국문화』 54, 서울대 규장각, 2011, 235~253쪽.
정혜영, 「근대의 성립과 기생의 몰락 : 근대문학에 나타난 기생의 이미지를 중심으로」, 『한중인문학연구』 20, 한중인문학회, 2007, 235~256쪽.
차미령, 「『무정』에 나타난 '사랑'과 '주체'의 문제」, 『한국학보』 110, 일지사, 2003, 159~182쪽.
최은숙, 「20세기 초 〈수심가〉의 흥행 양상과 요인」, 『어문학』 90, 한국어문학회, 2005, 317~340쪽.
최원오, 「왜 교회는 '순결한 창녀'인가?－교부들의 교회론」, 『신앙과 삶』 6, 2002, 37~58쪽.
최주한, 「'번역된 (탈)근대론'으로서의 『무정』 연구사」, 『한국근대문학연구』 27,

2013, 287~313쪽.

린 헌트, 전진성 옮김, 『인권의 발명』, 돌베개, 2009.
수잔 벅모스, 김성수 옮김, 『헤겔, 아이티, 보편사』, 문학동네, 2009.
제인 프리드만, 이혜경 옮김, 『페미니즘』, 이후, 2002.
프래신짓트 두아라, 한석정 옮김, 『주권과 순수성-만주국과 동아시아적 근대』, 나남, 2008.
피터 브룩스, 이승희 · 이혜령 · 최승연 옮김, 『멜로드라마적 상상력』, 소명, 2013.
Joan W., Scott, *Only paradoxes to offer : French feminists and the rights of man*, Havard University Press, 1996.

식민지 조선, 하녀들의 공간과 친밀성의 함의들

서 지 영

1. 식민지 조선에서 '하녀'라는 존재

20세기 초, 한국과 일본의 일상 공간에 등장한 '하녀'(maid)라는 존재는 중산층 이상의 개별 가정에 고용된 하녀(女中, じょちゅう)뿐 아니라 상점이나 여관, 식당 등에 고용된 여성(仲居, なかい)을 포함하는 광의의 용어이다.[1] 그들은 근대 초기 가정과 같은 사적 공간뿐 아니라, 도시의 상업적 공간에서 가사노동과 감정적 서비스를 제공했던 여성 노동자들을 일컫는다. 그 중에서 개별 가정에 고용된 하녀들은 전근대 신분제 사회에서 양반가에서 가사일과 더불어 각종 허드렛일을 담당했던 노비계층의 여성들이었던 여종 또는 하비(下婢)에서 그 역사적 기원을 찾을 수 있다.[2] '가사사용인'이라는 공식적인 타이틀로 근대 시기에

1) 葛西清童(1937), 68쪽.

2) 전근대 시대, 노비는 두가지 형태가 존재하는데, 양반가의 가정에 소속되어 노동을 제공했던 私婢와 지방 관아에 소속되어 각종 허드렛일을 맡았던 官婢가 있다. 여종, 여비(maidservant) 등으로 불린 사비는 주로 가사노동, 주인집 아이들을 돌보거나, 주인의 잔심부름 등을 도맡았으며, 聲婢라는 이름으로 주인을 위해 노래나 춤 등의 기예와 오락을 제공하기도 하였다(이원걸, 2000, 187쪽).

등장한 하녀를 신분제의 산물인 전근대 여종과 동일시하기는 어렵지만, 전근대적 관행과 습속이 여전히 지속되었던 20세기 초기에 개별 가정의 하녀는 전근대 여종, 근대적 형태의 노동자, 유사 가족의 경계를 오가는 모호한 위치 속에 놓여 있었다.[3]

무엇보다도 서비스직 노동자로서의 하녀의 비율이 당대 도시 취업인구 가운데 상당히 높았다는 점을 간과할 수 없다.[4] 또한, 가사, 육아, 수유 등 전통적으로 가족관계에서 수행되었던 친밀성의 영역을 경제적 활동으로 치환시키는 매개자였다는 면에서 근대 초기 하녀의 위치는 주목할 만하다. 한편으로, 내지인 가정에 하우스메이드로 고용됨으로써 피식민자와 식민자의 직접적 접촉을 매개하기도 했던 조선인 하녀는 식민지에서 친밀성의 공간이 지니는 정치사회적 의미들을 내포하고 있는 중요한 지표이다. 하지만 식민지라는 조건 하에서 가족과 도시 노동의 주변부에 위치했던 하녀라는 존재는 지금까지 본격적인 연구의 대상이 되지 못했다.[5] 이 글은 일차적으로 근대 초기 시골에

---

3) 家事使用人(Housekeeper)은 20세기 초 공식 문서들에 등장하는 하녀에 대한 명명이다. 근대적 노동자로서의 가사사용인과 전근대 여종 사이의 가장 큰 차이는 쌍방의 자유계약과 월급을 받는 것이었다. 하지만, 집주인과 하녀 사이에서 개별적으로 이루어진 고용의 형식은 하녀들이 근대적 노동자로 대우받는 것을 보증하지 못하였는데, 하녀들은 언제 해고될지 모르는 불안과 부당한 취급의 위험성에 시달리는 등 취약한 조건 속에 놓여 있었다(『동아일보』 1926. 11. 3).

4) 조선총독부 『국세조사』의 직업 분류표에 따르면, 가사사용인은 식민지 조선의 10대 직업(농업/ 수산업/ 광업/ 공업/ 상업(상업적 직업, 금융보험업 종사자, 접객업 종사자 3종)/ 교통업/ 공무자유업(관리, 공리, 고용원, 육해군 현역군인, 법무 종사자, 교육 종사자, 종교가, 의료 종사자, 서기적 직업, 기자, 저술가, 예술가, 遊藝家, 기타 자유업의 9종)/ 가사사용인/ 기타유업자/ 무업) 중의 하나였다. 1930년대 말, 경성부 내의 주인세대에 사는 가사사용인은 1만 2094명, 전체 취업자의 8.6%으로 단일직업으로는 가장 많은 수를 점했다. 그 중 일본인은 1,144명에 불과하고 조선인이 1만 829명이었으며 조선인 중에도 여성이 8, 872명으로 전체의 82%였다(전우용, 2007, 108~138쪽).

5) 식민지시기 '가사사용인'에 대한 연구는 지금까지 사회학과 역사학 분과에서 주로 이루어져왔다. 강이수(2005) ; 서지영(2011) ; 이아리(2013) ; 소영현(2012).

서 도시로의 여성 인구의 유입과 더불어 형성된 도시 노동자의 한 유형으로서 하녀의 위상을 살펴보며, 가정이라는 사적 공간에 고용된 하녀들을 통해 근대 가족관계 속에서 친밀성의 영역이 재배치되는 지점에 대한 역사적 검토를 하고자 한다.[6] 또한 1920~40년대 재조일본인 가정에 고용된 조선인 하녀에 대해 주목함으로써, 내지인의 가정에서 거래되고 협상된 조선인 하녀의 노동의 성격을 살피고 친밀성의 영역에 작동되었던 식민주의와 젠더, 몸의 정치학을 탐색하고자 한다.

강이수의 연구를 필두로 하여, 위 작업들은 식민지 시대 '하녀/가사사용인'에 대한 선구적 연구들로서 큰 의의가 있으나, 대부분 도시 서비스직 여성노동자 중의 일부로서 가사사용인을 부분적으로 다룬 논의들이라 할 수 있다. 이아리의 논문은 일제시대 가사사용인에 대해 시도된 본격적인 논의로서, 1차 사료와 신문자료들을 바탕으로 하여 가사사용인의 사회적 윤곽을 규명하였다는 면에서 의미가 있다. 하지만, 통계적 접근을 넘어서 식민지 모더니티와 연관되는 하녀들의 존재성에 대한 사회사적 분석에는 이르지 못하고 있다. 소영현의 연구는 근대 가부장제 속에서 하녀의 위치와 감정규제를 통한 여성 하위주체의 통제 메커니즘에 주목하였다. 이 논의는 하녀에 대한 표층적인 기술을 넘어서 하녀를 둘러싼 담론들에 대한 분석을 시도하였다는 측면에서 의의가 있으나, 식민주체에 의해 일방적으로 관리, 통제, 규율되는 대상으로 하녀를 위치시킴으로써 하위주체의 목소리를 탐색하는 지점으로 나아가지는 못하고 있다. 본 글은 기존의 성과들과 필자의 선행연구(서지영, 2011)를 바탕으로 하면서, 공식통계자료, 잡지, 풍속사, 회고록, 소설 등 다양한 자료들을 활용하여, 하녀라는 존재가 매개하는 또다른 식민지 풍경을 포착하고 그 공간의 사회 문화사적 의미를 밝히고자 한다.

6) '친밀한 것(the intimate)'에 대한 정의에 대해 스톨러(Ann Laura Stoler)는 『*The American Heritage Dictionary*』를 참조하여, 친숙한 것(the familiar), 본질적인 것(the essential), 그리고 성에 기반한 관계들을 기술하는 표지로 요약한다. 또한, 스톨러는 '친밀한 것(the intimate)'은 제국의 정치학에서 너무나 전략적으로 친밀성을 위치지운 인종적으로 '내밀한' 것에 대한, 그리고 식민지 경영이 그것의 지배와 과정에 대해 염려한 이유에 대한, 간접적인 기호로서의 성적 관계(sexual relations)와 친숙성(familiarity)을 지칭한다고 하여, 친밀성과 제국 정치학(imperial politics)을 연계시킨다(Ann Laura Stoler, 2002, p.9).

2. 가사노동의 상품화와 근대 가정의 틈새

근대는 신교육의 수혜를 받은 중상층부 여성들뿐 아니라, 기층계급의 여성들에게도 가족의 울타리를 벗어나는 새로운 형태의 삶의 기회를 부여하였다. 1930년 당시 조선의 여성인구(9,682,545명) 중 약 4%가 도시로 이동하여 노동에 종사한 것으로 파악된다.[7] 당시 특별한 기술이나 학력 없이 지방에서 서울로 일자리를 얻기 위해 올라온 여성들은 공장직공이 되거나 '내지인' 또는 조선 가정의 '식모'가 되거나, 카페, 요리점과 같은 유흥공간에서 자신의 몸을 노동의 자산으로 삼는 것이 일반적이었다.[8] 이들의 노동은 근대 초기 기층계급 여성들의 몸이 가정 안팎의 친밀성의 영역에 배치되어 상품으로 거래되는 지점을 문제 제기한다. 즉 이는 한국에서 전통적으로 가족 또는 사적인 관계 안에서 수행되었던 수유, 양육, 가사노동, 정서적, 성애적 교류가 자본주의적 노동의 형식으로 전이되는 풍경을 징후적으로 보여준다.

당대 '가사사용인'은 '안잠자기', '(조선)어멈', '드난살이', '식모', '가정부(家政婦)' 등으로 불렸으며, 가사 일 전반을 돕는 '식모(食母)'라는 지칭 외에 바느질하는 '침모(針母)', 반찬을 주로 하는 '찬모(饌母)', 수유를 담당하는 유모(乳母), '애보는 아이' 등으로 세분화되었으며, 가족단위로 주인집의 행랑에 거주하며 집안일을 돕는 '행랑어멈'을 포함하였다.[9] 천변 빨래터 주변의 경성 중하층민의 삶을 묘사하고 있는 박태원의 소설 「천변풍경」에 등장하는 동대문 안에서 '드난살이'를

---

7) 이는 『조선총독부통계연보』를 통해 1930년 당시 여성취업자 비율을 조사한 김경일의 연구(2004, 283쪽)와 『조선국세조사보고』를 바탕으로 1930년 도시지역의 여성유업자(상업, 교통업, 공무자유업, 가사사용인)의 분포를 검토한 강이수의 연구(2005, 93~96쪽)를 참조하여, 1930년대 도시여성노동인구를 산정하였다.

8) 송영, 「솜틀거리에서 나온 소식」, 『삼천리』 1936. 4 ; 안승현 편(1995), 344~350쪽.

9) 朴○熙(1929), 29쪽.

하는 카페여급의 하나꼬의 어머니, 남편의 학대를 피해 서울로 올라와 한약국집에 '안잠재기'로 있는 귀돌어멈, 약국 안채 행랑으로 두 자식을 데리고 남편과 함께 들어온 만돌어멈, 기생집에서 드난살이를 하고 있는 필원네 등을 통해 특별한 기술과 배경이 없는 도시 기층민 여성들에게 가사사용인이 매우 흔한 일자리였음을 보여주고 있다.[10] 이러한 식민지 시기 중상류층 조선 가정의 가사사용인의 고용은 일차적으로 근대 초기에 핵가족 개념이 도입되었음에도 현실에서 지속적으로 유지되었던 대가족제도, 가사 보조자를 필요로 했던 전통적 가옥구조 및 가정 경영의 습속 등에서 기인하는 것으로 보인다.[11] 한편, '가사사용인'은 식민지 시기 계몽담론 속에 등장하는 신식 가정과 현실 속의 가정의 간극을 드러내는 지표가 될 뿐 아니라, 근대 초기 시골에서 도시로 일자리를 찾아 이동한 여성군의 한 형태와 그들의 노동의 성격을 가시화한다.[12]

행랑에 어멈과 아범이 있고 심부름하고 아이 보는 계집종이 따로 있는 서울의 중산층 집안에 '안잠자기'로 일하는 한 29세 여성의 기록을 보면, 시골의 아전 집안의 딸로 보통학교도 졸업한 중류 이상의 여성이지만 열일곱에 결혼하여 소박을 맞게 되어 서울로 올라와 '안잠자기'로 들어가게 된 내력을 제시하고 있다.

> 바누질을 하지요 밥 짓는 것을 보살피지요 어린애를 보아주지요 물건 사는 심부림을 해주지요 주인 마마 대서(代書)를 하지요 내년쯤은 용남이를 데리고 유치원에를 다녀야 하지요. … 어는 때는 내 몸동이가 열이

---

10) 박태원(2009).

11) 김은희(2007), 7~28쪽. 식민지 당시 도회의 식모난에 대해 쓴 김동인은 "과거에는 주부가 당하여 나아가던 일을 지금은 식모업시는 당키 힘들게 된 기형(畸型)의 세태"라고 보았다(김동인, 「一日一文－食母難」, 『매일신보』 1935. 8. 2).

12) 『동아일보』 1937. 11. 28 ; 『매일신보』 1938. 1. 5.

> 잇서도 모자랄 때가 잇습니다. 밤으로 틈을 어더서 야학에라도 다니고 십흐나 도모지 그러할 시간이 업습니다. 잡지ㅅ권 신문ㅅ장 드려다 볼 틈도 어는 때는 업습니다. 이러고도 한 달에 밧는 것은 겨우 십팔 원입니다. 그러나 옷벌 해 입는 외에는 별로 쓰는 곳이 업스닛가 그것도 모아집니다. 이 년 동안 모은 것이 이백 한 오십 원이나 되니까 이대로 한 잇해만 더 지나면 한 사오백 원 되겟지요. 잘하면 나갈 때에 주인이 돈 백 원이나 집어주겟지요. 그리저리하면 한 오륙백 원 되겟스니까 잘하면 한 삼 년 동안 공부를 할 수도 잇겟지요. 그것이 지금의 나에게는 크고도 큰 희망이요 질거움입니다.[13)]

이 여성은 '안잠자기'로서 가사 일 전반에서 육아, 집안 심부름과 허드렛일까지 도맡아했다고 기술하고 있는데, 몸이 열 개 있어도 모자랄 때가 있다는 표현은 이들이 행한 노동의 정도가 매우 고되었으며 다양한 종류의 노동을 했음을 시사한다. 또한 임금 수준은 한 달에 18원 정도 받은 것으로 드러나고 있는데, 1930년대 여공이 월 평균 9~17원, 백화점 점원이 15~30원, 전화교환수나 간호부 등의 직업부인이 25~30원 정도를 받았던 것과 비교하면, 가사사용인의 수입은 가장 낮은 임금을 받은 여공보다는 높고 도시 서비스직 종사 여성보다는 낮은 정도였음을 추정할 수 있다.[14)] 하지만, 가사사용인의 경우 개별 가정에서 고용하는 직업군으로서 임금의 편차는 심했으며, 공장이나 회사 등 공적 조직으로부터 얻을 수 있는 최소한의 노동권이나 복지를 전혀 보장받지 못하는 취약한 상태에 있었다고 볼 수 있다.

그런데 당시 가사사용인들은 외형적으로 주인집에 거주하면서 친밀성을 형성하는 유사가족의 형태를 띠었지만, 실질적으로 그들은 화폐를 매개로 하여 외부로부터 가족 안으로 들어온 노동자들이었다. 전근

13) 鞠○任(1930), 97쪽.

14) 『삼천리』 1931. 12, 19쪽.

대 시대 신분제의 틀 속에서 양반집 노비의 신분으로 일했던 여종과 달리, 근대 시기의 '안잠자기'나 '식모'의 위치는 모호하였다. 주인집으로부터 여종 취급을 받는 것이 허다하였지만, 일부의 식모들은 주종관계의 관행을 거부하고 자신들의 권익을 확보한 흔적도 보인다.[15] 또한 당시 가사사용인들 가운데에는 사별을 하거나 이혼한 여성들이 새로운 삶을 찾고자 고향이나 시집을 떠나 도시로 이동한 경로가 파악된다.[16] 이러한 세태를 반영하는 이태준의 단편소설 「색시」(『조광』, 1935)는 도시 가정의 식모로 들어온 한 젊은 과부를 묘사하고 있는데, 이 여성은 식모로 일하면서 어떻게든 결혼하여 다시 가정을 꾸리는 것을 인생의 유일한 목표로 삼는다. 주인으로부터 월급을 몇 원 받으면 화신상회로 달려가서 분이나 크림 같은 화장품을 사들이고, 접시나 찻잔, 전기다리미를 사 모은다. 또한, 어느 날에는 주인 아내로부터 파라솔을 빌리고, 아이보는 갓난이에게 아이를 업게 하여 앞세운 채 문안 거리를 다니며 마치 자신이 안주인인양 흉내를 내기도 한다. 또한, 맞은 편 하숙집에 전문학교 남학생들이 들어오자 그들에게 크나큰 관심을 보이기도 하지만, "모자를 비뚜름히 쓸 줄 알고 하모니카도 베이스를 넣어 불 줄 아는 그런 신랑"을 다시 만나기를 꿈꾸었던 식모는 끝내 자신의 꿈을 이루지 못하고 귀향한다.[17] 하지만 이러한 자료들은 실패한 결혼을 만회하고자 한 여성들에게 도시 가정의 식모로 일하는 것이 생계를 해결하는 길일 뿐 아니라 새로운 삶을 모색하는

15) 김동인은 "자본주의가 그다지 발달되지 안흔 조선이건만 식모뿐은 마치 자본주의 하의 노동자와 가티 자기의 책무를 온갖 악의와 반감으로서 당해 나가니 과연 딱한 일이다. 부리는 사람이 아모리 친밀미를 늣기고저 하여도, 부리우는 사람이 이런 태도로 응하면 거기는 반듯이 불유쾌한 주종관계가 생겨날 것이다"라고 하여 당대 시골에서 올라온 식모의 태도와 품성에 대한 불만을 토로한 바 있다(김동인, 1935).

16) 「朝鮮어멈(三)」, 『동아일보』 1928. 3. 15.

17) 이태준(2005), 449-451쪽.

과도기적 단계였음을 시사한다.

하지만, 도시의 낯선 가정에 고용되는 삶의 형태는 한편으로 기대하지 않았던 결과를 양산하기도 한다. 1920년대 후반 대중매체에는 '하녀', '식모'가 내지인 가정을 포함한 고용인의 집에서 갖가지 사회적 문제를 일으키는 내용의 기사들이 간간이 발견된다. 여기에는 일차적으로 고용인의 집에서 돈이나 금품을 훔친 절도죄로 하녀가 처벌을 받거나 자살하는 내용[18]이 빈번하게 등장하는데, 이는 당시 도시의 부유한 집안에 들어간 식모들이 궁핍한 농촌과는 다른 도시 중산층 문화와 자본에 노출되면서 물질적 욕망에 눈뜨게 되는 일면을 제기한다.[19] 또한, 특별한 이유 없는 하녀의 무단가출 기사,[20] 식모로서의 신세를 비관하거나 그밖에 원인 미상으로 자살한 내용을 다룬 기사들[21]이 있으며, 고용인 또는 주인집 남성과 식모 간의 연애 및 정사(情

---

18) 「罪惡이 綻露된 食母의 自殺騷動－주인의 금비녀를 훔치고」, 『매일신보』 1935. 9. 20 ; 「下女脫線」, 『매일신보』 1936. 12. 13 ; 「性的異變의 下女 主家物品窃盜」, 『매일신보』 1937. 3. 18 ; 「월경으로 인한 일시적 발작-動機는 同情하나 法은 그러찬타 主人돈 훔친 下女」, 『매일신보』 1937. 3. 27 ; 「嫌疑받은 食母 죽엄으로 對抗」, 『동아일보』 1938. 7. 9 ; 「手荒症의 下女-일본인 집의 조선 하녀가 돈 30원과 양말 두컬레를 훔쳐 도망」, 『매일신보』 1938. 6. 14 ; 「脫線한 下女-25원을 훔쳐 도망」, 『매일신보』 1938. 12. 2 ; 「主人白金指環 훔친 美人下女의 懺悔－훔치노코서 앙심에 가책바더 女子二十 虛榮時代」, 『매일신보』 1935. 10. 8 ; 「下女가 窃盜－주인의 돈을」, 『매일신보』 1936. 1. 29 ; 「侈裝한 美貌女 實相은 大賊- 부호가정 하녀로드러가서－西門署에서 取調」, 『매일신보』 1935. 7. 6 ; 「窃盜常習의 美貌의 "食母"－경관집에 드난가서 도적질하고 畢竟엔 警察署身勢」, 『매일신보』 1936. 7. 23.

19) 「虛榮에 뜬 鄕村女子 豪奢하려 竊盜질, 허영에 뜬 향촌녀자가 서울에 와 남과 가치 호사하고 십허 도적질, 繁華한 都市와 드난살이의 犯罪」, 『동아일보』 1926. 10. 5.

20) 「바람난 下女」, 『동아일보』 1937. 7. 24 ; 「美貌의 下女出奔」, 『동아일보』 1939. 12. 15 ; 「심부름나가 업서진 下女」, 『매일신보』 1935. 11. 1 ; 「下女가 失踪 誘拐의 憂慮」, 『매일신보』 1936. 2. 5.

21) 「자유없음을 비관코 자살한 고용녀」, 『조선중앙일보』 1935. 4. 29 ; 「妙齡女飮毒 ; 市內宮井洞 鄭箕洪씨 집 下女」, 『동아일보』 1933. 6. 5 ; 「下女飮毒, 元町 茂家氏 집에」, 『동아일보』 1934. 3. 21 ; 「妙齡 '오모니' 疑問의 飮毒 저녁밥먹고서얼마안잇

死) 기사[22]와 더불어, 주인남성으로부터 정조를 유린당하거나 치정에 연루되어 살해된 식모 기사들[23] 도 적지 않게 발견된다. 고용주 남성과 식모 사이의 정조 유린과 치정 관련 범죄 사건들은 가족이라는 사적 공간에서 고용주과 고용인 사이의 권력적 관계에서 야기되는 섹슈얼리티 문제를 제기한다. 특히, 전근대적 습속이 여전히 잔존하였던 식민지 시기 많은 중상류층 가정에서 나이어린 식모는 신체적 자율권을 갖지 못했던 전근대 시기 여종의 존재양식과 겹쳐진다. 채만식의 「산동이(山童이)」(1930)에서 집주인이자 호색한 지주인 김상준에게 겁탈당하는 '계집 하인' 옥섬이나, 「생명」(『白光』 3~4집, 1937)에서 주인아씨의 몸종으로 따라온 오월이가 주인집 남자의 아이를 포태하는 모습은 전근대 시기 신분제의 산물로서의 '하비(下婢)'의 모습을 잇고 있다.

하지만, 그들은 신분적 질서 속에서 복종과 봉사를 수행했던 전근대 시기 노비 계급과 달리, 사적인 친밀성의 공간에 뛰어든 외부의 침입자이기도 하였다. 이들은 주인집의 횡포와 착취의 일방적인 희생물이 아니라, 오히려 가정 안의 질서를 위협하는 존재로 재현되기도 한다. 김유정의 「정조」(『조광』, 1936)라는 단편소설은 집안의 허드렛일을 시키려고 행랑으로 두 남녀를 들게 하면서, 주인집의 평화로운 일상이 깨어지는 장면을 재현하고 있다. 위 작품에서 술을 먹고 돌아오는 주인집 남성을 의도적으로 유혹하는 행랑어멈의 행실은 문제적이

다 무엇때문에 죽었나」, 『매일신보』 1936. 9. 6.

22) 「上海로 逃避行 上陸하자 被捉; 和昌洋行員 北村協과 西村要三氏집 하녀 사랑의 도피」, 『동아일보』 1935. 4. 30 ; 「失戀한 下女 飮毒코 淸算(鎭南浦)」, 『동아일보』 1935. 12. 28 ; 「奬忠壇에서 男女情死 富豪子弟와 食母戀慕」, 『동아일보』 1938. 9. 15 ; 「解雇된 旅館雇人 下女다리고 逃走」, 『매일신보』 1937. 9. 30.

23) 「食母를 打殺, 암장하고 발각」, 『동아일보』 1928. 12. 29 ; 「富豪주인에 능욕된 미인 하녀가 음독, 상세사실 緘口不言」, 『조선중앙일보』 1936. 2. 26 ; 「'식모'의 정조」, 『매일신보』 1936. 12. 25 ; 「下女와 關係, 姙娠하자 絞殺하야 投井 一년 이상 지나 발각되여」, 『매일신보』 1938. 8. 6.

다.[24] 난봉 기질이 있는 주인집 남자는 결국 그를 유혹하려는 행랑어멈의 계략에 넘어가게 되고, 임신을 했다는 협박에 주인집은 돈 이백 원이라는 거금을 주고 그들을 내쫓는다. 행랑아범과 행랑어멈의 계획적인 농간에 속수무책으로 당하는 한 가족의 모습을 보여주는 위 작품에서 근대 초기, 외부로부터 경제적 행위를 매개로 해서 친밀성의 영역 안으로 들어오는 가사사용인은 가정 안의 틈새를 만들고 혼란을 야기하는 침입자의 형상을 하고 있다.

『매일신보』에 1938년 3월 11일에서 18일까지 8회에 걸쳐 연재된 진우촌(秦雨村) 작, 단편소설 「식모(食母)」는 한 미혼여성이 젊은 신혼부부가 사는 가정 안에 식모로 들어오면서 야기되는 가정 안의 위기를 보다 극적으로 형상화하고 있다. 이 작품에서 공장 여공으로 있다가 식모로 들어온 여주인공은 처음부터 주인아씨와 '아귀다툼'을 할 정도로 나쁜 관계를 형성할 뿐 아니라, 주인집 남자에게 연정을 품으면서 스스로를 주인아씨와 라이벌적 관계로 위치시킨다.[25] 위 작품에서 식모는 일부일처제가 뿌리내리기 시작한 근대 초기 핵가족 속의 젊은

24) "전일부터 맥없이 빙글빙글 웃으며 눈을 째긋이 꼬리를 치던 것은 그만두고라도, 방에서 그 알량한 낯판대기를 갖다 부비며, "전 서방님하구 살구 싶어요. 웬일인지 전 서방님만 뵈면 괜스리 좋아요. … 그래그래 살아보자꾸나. .전 뭐 많이 바라지 않아요. 그저 집 한 채만 사주시면 얼마든지 살림하겠어요. 그렇지 않어요? 서방님! 제가 뭐 기생첩인가요, 색시첩인가, 더 바라게?"(김유정, 2003, 64~65쪽).

25) "이집 나림은 흔이잇는 불양한 사내도 아니고, 행패로운 이도 아니니, 그 양반이 점잔은 체모에 집안에서 부리는 젊은 것에게 아모 생각도 업스면서 공연히 시럽슨 행동을 햇슬리도 업고 내가 내 자랑이 아니라 동네사람들에게, '왜 저만큼 생겨가지고 남의 집을 산담' 이런 말을 듣기도 합니다만, 실상도 아모리 뜯어봐야 한군데 보잘것업는 쥔아씨라는 그이보다는 내얼굴과 내 맵시가 쥔나리 눈에도 훨씬 나뵛슬것이니 열게집 마대지 안는 젊은 사내가 한 집에 잇고, 젊고 똑똑한 게집에게 맘을 안뒷슬리도 업슬 것이니 지내간 여름에 '잠간 기다리게' 하든 그말이라든지 어젯밤에, 내 손목을 힘입게 쥔 것이라든지, 모도가 공연한 농직어리라고는 도모지 생각이 도라가지를 안습니다."(秦雨村, 「食母」, 『매일신보』 1938. 3. 11).

부부의 사이에 뛰어든 위협적 존재이다. '이 집 나리가 장가들기 전에 이집에 들어왔더라면', '그 아씨란 게 없었다면'이라고 혼자만의 상상을 하는 식모는 주인집 아씨를 자신의 욕망의 실현을 방해하는 존재로 인식하고 미워하기에 이른다. 하지만, 어느 비 내리는 밤, 주인집 나리를 마중 나갔다가 함께 손을 잡고 정답게 돌아오는 장면이 주인아씨에게 발각되어 큰 소동이 일어나고, 식모는 결국 그 일을 계기로 그 집으로부터 쫓겨나게 된다. 위 작품들에 등장하는 가사사용인들(식모, 행랑어멈)은 합리적, 법적 계약에 기반한 도시 임금노동자로서의 토대를 확보하지 못했던 근대 초기 가사사용인의 불안정한 조건과 아울러, 친밀성의 영역에서 이루어지는 경제적 교환이 야기하는 예상치 않은 효과들을 제기한다. 이들의 환경은 '가사사용인'에 대한 부당한 착취와 불합리한 대우를 양산하기도 하였지만, 한편으로 소설 속에 재현되는 식모의 형상은 임금노동을 명목으로 사적 공간에 침투하여 가족 안의 관계성을 위태롭게 하는 타자의 모습을 하고 있다.

3. 1920~30년대 재조 일본인 가정 속의 조선인 하녀 '오모니'

개항 초기 조선으로 이동한 일본인들은 식민지 조선에 정착하는 과정에서 보조적 기능을 담당했던 하녀들을 필요로 했다. 초기 일본 거류민 가정이나 가게, 여관 등에서 고용한 하녀는 대부분 조선으로 건너온 일본인 여성들이었다. 1876년 조선 개항이후, 조선으로 유입된 일본 거류민들 가운데에는 일본 예기와 하녀들이 많은 비중을 차지하였다.[26] 1870년대 말 이후부터 이미 조선으로 이동한 일본여성들의

26) 다가사키 소지(2006), 5~26쪽.

흔적들이 확인되는데, 이들 가운데에는 관공리의 가족 외에, 하녀, 유모, 매춘업 종사자(이종예기, 작부) 등 기층 여성들 등이 확인된다. 1903년 부산으로 이동한 재조일본인 여성들의 직업 분류에서 하비(下婢)는 예기/작부와 같은 접객업 종사자 여성과 더불어 높은 비율을 보이고 있다.[27] 합병(1910)을 전후한 시기에 경성 거류 일본인의 직업 가운데, '하녀'가 네 번째를 차지하였는데, 이는 열두 번째를 차지한 '이종예기'의 경우보다 오히려 더 많은 숫자였음을 확인할 수 있다.[28] 이러한 하녀나 예기/작부 등 자신들의 몸을 노동의 자산으로 삼는 기층 여성들의 이동은 개항기 조선으로 이동한 일본인 남성들이 주로 상인과 일용직 노동을 했던 잡업층이 주류를 이루었으며, 또한 그들이 대부분 단신으로 이동한 독신남성들이었다는 것에 상응한다.[29]

당시 조선의 일본인 하녀는 러일전쟁 이후 재조일본인들의 증가와

---

27) 송연옥은 1870년대 이후 1910년까지 도항의 절차를 간소화함으로써 조선으로의 일본인의 이동을 장려했던 일본의 정책과 당시 기층 일본여성들의 조선으로의 이동의 흔적들을 살핀 바 있다. 위 연구에 의하면, 1903년 부산에 있어서의 "재류본방인원표"의 본업종사자 통계에서 여성직업자 총 685명 중, 예기, 작부가 250명(37%), 下婢가 230명으로 34%으로 전체 71%를 차지한다. 그런데, 여성인구도 증가하고 다양한 직업군이 등장하게 되는 1930년의 경우, 재조 일본여성 유업자 중 예기/ 작부와 같은 접객업 종사자는 28.6%로 여전히 높은 비율을 차지하는 반면, '가사사용인'이라는 명칭으로 대체된 메이드의 경우 7.2%로 이동 초기보다는 훨씬 숫자가 감소된다(宋連玉, 2002, 62~71쪽).

28) 京城居留民團役所(2000), 456~460쪽 ; 다가사키 소지(2006), 119쪽.

29) 한말과 1900년대에 주로 단신으로 조선에 건너왔던 상인층, 일용노동직 남성들이 많았던 반면, 1910년대 일본거류민 사회가 활성화되고, 관공리, 자유공무직이 증가하면서 가족단위의 이주로 점차 변모하는 양상을 보인다. 적극적인 이주정책 속에서 1910년 이후 동양척식주식회사의 주도로 개시된 농업이민은 자작농민의 이식을 지향하였으나 1921년경에 3, 896가구의 정착자밖에 달성하지 못하고 중지된다. 1940년의 시점에 이르러 조선에서는 남자 374,011, 여자 333,326명, 총 707,337명으로 조선의 전체 인구 대비 일본인 비율은 2.9%에 이르게 되는데, 공무 및 자유업의 두드러진 성장과 식민지 통치의 심화에 따른 공업화의 진행 속에서 '내지인들'의 가족 단위의 식민지 정착이 뿌리내렸음을 추정할 수 있다(키무라 겐지, 2004, 253~261쪽).

더불어 활발하게 유입되는데, 경성의 '내지' 하녀들은 구마모토(熊本) 서남부 섬, 그 다음은 나가사키(長崎), 히로시마(廣島), 오카야마(岡山) 등의 출신 순으로 일본 내에서 개발이 낙후된 지역의 농어촌 출신의 기층 여성들이었다고 할 수 있다. 여관이나 요리점의 '나카이(仲居)'와 구별되는 개별 가정의 '조츄우(女中)'의 일은 일반적으로 내실과 부엌 사이의 중간잡일(仲働), 바느질, 아이 보는 것(子守)을 들 수 있으며, 그들의 월급은 많으면 8~9원이고 5~6원이 통례였다. 이는 고베의 경우 5~6원이고, 도쿄는 4원을 넘지 않았던 내지와 비교해서 비교적 높은 액수라 할 수 있다. 이렇게 조선의 '내지' 하녀들의 봉급이 일본의 제일의 수준으로 높은 이유는 수요에 비해 일본으로부터 하녀 공급이 충분하지 않았던 데서 기인한 것으로 보인다.[30)]

이렇게 한말부터 1910년대까지 재조일본인 가정 속의 하녀가 주로 일본인 여성들로 고용되었다면, 1920년대 조선으로의 일본인 이주가 격증하고 가족 단위의 이동이 점차 정착되어 가면서, 일본인 가정에서 '조선어멈', '오마니' 등으로 불리는 조선인 여성을 가사사용인으로 고용하는 것이 붐을 이루게 된다. 가지야마 도시유키(梶山系之)의 소설 「京城 昭和 11年[1936]」에서 조선에 신문기자로 온 주인공 아쿠츠(阿久津)가 명치정에서 카페 '미도리'를 경영하는 아카호리 미도리(赤堀綠)의

---

30) 匪之助(1914), 126~128쪽. 1910년대 경성 일본인 하녀의 또 다른 특징 중의 하나는, 독신남성의 집에 기거하는 하녀들의 많은 경우가 단순한 하녀가 아니라 '焚き撫'(타키나데−성적 노리개를 지칭)라는 하녀들을 포함했다는 점이다. 이러한 '焚き撫'는 '韓妻'(한국의 현지처)라는 별명으로 불리었는데, 하녀로서의 봉사와 첩의 임무를 겸하는 여성을 지칭하며, 이들의 급료는 일반 하녀들보다 높은 14~15원을 호가하였다고 한다. 이러한 '韓妻'로서의 일본 하녀의 존재는 하녀의 수용 공급의 불균형, 초기 식민지 거류민 사회의 풍기 문란, 그리고 독신 일본 남성들의 거류민이 많았던 당대의 정황이 원인이 되었던 것으로 기술된다. 당시 일본인 하녀의 연령은 주로 18세에서 35세까지 수명이 긴데 비해, 한처들의 연령은 주로 18~19세부터 25세까지가 주류를 이루었다고 한다. 이러한 한처를 적극적으로 활용했던 층은 조선에 거주한 독신 일본남성들로, 회사주재원, 상인층이었다고 기록되어 있다(匪之助, 1913, 127~131쪽).

집을 방문하였을 때, 남산정에 있는 그녀의 집에서 손님을 맞는 이는 조선인 '오모니'이다. 이 작품에 따르면, 당시 조선의 일본인 가정에는 일본인이 고용한 여자를 '조츄우(女中)'라고 불렀던 반면, 조선인 고용녀는 '오모니(オモニー)'/'오마니(オマニー)'와 '기집애(キチベ)'라고 불러 구별하였던 것으로 보인다. 여기서 조선 '오모니'는 '조선어멈'이라 하여 상대적으로 나이든 여성임에 비해 '기집애'는 여자아이(小娘)를 말한다. 급료도 일본인과 조선인 사이에는 차별이 있었는데, 일본인 '여중'은 20엔, '오모니'는 10엔, '기집애'는 6엔 정도였으며, 당시 일본인 가정에서는 대체적으로 조선인 '오모니'나 '기집애'를 고용하는 것이 일반적이었다고 말한다. 일본으로부터의 하녀 공급이 충분치 않았던 개항기부터 조선의 일본인 하녀들의 급료가 '내지'보다 높아지는 기현상이 나타났으며, 이후 재조일본인 정착자가 늘어나면서 일본인 메이드 품귀현상은 더욱 심해졌다고 할 수 있다. 따라서 1920년대 이후 재조일본인 가정에서는 조선인 하녀, '오모니'를 고용하는 관행이 정착하였으며, 조선인 여성의 입장에서도 여러 가지로 조건이 좋은 '오모니'를 선호하게 되었다.

당시 조선인 가정에서도 중류이상에서는 대부분 하녀를 고용했지만, 조선부인이 '내지인' 가정의 하녀가 되면 월 5~20원을 받아, 조선인 가정(3~8원)보다 거의 두 배 이상 높고, 아직 근대식으로 개조되지 않은 가옥구조 속에 있었던 조선인 가정만큼 일이 많지 않았으며, 문화적 생활의 체득이 편리하고 좋아 희망자가 많았다고 한다.[31] 1920년대 후반에 이르러 당시 신문매체에서는 극심한 구직난 속에서 조선인 여성들이 일본인 가정 '오모니'만이 선호되는 현상이 포착되며 그 결과 조선인 가정에서는 식모 구하기가 너무나 힘들어진데 대한

31) 葛西淸童(1937), 68쪽.

불평이 제기된다. 『동아일보』(1928. 12. 11) 기사를 보면, 1928년 당시는 수한재로 인해 이재민이 답지하고 경성 거리에는 실업자들로 들끓었는데, 경성직업소개소는 "한창 때인 여자나 부려먹기 조흔 애"만 일본인 집에 보내기를 주로 하고 있어, 마치 "일본 사람의 소위 '오모니'(어멈의 통칭)와 남자하인(下男)을 소개하는 기관과 비슷하다는 비평"이 있을 정도였다. 당시 일본인 가정의 '오모니'의 증가는 1929년을 기점으로 현저하게 두드러진다.[32] 당시 '내지인' 가정 '오모니'로 들어간 조선 여성을 심층적으로 다룬 신문 기사를 보면, 대부분 향촌 출신의 순진무구한 여성들이 80%, 경성 출신은 20% 정도이고, 연령별로는 최고 45~46세에서 최하 17~18세이며, 약 20%에 해당되는 30세 이상은 대개 과부의 몸이고, 30세 이하 17~18세 이상의 약 75%가 대개 가장이 있다고 하며, 17~18세의 시집 안간 처녀가 약 5% 정도라 한다. 이들 가운데에는 일본말을 잘 아는 여자가 약 5%이고, 조금 알아듣는 여자가 약 20%이며, 학력은 보통학교 졸업자가 약 10%, 중등학교 졸업생이 약 2-3% 정도인데, 일본말을 전혀 모르는 사람이 고용되었을 경우, 한 달 두 달 동안 말연습을 하면서 몹시 고통을 받고 필경에는 쫓겨나는 경우도 허다하였다고 한다. 재조 일본인 관리나 회사 중역, 상인층 가정에서 구하는 조선인 오모니의 일차적 조건은 일본어를 하는 것이었으며, 이로 인해 조선인 여성을 구하는 것이 쉽지 않았다고 한다. 일본어의 소통여부에 따라 조선인 가정으로 들어가 '식모'로 불리느냐, '내지인' 가정으로 들어가 '오모니'로 불리느냐가 결정되었으며, 일어의

---

32) 『동아일보』(1929. 3. 8)에는 1929년 2월, 경성부직업소 성적표가 실려 있는데, 구인수 남자 124인, 여자 237인 합계 361인, 구직자수는 남자 298인, 여자 464인, 합계 762인, 취직자수는 남자 74인, 여자 121인 합계 195인이며. 그중에서 제일 좋은 성적으로 취직된 직업은 일본집의 '오머니' 119인으로, 작년 2월 '오머니' 취직자 5인에 비교하면 114인으로 다수의 숫자가 증가했다고 기록하고 있다.

소통 수준은 급료의 책정 기준이 되기도 하였던 것이다. 일어 능력만 있으면 어디를 가든지 한 달에 최소한 4원 이상을 받을 수 있었으며, '내지인' 가정에 들어가는 경우에도 일본어를 잘하면 초급에 10~13원까지 받고, 말을 알아들을 정도이면 7~10원까지, 전혀 일본말을 모르면 5~8원 정도를 받았으며, 주인으로부터 신뢰를 얻으면 20원 이상 월급이 오르기도 하였다. 이는 당시 '내지인' 가정의 '오모니'로 들어간 조선여성들에게 학력과 그것에 준하는 언어적, 지적 능력이 상당히 중요한 요소였음을 시사한다.[33)]

'조선어멈들'의 출신조건은 경제적인 궁핍을 공통점으로 하고 대다수가 시골출신이지만, 행동, 의표, 언어 사용으로 보아 하류계급은 오히려 소수이고 총수 중 약 90% 이상 중류계급이었다고 보도된다. 당시 조선어멈들이 일본인 가정의 식모를 자청한 원인을 보면, '생활곤란'이라는 표면적 이유 외에 다른 사정들이 자리하고 있는데, 이들 중에는 구식가정에서 자라나 구식가정으로 시집을 갔다가 이혼을 당하고, 개가를 하고 싶지만 시집과 친정의 체면관계로 인해 마침내 타향으로 달아나 자신의 종적을 숨기고자 하는 경우가 있고, 또한 순전히 도회를 동경하여 도회의 호화로운 생활을 보게 되면서 허영심에 가득 차 필경 몸을 버리게 되는 사람도 있다고 전한다. 단순히 극빈층 시골여성들이라기보다는 일정 정도의 학식과 교양을 갖춘 지방의 중상층 여성들이 다수를 차지하고 있는 조선어멈들은 "조선사람 부락에는 문간 지키는 행랑어멈이나, 침모, 유모, 안잠자기밖에 없을 뿐 아니라, 지독히 부림을 받고도 그 보수가 박하므로 언어적으로 풍속적으로 같은 조선 사람의 집에 가는 것을 창피하다고 하여 오히려 꺼리게 되어, 일본사람의 집이 아니면 안 가겠다는 조건을 붙이는

33) 『동아일보』 1928. 2. 7 ; 1928. 3. 13 ; 1928. 3. 14 ; 1928. 3. 15 ; 『매일신보』 1937. 11. 13.

사람이 제일 많고, 종종 보이는 귀족집 출신의 부인들은 진고개 부근에서도 제일 구석진 곳으로 가게 해달"라는 부탁을 했다고 보도된 바 있다.[34] 이렇게 '내지인' 가정이 선호되는 이유 중에는 월급문제와 더불어 당시 가족과 고향을 이탈하여 일자리를 구하고자 했던 여성들의 특수한 처지와 체면문제가 중요한 원인이 됨을 확인할 수 있다.[35] "싸구려 싸구려 멋대로 골라잡어"라는 표현에서와 같이, 당시 '내지인' 가정을 선호했던 조선어멈의 수효가 많았던 관계로 일본사람들은 마음대로 골라잡는 현상이 일어났는데, 당시 조선여성들이 '내지인' 가정의 취향과 요구조건에 적극적으로 맞추면서 '오모니'로 변신하는 것에 대해 기자는 "조선낭자 조선옷에 일본버선 '게다'라는 기형적 '스타일'의 조선어멈이 하로 이틀 그 수효가 늘어 갈 뿐"이라 한탄한다.[36]

그런데 당시 '내지인' 가정에 들어간 조선여성들의 경우, '다다미방' 생활에 익숙하지 않은 점, 음식 만드는 법이 다른 점, 오는 손님 접대 안내의 불편함, 육아상의 어려움, 과도한 책임 전가 등을 겪지만, 한편으로 조선인 '오모니'들은 일본인 가정 안에서 갖가지 사회적 문제를 일으키기도 한다. 고용인의 집에서 돈이나 금품을 훔친 절도죄로 하녀가 처벌을 받거나 그것으로 인해 자살을 하거나, 하녀의 무단가출, 식모로서의 신세를 비관하여 자살하는 것, 주인집 남성으로부터 정조를 유린당하거나 내연의 관계에 빠지는 것 등은 조선인 가정과 '내지인'

34) 『동아일보』 1928. 3. 14.

35) 당대 소설가 염상섭은 당시 조선인 가정의 식모 품귀현상과 조선인 여성들이 일본인 가정의 '오모니'로 진출이 늘어나는 현상에 주목하면서, 중요한 원인에 대해 조선인 가정에서 '하대받기 싫음'을 들고 있다. 안잠자기에게 자신들의 양반 가문 자랑을 늘어놓는 조선인 가정을 피하고, 내지인 집의 경우에도 공대를 받지는 않지만, 기왕이면 자신의 내력을 모르는 사람, 조선적 상식이 없는 사람의 집에서는 하대를 받아도 덜 억울하다는 것이다(염상섭, 1935).

36) 『동아일보』 1928. 3. 15.

가정 모두에서 일어난 일들이었지만, 특히 '내지인' 남성이나 일본인 상점의 고용인과 조선인 하녀 사이의 연애 및 정사, 강간 등은 식민자와 피식민자의 위계가 작동했던 식민지의 조건과 결부되면서 또다른 의미를 갖는다. 당시 '내지인' 가정에서 '오모니'에 대한 성적 유린은 큰 우려를 낳았는데,[37] 실제로 신문에 주인남성으로부터 정조를 유린 당하거나 치정 관련하여 살해된 식모 기사들도 적지 않게 발견된다. 이러한 사건들은 조선인 가정에서도 일어난 일이었지만, '내지인' 가정의 경우 식민자 남성과 피식민자 여성 사이의 다층적(인종적, 젠더적, 계급적) 권력 구도로 인해, 조선인 하녀들의 섹슈얼리티는 더욱 취약한 상태에 놓여 있었음을 파악할 수 있다.[38]

나아가, 일본인 남성과 조선인 '오모니' 사이의 내연의 관계는 피식민지 남성지식인들의 시선 속에서 지속적인 의혹과 심문의 대상이었다. 1920·30년대 식민지 조선의 작가 염상섭(1897~1963)의 단편 「세 식구」(『대중공론』 1930. 3)는 건넌방에 어머니와 딸을 데리고 세든 젊은 여성이 지방에서 일용 잡직으로 떠도는 남편에 의존하는 궁핍 속에서 집세를 내기 위한 방편으로 돈을 많이 준다는 '내지인' 가정의 '오모니'로 가는 이야기를 담고 있다. 어린아이를 돌봐주는 젊은 오모니를 구한다는 조건에 출퇴근 파출부로 고용되었던 이 여성은 진고개 일본집으로 출근한 이후 아무런 소식도 없이 집으로 돌아오지 않음으로써, 혹시 불미스러운 사고나 당하지 않았는지 온갖 의혹과 걱정을 야기시킨다. 결국 일주일이 지나서 그 젊은 '오모니'는 인력거를 타고 어떤 남자와 귀가하여, 하룻밤을 묵고 남겨진 가족에게 돈을 남기고 다시

37) 『동아일보』 1928. 3. 13.

38) 내지인 남성과 조선인 하녀 사이의 내연관계, 강간, 살인 등을 다룬 기사들이 『중외일보』 1928. 10. 14 ; 『동아일보』 1933. 8. 6 ; 『동아일보』 1933. 11. 9 ; 『매일신보』 1937. 6. 9 등에 실려있다.

일본집으로 떠난다. 이 작품에서 젊은 조선인 여성이 진고개 '내지인' 가정에 들어가서 어떠한 일이 벌어졌는지, 그리고 일본집 '오모니'가 된 그녀가 무엇을 하고 있는지, 정말 일본집 '오모니'로 나가고 있는지까지 의심이 들 정도로 모호하고 불명료하게 기술된다. 이 작품에서 일본집에서 일하는 조선 여성이 기생들처럼 인력거를 타고 외간 남성과 집으로 오는 장면에서 암시되듯이, '내지인' 가정 남성과의 불륜의 관계를 통해 잉여의 돈을 버는 것으로 묘사되는데, 이때 '오모니'의 이미지는 아무런 자의식 없이 식민자 남성에게 성을 팔아 생존을 영위하는 피식민지 기층여성으로 의미화된다.

그런데, 염상섭의 장편소설 「이심(二心)」(『매일신보』 1928)이라는 작품은 피식민지 지식인 남성의 시선에서 제국과 자본에 포섭된 조선인 '오모니'의 불안정하고 종속적인 위치를 보다 비판적으로 문제제기한다. 이 작품은 사회주의 지식인 남편이 사상적 문제로 감옥에 가게 되자, 자식의 부양과 생존을 떠맡아야했던 피식민지 여성이 일본인 가정에 '오모니'로 들어가게 되는 이야기를 담고 있다. 여기서 춘경이라는 여성은 여학교를 다닌 적이 있는 식자층 여성이지만, 남편이 사상 범죄로 감옥에 있다는 사실을 숨기기 위해서 남편과 아이가 있는 자신의 처지를 속이고, 호텔 지배인이었던 좌야라는 일본인의 가정으로 들어가며 그곳에서 좌야와 부적절한 관계를 형성하게 된다. 이후 그녀는 경제적 의존과 성적인 종속 관계 속에 결박당한 채 비극적 삶의 결말에 이르게 된다. 제국 남성과 식민지 여성의 알레고리적 권력관계를 상징적으로 드러내는 위 소설에서 '내지인' 남성에게 경제적으로 종속되고 그의 욕망의 대상이 되는 여성에 대한 부정적 표상 이면에 그러한 여성의 행위를 도덕적 방종으로 단죄하는 피식민지 남성의 젠더적 시선, 그리고 제국에 종속되고 유린되는 식민지의 표상이 겹쳐있다. 염상섭의 소설, 「이심(二心)」은 식민지 시기 신여성 출신으로 경제적 곤란에 빠진 여성이 '내지인' 가정에 고용되는 삶의 궤적을 통해 당시 오모니의 한 존재양식을 시사할 뿐 아니라, 식민지라는 조건과 결합되는 친밀성의 공간에 복합적으로 작동하는 인종, 계급, 젠더 기제를 문제 제기한다.

4. 제국의 불안과 조선인 '하녀'

『동아일보』(1928. 3. 14) 기사는 '조선인 어멈'을 고용하는 일본 가정이 대관(大官)이나 회사의 중역 등 일부를 제하고는 대개가 진고개 등지의 상인 집인데, 이들의 가게에서 남자점원들과 함께 지내고 접할 기회가 많게 되면서 일본인 고용원과 조선인 메이드 사이에 "국경을 몰른다는 소위 연애극"이 연출되는 것도 빈번했다고 보도한다. 또한 흥미로운 점은, 경성부 호적계에서 "일본남자가 조선부인을 안해로 하얏다는 혼인계"의 수효가 사오년 전(1923~1924년 경)에는 몇 건에 불과하던 것이, 재작년(1926)에는 40여 건이오, 작년(1927)에는 50여 건이라는 격증을 보였으며, 이러한 현상을 좀더 살펴보면, 조선여자를 부인으로 얻는 일본남자는 대개가 하류계층의 사람이고 그 만남의 동기가 대개 "가튼 집에서 오랫동안 알게 된 것"이라는 부분이다. 또한 위 기사는 정식으로 혼인계를 내지 아니하고, 일본 남성과 조선 여성이 사실상 부처로 지내는 사람(사실혼 관계)도 상당한 것으로 추정하고 있다.

위 기사에서 1923~24년경 경성부 호적계의 일본 남성과 조선인 여성 간의 결혼이 불과 몇 건에 불과하던 것이, 1926년에는 40여 건, 1927년에는 50여 건으로 격증했다고 기술하고 있는데, 내선결혼 관련 공식자료를 살펴보면, 1923년 조선에서 일본인 남성/조선 여성 사이의 결혼은 103건인 반면, 1926년에는 222건, 1927년에는 247건이다. 1923년에 비해 4년 후인 1927년에 두 배 이상이 증가하고 있는데, 이후에도 1937년까지 재조일본인 숫자의 증가에 비례하여 일본인 남성/조선 여성 사이의 결혼이 점진적으로 증가하는 현상을 보인다. 하지만, 1928년에 재조일본인 수 469,043명 가운데, 조선 여성과 결혼한 일본인 남성은 268명에 불과하며(약0.05~0.06%), 1937년의 경우, 재조일본인 수 629,512명 가운데, 조선 여성과 결혼한 일본인 남성은 686명(약 0.1%)으로 아주 극소수에 해당된다고 할 수 있다.[39] 내선결혼장려책은 원천적으로 '조선인 남성'과 '일본인 여성' 사이의 결혼을 주된 타깃으로 하였으며, 실제로 일본인 남성들은 조선 여성과의 결혼에 대해 부정적 태도를 보였다.[40] 현재 확인 가능한 자료 속에서 '내지인' 남성과 조선인 하녀 사이의 사적 관계는 사실혼이나 첩과 같은 내연의 관계의 가능성은 징후적으로 발견되지만, 법적 결혼으로 이어지는 경우는 그리 많지 않았던 것으로 보인다. 하지만, 위 『동아일보』(1928. 3. 14) 기사로부터 추정해볼 때, 일본인 남성과 조선 여성 사이의 낮은 결혼률 속에서도, 같은 노동계급으로서 동일한 공간에서 거주했던 일본인 남자고용인과 조선인 하녀, '내지인' 가정의 남성과 '오모니'의 만남은 결과적으로 '내선결혼'에 일정 정도 기여를 한 것으로 파악된다.

---

39) 1923~1937년까지의 조선에서의 내선결혼 통계수치는 『내선일체』(1940. 1, 87쪽)에 실린 「內地人と朝鮮人との配偶者統計表」에 의거하였다. 이 자료를 바탕으로 내선결혼에 대해 분석한 선행연구로는 오오야 치히로의 연구(2006, 63~64쪽)가 있다. 또한, 1938년부터 1942년까지의 통계는 조선총독부의 「朝鮮人口動態統計」를 근거로 한 森田芳夫의 「戰前における在日朝鮮人の人口統計」(『朝鮮學報』 48, 朝鮮學會, 1968)를 자료로 취한 최석영의 연구(2000, 280~281쪽)를 참조하였다.

40) 1930년대 말부터 강화된 내선결혼정책은 원천적으로 조선인 남성과 일본 여성과의 결합을 목표로 한 것이었으며, 결과 또한 그러하였는데, 이러한 내선결혼은 조선 남성을 정신적으로 황민화하는 동화이데올로기와 징병제와 같은 대륙 침략을 위한 전력과 노동력으로 확보하려는 제국주의적 전략의 산물이라 할 수 있다(오오야 치히로, 2006, 69~74쪽).

일본인 남성과 조선인 하녀 사이의 친밀한 관계는 식민지에서 폐쇄적인 형태로 유지되었던 재조일본인 사회의 틈새를 드러내는 한 지표라 할 수 있다. 조선에 정착한 일본인 가정이 매우 배타적이었음은 경성에서 북촌(종로로 대변되는 조선인 구역)과 남촌(본정, 남산정 등 일본인 구역)으로 뚜렷이 구분되는 거주지의 외형적 분리 외에도, 조선인 사회로부터 온전히 분리되어 유지되었던 '내지인' 가정의 풍경에서 보다 확연하게 드러난다. 1925년에 경성에서 태어나 패전 때까지 거주하였던 어머니를 회상하는 기록인 사와이 리에(澤井理惠)의 「母の「京城」·私のソウル」(1996)에는, '외지'(조선)에서는 특권층이었지만 '내지'에 대해서는 늘 '외지에서 자란' 존재로서 열등감을 가졌던 당대 재조일본인의 이중적 위치와 더불어, 식민 1세대에 비해 태어날 때부터 조선어를 모른 채 "자신들만의 게이조(경성)"에 살았던 식민 2세대 일본인들의 실상을 보여준다. 특히, 조선인들이 모여 살든 종로 지역의 근처에도 가지도 않았던 '내지인' 가정 여성들에게 조선인은 위협적 존재라기보다는 하나의 풍경에 지나지 않았던 것으로 묘사된다. 기모노를 입고 게다를 신고 충무로 거리를 걷는 '내지인' 여성들에게 경성은 도쿄와 크게 다를 바 없었다. 또한 이 글에는 '내지인' 가정이 유일하게 관계 맺는 조선인 여성으로 조선인 '오모니'와 '하나짱'이라 불린 조선 여자아이가 등장한다. 마늘과 고춧가루를 사용하는 요리와 김치 등 조선 음식을 거의 받아들이지 않고 일본식의 식생활을 유지했던 재조일본인들의 삶을 회고하면서, 필자는 그 이면에 "마늘이나 고춧가루를 먹는 조선사람들과 자신들은 다르다는 의식"이 작용했을 것이라 추정한다. 필자는 어머니의 회고를 근거로 해서 "게이죠의 일본인들은, 남의 나라에 있으면서 그 곳의 냄새에 스며들기를 싫어했고, 마지막까지 일본인으로 살았다. 당시 게이죠 전체를 둘러싼 냄새는 틀림없이 조선냄새였음이 분명하다."고 결론 내린다.[41]

식민지 조선에서 살았던 일본 여성들의 목소리를 추적한 다바타 가야의 연구를 통해서도 당대 조선인 '오모니'를 고용했던 '내지인' 가정의 전형적인 모습들이 확인된다. 지방의 일본인 마을과 경성의 남산정, 충무로 등과 같은 중상류층 '내지인' 가정 사이에는 계급적 격차, 서울과 지방 사이의 지역적 차이가 일정 정도 존재하였지만, 이들은 대부분 조선인 '오모니' 외에는 피식민지 조선인들과 거의 소통하지 않는 폐쇄적 삶을 살았음을 증언하고 있다. 조선인 '오모니'와 사적으로 친해져서는 안 된다는 암묵적인 분위기 속에서 고용주와 고용인 간의 위계와 식민 지배자/피식민지인 사이의 권력적 구도가 작동했던 당시 '내지인' 가정에서 조선인 '오모니'는 철저하게 일본요리와 일본식의 가사노동을 하도록 요구되었고 싼 급료에 가사 전반을 맡기는 등 혹사당하기도 하였다고 회상된다. 또한, 일본 문화를 우월적으로 위치시키면서 상대적으로 조선 문화를 열등한 것으로 보는 관념 속에서 조선인 하녀는 위생적이지 못하고 경제적 감각을 가지지 못한 존재로 취급받기도 하였다고 증언된다.[42]

그런데, 이러한 재조일본인 커뮤니티의 배타성 이면에는 '내지'의 일본인들과는 차별화되었던 '외지' 일본인들의 특수한 입지가 자리하고 있었다. 러일전쟁에 참가한 군인출신의 한 일본인이 상인으로 식민지 조선에 정착하는 과정을 1세대와 2세대에 걸쳐 그리고 있는 유아사 가쓰에(湯淺克衛)의 소설, 「망향(望鄕)」에는 초기 정착민들의 생존을 위한 지난한 고투와 성공을 위한 외지에서의 경쟁, 결혼을 하고 아이를 낳아 조선에서 가족을 형성하는 과정을 통해 온전히 정착하는 재조일본인의 일상적 풍경이 잘 드러난다. 그런데 위 작품은 당시 재조일본인들이 식민지에서 부를 쌓고 성공적으로 정착하면서도 지속적으로

41) 사와이 리에(澤井理惠)(2000), 14~75쪽.
42) 다바타 가야(1996), 75~80쪽.

'내지'에 자본을 투자하여 토지나 산 등 부동산을 구입하는 데 집착하는 모습을 보인다. 단순히 경제적 이익을 쫓는 것이 아니라 '내지'에 땅이나 별장을 가진다는 것만으로 감격에 차는 재조일본인들의 모습 속에는 의식적으로 조선에 뼈를 묻겠다는 신념을 다지지만, 심정적으로 또는 정신적으로 온전히 뿌리내리지 못하는 '외지인'으로서의 식민자의 내적 불안이 자리하고 있음을 알 수 있다. 이러한 양상은 당시 재조일본인 사회에서 결혼 풍속에서도 확인된다. 주인공 후키야 고스케를 포함하여 당시 조선에서 자라난 일본인의 딸들은 심각한 결혼난에 봉착하는데, 이는 조선에서 젊은 일본인 남자들은 모두 '내지'로 가서 신부감을 구해오는 것이 하나의 관행이었기 때문이었다. 여기에는 '내지'의 땅을 구입하려는 심리와 마찬가지로, 고향 또는 모국에 대한 단순한 향수의 차원을 넘어서 자칫 식민지가 망할 때를 대비하여 '내지'와의 인연을 이을 수 있는 고리를 마련하고자 했던 재조일본인들의 욕망이 자리하고 있다.[43]

조선합병 초기부터 지속적으로 추진한 식민지 일본인 정착과 경영 정책을 충실하게 이행하고 제국의 신민으로서 조선에 성공적으로 안착한 주인공은 이들 이웃 거류민들의 이러한 행태에 대한 당혹감과 불만을 노골적으로 드러낸다. 하지만, 당시 재조일본인들의 이중적 자의식과 불안감은 죽은 아내의 유골을 절에 맡긴 채 "언제 이 땅을 떠날지도 모른다는 염려" 때문에 묘지를 만들지 않은 고스케 자신에게서도 발견된다.[44] 이는 일본 제국의 이데올로기와 식민 정책을 적극적으로 수행했던 '외지'의 식민자들의 내면에서 발견되는 의식의 균열과 불안을 드러낸다. 그렇다면, 식민지에서 거류민 간의 공동체 내에서 자신들만의 생활문화를 유지했던 배타적인 양식, '내지'로부터 신부감

43) 유아사 가쓰에(2007), 142쪽.
44) 유아사 가쓰에(2007), 143쪽.

을 구해오고 무의식적으로 늘 '내지'를 향해 있었던 재조일본인들의 멘탈리티 속에서 조선인의 존재는 어떠한 모습으로 자리하고 있었을까.

식민지에서 일본인으로서의 자기정체성의 추구는 식민자임에도 불구하고 '외지인'으로서 가졌던 불안감과 소외감을 극복하는 방편이었으며, 이는 동시에 타자로서의 조선인에 대한 식민자로서의 우월감을 구축하는 과정과 맞물린다. 문명으로부터 뒤떨어진 피식민지 조선인과의 구별짓기를 통해 이루어진 일본인의 자아 구성 과정에서 '조선인 오모니'는 결정적인 참조대상이 된다. 특히, 조선에 살면서 조선에 대해서 거의 무지하고, 가정의 울타리에 갇힌 채 일부 '내지인'들과만 소통하는 폐쇄적인 공동체 속에서 오히려 더 일본적인 것을 추구하며 살았던 '내지인' 가정의 여성들의 경우, 그들이 접하는 유일한 조선적 존재는 바로 그들이 고용한 조선인 하녀, '오모니'들이었기 때문이다. 이들에게 '오모니'는 조선인 여성을 대표할 뿐 아니라, 조선인, 조선의 문화, 조선 그 자체를 대변하는 존재들이기도 하였다.

카네코(金子信)라는 일본인 주부가 쓴 「家庭と使用人」(『내선일체』 1941. 1)이라는 글에는 조선인 여성을 가정부로 고용했는데 조선 여성이 일을 하는 방법이나 일에 대한 성실성 때문에 항상 갈등이 많다고 고백하면서, 조선 남성에 대비하여 합병이후 변화가 없는 조선 여성에 대한 불만을 나타내고, 나아가 '모럴이 부족한' 그녀들을 문화적으로 진화시켜야 한다고 기술한 바 있다. 그런데, 이러한 조선인 가사사용인(오모니)에 대한 불만은 성실성이 부족하고 일본식 풍속, 습관에 적응하지 못하고 온전히 동화되지 못하는 조선 여성 전반에 대한 불만으로 일반화되는 양상을 보인다. 1940년 당시 성신가정여학교 교장이었던 이숙종은 '내지 부인'들이 조선 부인을 안다는 것이 주로 '식모'라는 소위 '오모니'들에 대한 인식을 통해서 이루어지기 때문에, 조선의

부인, 나아가 조선의 문화와 풍속을 제대로 알지 못하는 경향이 있다고 토로한 바 있다.[45] 이는 열등한 존재로서의 '조선인 하녀'의 타자화가 조선 여성에 대한 타자화, 나아가 조선 자체에 대한 타자화로 확산되는 고리를 형성한다.

식민지의 풍기에 대한 논란은 개항기 이후 지속적으로 담론화되었는데, 식민지 조선은 일탈의 공간으로서 일시적 해방감을 제공하는 동시에, 외지에 있는 '내지인' 가정 안의 자기검열과 성찰이 지속적으로 요구되었다. 내지인 가정과 조선인 사회의 경계에 자리하였던 조선인 하녀들은 또한 식민지에서 내지와 식민지인 사이의 에스닉한 경계를 뚜렷이 하면서, 내지인 가정의 가부장적 규율과 일상적 규범, 가사의 경영을 수행하는 데 적극 활용되었던 존재이다. 친밀성의 공간의 틈새에서 조선인 하녀는 가족 내부의 억압된 섹슈얼리티의 발현을 야기하기도 하였지만, 원천적으로 식민자 가정의 질서와 제국적 정체성을 교란시키거나 해체시키는 데에까지 이르지는 않았다고 볼 수 있다.[46] 식민자의 공간에서 조선인 하녀는 그들의 욕망과 결핍을 보충하는 타자로 동원된 동시에 식민자 내부의 불안과 균열을 드러내는 지표이기도 하였다. 조선인 '오모니들'의 입장에서 '내지' 가정은 피식민자

45) 이숙종(1940), 16쪽.

46) 식민지 조선에서 일본인 거류민들의 자립적이고 폐쇄적인 거주 양식은 유럽의 동남아시아 식민지 경영 체험과 비교할 때 뚜렷한 차이로 인지된다. 19세기~20세기 초까지 유럽의 경우 인도네시아나 말레이시아와 같은 아시아나 아프리카 지역으로 이동한 식민자 남성들은 로컬 여성들과 긴밀한 관계를 유지하였는데, 그들에게 로컬 여성들은 원주민 사회의 언어와 그밖의 토착문화에 정착하는 유용한 가이드 역할을 하였다. 열대기후와 낯선 풍토, 문화 속에서 유럽의 남성들은 육체적, 심리적 복지를 위해 로컬 여성을 동반자로 취하도록 권장되었는데, 1880년대 인도네시아의 유럽 남성 인구의 반 정도가 아시아 여성과 결혼하지 않은 채 살고 있었다고 한다. 식민지 당국은 유럽여성들을 식민지로 이주시키는 것보다 더 경제적인 방식으로 식민지를 경영하고, 유럽 남성들을 영속적으로 정착시키는 등 식민지의 이익을 위해 20세기 초까지 이러한 원주민 여성의 첩 관행을 제도적으로 묵인하게 된다(Ann Laura Stoler, 2002, pp.48~51).

여성으로서 착취되거나 차별받는 공간이기도 하였지만, 한편으로 경제적 보상과 도시적 삶의 체험, 새로운 삶의 가능성을 위해 선택한 과도기적 공간이기도 하였다. 하지만, 식민지 도시에서 식민자와 피식민자, 공적/사적 경계를 가로지르는 친밀성의 공간에 자리했던 조선인 하녀는 식민지의 타자화에 연루된 매개자로서 당대의 조건 속에 깊이 결박되어 있다. 근대도시, 나아가 식민주의의 다면적 욕망과 협상하며 자신들의 생존을 영위하고 결핍을 해소하고자 했던 20세기 초 조선인 하녀들은 지배와 종속/저항이라는 식민지의 이분법으로 설명되지 않는 서발턴의 역사적 한 형식으로서 그 특수한 위치성을 드러낸다.

참고문헌

| 자료 |

『朝鮮及滿洲』 『매일신보』 『동아일보』 『조선중앙일보』 『중외일보』.

『삼천리』 『여성』 『대중공론』 『별건곤』 『內鮮一體』 『綠旗』.

京城居留民團役所, 「京城發達史」, 1912 ; 『韓國地理風俗誌叢書』, 景印文化史, 2000.

안승현 편, 『한국노동소설 전집 3－일제강점기(1933~1938)』, 서울 : 보고사, 1995.

김유정, 『김유정전집 2』, 서울 : 가람기획, 2003.

이태준, 『이태준단편전집 Ⅰ』, 서울 : 가람기획, 2005.

박태원, 『천변풍경－한국문학대표작선집 30』, 서울 : 문학사상사, 2009.

사와이 리에(澤井理惠), 「母の「京城」·私のソウル 엄마의 게이죠, 나의 서울」, 김행원 역, 서울 : 신서원, 2000.

유아사 가쓰에, 「망향(望鄕)」, 『식민지 조선의 풍경』, 최관·유재진 역, 고려대 출판부, 2007.

「서울 직업부인의 보수」, 『삼천리』 1931. 12, 19쪽.

鞠○任, 「젊은 안잠자기 手記」, 『별건곤』 1930. 1, 95~98쪽.

匪之助, 「認められぬ京城の女職業」, 『朝鮮及滿洲』 1913. 11, 127~131쪽.

匪之助, 「京城の下女研究」, 『朝鮮及滿洲』 1914. 6. 1, 126~129쪽.

김동인, 「一日一文－食母難」, 『매일신보』 1935. 8. 2.

朴○熙, 「無知의 苦痛과 설넝湯신세, 新舊家庭生活의 長點과 短點」, 『별건곤』 1929.

12, 27~29쪽.
염상섭, 「一日一文 食母」, 『매일신보』 1935. 7. 13.
이숙종, 「내선일체와 부인」, 『여성』 1940. 4, 16쪽.
葛西淸童, 「職業婦人としての女中」, 『綠旗』 Vol.1, No.9, 綠旗聯盟, 1937, 66~77쪽.

| 연구논저 |
강이수, 「일제하 근대여성 소비직의 유형과 실태」, 『페미니즘연구』 5집, 한국여성연구소, 2005, 95~98쪽.
김경일, 『여성의 근대, 근대의 여성』, 서울 : 푸른역사, 2004.
김은희, 「대가족 속의 아이들 : 일제시대 중상류층의 아동기」, 『가족과 문화』 19(3), 한국가족학회, 2007, 1~30쪽.
다가사키 소지, 이규수 역, 『식민지 조선의 일본인들－군인에서 상인, 그리고 게이샤까지』, 역사비평사, 2006.
다바타 가야, 『식민지 조선에서 살았던 일본 여성들의 삶과 식민주의 경험에 관한 연구』, 이화여대 여성학과 석사논문, 1996.
서지영, 「식민지 도시공간과 친밀성의 상품화」, 『페미니즘 연구』, Vol.11, No.1, 한국여성연구소, 2011, 1~33쪽.
소영현, 「1920-30년대 하녀의 노동과 감정－감정의 위계와 여성 하위주체의 감정규율」, 『민족문학사연구』 50집, 2012, 309~337쪽.
宋連玉, 寺谷弘壬 外, 「邊境への女性人口移動－帝國から 植民地朝鮮へ」, 『辺境のマイノリティ : 少數グループの生き方』, 東京 : 英宝社, 2002.
오오야 치히로, 「잡지 〈내선일체〉에 나타난 내선결혼의 양상 연구」, 연세대 석사논문, 2006.
이아리, 『일제하 주변적 노동으로서 가사사용인의 등장과 그 존재양상』, 서울대학교 석사논문, 2013.
이원걸, 「여종 설죽의 삶과 정감어린 시」, 『한문학보』 3집, 2000, 181~209쪽.
전우용, 「일제하 경성 주민의 직업세계(1910~1930)」, 『한국근대사회와 문화 Ⅲ』, 서울대출판부, 2007.
최석영, 「식민지 시기 내선결혼 장려문제」, 『일본학연보』 9집, 일본연구학회, 2000, 259~294쪽.
키무라 겐지, 「植民地下 朝鮮 在留 日本人의 特徵－比較史的 視點에서」, 『지역과 역사』, 부경역사연구소, 2004, 257~282쪽.
Ann Laura Stoler, *Carnal Knowledge and Imperial Power*, University of California Press : Berkeley and Los Angeles, 2002.

조선시대의 출산
: 왕비의 출산을 중심으로

황 상 익

> 여자에게는 이렇게 말씀하셨다. "나는 네가 임신하여 커다란 고통을 겪게 하리라. 너는 괴로움 속에서 자식들을 낳으리라. 너는 네 남편을 갈망하고 그는 너의 주인이 되리라." 그리고 사람에게는 이렇게 말씀하셨다. "네가 아내의 말을 듣고, 내가 너에게 따 먹지 말라고 명령한 나무에서 열매를 따 먹었으니, 땅은 너 때문에 저주를 받으리라. 너는 사는 동안 줄곧 고통 속에서 땅을 부쳐 먹으리라."(「창세기」 3 : 16-17)

구약성경에 의하면 임신과 출산에 따르는 고통은 자신의 명령을 거역하여 선악과를 따 먹은 하와에게 하느님이 내린 벌이다.[1] 「창세기」 3장에는 하와 이후의 여성들에 대한 언급이 없지만 기독교권에서는 여성들이 하와가 받은 처벌을 이어받는다고 생각해왔다.

개인차가 있지만, 여성들은 임신 기간과 출산 시에 신체적·정신적

1) 성경의 그 구절을 문자 그대로 신봉하는 사람들은 1840년대 후반에 등장한 클로로포름 마취제로 무통분만을 시술하는 데 대해 격렬하게 저항했다. 무통분만은 여성들에게 産苦를 부과한 하느님의 뜻을 거역한다는 이유에서였다. 무통분만이 처음 시행되었고 반대운동도 가장 극렬했던 영국에서는 빅토리아 여왕이 1853년 마취 하에 레오폴드 왕자를 분만하면서 저항의 기세가 꺾였다. Palmer, Craig M(2002), p.70 ; O'Dowd, Michael J(2000), p.17.

고통을 경험하며 활동에도 제약을 받는다. 실제로 임신과 출산은 성경의 표현 이상으로 매우 큰 위험을 동반한다. 근대 이전에는, 요즈음과 달리 가임기[2] 여성의 사망률이 같은 연령대의 남성 사망률보다 높았던 것으로 생각된다.[3] 반복되는 임신과 출산 그리고 수유 등 육아 때문에 생기거나 악화되는 질병과 사고, 체력 약화 때문이며, 의학이 그런 문제들을 제대로 치료하거나 예방할 수 없었기 때문이다. 근대 이전의 관련 자료가 비교적 충실하게 남아 있는 스웨덴의 경우, 1700년대 모성사망비(maternal mortality ratio)는 출생아 10만명당 1000명가량이었다.[4] 다시 말해 한번 출산할 때 사망할 확률(위험도)이 약 1%였다는 뜻이다. 만약 10번을 출산한다면, 출산 때문에 사망할 확률이 10%나 된다는 말이다. 모성사망비가 지금과 비교할 수 없을 정도로 높았고 출산횟수도 많았던 '별로 오래지 않은' 과거에는 임신과 출산이 가임기 여성들의 생명과 건강을 위협하는 중대한 요인이었다. 그런데도 왜 여성들은 '목숨을 걸고' 임신과 출산을 감행했을까?

> 아버님 날 나ᄒᆞ시고 어마님 날 기ᄅᆞ시니
> 부모옷 아니시면 내 몸이 업실낫다
> 이 덕을 갑ᄒᆞ려 하니 하늘ᄀᆞ이 업스샷다(주세붕의 시조「오륜가」중)

어렸을 때 이 시조 구절을 보고 어리둥절했다. "아버지 날 낳으시고

2) 개인차가 있지만 15세부터 49세로 간주한다.

3) 근대 이전이나 지금이나 15세 이전과 50세 이후에는 여성의 사망률이 남성 사망률보다 낮은 것으로 평가된다. 출생시의 性比는 대체로 남아 105대 여아 100인데, 생식능력을 갖는 15세 무렵이 되면 거의 100대 100이 된다고 알려져 있다. 최근 남자의 영유아 및 소아 사망률도 거의 0에 육박하는데, 그에 따라 출생시 성비에 변화가 일어날지 궁금한 일이다.

4) 2015년 9월 통계청이 발표한 『2014년 사망원인 통계』에 따르면 현재 한국의 모성사망비는 11.0명이며 선진국들은 대체로 10명 내외이다. 하지만 차드, 라이베리아, 소말리아 등 아프리카의 일부 국가는 지금도 1,000명가량 된다.

어머니 날 기르시니?" 조선시대 어린이들은 주세붕(周世鵬, 1495~1554)의 말뜻을 이해하고 받아들였을까? 조선 최초의 서원인 백운동서원 설립자로 유명한 주세붕은 유학의 가르침 중에서도 가장 기본이 되는 '삼강오륜'을 백성들에게 전파하기 위해 여섯 수로 된 연시조 「오륜가」를 지었는데 인용한 시조는 총론에 해당하는 "삼강오륜을 배워야 하는 이유" 다음에 이어진다. 주세붕은 이 시조에서 어머니가 자식을 '기르신 은혜'도 언급하지만, 핵심은 아버지가 자식(아들)에게 생명을 준다는 점이다. 여성은 남편에게서 받은 생명을 '목숨을 걸고서라도' 자신의 몸 안에서 길러야 하고, 자식이 세상 밖으로 나오면 양육을 해야 한다. 그리고 여성이 생명을 길러서 '아들'을 탄생시키는 신성한 의무를 지키지 못하면 쫓겨날 수도 있다. 여성은, 남성에서 남성으로 이어지는 혈통과 가계(家系) 유지를 몸으로 감당해야 하는 존재였다. 그에 따라 의사들도 자식을 잘 낳는 여성의 특징에 대해 관심이 많았으며, 모태 내의 여아를 남아로 바꾸는 방법(轉女爲男法)도 연구했다. 허준(許浚, 1539~1615)이 편찬한 『동의보감(東醫寶鑑)』(1613년 간행) 「잡병(雜病)-부인(婦人)」편에는 다음과 같이 '전녀위남법'이 기술되어 있다.

> 임신 3개월이 된 것을 시태(始胎)라고 한다. 혈맥이 잘 돌지 않고 형체만 생겨나는데 이때는 남자와 여자가 구별되지 않았을 때이므로 약을 먹이고 방법을 쓰면 남자가 되게 할 수 있다(『세의득효방』).
>
> 닭이 알을 잘 깔 때를 기다렸다가 도끼를 닭둥우리 밑에 달아매면 그 둥우리의 병아리가 모두 수컷이 되는 것을 볼 수 있다(『의학입문』).
>
> 석웅황(石雄黃) 1냥을 비단 주머니에 넣어 임신부의 왼쪽 허리에 두르고 있게 한다.
>
> 활줄 한 개를 비단 주머니에 넣어 임신부의 왼팔에 차고 있게 한다. 어떤 책에는 활줄을 석 달 동안 허리에 두르고 있다가 풀어 버린다고 하였다.

임신부가 원추리꽃[5](萱草花, 일명 宜男)을 차고 있게 한다.
수탉의 긴 꼬리털 3개를 임신부의 자리에 넣고 알려 주지 않는다(『부인대전양방』).

『동의보감』의 내용 대부분이 그렇듯이, '전녀위남법'도 허준이 창안해낸 방법이 아니라 『세의득효방(世醫得效方)』,[6] 『의학입문(醫學入門)』,[7] 『부인대전양방(婦人大全良方)』[8] 등 중국의 의학 명저에 나온 방법을 소개한 것이다.[9] 따라서 『동의보감』 출간 이전인 조선 전기에도 이런 방법들은 알려져 있었다. 문제는 전녀위남법이 조선시대에 얼마나 많이 쓰였는지인데, 여기에 대한 당대의 자료는 없다.

1915년 조선총독부 경무총감부에서 펴낸 『조선위생풍습록(朝鮮衛生風習錄)』에는 '도끼 방법'(전남)과 '수탉 꼬리털 방법'(충북)이 채록되어 있다. 그리고 유안진(1994)에 의하면, 50세 이상 된 초등학교 졸업 이하 학력의 부인 572명을 조사한 결과 387명이 전녀위남을 기대하고 여러 가지 방술(方術)을 썼다고 하며, 며느리에게 한약 복용이나 그밖의 방술을 사용토록 한 경우는 96%나 되었다고 한다.[10] 따라서 조선시대에도 전녀위남법이 광범위하게 쓰였을 가능성이 많으며, 그만큼 아들 낳기를 간절히 바랐다고 할 수 있을 것이다.[11]

5) 중국에서는 어머니날 원추리꽃을 어머니에게 드린다고 한다.
6) 원나라 危亦林(1277~1347)이 1345년에 펴낸 의학서적이다.
7) 명나라의 李梴이 1575년에 펴낸 의학서적이다.
8) 송나라의 陳自明(1190~1270 무렵)이 1237년에 펴낸 산부인과 서적이다. 조선초부터 醫科의 고시과목이었으며, 전의감과 혜민서에서 교과서로 사용했다. 『세의득효방』, 『의학입문』도 조선시대의 중요한 의학 교과서였다.
9) 전녀위남법은 1608년 허준이 왕의 명령에 따라 편찬, 간행한 『諺解胎産集要』에도 소개되어 있다. 『언해태산집요』에는 『동의보감』 '부인'편에 있는 처방, 치료법 대부분이 언문으로 실려 있다.
10) 유안진(1994), 150쪽.
11) 『동의보감』과 허준의 권위로 보아 『동의보감』과 『언해태산집요』에 나와 있는 전녀위남법 등의 처방과 치료법은 특히 조선 후기에 널리 쓰였을 것이다.

1. 조선시대의 출산 관련 자료

출산은 사망과 더불어 인구를 결정하는 요인이며, 그 자체로도 매우 중요한 현상이다. 오늘날 한국을 비롯한 선진국에서는 출산과 관련된 다양하고 정확한 통계자료들을 작성하고 대부분 공개하고 있다. 하지만 조선시대에는 출산에 관해 체계적으로 알려주는 자료가 없으며, 최근 족보와 행장류(行狀類) 자료들을 분석하여 출산 지표들을 산출하고 있다.[12]

족보와 행장류에 비해 자료의 규모가 작지만 정확도는 훨씬 높은 것이 왕실 관련 기록이다. 조선 왕실의 출산에 관한 대표적인 기록은 왕실 족보인 『선원계보기략(璿源系譜記略)』이다. 김지영은 『선원계보기략』과 『돈녕보첩(敦寧譜牒)』을 이용하여 조선시대 왕실의 출산력에 관한 논문을 발표한 바 있다.[13] 이 논문은 조선 왕실의 출산력에 관한 선구적인 것으로 알려주는 바가 많지만, 의학적 관점에서 작성된 것은 아니다. 필자는 이 글에서 의학적·산과학적 시선으로 조선 왕실, 특히 왕비들의 출산력(出産力/出産歷)을 살펴볼 것이다. 후궁들의 출산력도 중요하지만 그것은 후속 작업으로 돌리려 한다. 필자의 궁극적인 관심은 조선시대 일반 민중들의 출산력이지만 현재로는 관련 자료가 매우 부족하다. 이러한 사정에서 왕실 출산력 연구는 필자에게 조선시대 출산 연구의 입구 구실을 할 것이다.

---

12) 박희진·차명수(2003), 3~26쪽 ; 차명수(2009), 113~137쪽 ; 김두얼(2012), 3~27쪽.
13) 김지영(2011), 259~299쪽.

2. 조선시대 왕실의 출산력

아래 〈표 1〉에 조선시대 역대 왕별 왕비와 후궁, 그리고 그들이 출산한 자녀의 수를 보였다. 왕은 실제로 즉위한 왕뿐만 아니라 나중에 추존된 왕까지, 그리고 왕비는 폐출, 추존된 사람까지 포함시켜 왕은 모두 31명, 왕비는 46명으로 파악했다.[14] 자녀 수는 『선원계보기략』의 관련 자료들을 기본으로 하고 『실록』과 『승정원일기』를 조사해서 보완했다.

〈표 1〉 조선시대 역대 왕별 왕비, 후궁 및 자녀수

대	왕	왕비	후궁	왕비 소생		후궁 소생		합계		
				자	녀	자	녀	자	녀	합
1	태조	2	4	8	3	0	2	8	5	13
2	정종	1	7	0	0	15	8	15	8	23
3	태종	1	15	4	4	8	13	12	17	29
4	세종	1	10	8	2	10	5	18	7	25
5	문종	1	8	1	2	2	2	3	4	7
6	단종	1	2	0	0	0	0	0	0	0
7	세조	1	2	2	1	3	0	5	1	6
추존	덕종	1	3	2	1	0	0	2	1	3
8	예종	2	3	2	2	0	0	2	2	4
9	성종	3	11	4	2	15	11	19	13	32
10	연산	1	14	5	2	2	6	7	8	15
11	중종	3	9	2	5	8	6	10	11	21
12	인종	1	4	0	0	0	0	0	0	0
13	명종	1	7	1	0	0	0	1	0	1
14	선조	2	9	1	1	13	10	14	11	25
15	광해	1	12	1	0	0	1	1	1	2
추존	원종	1	1	3	0	1	0	4	0	4
16	인조	2	5	6	1	2	1	8	2	10
17	효종	1	3	1	6	0	1	1	7	8
18	현종	1	1	1	5	0	0	1	5	6

14) 정조의 양부모인 진종(효장세자, 1719~1728)과 진종의 비인 효순왕후(1716~1751)는 제외했고, 친부모인 장조(사도세자, 1735~1762)와 헌경왕후(혜경궁, 1735~1815)는 포함했다.

19	숙종	4	5	2	2	4	0	6	2	8
20	경종	2	0	0	0	0	0	0	0	0
21	영조	2	4	0	0	2	12	2	12	14
추존	장조	1	3	2	2	3	1	5	3	8
22	정조	1	4	0	0	2	3	2	3	5
23	순조	1	1	2	3	0	1	2	4	6
추존	익종	1	0	1	0	0	0	1	0	1
24	헌종	2	3	0	0	0	1	0	1	1
25	철종	1	7	1	0	4	6	5	6	11
26	고종	1	12	4	1	5	4	9	5	14
27	순종	2	0	0	0	0	0	0	0	0

	왕	왕비	후궁	왕비 소생		후궁 소생		합계		
				자	녀	자	녀	자	녀	합
전기간	31명	46명	169명	64명	45명	99명	94명	163명	139명	302명
태조~선조	15	22	108	40	25	76	63	116	88	204
광해~순종	16	24	61	24	20	23	31	47	51	98

이렇게 파악한 자녀 수를 합산하면, 조선시대 전체 기간 동안 왕비가 출산한 자녀는 109명(대군 64명, 공주 45명),[15] 후궁이 출산한 자녀는 193명(군 99명, 옹주 94명)이고, 두 가지를 합하면 302명(자 163명, 녀 139명)이었다. 왕 1명당 자녀는 평균 9.7명, 왕비 1명당 출산 자녀는 2.4명, 후궁 1명당 출산 자녀는 1.1명이었다. 전체적으로 후궁 소생이 왕비 소생보다 많지만, 1인당 출산 자녀 수는 왕비 소생이 2배가 넘는다.[16]

15) 일찍 사망하는 등의 이유로 대군, 공주, 군, 옹주 칭호를 받지 못한 경우도 편의상 같은 호칭을 사용했다.

16) 이는 후궁들의 임신·출산 능력이 왕비들보다 떨어지기 때문이 아니라 대체로 임신할 수 있는 기회, 즉 왕과 잠자리를 함께 할 기회가 적기 때문일 것이다. 정종의 후궁인 숙의 기씨(4남5녀)와 숙의 윤씨(4남2녀), 태종의 후궁 신빈 신씨(3남6녀)와 선빈 안씨(2남3녀), 세종의 후궁 신빈 김씨(6남2녀), 성종의 후궁 숙의 홍씨(7남3녀), 선조의 후궁 인빈 김씨(4남5녀)와 정빈 민씨(2남3녀), 영조의 후궁 영빈 이씨(1남6녀) 등과 같이 다산한 후궁도 더러 있지만, 전체의 절반인 84명은 소생이 없고, 44명은 소생이 1명, 24명은 소생이 2명이었다. 또한 9명의 왕은 후궁과 사이에 소생이 하나도 없다.

자녀를 많이 둔 왕은 성종(32명), 태종(29명), 세종(25명), 선조(25명), 정종(23명), 중종(21명) 순이며 단종, 인종, 경종, 순종은 자녀가 한 명도 없었다.

시대를 태조부터 선조까지(전기)와 광해군부터 순종까지(후기) 두 시기로 나누어 보면,[17] 왕 1명당 자녀가 전기에는 13.6명, 후기에는 6.1명으로 크게 차이가 났다. 왕비 1명당 출산 자녀도 전기에는 3.0명, 후기에는 1.8명이고, 후궁 1명당 출산 자녀는 전기 1.3명, 후기 0.9명이다.

3. 조선시대 역대 왕비의 출산력 개괄

〈표 2〉에 조선시대 역대 왕비들의 출생 및 사망 연도, 수명, 혼인시의 연령, 초산(初産) 연령, 결혼 기간, 자녀 수 등을 보였다.[18] 왕비들의 수명은 평균 50.2세,[19] 혼인연령은 13.5세, 초산연령은 18.9세, 결혼년수는 19.5년이었으며 전기와 후기 사이에 큰 차이는 없었다. 자녀수는 앞에서 살펴보았듯이 전기간 평균 2.37명이며, 전기 2.95명 후기 1.83명으로 전기에 비해 후기에 1.12명 감소했다. 이는 행장류 자료 양반여성들의 평균 자녀수 5.09명의 절반에도 훨씬 미치지 못 하는

17) 이러한 시기 구분은 한국사에서 널리 쓰이는 것이기도 하거니와, 두 시기 사이에 왕실 출산력에도 뚜렷한 차이가 나타나기 때문이다. 또한 『동의보감』의 출간 전후 시대이기도 하다.

18) 출생 및 사망 연도는 음력이며, 나이는 滿 나이이다. 출생, 사망, 혼인, 초산 등의 月日까지 파악하여 산출한 것은 아니고 사건 연도만으로 계산한 것이다.

19) 명을 다하지 못한 숙종의 폐비 장씨와 고종의 왕비 명성황후를 제외하면 왕비들의 평균 수명은 50.6세로 조금 올라간다. 31명 왕의 평균 수명 43.5세(명을 다하지 못한 단종과 장조를 제외하면 45.1세)에 비하면 왕비들의 수명이 6세가량 길다. 2014년도 한국인의 평균 수명은 남성 79.0세, 여성 85.5세로 여성이 남성보다 6.5세 길다.

수준이었다.

가장 특이한 사실은 왕비 46명 중 39%인 18명이 자녀가 없다는 점이다. 두 시기로 나누어보면 무자녀 왕비가 전기는 22명 중 6명(27%), 후기는 24명 중 12명(50%)이었다. 이 점에 대해서는 뒤에 상술할 것이다.

〈표 2〉 조선시대 역대 왕비들의 수명, 혼인연령, 초산연령, 결혼년수, 자녀수

왕비	생몰년도	수명	혼인 연령	초산 연령	결혼 년수	자녀 수	남편	생몰년도
신의왕후 한씨	1337~1391	54	14	17	40	8	태조	1335~1408
신덕왕후 강씨	1356~1396	40	24	25	16	3	태조	같음
정안왕후 김씨	1355~1412	57	14		43	0	정종	1357~1419
원경왕후 민씨	1365~1420	55	17	20	38	8	태종	1367~1422
소헌왕후 심씨	1395~1446	51	13	17	38	10	세종	1397~1450
현덕왕후 권씨	1418~1441	23	14	15	9	3	문종	1414~1452
정순왕후 송씨	1440~1521	81	14		3	0	단종	1441~1457
정희왕후 윤씨	1418~1483	65	10	20	40	3	세조	1417~1468
소혜왕후 한씨	1437~1504	67	13	17	7	3	덕종	1438~1457
장순왕후 한씨	1445~1461	16	15	16	1	1	예종	1450~1469
안순왕후 한씨	1445~1498	53	18	19	6	3	예종	같음
공혜왕후 한씨	1456~1474	18	11		7	0	성종	1457~1494
제헌왕후 윤씨	1455~1482	27	18	20	6	3	성종	같음
정현왕후 윤씨	1462~1530	68	11	16	21	3	성종	같음
폐비 신씨	1476~1537	61	12	18	18	7	연산	1476~1506
단경왕후 신씨	1487~1557	70	12		7	0	중종	1488~1544
장경왕후 윤씨	1491~1515	24	15	20	9	2	중종	같음
문정왕후 윤씨	1501~1565	64	16	20	27	5	중종	같음
인성왕후 박씨	1514~1577	63	10		21	0	인종	1515~1545
인순왕후 심씨	1532~1575	43	12	19	23	1	명종	1534~1567
의인왕후 박씨	1555~1600	45	14		31	0	선조	1552~1608
인목왕후 김씨	1584~1632	48	18	19	6	2	선조	같음
폐비 류씨	1576~1623	47	14	22	33	1	광해	1575~1641
인헌왕후 구씨	1578~1626	48	15	17	26	3	원종	1580~1619
인렬왕후 한씨	1594~1635	41	16	18	25	7	인조	1595~1649
장렬왕후 조씨	1624~1688	64	14		11	0	인조	같음
인선왕후 장씨	1618~1674	56	15	17	26	7	효종	1619~1659
명성왕후 김씨	1642~1683	41	9	16	13	6	현종	1641~1674
인경왕후 김씨	1661~1680	19	9	16	10	2	숙종	1661~1720
인현왕후 민씨	1667~1701	34	14		15	0	숙종	같음

폐비 장씨	1659~1701	42	21	29	14	2	숙종	같음
인원왕후 김씨	1687~1757	70	15		18	0	숙종	같음
단의왕후 심씨	1686~1718	32	10		22	0	경종	1688~1724
선의왕후 어씨	1705~1730	25	14		5	0	경종	같음
정성왕후 서씨	1692~1757	65	12		53	0	영조	1694~1776
정순왕후 김씨	1745~1805	60	14		17	0	영조	같음
헌경왕후 홍씨	1735~1815	80	9	15	18	4	장조	1735~1762
효의왕후 김씨	1753~1821	68	9		38	0	정조	1752~1800
순원왕후 김씨	1789~1857	68	13	20	32	5	순조	1790~1834
신정왕후 조씨	1808~1890	82	11	19	11	1	익종	1809~1830
효현왕후 김씨	1828~1843	15	9		6	0	헌종	1827~1849
효정왕후 홍씨	1831~1903	72	13		5	0	헌종	같음
철인왕후 김씨	1837~1878	41	14	21	12	1	철종	1831~1863
명성왕후 민씨	1851~1895	44	15	20	29	5	고종	1852~1919
순명왕후 민씨	1872~1904	32	10		22	0	순종	1874~1926
순정왕후 윤씨	1894~1966	72	12		20	0	순종	같음

〈표 2-1〉 왕비들의 수명, 혼인연령, 초산연령, 결혼년수, 자녀수 평균치

	수명	혼인연령	초산연령	결혼년수	자녀수	무자녀 왕비
전기간(46명)	50.2세	13.5세	18.9세	19.5년	2.37명	18명(39%)
태조~선조(22명)	49.7	14.3	18.6	19.0	2.95	6(27%)
광해~순종(24명)	50.8	12.8	19.2	20.0	1.83	12(50%)

* 행장류 자료의 양반여성들의 수명은 평균 45.3세(173명), 초혼(初婚) 연령은 15.8세(131명), 자녀수는 5.09명(173명), 자녀가 없는 여성은 193명 중 15명(8%)이었다.[20]

〈표 2-2〉 왕비들의 수명, 혼인연령, 초산연령, 결혼년수, 자녀수 분포

수명		혼인연령		초산연령		결혼년수		자녀수	
15~19세	4명	9세	5명	15세	2명	1년	1명	0명	18명
20~24	2	10	4	16	4	3	1	1	5
25~29	2	11	3	17	5	5	2	2	4
30~34	3	12	5	18	2	6~10	10	3	8
35~39	0	13	4	19	4	11~15	6	4	1
40~44	7	14	11	20	7	16~20	6	5	3
45~49	4	15	6	21	1	21~25	6	6	1
50~54	3	16	2	22	1	26~30	4	7	3
55~59	3	17	1	25	1	31~35	3	8	2
60~64	5	18	3	29	1	35~40	5	9	0

20) 김두얼(2012), 8, 13쪽.

65~69	6	21	1			41~	2	10	1
70~74	4	24	1						
75~79	0								
80~84	3								
평균 50.2세		평균 13.5세		평균 18.9세		평균 19.5년		평균 2.37명	

자녀가 있는 왕비들의 경우, 혼인연령과 초산연령 사이에는 정비례 관계가, 초산연령과 자녀수 사이에는 반비례 관계가 나타난다. 즉 혼인연령이 어릴수록 첫 자녀를 낳는 나이도 어리고 자녀수도 많다.

그리고 왕비들의 결혼기간(결혼년수)과 자녀수 사이에는 예상하는 바대로 정비례관계가 보이지만 편차가 커서 큰 의미를 두기는 어렵다.

4. 불임-무자녀 왕비

세계보건기구(World Health Organization, WHO)는 불임(infertility)을 "피임을 하지 않은 부부가 정상적인 부부관계에도 불구하고 12개월 이내에 임신이 되지 않는 상태"라고 정의하고 있다. 물론 분만후 무월경, 수유 기간 동안 임신이 되지 않는 경우는 불임에서 제외된다.

현재 한국인 부부의 약 13.5%가 불임인 것으로 추정되며 그 가운데 60% 정도가 여성에게 원인이 있다고 여겨진다. 불임여성이 8%쯤 된다는 말이다. 여성 불임의 경우 난소기능 저하, 배란 장애, 난관(卵管) 손상이 가장 흔해서 전체 불임 원인의 80~90%를 차지한다.

앞에서 언급했듯이 조선시대 왕비 46명 중 39%에 해당하는 18명은 자녀를 출산하지 못했다. 더욱이 조선 후기 왕비 24명 중 꼭 절반인 12명이 출산 경험이 없다. 조선 전기는 사정이 조금 나아서 불임 왕비 비율이 27%(22명 중 6명)이지만 이것 또한 매우 높은 비율이다.

한편 자녀가 없는 왕은 단종, 인종, 경종, 순종 등 4명으로 31명 중 13%이다. 만 16세 3개월에 세상을 떠난 단종을 제외하면 불임률은 10%(30명 중 3명)이다.[21)]

왕비 18명이 출산을 한 적이 없다는 것이지,[22)] 임신 경력이 없다고는 단정할 수 없다. 임신을 했지만 유산(流産)으로 출산을 하지 못했을 가능성도 있는 것이다.[23)] 불임의 기준은 임신 여부이지, 출산 여부가 아니다.

조선 왕비의 유산[24)] 관련 기록은 세 건이 있다. 우선 숙종의 왕비 인경왕후(1661~1680)이다. "왕비가 소산(小産)할 징후가 있어, 약방에서 문안하고 약을 의논하였다."(『숙종실록』 1680년 7월 22일) 인경왕후는 석달 뒤인 10월 18일 두창(痘瘡)이 발병해서 8일 뒤인 10월 26일에 세상을 떠났다. 만 19세 1개월 때이다. 7월달에 유산을 했는지, 징후는 있었지만 유산을 하지 않았는지는 확인할 수 없다.

순조의 왕비 순원왕후(1789~1857)는 두 차례 유산 관련 기록이 있다. "약원(藥院)에 돌아가면서 숙직할 것을 명하였다. 왕비에게 반산(半産)의 징후가 있기 때문이었다."(『순조실록』 1807년 12월 10일) "약원의 여러 신하를 접견하였을 때 왕비가 반산의 징후가 있었으므로, 하교하기를, '조치하는 방도는 산후(産後)와 다름이 없어야 한다. 영돈녕과 상의해서 탕제를 정하는 것이 옳다.' 하였다. 인하여 중궁전에 궁귀탕을 진어하되 끓여서 들일 것을 구계(口啓)하고 숙직하기를 청하였으나, 허락하지 않았다."(『순조실록』 1808년 9월 18일) 순원왕후가 첫 출산을 한 것은 1809년 8월 9일이다. 따라서 1807년, 1808년 두 차례 모두

---

21) 단종은 남성이 생식능력을 갖는다고 여겨지는 15세를 넘겨 살았다. 하지만 당시 정치적 상황을 생각하면 단종 부부가 불임이었다고 단정하기는 어려울 것 같다.

22) 더 엄밀하게는 출산 기록이 없다는 것이다.

23) 오늘날 한국 여성들의 유산율은 4~5% 정도이다.

24) 조선시대에는 小産이나 半産이라고 했다.

실제로 유산을 했을 것이다.

기록으로 남아 있는 왕비의 유산은 이상의 것들이며 그밖에 유산이 더 있을 수는 있다. 하지만 무자녀 왕비 18명 중 임신은 했지만 유산으로 출산을 하지 못한 경우가 있는지는 알 수 없다.[25]

〈표 3〉에는 출산 경험이 없는 왕비들의 수명, 혼인연령, 결혼년수, 남편(왕)의 자녀 수 및 혼인시 연령을 보였고, 출산 경험이 있는 왕비들과 비교한 결과도 제시했다.

자녀를 갖지 못한 왕비 18명의 평균 수명은 52.4세, 평균 혼인연령은 12.3세, 평균 결혼년수는 19.1년으로, 이 점들에서 자녀를 출산한 왕비들과 별로 다를 바가 없었다. 남편이 선임 왕비나 후궁들에서 낳은 자녀수는 평균 9.0명으로 자녀가 있는 왕비들의 12.0명보다는 조금 적지만 큰 차이는 아니다.

1400년부터 1850년까지의 행장류 자료를 분석한 연구에 따르면,[26] 분석대상인 양반 여성 193명 중 자녀가 없는 여성은 약 8%였다. 왕비의 불임률은 양반여성들의 거의 5배나 되며, 통계적으로도 매우 유의한 차이이다.[27]

왕과 왕비의 가장 중요한 임무 가운데 하나는 후사(後嗣)를 보는 것이었다. 왕위를 계승할 적장자(嫡長子)를 낳는 것은 왕실의 정통성을 유지·강화하는 가장 확실한 길이었다. 국가의 안위, 안보와 연결되는 일이기도 했다. 또한 왕비로서도 자신의 왕실 내 지위와 권위를 보존하기 위해서 원자(元子)를 낳아야만 했다.

---

25) 현재의 유산율 4~5%를 적용하면 18명 중 1명 정도가 유산으로 출산을 못했을 가능성이 있다.

26) 김두얼(2012), 앞의 논문. 자녀가 없는 여성을 약 8%라고 한 것은 이 논문의 그래프(14쪽)를 보고 어림셈한 것으로 실제와 약간 차이가 있을 수 있다.

27) Fisher's exact test로 검증하면 p-값이 0.0000007732이다.

〈표 3〉 무자녀 왕비의 수명, 혼인연령, 결혼년수, 남편의 자녀수, 혼인시 남편의 연령

	수명	혼인연령	결혼년수	자녀	남편	남편의 자녀수 (선임왕비소생)	혼인시 남편의 연령
정안왕후 김씨	57	14	43	0	정종	23	12
정순왕후 송씨	81	14	3	0	단종	0	13
공혜왕후 한씨	18	11	7	0	성종	32	10
단경왕후 신씨	70	12	7	0	중종	21	11
인성왕후 박씨	63	10	21	0	인종	0	9
의인왕후 박씨	45	14	31	0	선조	25	17
장렬왕후 조씨	64	14	11	0	인조	10 (7)	43
인현왕후 민씨	34	14	15	0	숙종	8 (4)	20
인원왕후 김씨	70	15	18	0	숙종	8 (4)	41
단의왕후 심씨	32	10	22	0	경종	0	8
선의왕후 어씨	25	14	5	0	경종	0	31
정성왕후 서씨	65	12	53	0	영조	14	10
정순왕후 김씨	60	14	17	0	영조	14	65
효의왕후 김씨	68	9	38	0	정조	5	10
효현왕후 김씨	15	9	6	0	헌종	1	10
효정왕후 홍씨	72	13	5	0	헌종	1	17
순명왕후 민씨	32	10	22	0	순종	0	8
순정왕후 윤씨	72	12	20	0	순종	0	32
무자녀 왕비 평균	52.4세	12.3세	19.1년	0		9.0명	20.4세
유자녀 왕비 평균	48.9세	14.3세	19.8년	3.89명		12.0명	16.5세

왕비들은 대개 유복하고 유력한 가문 출신이었다. 따라서 좋은 환경에서 자라났고, 궁궐에 들어가서도 전혀 부족함을 모르는 윤택한 생활을 했다. 이렇게 모든 측면에서 유리한 환경에 살았고 의료 혜택도 가장 많이 받았던[28] 왕비들의 불임률이 상상을 초월할 정도로 높았던 이유는 무엇일까?

조선 왕비들의 불임의 원인이 될 만한 요인들을 차례로 검토해보자.

28) 평소에도 왕궁 안에 있는 內醫院 御醫들의 극진한 보살핌을 받았고, 대개 임신 7개월이 되면 産室廳을 설치해서 産前 관리를 받았다. 당연히 불임에 대해서도 당대 최고의 실력을 갖춘 어의들의 진단과 처방이 있었을 것이다.

1) 연령 요인

예종(1450~1469)은 세자 시절인 1461년 11월 30일, 만 11세 11개월의 나이로 세자빈(장순왕후, 한명회의 딸)과의 사이에 아들(인성대군, 1461~1463)을 보았다. 이로써 예종은 조선의 왕 중에서 가장 어린 나이에 아버지가 되는 기록을 세웠다. 하지만 만 16세 10개월의 나이로 아들을 출산한 세자빈은 출산 후유증으로 닷새 뒤에 세상을 떠났다. 또 이들 사이에 태어난 아들도 두 돌을 맞기 전에 어머니 뒤를 좇아갔다.

『선원계보기략』에는 문종(1414~1452)과 현덕왕후(1418~1441)의 소생으로 단종과 경혜공주 2명만 나와 있다. 하지만 『세종실록』 1433년 3월 3일자에는 다음과 같은 기록이 있다.

> 동궁의 딸이 죽었다. 권승휘[29]의 몸에서 낳았는데 예조로 하여금 염장(斂葬)하게 하였다. 임금이 지신사 안숭선에게 묻기를, "장사한 뒤에 무덤을 지키는 종을 정할 것인가." 하니, 숭선이 아뢰기를, "나이가 한 살이 차지 못하였는데 어찌 반드시 무덤을 지키오리까. 3년을 한하여 삭망(朔望) 및 속절(俗節)에만 제사를 지냄이 마땅하옵니다." 하니 그대로 따랐다.

여기서 동궁은 문종이며, 권승휘는 1436년 12월 28일에 세자빈이 되었고 문종이 즉위한 뒤에는 현덕왕후로 추존된 사람이다. 현덕왕후는 1418년 3월 12일에 태어났으니 만 14살 때에 딸을 낳은 것이다. 현덕왕후는 그 뒤 경혜공주와 단종을 낳았는데, 단종이 태어난 바로 다음날인 1441년 7월 24일, 8년 전에 죽은 맏딸을 따라갔다. 현덕왕후는 조선의 왕비 중에서 가장 어린 나이로 자식(딸)을 낳은 사람이다.

정조(1752~1800)의 어머니인 헌경왕후(혜경궁 홍씨, 1735~1816)는 1750년 8월 27일 사도세자(1735~1762)의 아들을 낳았다. 만 15세 2개월

---

29) 承徽는 세자의 후궁에게 내린 작호이다.

을 갓 지났을 때이다. 돌도 되기 전인 1751년 5월 13일, 할아버지 영조에 의해 의소세손(懿昭世孫)으로 책봉된 이 아기는 그때부터 1년도 안된 1752년 3월 4일 돌아올 수 없는 길을 홀로 떠났다. 뱃속에 둘째 아기를 품은 채 맏이를 떠나보낸 헌경왕후는 반년 뒤인 9월 22일 차남 정조를 출산했다. 헌경왕후는 조선의 왕비 중에서 가장 어린 나이로 아들을 낳은 사람이다.

이상에서 살펴보았듯이 예종은 만 12세가 되기 전에, 왕비로는 현덕왕후가 만 14세 때 자식을 얻었다. 하지만 이것은 예외적인 현상으로 여겨야 할 것이다. 개인차가 있지만 인간은 남성이나 여성이나 대체로 15세가 지나면서 생식기능을 갖게 된다고 알려져 있다.

그러면 조선 왕비 중에서 나이가 너무 어려 사망했기 때문에 출산을 하지 못한 경우가 있을까? 헌종의 첫 왕비인 효현왕후(1828년 3월 14일~1843년 8월 25일)는 가임기에 도달할 무렵인 만 15세 5개월 만에 세상을 떠났다. 이 경우는 불임이라기보다는 일찍 죽어 임신과 출산할 기회를 갖지 못했다고 해야 할 것이다.

단종의 왕비인 정순왕후(1440년~1521년 6월 4일)는 81세까지 장수했지만 만 17세 때 한 살 아래인 남편을 잃었다. 부부의 나이로 보아 생물학적으로는 임신과 출산이 가능해 보이지만, 정치적 상황이 그것을 막았다고 해석할 수 있을 것이다.

영조의 계비인 정순왕후(1745~1805)는 만 13세 6개월에 65세 난 남편을 맞아 17년 동안 결혼생활을 지속했지만 두 부부 사이에 자식은 없었다. 영조는 후궁들과 사이에 2남 12녀를 두었는데, 1754년 12번째 딸을 얻은 이후로는 더 이상 소생이 없었다. 이 경우 어떻게 해석해야 할까? 영조의 생식능력이 감퇴한 것일까? 아니면 정순왕후 쪽에 문제가 있었던 것일까? 또는 피임을 했던 것일까?[30)]

살펴보았듯이 연령 요인은 조선 왕비들의 불임에 중요한 이유는 아니었다.

2) 질병 요인

『정조실록』 1778년 5월 2일자에는 다음과 같은 기록이 있다.

> 아! 4백년이 된 종사(宗社)의 의탁이 오직 주상의 몸 하나에 달려있는데, 춘추가 거의 30에 가까워졌는데도 지금까지 오히려 종사(螽斯)의 경사(慶事)가 늦어지고 있습니다. 선대왕께서도 매양 낮이나 밤이나 근심하고 염려하시던 것을 곧 평소에 일찍이 앙도(仰覩)해 오던 일로서, 오직 양암(諒闇) 뒤에나 거의 기대하고 있는 마음에 맞게 되기를 기다리고 있었는데, 불행하게도 중전에게 병이 생기어 사속(嗣續)에 있어서 이제는 가망이 없게 되었습니다.
>
> 이렇고 보면 당면한 지금의 도리가 옛날 사람들이 하던 의리대로 본받고 우리 국조(國朝)의 고사대로 준수하여, 사족(士族)들 중에서 유한 정정(幽閑貞靜)한 처자를 간택하여 빈어(嬪御)의 자리에 있게 한다면, 삼종(三宗)의 혈통을 이어가게 되는 방도가 오직 이에 달려 있게 될 것입니다.

대왕대비(영조의 계비인 정순왕후)가 왕실의 후사를 위해 후궁을 간택할 것을 촉구하는 교시이다. 그리고 이 교시에 따라 같은 날 13세에서 16세까지의 처녀들에게 금혼령이 내려졌다.

---

30) 『동의보감』에 나와 있는 피임방법과 斷子法으로 다음과 같은 것들이 있다.
아이를 낳아 기르기 어렵거나 한 해에 한 번씩 해산하는 데는 이 약으로써 조금씩 사이를 뜨게 할 수 있다. 이때는 사물탕에 유채씨 한줌을 더 넣고 달여 월경이 있은 후 빈속에 먹는다(『세의득효방』).
아이를 배지 못하게 하는 방법은 흰밀가루 누룩 1되에 좋은 술 5되를 넣고 풀을 쑤는데 2되 반이 되면 비단천으로 밭아서 찌꺼기를 버리고 세 번에 나누어 먹는다. 월경할 날을 기다렸다가 저녁에 한 번 먹고 이튿날 새벽에 한 번 먹으며 날이 다 밝은 다음에 한 번 먹으면 월경이 곧 나오고 일생 동안 아이를 배지 않는다(『단계심법』). 또 한 가지 처방은 蠶退紙를 가루를 내어 술에 타 먹으면 일생 동안 다시 임신하지 않는다(『부인대전양방』).

왕실의 최고 어른인 대왕대비는 "중전(효의왕후)에게 병이 생겨서 정조의 대를 이을 가망이 없다"고 했다. 효의왕후(1753~1821)에게 구체적으로 어떤 병이 있었는지를 알려주는 기록은 찾을 수 없다. 68세까지 살았던 것으로 보아 일반적인 건강 상태는 그리 나쁘지 않았던 것으로 여겨진다. 효의왕후는 정조가 세손 시절인 1762년 가례를 맺고 세손빈이 되었다. 그리고 25세가 된 1778년까지 자식을 두지 못했다. 임신과 출산을 하지 못할 뚜렷한 병이 있을 수도 있지만 그 나이까지 자식을 갖지 못한 것 자체를 병적 징후로 여길 수도 있었을 것이다.

만약 임신을 하지 못하는 병이 있었다면 어떤 것일까? 『동의보감』에는 임신을 잘 하기 위한 조건으로 무엇보다도 월경이 순조로워야 한다는 점을 강조했다. 또 월경을 고르게 하는 여러 가지 처방도 소개되어 있다. 아마 효의왕후도 어의들로부터 그런 치료를 받았을 것이다.

> 사람이 생겨나는 것은 임신에서부터 시작된다. 임신할 수 있게 하려면 무엇보다 먼저 월경을 고르게 해야 한다. 임신하지 못하는 부인들을 보면 반드시 월경 날짜가 앞당겨지거나 늦어지며 혹 그 양이 많거나 적다. 그리고 월경을 하기 전에 아프거나 월경을 한 뒤에 아프며 혹 월경빛이 짙은 자줏빛이고 혹 멀겋거나 덩이지기도 하면서 고르지 못하다. 이렇게 월경이 고르지 못하면 기혈(氣血)이 조화되지 못하여 임신할 수 없게 된다(『단계심법』[31]).
>
> 임신할 수 있게 하자면 여자들은 월경을 고르게 하는 것이 중요하고 남자들은 정기(精氣)를 충실하게 하는 것이 중요하다(『의학입문』).

대왕대비는 왜 1778년 5월 2일에 교시를 내렸을까? 영조의 대상(大祥)을 치렀기 때문이다. 조선시대에 왕은 선왕(先王)과 선왕비 등 왕실

---

31) 원나라 朱震亨(1281~1358)이 1347년에 펴낸 의학서적이다.

어른의 상중(喪中) 2년 동안에는 왕비, 후궁과 합궁하지 않았다. 왕실의 제사기간에도 마찬가지였다.[32] 하지만 상중에 부부생활을 전혀 하지 않았던 것은 아니다.

효종은 1659년 5월 4일 세상을 떠났다. 왕위를 이은 현종(1641~1674)은 1661년 8월 15일 맏아들(숙종)을 보았다. 숙종이 태어난 것은 효종의 대상이 끝난 뒤지만, 잉태된 것은 상중인 1660년이었다. 왕실의 법도는 상중의 부부생활을 금했지만 절대적인 것은 아니었다고 여겨진다. 그리고 이것이 현종 한 사람에게 해당되는 것인지는 알 수 없다.

자녀가 없는 조선 왕비 중에서 얼마나 많은 사람이 병 때문에 임신과 출산을 하지 못했는지 알 수 없다. 또 무슨 병이 문제가 되었는지를 알려주는 기록도 없다. 병 때문에 임신과 출산을 하지 못한 경우가 있었다 하더라도 39%라는 높은 불임률을 설명할 수는 없어 보인다.

3) 합궁 요인 - 합궁 날짜

바람직한 왕비는 좋은 집안 출신으로 덕행과 반듯한 성품을 지닌 여성이다. 그래야만 왕을 훌륭하게 내조할 수 있고, 궁궐의 내명부(內命婦)를 제대로 통할할 수 있다. 거기에 아들을 많이 낳는 것도 중요한 덕목이다. 다음은 단종이 왕비를 맞으면서 내린 교시이다. 여기 나오는 '종사(螽斯)[33]의 경사(慶事)'는 왕비나 세자빈을 맞을 때 누누이 언급되는 것으로, 왕실의 간절한 소망을 잘 나타내는 것이다.

> 하늘과 땅이 덕을 합하여 만물을 생성하니, 왕이 하늘을 본받아 반드시 원비(元妃)를 세우는 것은 종통(宗統)을 받들어 풍화(風化)를 굳건히 하려는

---

32) 조선 후기로 갈수록 상례, 제례가 잦아진 것을 왕실 출산력 감소의 중요한 요인으로 꼽은 연구도 있다. 김지영(2011), 앞의 논문.

33) 『詩經』의 周南에 나오는 자손이 번창하기를 축복한 시.

> 까닭이다. … 아아! 몸을 합하여 같이 즐거워하면서 종묘를 받들고 관저(關雎)의 교화와 종사의 경사가 모두 오늘부터 시작될 것이니, 삼가지 않을 수 있으리오, 그러므로 이에 교시하니, 의당 그리 알리라 생각한다.(『단종실록』 1454년 1월 22일)

『동의보감』에는 다음과 같이 '상녀법(相女法)'이 기술되어 있다. "성질과 품행이 좋은 여자는 월경이 고르고 임신도 잘한다." 바람직한 왕비 상(像)과 잘 부합한다. 왕비와 세자빈을 간택할 때 월경이 고른지를 확인했는지는 알 수 없다. 초경(初經) 이전의 어린 나이에 간택되는 경우는 애당초 확인할 수 없는 일이다.

> 음기(陰氣)가 완전히 성숙되지 못한 미성년 여자로서 성생활에 대한 생각이 지나치면 딸을 많이 낳는다. 그리고 성질과 품행이 좋은 여자는 월경이 고르고 임신도 잘한다. 성질과 품행이 나쁜 여자는 월경이 고르지 못하다. 또는 얼굴이 험상궂게 생긴 여자는 좋지 못한 일이 많고 얼굴이 곱게 생긴 여자는 복이 적다. 또한 지나치게 몸이 나면 자궁에 지방이 많아지고 너무 여위면 혈(血)이 적어진다. 이런 여자들은 다 임신할 수 없다는 것을 알아야 한다(『의학입문』).

왕실은 왕비의 간택에도 심혈을 기울였지만, 왕자를 얻기 위해서도 온갖 정성을 쏟았다. 왕과 왕비의 건강을 보살피고 임신에 도움이 되는 식단을 짰다. 무엇보다 중요한 것은 왕자가 잉태될 날을 잘 잡는 것이었다. 왕자를 수태할 길일을 잘 택해 그날 밤 왕과 왕비가 잠자리를 같이 하도록 했다. 합궁(合宮) 날짜는 대개 관상감의 실무책임자와 제조상궁(提調尙宮)의 협의에 의해 정해졌다. 하늘의 뜻도 살피고, 왕비의 월경 상황도 정확히 파악해야 했기 때문이다. 이 담당자들이 자의로 길일을 정하는 것은 아니다. 이미 정해져 있는 원칙 하에서

택하는 것이다. 왕실의 합궁 원칙은, 수태가 가장 잘 되는 날을 택하되 일진에 사(巳)자와 인(寅)자가 들어가는 날, 그리고 초하루, 보름, 그믐날을 피해야 했다. 하늘이 진노하기 때문에 생기는 현상으로 여겼던 비, 바람, 천둥, 안개, 일식, 월식이 있는 날도 역시 기피 대상이었다.[34] 의학적으로 수태 가능성이 가장 높은 날은 언제인가? 『동의보감』을 보자.

> 월경이 끝나고 금수(金水)가 생기는데 이때는 자궁이 열려 있으므로 임신이 된다. 이러한 좋은 시기를 놓치면 자궁이 닫혀서 임신하지 못한다. 월경이 끝난 후 1일, 3일, 5일에 성생활을 하면 남자가 되고 2일, 4일, 6일에 성생활을 하면 여자가 된다. 이 시기가 지나면 임신이 되지 않는다(『의학정전』).
>
> 월경이 2일 반에 끝나는 경우도 있고 3일에 끝나는 경우도 있으며 또는 부인의 혈기가 왕성하여 6, 7일에 끝나는 경우도 있는데 다만 월경빛이 어떤가를 보아야 한다. 깨끗한 솜이나 헝겊을 음문에 넣었다가 꺼내어 보아 금빛이 나면 임신될 수 있는 좋은 시기이고 선홍색이면 아직 깨끗해지지 못하였으므로 임신하지 못한다. 궂은 피가 다 나가고 새로운 피가 금빛 같은 것이 나올 때가 좋은 시기이므로 이때에 성생활을 하면 임신이 되지 않는 일이 없다(『만병회춘』[35]).
>
> 부인의 월경이 시작되면서 자궁이 깨끗해지는바 1일, 2일, 3일에는 정(精)이 혈(血)을 이기므로 남자가 되고 4일, 5일, 6일에는 정이 혈을 이기지 못해 여자가 된다(『동원시효방』).
>
> 아들을 낳기 원하면 월경이 끝난 후 1일, 3일, 5일 가운데서 좋은 날을 택해야 한다. 이러한 날들의 한밤중을 지나 생기가 약동할 때에 성생활을 하면 장수하고 현명한 아들을 낳을 수 있다. 2일, 4일, 6일 중에 성생활을 하면 반드시 딸을 낳는다. 6일 이후에는 성생활을 하지 않는 것이 좋다(『세

34) 규장각 한국학연구원 편(2009), 22쪽.

35) 명나라 龔廷賢(1522~1619)이 1587년에 펴낸 성의학서적이다.

의득효방』).

원나라 때의 『세의득효방』과 허준과 거의 동시대인 『의학정전(醫學正傳)』[36]은 아들을 낳으려면 생리가 끝난 뒤 1, 3, 5일에 합방을 해야 한다고 처방하고 있다. 『동원시효방(東垣試效方)』[37]에는 약간 다르게 생리 뒤 1, 2, 3일이 아들을 볼 수 있는 적기라고 되어 있다. 허준도 이런 의견에 동의했기에 『동의보감』에 상세히 인용했을 것이다.[38]

임신가능기간은 대체로 배란일 5일 전부터 3일 후까지다. 그 기간 중에서도 배란일 때가 가능성이 가장 높다. '임신가능기간' 외에는 임신이 절대적으로 불가능한 것은 아니지만 가능성이 크게 떨어진다. 예를 들어보자. 가장 흔하다고 알려진 생리주기 28일 생리지속일 4일인 여성이라면, 임신가능기간은 마지막 생리일 후 6일째부터 14일째까지이다. 주기가 30일이고 지속일이 4일인 여성이라면, 임신가능기간은 마지막 생리일 후 8일째부터 16일째까지이다. 주기가 26일이고 지속일이 4일인 여성이라면, 임신가능기간은 마지막 생리일 후 4일째부터 12일째까지이다. 요컨대 생리주기가 짧은 여성이라면, 『동의보감』이 권장하는 생리후 1, 3, 5일 또는 1, 2, 3일 합방으로 높지는 않지만 임신할 가능성이 있다. 반면에 생리주기가 짧지 않은 여성은 임신할 가능성이 더 낮다.

조선 왕비들의 생리주기나 생리지속일을 알려주는 기록은 없다. 하지만 생리후 1, 3, 5일 또는 1, 2, 3일 합방이 잘 지켜졌다면, 생리주기가

---

36) 명나라 虞摶(1438~1517)이 1515년에 완성한 의학서적으로 1531년에 간행되었다.

37) 金元四大家 중 1명인 李東垣(1180~1251)의 저서로 사후인 1266년에 간행되었다.

38) 『동의보감』에 5년 앞서 간행된 『언해태산집요』에는 『의학정전』의 앞부분만 기술되어 있고 구체적인 날짜 언급은 없는 등 임신이 잘 되는 시기에 대한 기술이 소략하다.

짧은 왕비는 임신했을 가능성이 있고, 임신과 관련해 별다른 이상이 없더라도 생리주기가 짧지 않은 왕비는 임신이 거의 안 되었을 것이다. '의학적 길일'은 『동의보감』 간행 뒤, 더 철저한 원칙이 되었을 가능성이 높다. 그리고 계속 임신이 안 되는 경우, 원칙을 의심하기보다는 왕비의 출산능력을 탓했을 것이다.

5. 출산후유증으로 사망한 왕비들

> 신유년 7월 23일 몸을 풀어서 원손이 탄생하니, 양궁(兩宮)께서 매우 기뻐하시고, 온 나라 신민들이 축하하지 않는 이가 없었다. 이날 임금께서 근정전에 나아가시어 대사면을 내리도록 하시고, 또 장차 원손의 탄생한 의식을 거행하려 하시었는데, 이튿날 갑자기 병이 나시어 동궁 자선당에서 운명하셨으니, 춘추가 스물넷이다. 의원이 미처 약을 쓰지 못하였고, 기도도 신명(神明)에 두루 미치지 못하여, 양궁께서 슬퍼하며 애석하게 여기시고, 나라 사람들도 슬퍼하지 않는 이가 없었다. … 아아, 슬프도다. 빈은 일남 일녀를 낳으셨으니,[39] 여아는 이미 젖을 떼었고, 남아는 곧 원손이다.(『세종실록』 1441년 9월 21일)

문종의 왕비인 현덕왕후는 세자빈 시절 단종을 출산하고는 바로 다음날 별다른 치료도 받지 못한 채 출산후유증으로 세상을 떠났다. 만 23세 4개월 때이다.

> 장구한 수명을 누리고 큰 일을 돕기를 바랐더니, 어찌 신령하고 어진 하늘에서 불쌍히 여기지 않아서 갑자기 요절의 재앙을 내리는가? 동궁에서는 넋을 잃고 궁궐에서는 슬픔에 싸여 옥같이 아름다운 사람이 죽은

---

39) 앞에서 살펴보았듯이 『선원계보기략』에는 기록이 없지만 딸 하나를 더 낳았다.

것을 가슴아파한다.(『세조실록』 1462년 2월 17일)

한명회(1415~1487)의 셋째 딸로 예종의 왕비인 장순왕후는 세자빈 시절 인성대군(1461~1463)을 낳은 뒤 닷새 만에 산후병으로 요절했다. 만 16세 10개월 때이다. 앞에서 언급했듯이 이때 아버지가 된 예종의 나이는 만 11세 11개월이었다.

> 공주가 신미년(1511)에 태어나고는, 오래도록 후사가 없으니, 여망이 목마른 것 같았는데, 을해년(1515) 2월 계축일에 원자가 탄생하였다. 중외가 함께 경하하고, 상이 또한 매우 기뻐하시어 교서를 반포하여 크게 사면하고, 여러 신하들이 들어와서 하례하였다. 며칠을 지나 왕후가 문득 병에 걸려 매우 위중해지니 상이 놀라 근심하며 친림하여 문병하고, 또 말하고 싶은 것이 무엇인가 물으니 왕후가 대답하기를, "은혜를 입음이 지극히 크니, 다시 말씀드릴 것이 없습니다." 하고 눈물만 흘릴 뿐이었다. … 백약이 효험이 없어, 3월 초2일에 경복궁의 동궁 별전에서 별세하시니, 상이 애통해 하시며 특별히 백의 소찬을 하기까지 하였다.(『중종실록』 1515년 3월 23일)

중종의 제1계비인 장경왕후는 1506년 열다섯 살 때 종2품 숙의의 신분으로 입궐하였다가, 1507년에 단경왕후가 폐위되자 같은 반정공신의 딸인 다른 후궁들을 제치고 왕비에 책봉되었다. 원자(인종)를 낳았지만 엿새 만에 산후병으로 별세했다. 만 23세 7개월 때이다.

> 중전이 대군의 죽음으로 인해 병이 위독해져, 신시(申時)에 산실청에서 승하하였다. 대신과 예관을 불러 하교하기를, "뜻밖에 상을 당하였다. 각사로 하여금 염습할 여러 도구를 준비하도록 하라." 하였다.(『인조실록』 1635년 12월 9일)

인조의 왕비인 인렬왕후는 25년의 결혼생활을 통해 〈표 4〉와 같이 6남 1녀를 낳았다. 인렬왕후는 마지막 출산을 하고 나흘 뒤에 세상을 떠났다. 만 41세 5개월 때이다. "대군의 죽음으로 인해 병이 위독"해졌다는 기록을 보면 자식이 태어나자마자 죽은 데에 몹시 상심했던 것으로 보인다. 셋을 내리 잃어서 슬픔이 더 컸는지도 모른다.

『선원계보기략』에는 인렬왕후의 소생이 5명으로 기록되어 있지만 실제로는 두 명을 더 낳았다. 1626년생 공주와 1629년생 왕자가 그들이다. 『선원계보기략』에는 조선시대 전체를 통틀어 왕비 소생이 93명으로 기록되어 있는데 『실록』과 『승정원일기』 등을 통해 16명을 더 찾아냈다. 왕비들이 출산한 자녀가 이밖에도 더 있을 가능성이 있다. 파악되지 않은 후궁 소생은 더 많을지 모른다. 요컨대 태어나서 갓 사망한 왕의 자녀는 왕실 족보에 올리지 않은 경우가 적지 않았다는 말이다.

〈표 4〉 인렬왕후와 인조의 7자녀

자녀	생몰연도	수명	출산연령	출처
소현세자	1612~1645	33	18	선원계보기략
효종	1619~1659	40	25	선원계보기략
인평대군	1622~1658	36	28	선원계보기략
용성대군	1624~1629	5	30	선원계보기략
공주	1626~1626	0	32	윤6월4일 출생, 7월15일 사망(승정원일기)
대군	1629~1629	0	35	인조실록 1629년 8월29일자
대군	1635~1635	0	41	선원계보기략

인렬왕후는 18세 때 소현세자를 낳았고, 7년 뒤인 25세 때 효종을 얻었다. 생식기능이 가장 왕성한 이 7년 사이에 기록에 남지 않은 소생(들)이 있었을지 모른다. 효종을 출산한 뒤로는 3년, 2년, 2년, 3년 터울로 3남 1녀를 얻었고, 마지막으로 6년 만에 출산을 하고는 41세 나이에 출산후유증으로 세상을 떠났다. 그 6년 사이에도 소생이

있었을 가능성이 없지 않을 것이다. 합궁을 하지 않는 것 이외에 효과적인 피임방법이 없었던 시절에 터울이 길다면 출산이나 유산(流産)을 했지만 기록에 남지 않은 가능성을 생각해 보아야 할 것이다.

인렬왕후 소생 중 소현세자는 33세, 효종은 40세, 인평대군은 36세까지 살았다. 30세에 낳은 용성대군은 5세 때 죽었고, 그 뒤로 출산한 2남 1녀는 모두 3개월도 살지 못했다. 출산연령과 자녀의 수명과의 상관관계를 잘 보여주는 예이다. 출산후유증으로 사망한 왕비 4명의 출산 관련 사항을 정리하면 〈표 5〉와 같다.

〈표 5〉 출산후유증으로 사망한 왕비

	생몰년도	수명	혼인연령	결혼년수	초산연령	자녀	남편
현덕왕후 권씨	1418~1441	23	14	9	15	1남2녀	문종
장순왕후 한씨	1445~1461	16	15	1	16	1남	예종
장경왕후 윤씨	1491~1515	24	15	9	20	1남1녀	중종
인렬왕후 한씨	1594~1635	41	16	25	18	6남1녀	인조

출산과 관련된 사망을 모성사망(母性死亡, maternal death)이라고 하며, 모성사망비(maternal mortality ratio, MMR)는 해당 연도의 출생아(사산아 포함) 10만명당 사망하는 산모 수(계산식으로 나타내면, 100,000×연간 사망 산모 수 / 연간 출생아 수)이다. 2015년 9월 통계청이 발표한 『2014년 사망원인 통계』에 따르면 한국의 모성사망비는 11.0명이며, 다른 선진국들도 대체로 10명 내외이다. 하지만 소말리아 등 아프리카의 일부 국가는 지금도 1,000명이나 된다. 근대 이전의 관련 자료가 비교적 충실하게 남아 있는 스웨덴의 경우, 1700년대 모성사망비는 오늘날 소말리아 수준인 1,000명가량이었다.

조선 왕비 46명 중 출산과 관련해서 4명이 사망했다. 즉 왕비들의 사망원인 중 출산후유증이 8.7%이다. 한편 행장류 자료를 이용한 연구에 따르면, 조선시대 양반여성 193명 중 출산과 관련한 사망자는

25명으로 13.0%에 이른다.[40] 이것만으로 보면 왕비들의 모성사망은 양반여성들보다는 조금 낮다.

모성사망을 다른 각도에서 검토해보자. 왕비 46명이 출산한 자녀는 모두 109명이며, 이 출산 때문에 4명이 사망했다. 행장류 자료의 양반여성들은 모두 838명을 출산했고, 모성사망은 25명이다. 출생아 10만명당으로 나타내면 왕비는 3,670명이고, 양반여성은 2,983명이다.

왕비와 양반여성들의 자료를 종합하면, 조선시대 최상위 계층 여성들의 10% 내외가 출산 때문에 사망했고, 출생아 10만명당으로 나타내면 3,000명가량이다. 표본 크기가 각각 46명, 193명으로 크지 않지만, 두 집단의 모성사망 정도가 비슷하게 나오는 것은 의미가 작지 않다. 요컨대 출산은 지금과는 비교할 수 없을 정도로 여성들의 생명을 위협하는 중요 요인이었으며, 비슷한 시기의 스웨덴에 비해서도 위험도가 몇 배 높았다. 지금과는 달라도 너무 다른 세상이었다. 왕비가 그럴 정도니 별다른 보호를 받지 못한 일반 여성들은 어땠을까?

6. 왕비들이 출산한 자녀들의 건강

왕비 28명이 출산한 자녀들의 건강은 어땠을까? 왕자와 공주들의 수명을 통해 알아보자. 왕비 소생 자녀 109명 중 수명을 알 수 있는 사람은 모두 104명이다. 여기에서 피살당한 8명을 제외한 96명을 대상으로 남녀별, 시기별 평균을 내어보면 〈표 6〉과 같다.

40) 김두얼(2012), 8쪽.

〈표 6〉 왕비들이 출산한 자녀들의 수명 평균치

	전기간			태조~선조			광해~순종		
	왕자	공주	계	왕자	공주	계	왕자	공주	계
0세	12	7	19	4	2	6	8	5	13
1~4	3	4	7	2	2	4	1	2	3
5~9	1	2	3	0	1	1	1	1	2
10~14	2	4	6	2	2	4	0	2	2
~14	18 (33%)	17 (42%)	35 (36%)	8 (25%)	7 (33%)	15 (28%)	10 (43%)	10 (50%)	20 (47%)
15~19	5	1	6	4	1	5	1	0	1
20~24	2	8	10	0	3	3	2	5	7
25~29	0	1	1	0	1	1	0	0	0
30~34	8	0	8	6	0	6	2	0	2
35~39	5	3	8	3	3	6	2	0	2
40~44	2	1	3	1	1	2	1	0	1
45~49	2	1	3	1	0	1	1	1	2
50~54	4	2	6	2	1	3	2	1	3
55~59	6	1	7	4	0	4	2	1	3
60~64	1	2	3	1	1	2	0	1	1
65~69	1	2	3	1	1	2	0	1	1
70~74	0	0	0	0	0	0	0	0	0
75~79	0	1	1	0	1	1	0	0	0
80~	1	1	2	1	1	2	0	0	0
	55명	41명	96명	32명	21명	53명	23명	20명	43명
평균	28.5세	26.0세	27.4세	32.9세	30.0세	31.7세	22.4세	21.8세	22.1세
15세 생존자 평균	41.4세	41.5세	41.4세	42.6세	42.7세	42.7세	39.1세	39.7세	39.3세

* 피살되어 명을 다하지 못한 자녀는 계산에서 제외.

자녀 96명의 수명 평균은 27.4세이다. 왕자는 28.5세, 공주는 26.0세이다. 왕의 수명 평균 45.1세, 왕비 50.6세에 비해 각각 17.7세, 24.6세나 짧다. 15세를 넘긴 왕자들은 평균 41.4세, 공주들은 41.5세로 아버지, 어머니와의 차이가 각각 3.7세와 9.1세로 크게 줄어든다. 사실 왕과 왕비의 수명은 전근대 시절 치고는 대단히 긴 편이다. 물론 왕과 왕비가 윤택한 생활을 하고 보살핌을 잘 받은 덕분이기도 하지만, 더욱 중요한 이유는 이들 모두 미성년기를 넘긴 사람들이기 때문이다.

15세를 넘겨 생존한 경우는 왕자 67%, 공주 58%이다. 행장류 자료로 연구한 결과는 남녀 모두 50%였다.[41] 상식적으로 생각할 수 있듯이 왕비 소생들이 양반여성의 자녀들보다 생존력이 높았다. 표본 크기가 작아서 단정적으로 말할 수는 없지만, 이 두 자료를 종합해볼 때 조선시대 사람들의 15세 생존율은 50%를 넘지 못했고, 평균수명은 27세 이하였을 가능성이 많다. 민중들의 건강 수준이 왕자, 공주나 양반 자녀들보다 나았을 리 없기 때문이다.

조선 전기와 후기를 비교해보면 왕비 소생들의 수명 평균이 31.7세에서 22.1세로 크게 낮아진다. 그렇게 된 결정적인 원인은 15세 미만의 미성년 사망 비율이 28%에서 47%로 크게 증가했기 때문이다. 이런 현상이 일반적인 것인지, 왕실에만 국한되는 것인지 규명할 필요가 있다.

'자식을 앞세우는 일'보다 더 큰 비극은 없다고들 한다. 자녀를 낳은 조선 왕비 28명 중에서 25명은 자기 눈으로 자식의 죽음을 지켜보아야만 했다. 그러한 불행을 당하지 않은 왕비는 신덕왕후(태조 비, 1356~1396), 장순왕후(예종 비, 1445~1461), 장경왕후(중종 비, 1491~1515) 등 3명뿐이다. 신덕왕후도 명이 길지 않았지만, 장순왕후와 장경왕후는 각각 16살, 24살의 나이로 일찍 세상을 떠나 험한 꼴을 보지 않았을 뿐이다. 태어난 지 닷새 만에 어머니를 잃었던 인성대군은 2년 뒤에 어머니 장순왕후를 뒤따라갔다.

폐비 신씨(연산 비)는 7자녀 모두, 순원왕후(순조 비)는 5자녀 모두, 정희왕후(세조 비)와 소혜왕후(덕종 비)는 3자녀 모두를 앞세웠다. 인렬왕후(인조 비)와 명성왕후(현종 비)는 4명씩을 먼저 떠나보내야 했다. 고종의 왕비 명성황후도 5명 자녀 중 4명을 첫돌이 되기 전에

41) 김두얼(2012), 13쪽.

땅에 묻었다(〈표 7〉). 자녀를 가장 많이 둔 소헌왕후(세종 비)도 3명의 자녀를 자신의 손으로 장사지냈다. 기쁨과 축복이어야 할 출산이 비극의 출발인 셈이다. '무자식이 상팔자'라는 말이 실감나게 다가오는 일이다.

〈표 7〉 명성황후(1851~1895)와 고종(1852~1919)의 5자녀

	생몰 연월일	출산시 왕비연령
대군	4일 만에 사망 (1871.11.4.~11.8)	20
공주	222일 만에 사망 (1873.2.13.~9.28)	22
순종	52세에 사망 (1874.2.8.~1926.3.14)	23
대군	13일 만에 사망 (1875.4.5.~4.18)	24
대군	108일 만에 사망 (1878.2.18.~6.5)	27

지난해 사랑스런 딸아이 잃고 / 올해는 사랑하는 아들 잃었네
슬프디 슬픈 광릉 땅에 / 무덤 둘이 마주 보며 서 있다네
백양나무 바람에 소슬하고 / 혼백의 불 소나무를 비추니
종이돈 살라 너희 혼을 부르고 / 찻물 붓고 너희 무덤 지키노니
응당 너희 남매의 혼들은 / 밤마다 서로 따르며 노니느냐
비록 뱃속에 아기가 선다한들 / 어찌 잘 자라기를 기약하겠나
눈물로 황대사를 읊조리며 / 피눈물로 슬픔 소리 삼키노라

조선시대의 3대 여성 시인으로 일컬어지는 허난설헌(1563~1589)은 스물도 채 안된 나이에 어린 딸과 아들을 연이어 잃었다. 두 아이 모두 돌이나 되었을까 말까 했을 때이다. 불행은 거기서 그치지 않아 얼마 뒤에는 위의 시에서 예견했듯이 유산도 경험한다. 그리고 몇 해 뒤에는 26세의 젊은 나이에 아기들이 먼저 간 길을 따라갔다.

비극은 허난설헌과 왕비들에 국한된 것이 아니었다. 일반 민중들이 겪은 불행은 더욱 큰 것이었다. 출산의 과정, 그리고 결과와 의미가 지금과 너무나 다른 시절이었다.

참고문헌

| 자료 |
국학진흥연구사업추진위원회, 『돈녕보첩』, 한국학중앙연구원, 2006.
『승정원일기』
『조선왕조실록』
종친부, 『선원계보기략』, 1903.
허준, 『동의보감』, 북피아(여강), 2005.
통계청, 『2014년 사망원인 통계』

| 연구논저 |
국립고궁박물관(편), 『조선의 역사를 지켜온 왕실 여성』, 글항아리, 2014.
규장각한국학연구원(편), 『조선 국왕의 일생』, 글항아리, 2009.
김두얼, 「행장류 자료를 통해 본 조선시대 양반의 출산과 인구변동」, 『경제사학』 52, 한국경제사학회, 2012, 3~27쪽.
김상환 역주, 『국역 호산청일기』, 민속원, 2007.
김지영, 「조선시대 왕실 여성의 출산력 : 시기별 변화추이와 사회문화적 함의」, 『정신문화연구』 34(3), 한국학중앙연구원, 2011, 259~299쪽.
박희진·차명수, 「조선후기와 일제시대의 인구변동 : 전주이씨 장천군파와 함양박씨 정랑공파 족보의 분석」, 『경제사학』 35, 한국경제사학회, 2003, 3~26쪽.
신명호·임민혁·이왕무·한형주·이순구·박용만·심재우, 『조선의 왕비로 살아가기』, 돌베개, 2012.
신명호·임민혁·한형주·이순구·박용만·심재우, 『조선의 왕으로 살아가기』, 돌베개, 2011.
신종원·한지원 옮김, 『조선위생풍습록』, 민속원, 2013.
유안진, 『한국의 전통육아 방식』, 서울대학교 출판부, 1994.
윤정란, 『왕비로 보는 조선왕조』, 이가출판사, 2015.
이원섭, 『태교보감』, 동방미디어, 2000.
정호완 역주, 『역주 언해태산집요』, 세종대왕기념사업회, 2010.
차명수, 「조선후기의 출산력, 사망력 및 인구증가 : 네 족보에 나타난 1700~1899년간 생몰 기록을 이용한 연구」, 『한국인구학』 32(1), 한국인구학회, 2009, 113~137쪽.

O'Dowd, Michael J(ed), *The History of Obstetrics and Gynaecology*, CRC Press, 2000.
Palmer, Craig M(ed), *Handbook of Obstetric Anesthesia*, BIOS Scientific Publishers Limited, 2002.

제2부

여성에 대한 언어와 여성의 언어

열녀 담론의 형성과 임진왜란

허 남 린

1. 들어가는 말

조선여성사에 있어 임진왜란(1592~1598)은 일대 전환점을 이룬다. 보통 상식으로 알고 있는 임진왜란 이전의 조선의 여성은 나름의 경제력과 자율권을 견지하고 있었다. 재산상속에 있어 균분상속이 일반적이었으며, 양반계급의 여성에게도 개가 즉 재혼의 길이 완전히 막혀 있지는 않았다. 남자의 처가살이는 오히려 일반적이었으며, 여성의 남성에 대한 종속성은 무조건적인 일방통행은 아니었다.

그렇다고 임진왜란 이전의 조선사회에서 여성이 자유를 만끽했다는 것은 물론 아니다. 정치권력은 사족(士族) 남성에 의해 거의 100퍼센트 독점되었다. 정치권력이 여타의 모든 권력과 특권과 명예를 압도하는 사회현실에서, 여성이 정치권력으로부터 완전히 배제되었다는 사실은 자연히 여성과 남성의 관계에 있어 불균형과 종속성이 구조적으로 상존했음을 의미한다. 여성은 남성에게 종속적이었다. 그러나 그 종속성의 강도가 임진왜란 이후의 조선 후기 사회와 비교하면 약했고 신축적이었다.

임진왜란은 잠시나마 조선사회를 엉망진창으로 만들었다. 국왕은 북으로 도망가고, 전 국토가 유린되면서, 인민들은 목숨을 부지하고자 사투를 벌였다. 지금도 마찬가지이지만 전쟁이 일어나면 가장 큰 피해를 보는 것은 항상 약자들이다. 힘없는 노인들, 여성 그리고 어린이들이 쉽사리 전화의 희생물이 된다. 몸이 성한 남성들은 도망을 가더라도 남보다 빠르고, 추위와 기근을 이겨내는 힘과 수단이 뛰어나다. 임진왜란 시기에 많은 여성과 어린이들이 전쟁의 참화에 희생된 것은 무엇보다 사족 남성들 책임이 크다. 그들은 모든 정치권력을 한 손에 쥐고 권세를 누리고 온갖 특권을 향유했던 자들이다. 여성을 외적으로부터 보호하고 생명을 지켜주어야 할 책임이 그들에게 있었던 것이다. 그러나 현실은 그와는 정반대였다. 조선의 사족 남성들은 여성을 보호하고 생명을 지켜주는 데에 실패했다.

지금의 상식으로 생각한다면, 조선 후기의 사족 남성들은 전화로부터 여성을 보호하지 못한 책임을 통감하고 심기일전하여 여성을 감싸고 존중해주는 방향으로 사회를 구축했어야 할 것이다. 그러나 그들은 그 반대방향으로 나아갔다. 전쟁의 참화를 기화로 하여 조선의 사족 남성들은 여성을 더욱 철저하게 종속시키고 여성을 자신들의 존재를 위한 도구로 만들어 갔다. 남성에 의한 여성의 종속화는 남녀관계에서 특히 철저했다. 사족 남성들은 사회를 자신들을 위한 성의 해방구로 만들었다. 반면, 여성들에 대해서는 철저하게 배타적인 성의 종속을 강요했다.

본고에서는 임진왜란을 전환점으로 하여 조선의 사족 남성들이 어떠한 사회를 만들어가고자 했는지 열녀라는 여성의 통로를 통해 살펴보고자 한다. 이를 위해 (1) 먼저 전란의 위기를 극복하고자 하는 노력의 일환으로 편집된 『동국신속삼강행실도』의 편찬과정 및 의도를 열녀편을 중심으로 개관하고, (2) 그 다음으로 『동국신속삼강행실도』

의 열녀편의 서사 및 그 중심적인 내용과 의미를 검토한 후, (3) 마지막으로 조선의 사족 남성들이 구축하고자 했던 조선사회 속에서의 이상적인 여성상과 그것이 갖는 사회문화적 맥락을 고찰한다.

조선사회의 열녀상을 고찰함에 있어 전제로 해야 할 것은 열녀는 사족 남성들에 의해 양반사회의 문화로서 구축되었다는 점이다. 일반 상민 및 노비계층에게는 그들이 추구한 열녀의 가치가 직접적으로 적용되거나 강요되지는 않았다. 후에 시간이 흐르면서 열녀상이 평민사회에까지 전파되고 내면화되기는 했지만, 이는 제한적이었고, 노비계층의 여성은 열려있는 성의 수탈대상이었다.[1] 오히려 지배층 남성들이 구축한 열녀상은 사족사회를 상민 및 노비사회로부터 구분지어 주는 준거였다. 조선 후기의 열녀상은 무엇보다 사족사회와 불가분의 관계에 있다는 점을 놓쳐서는 안된다.

2. 『동국신속삼강행실도』 열녀편의 편찬

『동국신속삼강행실도』는 광해군 3년인 1617년에 간행되었다. 본 행실도는 총 18권으로 구성되어 있는데, 권두에 해당하는 제1권, 효자의 사례를 모은 8권(효자 705명), 충신의 사례를 모은 1권(충신 90명), 그리고 열녀의 사례를 모은 8권(열녀 719명)의 순으로 구성되어 있다. 앞머리인 제1권은 기존에 간행된 『삼강행실도』(세종 14년, 1432년 간행)에서 효자 4명, 충신 6명, 열녀 6명을 뽑고, 여기에 『속삼강행실도』(중종 9년, 1514년 간행)에서 효자 33명, 충신 3명, 열녀 20명을 추리고

1) 조선 후기에 양반여성의 개가(재혼)는 용납되지 않는 방향으로 전개되었지만, 양인 및 노비층의 개가는 빈번히 발견되는 현상이었다. 정지영은 단성호적에 근거하여 조선 후기의 개가의 실상에 대한 자세하고 실증적인 분석을 하고 있다. 정지영(2015), 320~378쪽 참조.

더하여 1권의 분량으로 편찬한 것으로 새로운 사례를 기재한 것은 아니다.

『동국신속삼감행실도』의 열녀편 8권의 분량에 실린 총 719명의 열녀 가운데 선조조 (1567~1608)의 열녀에 해당하는 인물은 553명이고, 그 나머지는 삼국시대부터 선조 이전의 시기에 발생한 열녀이다. 선조조의 열녀 553명 가운데, 임진왜란이 발생한 1592년 4월부터의 시기에 속하는 열녀는 541명이고, 그 가운데 임진왜란과 직접 관련이 있는 열녀는 441명으로, 『동국신속삼강행실도』에 등재된 열녀 가운데 전쟁과 직접 관련이 있는 열녀는 전체의 61% 정도를 차지한다. 선조조의 열녀만을 놓고 본다면, 임진왜란과 직접 관련이 있는 열녀는 80% 정도로, 41년간이나 지속된 선조조 전 시기에 등장한 열녀 가운데 압도적 다수는 7년 8개월간 지속된 임진왜란 기간 중에 집중적으로 발생했음을 알 수 있다.[2)]

441명의 열녀를 산출한 임진왜란의 맥락을 다른 각도에서 본다면 임진왜란이라는 전란과 열녀의 긴밀한 관계가 더욱 선명하게 드러난다. 세종조의 『삼강행실도』는 효자 110명, 충신 112명, 열녀 94명을 소개하고 있는데, 이들 대부분은 중국의 예이고, 한반도에 속하는 인물은 효자 4명, 충신 6명, 열녀 6명에 불과하다. 한편, 중종조의 『속삼강행실도』는 『삼강행실도』에 기재되지 않고 빠졌던 인물 가운데 효자 36명, 충신 6명, 열녀 28명을 더 선별하여 추가했다. 『삼강행실도』 및 『속삼강행실도』에 포함되어 있는 삼국시대부터 조선 중종조에 이르기까지 한반도의 열녀는 모두 합해 보아야 34명에 불과하다.

이와는 별도로 『조선왕조실록』에는 『태조실록』에서 『명종실록』에 이르기까지 137건의 열녀기사가 등재되어 있다. 강명관 교수의 조사에

2) 이에 대한 자세한 분석은 강명관(2009), 304쪽 참조.

의하면, 1392년에서 1567년까지 176년간의 『조선왕조실록』에 실린 열녀의 숫자는 중복을 빼면 모두 269명으로 추산된다.[3] 일년에 평균 1.5명인 셈이다. 이는 『삼강행실도』 및 『속삼강행실도』에 실린 열녀 수에 비하면 아주 많은 편이지만, 『신속동국삼감행실도』의 숫자에 비하면 비교가 되지 않을 정도로 그 발생빈도가 낮다. 임진왜란 시기에 발생한 전쟁과 직접 관련이 있는 열녀는 441명으로, 이는 매해 평균 57명 정도의 비율이다. 조선의 열녀사에 있어 임진왜란은 특별한 의미를 갖는다.

어떻게 전쟁의 참화 속에서 열녀가 다른 시기와는 비교도 되지 않을 정도로 급격히 증가한 것일까? 1593년 10월 1일 의주까지 피난갔던 선조가 일년 반 만에 경성으로 돌아왔다. 당시 일본군은 남쪽 해안으로 철수를 하고, 명나라와 일본은 강화를 통해 전쟁을 종식시키고자 외교노력을 전개하고 있는 중이었다. 전쟁은 이미 소강상태로 접어들고, 도성은 평온을 되찾은 지 5개월이 지난 후였다. 서울로 입성하기 전날 비변사는 국왕에게 건의를 했다. 서울로 돌아가면 우선 해야 할 것이 충신 효자 열녀를 찾아내어 포상하고 사회의 윤기(倫紀)를 바로잡는 일이 무엇보다 중요하다는 의견이었다.[4] 도망을 쳤다가 위험이 사라지자 늑장을 부리며 돌아오는 조선의 지도자들은 돌아오자마자 겨우 살아남은 백성의 군기부터 잡고자 했다. 서울로 돌아온 국왕은 여기에 한 술 더 떴다. "난리통에도 도성 백성 가운데 죽은 자가 말할 수 없이 많을 것이다. 도성의 남아있는 백성 중에 과반수가 흰 옷을 입었으리라 생각했는데, 서울에 돌아오는 날 보건대 도성 안 백성이 많았는데도 상복(喪服)을 입은 사람이 없었다. 이는 난리통에 윤기가 추락되어 그런 것이다."[5]

---

3) 강명관(2009), 247쪽.

4) 『선조실록』 권42, 1593년 9월 29일 경진.

임진왜란의 전 기간을 통하여 선조를 괴롭힌 것은 왜적 이외에 하나 더 있었다. 그것은 자기 백성이었다. 왜적은 "부모의 나라"인 명나라가 처치해줄 것이라고 굳게 믿고 있었던 선조는 행여 자기 백성이 "도적"이 되어 자기에게 칼날을 겨누지 않을까 노심초사했다. 백성을 방기하고 도망갔던 군주로서 제 발이 저렸던 것이다. 실제로 "도적"은 전 전쟁기간을 통해 곳곳에서 창궐하고, 조선의 관군은 이를 격퇴하는데 있어 왜적 앞에서는 소침하기 일쑤였던 용감성을 유감없이 발휘했다. 충신 효자 열녀의 현창은 위정의 책임을 은폐하고 백성을 통제하기 위한 가림막이기도 했다.

1595년 7월이 되었다. 전쟁의 소강상태가 지속된 지도 어언 2년여가 지났다. 사헌부는 선조에게 시무차자를 올렸다. "난리를 겪은 이후로 규율이 크게 훼손되어 함부로 행동하는 마음을 품고 법에 어긋나는 말을 만들어내고 있습니다. 그리하여 자기 한 몸만 걱정할 줄 알았지 슬하에 길러준 은혜는 생각하지 않아, 언덕과 구렁에 쌓여 있는 시체도 버려진 채 매장하지 않고 상복을 입고서도 닭곰탕 먹는 것을 가리지 않게 되었습니다. 유식한 자들도 더러 이와 같이 하는 판에 더구나 어리석은 백성이겠습니까. 효자의 가문에서 충신을 구할 수 있는 것인데, 그 어버이를 이처럼 박대하는 판에 의리를 따라 나라에 목숨을 바칠 사람은 눈을 씻고 보아도 찾기 어려울 것입니다."[6] 이에 비변사 및 예조가 동조하자, 선조는 비변사에 전쟁 이후 사절(死節)한 사람 중 정표(旌表)를 할 만한 사람들의 행적을 먼저 찾아내어 표창하고 온 나라에 반포할 것을 명했다.[7] 이것이 열녀발굴을 통해 전쟁이 가져온 위기상황을 돌파하려는 의지를 표명한 단초이다. 그러나 전쟁

5) 『선조실록』 권43, 1593년 10월 9일 기축.
6) 『선조실록』 권65, 1595년 7월 2일 계유.
7) 『선조실록』 권68, 1595년 10월 21일 경신.

기간 중 충신 효자 열녀의 발굴사업은 제대로 진척을 보지 못했다. 더구나 1597년 여름에 밀려온 일본군의 재침으로 국가가 다시금 위기에 빠지자 사회의 윤기문제는 거론조차 될 수 없었다.

전쟁이 끝난 후 국왕 선조는 쉽게 자신감을 회복했고, 전쟁의 폐허를 극복하기 위한 방책은 다방면에 걸쳐 추진되었다. 그 가운데 하나가 윤리기강의 확립이었다. 1601년에 효자와 열녀, 충신을 정표해야 한다는 여론이 다시 일어나자, 선조는 이를 곧 시행하라고 명령했다. 이에 따라 작업을 진행하던 예조는 같은 해 4월 진척상황을 보고하였다. 그 보고의 요점은 다음과 같았다. "임진년 이후 외방 각도의 장계와 경중(京中) 각부(各部)의 첩보를 가져다가 상고해 보니, 그 수효가 매우 많습니다. 지금 이미 실제의 자취를 참고해서 등급을 매겨 초록하여 성책하였는데 정서가 끝나면 보고하겠습니다. 그러나 먼 지방 시골 사람이 한때 행한 일이라 세월이 오래되어 나는 새의 자취가 없듯이 아득하여 (진위를) 찾아내기가 어려운 관계로 지연되고 방치되고 있는데, 10여 년이나 지나도록 시행하지 못하였습니다."[8] 즉 정표를 해야 할 사람으로 보고된 사례는 많은데, 오래된 것은 이미 10여 년의 세월이 흘렀으므로 그 진위를 확인하기가 불가능하다는 것이었다. 그럼에도 "부득이 올라온 문서의 보고에 의거하여 그 속에서 고하의 차등을 매기고, 허위이고 사실이고 간에 임의로 취사할 수 없기 때문에 그냥 정문류(旌門類), 상직류(賞職類), 부호류(復戶類), 상물류(賞物類) 등으로 분류하여 기록하였습니다."라고 보고했다.[9]

그리고 정유년(1597) 이전의 보고 장계는 거의 없어져, 허다한 절행이 있음에도 이를 확인할 수 있는 길이 없지만, 다행히 계사년(1593) 여름에 이수광에게 각처의 장계를 모아 성책하도록 했으니 그것을

8)『선조실록』 권136, 1601년 4월 21일 무자.

9)『선조실록』 권136, 1601년 4월 21일 무자.

찾아 절행자를 복원할 수밖에 없다는 내용이었다. 예조의 보고의 요체는 절행자가 많은 것은 많은 것 같은데 이의 사실여부를 확인할 길은 없다는 것이었다. 전쟁 북새통에 이루어진 절행이니 민간에서는 이를 자세히 기록해 두었을 리도 없고, 설사 이러한 기록이 보고되었다 해도 이를 정부가 취합하여 온전히 보존했을 가능성도 높지 않았다.

그럼에도 국왕이 재촉하는 가운데 예조를 중심으로 충신 효자 열녀에 대한 사례를 취합하는 작업은 계속되었다. 선조 36년(1603) 절행자의 취합 작업이 너무 지지부진하다는 비판에 대해, 예조는 사실의 확인이 쉽지 않아 일이 진척되지 않고 있다고 항변하고 있다. 1608년 선조가 세상을 뜨기까지 전쟁으로 흐트러진 윤리기강을 잡겠다고 시작한 절행자의 수집편찬 및 현창작업은 완성을 보지 못했다. 국가에서 충신 효자 열녀에게 상을 내린다 하니까 계속하여 올라오는 절행자 보고문서에 대해 정부의 관련부처도 이를 처리하는 문제로 골머리를 앓았다. 선조의 뒤를 이어 절행자 편찬작업에 관심을 보인 광해군은 여기에 한술 더 떴다. "임진년 병란 이후 충신 효자 열녀들이 많으므로, 각도에서 계본이 잇따라 들어오고 있다. 이들을 정표하는 일에 대해서 속히 논의하고 복계하여 가상히 여기고 권장하는 뜻을 보이도록 하라. 그리고 임진년 이후 충신 효자 열녀들의 초상화가 있을 경우 이를 구해들이도록 하는 것이 좋겠다."[10] 광해군은 절행자의 경우는 그들의 초상화까지도 구해야 한다고 강조했다.

절행여부의 사실 확인이 불가능하다는 상황은 글줄을 쓸 줄 아는 사족들에게는 절호의 기회였다. 집안 여성을 보호하는데 실패하고, 집안이 풍비박산이 나는 것을 목도했던 이들은 이러한 비극을 반전시킬 수 있는 기회를 얻은 것이다.[11] 여기에도 열녀가 있소, 저기에도

10) 『광해군일기』 권21, 1609년 10월 17일 을축.

11) 왜적에 저항하다가 정절을 지키기 위해 죽음을 택했다고 보고하고 정려를

열녀가 있소 하는 절행의 "사실"에 대한 보고서가 사방에서 올라왔다. 정부는 이들의 진위여부를 확인할 길이 없었다. 광해군은 그래도 어떻게 하든 절행자를 취합 선별하여 이를 편찬하고 하루빨리 출판하라고 반복하여 하명을 내렸다. 정부의 관계부처는 광해군 6년(1614) 7월에 찬집청을 설치하고, 모든 자료를 여기에 이관하여 편찬에 박차를 가하였다. 이렇게 하여 편집작업이 끝난 자료는 "신속동국삼강행실도"라는 이름으로 출간되었다. 여기에 포함된 효자 충신 열녀는 모두 1,123명에 달했다.

유몽인(柳夢寅)이 발문(跋文)을 쓴 『신속동국삼강행실도』는 1615년에 간행되었다. 임진왜란이 끝난 지 18년이 지난 시점이었다. 앞에서도 언급했듯이 『신속동국삼강행실도』는 실제로 세 종류의 삼강행실도로 구성되어 있다. 우선 세종조에 간행된 『삼강행실도』에서 동국(東國)에 속하는 효자 충신 열녀를 가려 뽑고 묶어 "동국삼강행실도"라 이름을 붙이고, 중종조에 간행된 『속삼강행실도』에서 마찬가지로 동국에 속하는 효자 충신 열녀를 가려 뽑고 묶어 "속동국삼강행실도"라 이름을 붙인 다음, 이 둘을 합하여 제1권으로 만들고, 제2권에서부터는 광해군조에 편집이 완성된 효자 충신 열녀편을 묶어 총 17권으로 편집한 후 이를 "신속동국삼강행실도"라 이름을 붙였던 것이다. 그러나 후자의 비중이 크므로, 제1권에서 제17권을 총칭하여 통상 "신속동국삼강행실도"라 칭하게 되었다.

받았으나, 후에 실은 그렇지 않고 왜적에 의해 일본에 끌려간 것이 확인된 예에 대한 논의로는 Michael J. Pettid(2015), pp.357~377 참조.

3. 『신속동국삼강행실도』의 열녀상

유몽인은 발문에서, "임진난에 효 충 열을 드러낸 행적들이 없어져 후세에 전해지기 힘들게 되었다. 짐은 이 점을 애석하게 생각하니 서울 지방에서 명백히 칭송할 만한 행적들을 추천받아 채집한 것을 편집하여 기록하도록 하라"는 광해군의 하명을 재록하면서, 이에 기초하여 『신속동국삼강행실도』가 편집 간행되었다는 경위를 다음과 같이 말하고 있다.[12] "붉은 마음을 임금에 바치는 것이 금석과 같이 확고하여 나라가 있음만 알고 자신의 몸이 있음을 알지 못했던 것을 충신 1권으로 편집하였다. 백행의 근원을 돈독히 하여 그치지 않는 효자의 정성을 일으키면서 스스로를 구구한 쑥처럼 여기면서 끝없는 하늘과 같은 부모의 은혜를 갚으려 한 것을 효자 8권으로 편집하였다. 죽어도 다른 마음을 갖지 않는 정심(貞心)을 지니고, 지아비를 바꾸지 않는 정절로 푸른 소나무 흰 물결과 같은 맹서를 지켜 차가운 칼날도 피하지 않았던 행적을 열녀 8권으로 편집하였다. 또 성명은 있으나 사적이 없는 것들을 부록하였다. 총 1220여 장으로 사람의 인수와 같이 하였다."[13]

유몽인의 발문에서 보듯, 『신속동국삼강행실도』가 현창하고자 했던 열녀의 핵심가치는 "죽어도 다른 마음을 갖지 않는 … 지아비를 바꾸지 않는 정절" 그 일점에 있었다. 그리고 지아비를 바꾸지 않는 정절을 지키기 위해 왜적의 차가운 칼날도 피하지 않는 결사적인 마음가짐이 작동하고 있었다는 점을 강조했다. 말을 바꾸자면, 정절을 지키기 위해 죽음도 불사했다는 의미였다. 실제로 임진왜란과 관계가 있는 『신속동국삼강행실도』에 실린 열녀는 모두 441명인데, 4명을 제외한

12) 『東國新續三綱行實圖』, 한국고전총서간행위원회, 1974, 844쪽.

13) 『東國新續三綱行實圖』, 844쪽.

437명은 모두 죽음으로써 자신들의 정절을 지킨 것으로 되어있다. 정절을 지켜 열녀가 되기 위해서는 거의 무조건적으로 죽어야만 하는 것이 사족 남성들이 산출하고자 했던 열녀의 표상이었다.

『신속동국삼강행실도』에 실린 열녀에 대한 기사는 예외 없이 2~4행도 다 채우지 못하는 아주 짧은 분량이다. 예컨대, 3행의 기술인 경우 한자의 숫자로 하면 80자 이내이고, 이어 언해가 이어지는데, 이 둘을 합해도 1페이지를 넘는 경우는 없다. 그 서술 내용에 있어서도 동일한 구조로, (1) 먼저 열녀의 이름과 거주지, 남편의 직분 또는 신분을 기술한 후, (2) 왜적과 관계된 정절을 위협했던 혹은 위험 가능했던 상황이 서술되고, (3) 해당 열녀가 정절을 지키기 위해 어떠한 행동을 취했는지를 설명한 후, (4) 이러한 행동을 높이 사서 국가로부터 정문을 받았다는 내용으로 짜여져 있다.[14] 다음의 두 가지 예를 보기로 하자.

(1) "사비 덕복은 서울 사람이니 판윤 임열의 종첩이다. 임진왜란 때 왜적에게 잡혔다. (왜적이) 강간하려고 하자, 덕복이 힘껏 저항하고 왜적의 손가락을 깨무니 왜적이 노하여 두 손을 베었다. 그래도 말을 듣지 않으니 왜적이 마구 찍어 죽였다. 죽을 때까지 욕하는 소리가 입에서 끊이지 않았다. 소경대왕조(선조)에 정문하였다."[15]

(2) "김씨는 서울 사람으로 판서 김찬의 딸이고, 진사 심적의 아내다. 임진왜란 때 삭녕 땅에서 피란했는데, 그 때 왜적의 세가 크게 일어났다. 김씨는 죽을 것을 스스로 자각하고 편지를 한 통 써서 조모에게 전하여 영영 이별을 고하고, 죽기 하루 전 시누이 그리고 동서와 함께 집을 나왔다. 후에 우연히 집을 되돌아보니 집종이 관 하나를 놓고 묻기를 양반의 상에 쓸 수 있느냐고 물었다. 저녁에 머리를 빗고, 얼굴을 씻고 말을 조용히 하고 밤이 깊어지자 몰래 나와 작은 나무에 목을 매어 죽었다.

14) 강명관(2009), 319쪽.
15) 『東國新續三綱行實圖』, 583쪽.

광해군조에 정문하였다."[16]

위의 두 사례에서 보듯 열녀의 신분에 대한 기술에는 두 가지의 특성이 보인다. 첫째는 열녀의 신분은 누구의 아내 혹은 첩이라는 식으로 모두 남편을 통해 설정된다는 점이다. 둘째는 정절은 정식 부인뿐 아니라 첩, 비첩에게도 적용된다는 점이다. 말하자면, 사족 남성(아주 드물게는 평민 남성도 있음)과 성적 관계에 있는 모든 여성은 정절을 지켜야 할 의무가 있다는 것이 암묵적으로 전제되어 있다.

임진왜란과 관련된 정절에 대한 위협상황의 원인은 모두 왜적으로 설정되어 있다. 임진왜란이 발발한 1592년 4월말부터 일본군이 남해안으로 철수한 1593년 4월 사이에 일본군에 의해 점령된 조선의 지역은 최고조의 시점에서 전 국토의 절반 정도에 이르렀다. 그리고 이들 지역 대부분도 일본군이 한 번 지나갔거나, 아니면 인근의 요충지에 주둔한 일본군이 때로 나와 분탕질을 치는 영향권에 속한 것으로, 일본군이 일상적으로 직접 지배하거나 통제한 지역은 그리 광범하지 않았다. 더구나, 1593년 5월에서 1597년 7월말에 이르는 오랜 기간은 일본군은 일부만 잔류하여 부산을 중심으로 인근의 바다에 연한 몇 개의 왜성에 주둔하고 있었고, 가끔 인근으로 나와 분탕질을 치는 상태로 머물러 있었다. 즉 이 기간인 4년 3~4개월여 동안은 일본군과 조선인의 접촉이 아주 제한적이었다.

정유재란이 시작된 1597년 7월말부터 일본군이 대거 경상도, 전라도, 그리고 충청도 일대를 유린하며 침탈을 자행했지만 2~4개월 후인 11월말이 되면 그들은 모두 다시 남해안 지역에 구축된 진지로 후퇴하여 칩거하게 된다. 전쟁의 마지막 해인 1598년에는 일본군은 순천, 사천, 울산, 그리고 부산 지역에 진지를 구축하고 이에 웅거하면서

16) 『東國新續三綱行實圖』, 633쪽.

방어태세를 취하고 있다가, 퇴각전투를 벌이며 12월 전까지는 모두 철수하게 된다. 따라서, 임진왜란 전 기간을 통하여 일본군과 조선인이 접촉한 시기 및 지역은 생각 보다는 간헐적이고 제한적이었음을 알 수 있다.

그럼에도 불구하고, 『신속동국삼강행실도』에 기재된 임진왜란 기간 중에 발생한 열녀 541명 가운데 왜적과 관련이 있는 열녀는 441명으로 전체의 약 82%에 달한다. 강간사건에 종종 연루된 중국군 혹은 조선 남성의 이야기는 일체 없다. 왜적과 관련된 이들 441명의 열녀가 정확히 언제 어디에서 발생되었는가를 분석하면, 그 정절에의 위협상황이 실제적이었는지 아니면 가공의 이야기인지 확인할 수 있는 가능성이 있지만, 일자가 불명한 대부분의 기술은 이러한 확인작업을 거의 불가능하게 만든다. 하지만 분명한 것은 무슨 상황이 조선 여성으로 하여금 정절을 위협한다고 느끼게 했는지, 그리고 이에 대해 어떠한 대처를 하고 열녀가 되었는지는 명확하게 기술되어 있다. 열녀가 되는 상황은 크게 두 가지로 분류할 수 있다.

우선은 사비 덕복의 경우처럼 왜적에게 잡히거나 왜적과 마주쳐 강간을 당할 수 있는 긴급한 상황의 발생이다. 왜적과 조우하는 경우는 모두 정절의 위협상황으로 묘사되고 있다. 다른 하나는 진사 심적의 아내인 김씨의 경우처럼, 아직 조우하거나 보지는 못했지만 왜적이 다가온다는 소식 혹은 풍문 속에서 일방적으로 강간을 예상하고 미리 알아서 스스로 이에 대처하는 경우이다. 『신속동국삼강행실도』의 열녀편은 전란으로 발생된 다른 비극적 상황에 대해서는 일체 언급하거나 관심을 보이지 않는다. 전쟁이 야기한 가족의 분산, 약탈, 기아, 학살 등의 비극은 철저히 외면한 채, 오로지 왜적에 의한 강간의 위협상황 혹은 위협가능 상황에만 초점을 맞추고 있다. 이러한 모든 상황설정과 상황의 발생은 사족 남성들에 의해 취합되고 상상되고 기술되었다.

여성 자신이 아닌 남성들에 의해 열녀의 행동양식이 기술되고 상찬되고 있다는 점은 열녀의 문화사회적 맥락을 이해하는데 있어 중요한 포인트이다.

강간의 실제적 위협 혹은 위협 가능성에 대해 열녀들은 어떠한 대처를 했고, 이에 대해 왜적들은 어떻게 반응했는가? 사비 덕복은 자기에게 손을 대는 왜적의 손을 입으로 깨물었다. 이에 왜적은 덕복의 두 손을 칼로 잘랐고, 덕복이 그래도 저항하자 잔인하게 살해했다. 숨이 넘어가는 마지막 순간까지 덕복은 왜적을 향해 저주의 욕설을 퍼부었다. 한편, 심적의 아내 김씨는 왜적이 닥칠 것이라 소문에 스스로 나아가 나무에 목을 매어 자살하였다. 김씨는 아직 왜적을 본 적도 없고 강간의 위협에 처하지 않았음에도 예방조치로 스스로의 목숨을 끊은 것이다.

여기에서 주목할 사실은 피난을 선택하지 않고 그냥 죽어버리려고 하는 행위에 대해 김씨의 남편인 심적 혹은 다른 가족들은 이를 제지한다던가 하는 어떤 반응도 보이지 않았다는 점이다. 전쟁 상황에서 피난은 생존의 기본 법칙이었다. 그럼에도 임진왜란 시기의 열녀들은 도대체 피난할 생각을 하지 않았다. 심지어는 피난을 권하는 주위의 압력에 대해, 혹은 남편이 아닌 노비의 등에 업혀 피난가기보다는 차라리 목숨을 끊는 것을 택하겠다고 하면서 자살한 열녀들도 여러 명 있다. 열녀가 되는데 있어 목숨을 스스로 끊는 것은 기본 중의 기본이었다. 자살의 방법으로는 나무에 목을 매는 것 이외에, 품고 다니던 칼로 가슴이나 목을 찔러 죽거나, 강물 연못 절벽에 투신하여 자살하는 경우가 가장 흔했다.

정절을 지키려 저항하다 왜적에게 살해당하는 경우, 열녀가 최후까지 필사적으로 감행하는 저항과 이에 대한 왜적의 잔인성은 극한적으로 대비되면서 기술된다. 살해를 당하면서 끝까지 왜적에게 저주와 욕설을 퍼붓는 것은 물론이고, 물고 뜯고 하면서 최후까지 싸우고, 이에 대해 왜적은 팔다리를 자르고, 눈을 찌르거나 얼굴의 가죽을 벗기고 온 몸에 난자질을 가한 후 그것도 모자라 시신을 토막내어 버리거나, 혹은 자른 신체 부위를 불 속에 던지는 등의 형용하기 힘든 잔혹성을 자행하는 것으로 기술된다.

열녀들의 죽음은 오로지 남편을 위한 그리고 남편을 향한 것이었다. 왜적이 남편의 목숨을 위협하는 경우에는 이를 온 몸으로 막고 끝까지 남편을 지키려하다가 죽음을 당하는 사례도 비일비재했다. 반대로, 위험에 처한 아내를 구하기 위해 자기 몸을 던져 희생하는 남편은 『신속동국삼강행실도』에는 눈을 씻고 찾아보아도 찾을 수가 없다. 자기의 아내 혹은 애첩을 지키기 위해 스스로를 희생한다는 것은 조선의 사족 남성들에게는 꿈에도 상상할 수 없는 일이었다. 조선의 사족 남성들이 열심히 그려내고자 한 정절의 가치는 다음의 예에서 절정을 이룬다.

> "김소사(金召史)는 서울사람인데, 마의 김응운(金應雲)의 딸이다. 왜적에게 잡혔다. 그녀가 힘써 저항했으나 왜적이 그녀의 아름다움 때문에 차마 죽이지를 못했다. 그녀의 남편이 무명 30필을 주고 구했다. 그 때 그녀는 임신 중이었다. 어느 날 해산하고 즉시 목욕하고서 시어머니에게 말하기를, '내가 비록 실절하지는 않았으나, 왜적의 손이 여러 차례 몸에 닿았습니다. 죽지 못했던 것은 뱃속에 아이가 있었기 때문이었습니다. 이제 아이가 태어났으니, 죽지 않고 무엇을 기다리겠습니까?' 하고는 우물에 빠져 죽었다."[17]

정절이라는 이름의 죽음은 갓난아기가 있어도 그냥 무조건적이었

17) 『東國新續三綱行實圖』, 741쪽.

다. 임진왜란이라는 비극적 상황 속에서, 죽어야만 열녀로 탄생할 수 있다는 가치구조를 만들어내고 이를 현창한 것은 조선의 사족 남성들이었다.

임란 이후 전국 방방곡곡에는 죽음으로써 남편을 향해 정절을 지켜내고 열녀가 된 자들의 정문이 우후죽순처럼 세워졌다. 당시의 조선인들은 정말 『신속동국삼강행실도』에 실린 이러한 열녀이야기를 믿고 칭송했을까. 『신속동국삼강행실도』가 간행된 즈음의 분위기에 대해 실록의 사관은 다음과 같이 논했다. "난리에 부인이 병화로 죽은 자가 비록 많더라도 본래 왜놈들이 사람 죽이기를 좋아했으므로 까닭 없이 칼을 맞아 죽은 자에게는 기록할 만한 절의가 없는데도 그 문족(門族)들이 그 일을 크게 만들려고 장황하게 거짓말로 보고하는 자들이 있었다. 심한 경우는 더러 포로로 잡혀가 절의를 상실했는데도 부형과 자제들이 그 추행을 숨기고자 하여 거짓으로 보고하고 허위로 작성한 것도 있었다. 그런데 지금 일체 허실과 경중을 상고하지 않고 혼합하여 이 책을 만들었으므로 이 책이 세상에 유포되자, 사람들이 무리지어 조소하였고 어떤 사람은 벽을 바르고 장독을 덮는 데에 쓰기도 하였다."[18)]

당시 사람들은 이러한 열녀 이야기가 거짓투성이의 만들어진 이야기라는 것을 잘 알고 있었다. 두꺼운 권질의 『신속동국삼강행실도』는 한 번 간행된 뒤 재간되어 세상에 유포되지 않았다. 그럼에도 불구하고, 조선의 사대부 남성들이 부식시키고자 한 열녀상, 정절의 가치이념에 대한 담론은 조선 후기 사회에서 더욱 강화되고 확산되어 갔다.

18) 『광해군일기』 권73, 1613년 12월 12일 을미.

4. 사족 남성들은 왜 여성에게 죽음을 강요했나?

조선 전기에도 물론 열녀는 있었다. 그리고 이들 열녀들도 모두 남편과의 관계 속에서 현창되었다. 그러나 그들은 조선 후기의 열녀와는 크게 달랐다. 시대의 흐름에 따라 현창의 근거에 변화가 다소 있었지만, 조선 전기에 열녀가 되었던 근거는 크게 다섯 가지로 분류할 수 있다. (1) 남편의 사후 완강히 개가를 거부한 경우, (2) 죽은 남편을 위해 정성껏 유교식 장례를 준수한 경우, (3) 병든 남편을 위해 자신의 신체 일부를 훼손해 가면서까지 이를 치료하고자 한 경우, (4) 겁탈의 위협에서 자살하거나 혹은 항거하다가 살해된 경우, 그리고 (5) 죽은 남편을 따라 자살을 한 경우이다. 이들 조건들이 때로는 중첩되어 나타나기도 했는데, 특히 주위에서 들어오는 개가의 압력에 죽음으로써 맞선 경우가 이의 전형이라고 할 수 있다.

(1) 조선 초에는 남편의 사후 개가를 하지 않는 것이 열녀가 될 수 있는 가장 전형적인 준거였다. 『조선왕조실록』의 태조조에서 명종조에 이르기까지 등재되어 있는 열녀들 가운데, 남편의 사후 개가의 거부를 관철함으로써 열녀가 된 여성들은 세종조에는 전체의 45%, 성종조에는 35% 정도의 비중을 차지했다. 그러나 시간이 지나면서 그 비율은 중종조에는 8.2% 그리고 명종조에는 8%로 급격히 감소하는 추세를 보인다. 이러한 경향은 역설적으로 조선 초에는 개가가 비교적 쉽게 이루어졌음을 말해주고 있다. 개가가 가능함에도 불구하고 개가를 하지 않는 가상함이 높이 평가되던 조선 초의 사회는 점차 개가를 용납하지 않는 사회로 변질되면서, 16세기에 들어와서는 평상적인 개가 거부는 열녀의 조건이 되지 못하였다. 친정부모나 친지의 반복되는 강압에도 불구하고 개가를 끝까지 거부하거나 혹은 자살로 그 의지를 관철하는 경우에만 열녀로서 인정되었다.

(2) 조선 초기부터 죽은 남편에 대해 유교식의 장례가 적극 권장되었지만, 불교식 혹은 민간종교의 장례 전통이 깊이 뿌리를 내린 사회풍토 속에서 이는 쉽게 실행되지 않았다. 더구나 아내가 중심이 되어 죽은 남편을 위해 유교식 장례를 주도한다는 것은 아주 보기 드문 일이었다. 때문에 죽은 남편을 위해 유교식 장례를 엄격히 준수한 여성들은 열녀로서 국가로부터 표창을 받았던 것이다. 유교식 장례의 내용으로는 남편의 사후 3년상을 지내는 것, 3년상 기간 동안 무덤 옆에서 여막살이를 하는 것, 아침저녁으로 신주에 음식을 올리는 것, 3년상이 끝난 후에도 삭망과 속절에 제사를 지내는 것, 언제나 소복을 입고 몸치장을 하지 않는 것, 술과 고기를 멀리하고 성긴 음식으로 연명하는 것, 생시처럼 남편의 옷을 지어 신주 곁에 놓아두는 것 등 여러 가지가 있었다.[19] 이들 의례적 행위는 조선 후기에는 일반화되어 특별히 표창할 가치조차 없는 것이었지만, 『주자가례』의 침투가 미진했던 조선 전기에는 세간의 풍속과는 달리 강한 의지가 있어야만 실천할 수 있었던 장한 일로 특별한 상찬을 받았던 것이다.

(3) 남편의 병을 치유하기 위해 단지(斷指 : 손가락을 자름) 혹은 할고(割股 : 허벅지살을 베어냄)로, 즉 자신의 신체의 일부를 자르고 베어 그 피와 살을 병든 남편에게 먹이는 열녀의 사례는 그리 많지는 않았지만 간간히 출현하는 열녀의 덕목이었다. 친정부모의 개가 요구에 삭발하거나 무명지를 잘라 수절의 의지를 보이는 것 등도 있었으나, 자신의 신체 일부를 자르는 행위는 대부분 남편의 병을 낫게 하기 위한 것이 주목적이었다. 세조조에는 남편이 병이 나자 손가락을 잘라 그 피를 약에 타서 먹여 낫게 했다는 신체훼손의 열녀가 등장한다.

---

19) 조선의 유교식 장례 가운데 여묘살이는 중국의 고례에서는 볼 수 없는 조선 특유의 전통으로, 유교적 맥락에서 제례의 중심은 어디까지나 宗廟였다. 그럼에도 조선의 식자들이 여묘살이를 강조한 것은 그 유교적 장례라는 것이 얼마나 작위적인가를 반증한다고 할 수 있다.

명종조에는 남편이 악질에 걸리자 자신의 허벅지 살을 베어 먹이고 병을 낫게 했다거나, 자신의 발가락을 잘라 갈아서 그것을 술에 타서 먹게 했다는 등의 사례가 보이기는 하지만 그 예는 하나씩에 불과하고, 그 외의 10여 건의 사례들은 모두 단지의 열녀들에 관한 것이다.

(4) 강간의 위협 하에서 정절을 지키기 위해 자살을 하거나, 항거를 통해 몸을 지키고 살해를 당한 경우도 열녀로서 상찬되었다. 태조조에 표창된 9명의 열녀 가운데 4명은 왜구의 강간에 저항하다가 살해되었고, 태종조에도 이와 비슷한 케이스가 2명이 더 있다. 강간은 언제 어디서나 일어날 수 있는 범죄이고, 강간범이 반드시 외국인이어야 할 필요는 없지만, 열녀와 관련된 강간범은 대부분 왜구 아니면 왜적으로 설정되어 있다. 조선인 남성에 의한 강간은 극적인 상황이 아니면 열녀를 만드는 충분조건이 되지 못하였다.

(5) 남편이 사망한 경우, 남편을 따라 스스로 목숨을 끊은 사례가 그리 많지는 않지만, 그러한 사례의 여성은 거의 예외 없이 열녀로서 추앙되었다. 태종조의 경우, 남편이 죽자 임신 중임에도 목매 자살하고, 남편이 전사하자 음식을 끊고 자살하고, 남편이 낙마하여 죽자 마찬가지로 음식을 전폐하고 죽은 여인들이 있었는데 이들은 모두 열녀로 상찬되었다. 단종조에도 남편이 죽자 따라 죽은 2명의 여인이 있었는데, 이들도 모두 열녀로 등재되었다. 예종조에는 남편과 사별 후, 친정부모와 형제들이 개가를 종용하자 자살을 택한 여인이 열녀로 인정된 사례가 있다. 이런 식으로 남편을 따라 죽는 여성들이 국가에 의해 상찬되면서, 남편의 사후 자살하는 여성들이 점차 증가하고, 또한 자살의 방법도 점차 다양해지고 과격해져 갔다. 중종조에 오면, 남편이 죽자 절식하여 스스로 목숨을 끊는 경우는 물론, 자기 손으로 자신의 목을 찔러 죽은 열녀, 불에 타는 남편을 구하려고 불에 뛰어들어 같이 타죽은 열녀, 익사한 남편을 따라 익사한 열녀, 부모가 개가하라고

하자 자살한 열녀, 남편이 죽은 후 다른 남성이 결혼하자고 접근하자 자살한 열녀 등, 남편의 죽음이 가져오는 일부종사의 자살은 그 수가 점차 늘어갔다.

조선 전기에는 죽은 남편에 대한 유교식 장례의 준수 그리고 남편의 사후 개가의 거부에 관련된 열녀의 사례가 가장 많았다. 그러나 이러한 열녀의 준거들은 임진왜란을 겪으면서 완전히 사라지고, 두 가지만 남게 되었다. 하나는 지속적으로 나타나는 현상으로서, 남편의 병을 낳게 하기 위해 자신의 신체 일부를 파괴하는 단지와 할고의 행위이고, 다른 하나는 보다 지배적인 경향으로 굳어져간 것으로, 죽은 남편을 향한 정절의 표시로서 스스로 목숨을 끊는 자살행위였다. 신체의 일부를 스스로 베거나 자르는 행위, 아니면 아예 스스로 목숨을 끊어 버리는 행위는 조선 후기의 사족 남성들이 집요하게 추구하고 강압적으로 구축한 열녀상이었다.

조선 후기가 되면 이제 손가락을 자르고 그 피와 살을 먹여 남편의 병을 고쳤다는 이야기는 흔하게 회자된다. 많은 열녀전과 정려기에는 단지에 관한 사례가 수없이 실려 있다. 단지도 손가락 하나를 자르는 것이 아니라, 두 개 혹은 세 개를 동시에 돌로 짓이기고 가루로 만들어 병든 남편에게 먹였다는 등의 수준으로 과격해져 간다. 뿐만 아니라 허벅지의 살을 베어내어 그것을 구워서 병든 남편에게 먹이고, 남편의 고름을 입으로 빨고, 자신은 그냥 죽어간다는 열녀상은 조선 후기의 남성 사족들이 편찬한 열녀기의 단골메뉴였다. 조선 후기의 『조선왕조실록』에 실린 열녀기사를 일별하면, 신체파괴를 통한 열녀의 창출이 정말로 얼마나 잔혹하고 병적인가를 쉽게 알 수 있다. 단지와 할고는 부모로부터 받은 신체를 훼손하는 행위로 유교적으로 본다면 용서할 수 없는 반유교적인 비행인데, 조선의 남성 지배층은 온갖 궤변과 억지논리를 동원하여 이를 합리화하고 미화했다. 열녀의 광기가 가져온 여성의 신체파괴행위에 대해 비판적인 입장의 사대부들은 찾아보기 힘들다.

뿐만 아니라, 조선 후기가 되면 남편에 대한 정절의 가치는 부모에 대한 효, 자식에 대한 사랑, 모성, 아니 그 어떤 것도 모두 한 방에 무화시킬 수 있는 절대적인 가치로 전화되어 갔다. 갓 약혼한 한 여성의 이야기이다. 아직 결혼식을 올리지도 않았기 때문에 이 여성은 결혼할 상대의 남자를 본 적도 없다. 그런데 그 약혼남이 갑자기 악질에 걸려 죽었다. 조선의 사대부들이 감동한 이 여성의 이야기는 다음과 같았다. "(약혼자) 이재정의 사망소식이 전해지자, (그녀는) 무릎으로 기어서라도 이재정의 관에 곡을 하고 시부모를 만나 뵙게 해 달라고 부모에게 간청한다. 부모가 제지하자, 통곡을 하면서 거의 살 의지가 없는 것처럼, 20일을 절식한 끝에 사망하였다."[20] 정절을 위해서는 부모의 명령도 뛰어넘었다고 사족 남성들은 감동했다.

남편이 죽은 경우 젖먹이 아이가 있어도 이를 뿌리치고 남편을 따라 자살하는 것이 열녀의 표상으로 상찬되었다. 이야순(1755~1831)의 『신열부이씨전』에 나오는 이야기이다. 이씨는 남편이 죽었을 때 태어난 지 겨우 몇 달밖에 되지 않은 갓난아기 딸이 있었다. 그러나 이씨는 남편이 죽었기 때문에 그냥 자살을 택한다.[21] 마찬가지로, 성해응의 『열녀전』에 나오는 유씨는 네 살된 아들이 있었는데 남편이 병사한 후 자살을 기도했으나 실패했다. 네 번의 자살기도가 모두 실패로 끝났다. 남편의 삼년상을 마치자 이제 일곱 살 된 아들에게 "너의 나이 이제 일곱 살이라 글을 배울 수 있으니 내 근심이 조금은 풀린다." 하면서 자살로 끝내 세상을 떠났는데, 그녀의 나이 28세였다.[22] 조선 후기는 스스로 죽어주지 않으면 남성 지배층이 부여하는

20) 강명관(2009), 503쪽.
21) 강명관(2009), 509쪽.

열녀의 칭호를 얻을 수 없었다. 그럼에도 열녀는 폭발적으로 증가했다.

왜 조선의 사족 남성들은 여성의 피와 살을 먹고, 그것도 모자라 정절의 이름으로 여성들을 죽여야 했나? 그것도 그 여성들은 다름 아닌 자신들의 아내, 첩, 누이, 동생, 친척, 이웃들이었다. 그러면서 조선의 사족 남성들은 자신들의 성욕을 채우기 위한 축첩에는 열심이었다. 자신들은 복수의 여성들과 성관계를 아무 제약 없이 맺으면서, 여성들에게는 오직 자기 한 사람에게만 정절을 바치고 그것도 모자라 목숨까지 바치라고 강요했다. 성적 욕구에 관한 한 사족 남성들은 무소불위의 자유를 누렸고, 여성들에게는 병적일 정도로 일방적인 속박을 강요했다. 이러한 독선과 망상이 사족 남성들이 그토록 떠받든 유교의 가치였는가?

조선을 대표하는 지성 정약용도 여성의 자살을 흉사라고 매도하면서도, 남성 지배층이 구축한 병적 수준의 정절의 가치로부터는 자유롭지 못했다. 남편과의 관계에서 아내가 선택해야 마땅한 죽음에의 길에 대해 다음의 네 가지의 경우는 불가피하다고 주장했다. 맹수나 도적으로부터 남편을 지키기 위해 싸우다 희생되는 죽음, 도적이나 치한으로부터 정조를 지키기 위해 스스로 목숨을 끊는 행위, 부모형제가 개가를 강요할 경우 수절의 의지로서 자살을 택하는 행위, 원통하게 죽은 남편의 원한을 풀기 위해 대신 형벌을 받다 죽는 행위 등, 이러한 네 종류의 숭고한 죽음은 여인들의 정절의 가치를 더욱 높여줄 것이라고 고무했다.[23] 자기의 아내를 지키기 위해 죽는 남편은 일체 없다.

조선시대의 열녀 사회사에 있어, 전기와 후기를 가르는 전환점은

---

22) 강명관(2009), 509쪽.

23) 丁若鏞, 『與猶堂全書』(韓國文集叢刊 281), 248쪽. 조선 후기 극단으로 치달은 정절 담론에 대해 우회적으로 비판적 견해를 피력한 지식층에 대한 자세한 논의는 이숙인(2014), 343~350쪽 참조.

임진왜란이었다. 그러나 그 전환점은 여성들에 의해서가 아니라, 조선의 사족 남성들의 붓 끝에 의해 만들어졌다. 전쟁이 터지자 조선의 지배층은 혼란에 빠지고, 왜적의 살륙과 분탕질에 가족은 흩어지고 많은 여인들은 굶주리고, 포로로 잡히고, 살해당하고, 성폭력의 발굽 아래 짓밟혔다. 그러다 전쟁이 소강상태로 접어들면서 조선의 남성지배층은 정신을 차려보니 자기 주변의 여성들이 죽고 사라지고 쑥대밭이 되었음을 자각했다. 그렇다고 사족 남성들은 그냥 주저앉지 않았다. 전후 이를 반전의 기회로 삼은 것이다. 그들은 포로가 되었거나 살해되었거나 더렵혀졌다고 생각되는, 아니면 종적을 알 수 없는 자신의 여성들을 열녀로 만들 수 있음에 착안했다. 이야기를 만들어 서류에 기록하고 관에 보고하여 이들을 열녀라 주장하고, 그리하여 종국적으로는 국가가 이들을 열녀로 공인하게끔 한 것의 결정체가 『신속동국삼강행실도』로 나타난 것이다.

『신속동국삼강행실도』에 등재된 열녀 가운데에는 그 기술된 내용과 비슷하게 정절을 위해 스스로 목숨을 끊은 여인들도 있었을 것이다. 그러나, 거의 동일한 스토리 구성을 갖는 열녀들의 대부분은 그들의 가족에 의해, 남편에 의해, 가문에 의해, 그리고 무엇보다 사족 남성들의 손에 의해 형상화되고 가공되어진 정절의 화신이었다. 『신속동국삼강행실도』에 실린 400명을 넘은 여성들이 생사를 가르는 전쟁의 참화 속에서도 오로지 남편을 향한 정절만을 생각하고, 오로지 남편을 위한 정절만을 위해 삶을 버리고 죽음을 선택했다는 것은 당시의 인간들도 아마 믿지 않았을 것이다. 자신들이 지켜주지 못한 집안 여인들의 죽음을 모두 오로지 정절 하나만을 위한 것으로 분식하여 열녀로 만들고, 그를 통해 그녀들의 행적이 남길 수 있는 오욕의 흔적을 없애고, 그러면서 자신들의 비겁함과 이기심, 무능과 교활함도 열녀의 죽음과 함께 깨끗이 매장할 수 있었던 것이다. 일석다조라 할까, 국가를 파멸로 몰았던 임진왜란이라는 전쟁의 비극을 사족 지배층 남성들은 불행하게 죽어간 여성들을 두 번 죽임으로써 자신들의 욕망과 입지를 더욱 다져갔다.

5. 맺음말

임진왜란의 상흔도 거의 잊혀져 가는 시기, 『숙종실록』에 기재되어 있는 두 편의 열녀기사를 보자. 하나는 숙종 16년(1690)에 정려를 받은 박씨의 이야기이다. "세상을 떠난 감사(監司) 이명익(李溟翼)의 아들 이단표(李端標)의 아내 박씨는 열다섯 살에 이씨에게 시집가서 부도(婦道)를 정성으로 실행했습니다. 그런데 불행히 이단표가 기이한 병으로 타향에서 객사하니, 박씨가 부고를 듣고 염습과 매장의 제구를 손수 장만하여 장례에 보내고 곧 목을 찔렀으나, 집안사람이 급히 구제하여 살렸습니다. 박씨가 또 독초를 먹었으나 죽지 않고, 또 자기 발로 깊은 우물에 빠진 것이 두 번이고, 장지에서 스스로 목맨 것이 한 번이었습니다. 그래도 죽지 못하니, 다시 높은 데에서 아래로 몸을 던져 몸에 성한 피부가 없었습니다. 부모가 말려 뜻을 이루지 못하게 하니, 이때부터 마실 것조차 입에 대지 않아 더욱 여위어 갔는데, 숨질 때가 다가오자 종을 불러 상복(喪服)을 가져오게 하여 입고 부축받아 일어나서 지아비의 영연(靈筵)을 향하여 사배(四拜)하고 나서 갑자기 죽으니, 그녀의 나이 열아홉 살이었습니다. 그 절절한 정절은 정려의 포상이 있어야 마땅합니다."[24] 거의 정신병자와 같은 행동이다.

다른 하나는 숙종 36년(1710)에 정려를 받은 개성부의 오씨의 이야기

---

24) 『숙종실록』 권22, 1690년 2월 13일 을해.

이다. "절부(節婦) 오씨의 훌륭한 행위를 기려 정려(旌閭)하도록 명하였다. 오씨는 개성부 사람인데, 17세에 개성의 보인(保人) 한창주(韓昌周)에게 시집가서 과부인 시어머니를 성심껏 섬기니, 주위와 친족이 모두 그녀를 칭찬하였다. 한창주가 고질병에 들자, 거의 백 일이 되도록 간호에 힘써 옷의 띠를 풀지 않았고, 눈을 붙이지도 않았다. 한창주가 죽자, 밤낮으로 가슴을 치고 몸부림치며 슬퍼하면서, 물과 장유조차 먹지 아니하였는데, 시어미가 간절히 권하니, 비로소 묽은 죽을 조금 마셨다. 머리를 풀어 헤치고 밤낮으로 신주(神主) 곁에 엎드려 곡성이 그치지 아니하니, 그 애통함이 사방의 이웃을 감동시켰다. 지아비의 어린 아우가 장가들게 되어 그 시어머니가 신부를 맞이하려 종가에 가면서 이웃의 노파를 불러 오씨를 간호하게 하였다. 그러자 오씨는 그 노파에게 울면서 말하기를, '내가 자결하고자 한 지 오래되었으나, 지금까지 구차하게 살았던 것은 늙은 시어머니와 어린 시동생을 버리고 갑자기 죽는 것이 망부를 저버리는 것이 되기 때문이었소. 이제 봉양할 사람이 생겼으니, 내가 비록 죽어도 눈을 감을 수 있을 것이오.' 하고는, 옆집 노파에게 집으로 돌아가서 밥을 짓도록 하고는 곧 수건으로 목을 매어 죽었는데, 두 손에 지아비의 목주(木主)를 굳게 잡은 채 놓지 않고 있었으니, 멀고 가까운 이웃에서 슬퍼하지 않는 이가 없었다."[25)]

이와 같은 상상하기 힘든 열녀상을 만들어 유표하고 상찬에 목말랐던 조선 후기의 사족 남성들을 어떻게 이해할 것인가? 15살에 결혼하고 4년 만에 남편이 죽자 여러 번 자살을 시도한 끝에 마침내 성공하여 그 정절의 가치를 실현한 19세의 박씨, 남편이 고질병으로 죽자 거의 실성하리만치 곡을 하다 망부를 버릴 수 없다고 끝내 자살하는 개성부

25) 『숙종실록』 권49, 1710년 11월 20일 경술.

의 오씨 등을 통해 조선의 사족 남성들은 인간사회의 어떤 가치를 구현하고자 했는가? 여성에게 자살을 강요하면서 그들이 구현하고자 했던 것이 유교적 가치였다면 그것은 비인도적 잔인성을 바탕으로 하고 있다고 하지 않을 수 없을 것이다.

열녀를 향한 광분은 적어도 조선이 막을 내리는 시기까지 지속되었다. 사족 남성들에게는 열녀는 그만큼 마력이 있었고, 필요했고, 편리했고, 사회적 수요가 있었음을 말해준다. 각 지역에서는 각종 열녀전이 만들어져 유포되고, 각 가문에서는 『여계(女誡)』『내칙(內則)』 등 교훈서를 중심으로 열녀교육에 열을 올렸다. 이것 모두 사족 남성들이 주도했음은 말할 나위도 없다. 열녀의 칭호를 받고자 서류를 만들어 관가에 보내는 사족들의 서류뭉치는 심사와 선별의 시기가 되면 지방관아에 산더미처럼 쌓여 갔고, 이를 기회삼아 돈을 뜯겠다고 나서는 관리들은 예컨대 19세기 말이 되면 버젓이 예목예비(禮目例費)라는 명목으로 금전을 요구하기 일쑤였다. 열녀의 뒤안길은 온갖 협잡과 타락으로 물들어 갔다. 그럼에도 국가로부터 받는 열녀의 포상이 가져오는 부대이익은 적지 않았다. 가문의 명성은 올라가고, 복호 요역의 면제 등 경제적 이익도 무시할 수 없었으며, 무엇보다 사족 남성들은 성에 대한 배타적 독점적 지위를 확고히 할 수 있었다. 중국 고대로부터 여성의 덕목은 다양하게 전개되고, 이를 실현한 여성들은 "나열한다"는 뜻의 '列女'라는 용어로 표상되었으나, 임진왜란 이후의 조선에서는 이 모두를 오로지 성의 관계 한 점에 종속되는 '정절'을 의미하는 '烈女'로 변질되었다.[26]

여기에서 우리는 조선의 유교사회가 구축해간 윤리의 탈을 쓴 내재

---

26) 전통적으로 중국에서는 여성의 덕목으로 일곱 가지의 유형 즉 지혜, 변론, 정치권력, 내조, 모성 등의 다양한 가치를 지칭하고 이를 구현한 여성들을 列女로 찬양했는데, 정절의 가치는 그 가운데 하나에 불과하였다. 자세한 논의는 이숙인(2014), 201쪽 참조.

적 폭력구조를 보게 된다. 사족 남성들은 여성, 특히 사족층 여성에 대한 성의 억압과 굴종, 자율과 생명의 박탈이라는 폭력을 열녀라는 포장으로 성스럽게 치장하고, 사회전체를 자신들을 위한 성의 해방구로 만들었다. 여성의 남성에의 종속은 충의 가치로 연결되고, 가문의 청결한 가계와도 결합되었다.[27] 이를 위해 무엇 보다 유교경전과 중국의 예를 뒤져 이용 가능한 자원을 편의에 따라 골라내어 짜깁기하면서 자의적 해석을 전개하고, 그럼에도 찾을 수 없는 전거는 인간 고유의 인정(人情)이나 조선 특유의 국풍(國風)이니 하면서 큰소리로 덮어버렸다. 열녀의 담론에 관한 한, 사족 남성들이 만들어간 조선 후기 사회는 겉으로 보기에는 유교적인 것 같지만, 그 내실과 작동원리는 사실은 제멋대로였다. 조선의 사족 남성들은 임진왜란이라는 국난 속에서 유교전통이 내재하고 있는 여성의 성에 대한 폭력적 요소를 정제하여 열녀담론을 만들었다. 열녀의 사회사는 유교의 문화전통이 무엇인지 이에 대한 근본적인 재검토를 요구한다.

참고문헌

| 자료 |

『東國新續三綱行實圖』, 한국고전총서간행위원회, 1974.
『선조실록』
『광해군일기』
『숙종실록』
丁若鏞, 『與猶堂全書』, 韓國文集總刊 281.

| 연구논저 |

강명관, 『열녀의 탄생 : 가부장제와 조선 여성의 잔혹한 역사』, 서울 : 돌베개, 2009.
이숙인, 『정절의 역사 : 조선 지식인 성 담론』, 서울 : 푸른역사, 2014.

---

27) 이숙인(2014), 147쪽 ; Pettid(2015), p.365 참조.

정지영, 『질서의 구축과 균열 : 조선 후기 호적과 여성들』, 서울 : 서강대학교 출판부, 2015.

Michael J. Pettid, "Fashioning Womanly Confucian Virtue : The Virtuous Women in Post-war Literary Discourse," In *The East Asian War, 1592-1598 : International Relations, Violence, and Memory*. Edited by James B. Lewis, London and New York : Routledge, 2015, pp.357~377.

조선 후기 한·중 교유와 젠더 담론의 변화*
: '서영수합(徐令壽閤)'의 중국 반출을 중심으로

박 무 영

1. 조선 후기의 여성문필활동과 '서영수합'

유교적 여성규범은 여성의 한문 문필활동에 대해 부정적이다. 더구나 공개적인 문필활동은 '함장(含藏)의 덕'을 어기고 내외법을 위반하는 것으로, '창기의 본색'이라 타기되었다. 따라서 사대부 규방 여성의 공개적인 문필활동은 철저히 규제되었다. 그런데 18세기 후반 무렵부터는 사대부 규방 여성의 개인문집이 인쇄되기 시작한다.[1] 여성 시문집의 인쇄는 남성독자를 예상독자로 하여 여성의 시문을 공개하는 것이다. 한문과 한글이 수글과 암글로 젠더화 되어 있는 조선사회에서 한문 서적의 예상독자는 당연히 남성이기 때문이다. 그러므로 여성시문집의 출판은 그 자체가 유교적 여성규범－내외법과 충돌하는 행위이

* 이 논문은 『고전문학연구』 45집에 실린 같은 제목의 논문을 전재한 것임.

1) 현재 학계가 확보하고 있는 자료 중 인쇄된 여성시문집은 모두 18세기 이후의 간행물이기도 하다. 물론 18세기 이후 여성시문집의 인쇄가 증가하는 이유에는 인쇄기술의 발달과 보급이라는 물질적 조건이 개입한다. 그 점을 감안하더라도 여성의 문집 간행에 대한 태도가 18세기 이후로 완연히 달라지는 것을 관찰할 수 있다. 본고에서의 논의가 그 하나의 증거가 될 것이다.

다. 이 사실을 어떻게 해석할 것인가?

한편 여성시문집이 간행될 때, 그 편집과 인쇄의 권한은 전적으로 남성-사대부가 여성의 경우에는 특히 남성가족-에게 속한다. 따라서 여성의 문필행위를 금지하는 여성규범이 엄존하고 여성의 부덕이 가문의 명예와 곧장 연결되는 시대에, 여성 가족의 시문집을 간행한다는 것은 어떤 의미에서든 순수한 추념 이외의 남성적 전략이 작동하는 것이라고 할 것이다.[2] 그러나 남성적 필요에서 작동하는 이러한 전략이 때로 젠더담론 일반의 변화를 추동하는 힘이 되기도 한다. 즉 남성 문화 내부에서 벌어지는 '여성에 대한 담론'의 변화는 결코 단일하지 않은 방식으로 '여성의 문제'와 얽힌다. 본고에서는 18세기 이후 여성문집의 간행과 결부된 이러한 젠더역동을 서영수합의 문집 간행을 중심으로 살펴보고자 한다.

'서영수합(徐令壽閤)'은 여성시문집의 간행을 둘러싼 조선 후기의 풍경 중에서도 이채로운 예다. 서영수합의 시문은 『영수합고(令壽閤稿)』로 편찬되었으며, 『족수당집(足睡堂集)』에 합본됨으로써 부부 시집의 형태로 간행되었고, 풍산 홍씨의 세고인 『풍산세고(豊山世稿)』에 등재되었다. 아들 삼형제의 시문초록 합집인 『영가삼이집서(永嘉三怡集序)』의 서문은 이 『영가삼이집』을 그녀가 '낳은' 것으로 묘사한다. 또한 그녀를 중심으로 한 소가족이 일상적으로 누렸던 시회의 결과물로 『가정창수록(家庭唱酬錄)』도 있다. 즉 그녀의 시문은 개인문집으로 편찬되었을 뿐 아니라 부부문집과 가족문집, 그리고 가문문집의 형태로도 편찬되었다. 실물을 확인할 수 없는 『가정창수록』을 제외하면 모두 인간(印刊)되었고, 북경 문단에 보내져 소개되기도 했다. 그런가하면 이 집안의 기록들에서는 그녀를 중심으로 여성의 문필활동에 대한 담론이 재론되고 조정된다.

---

2) 박무영(2008a), 369~406쪽 참조.

물론 '서영수합'은 조선의 여성 문필사에서 예외적인 경우이다. 그러나 동시에 서영수합은 국왕의 안사돈이란 특수한 신분의 여성이기도 하다. 정조의 딸인 숙선옹주가 서영수합의 며느리인 것이다. 즉 서영수합은 조선의 사대부 문화가 인가하는 여성규범의 범위를 일탈해서는 안 되는 위치에 있는 여성이다. 이렇게 되면 그녀의 독특한 위치는 오히려 적극적인 가능성이 될 수도 있을 것이다. 그녀에게 가능했다면 원론적으론 조선의 모든 여성에게 가능하다고 볼 수 있기 때문이다. 본고의 의의는 여기에도 있다고 생각한다. 즉 이 독특한 신분의 여성을 둘러싸고 젠더 담론과 전략이 움직이는 상황을 살펴보는 것은 이 시대 사대부 문화의 첨단을 젠더적 측면에서 독해하는 것이 될 것이다.

2. '서영수합'의 중국 반출과 남성의 전략

앞에서 이미 언급했듯이, 서영수합의 작품들은 '문지방을 넘었을' 뿐 아니라 중국까지 적극적으로 전파되었다. 조선의 사대부가 여성에게 일어날 수 없으리라고 생각되었던 통념을 깨는 일이다. 물론 이 사업의 주체는 남성이다. 서영수합을 둘러싼 인쇄물들의 편찬경위와 중국으로의 반출 과정, 그리고 그 아래에서 작동하는 남성적 동기를 확인하기로 하자.

1) 가문 이미지의 창조와 선양

서영수합을 둘러싼 편찬물들은 모두 서영수합의 거상 기간 동안 편찬된 것이다.

1823년 서영수합이 사망하자, 홍석주(洪奭周)는 1824년에 서영수합의 시문을 수습하여 『영수합고』를 편찬하고, 아버지 홍인모(洪仁謨)의

『족수당집(足睡堂集)』[3]에 합본된 형태로 간행한다. 형식상으로는 『영수합고』가 『족수당집』 제6권으로 삽입된 형태지만, 내용적으로는 부부 시집의 형태다.

다음, 홍석주는 1차 편집본 상태로 있던 『풍산세고』를 2차 편집을 거쳐 간행한다. 홍석주는 1814년 홍인모의 거상 기간 중에 이미 『풍산세고』 1차 편집을 완성했다. 홍인모가 세고의 마지막에 등재된 형태였다. 편집이 일단락된 『풍산세고』는 미간행의 편집본 상태로 있다가 1824년 서영수합의 거상시간 중의 2차 편집을 거쳐 비로소 간행된다.[4] 2차 편집은 서영수합의 시사(詩辭)를 세고의 제6권 「족수공문(足睡公文)」조에 덧붙이는 것이었다. 즉 『족수당집』이 『영수합고』과의 합본을 기다려 간행되었듯이, 『풍산세고』 역시 '서영수합'을 기다려 비로소 인행되었다.

이 작업을 끝낸 다음 홍석주 형제는 다시 홍석주·홍길주·홍현주 삼형제의 시문초록 합집인 『영가삼이집』을 편찬·간행한다.

마지막으로, 서영수합의 거상기간 중 편찬된 서적으로 『가정창수록』이 있다. 앞의 편찬물들과 달리 실물을 확인할 수 없긴 하지만, 서영수합의 사망 후 부부 생전의 가정시회에서 지어진 시들을 정리해서 편집한 가족시집이었다.[5] 홍인모·서영수합 부부와 아들·딸이 수창한 시문들이 실려 있다고 한다.

서영수합 거상기간 동안 편찬·간행된 이 편찬물들은 홍인모·서영수합 부부의 사망 이후 그 유문을 정리하는 사업이면서 동시에 이 가문의 전통과 현재를 정리하는 작업이기도 했다. 『풍산세고』는 풍산 홍씨

3) 장서각 소장. 홍석주 삼형제의 발문에 의하면 이 책은 1824년에 간행되었다.

4) 홍석주, 『淵泉先生文集』 권21, 한국문집총간 293, 「豐山世稿再跋」, 480쪽, "書成在甲戌, 跋于厥後六年. 又厥後四年, 用活字印. 乃選吾先妣詩若辭, 附先考文後. 并原袠所載, 合五百有四篇."

5) 홍길주, 『縹礱乙幟』 권16, 「家庭唱酬錄序」.

가문을 '대대로 문학을 업으로 하는 가문'으로 부각한다. 1820년에 쓴 1차 발문에서 홍석주는 '18대를 문학으로 계승'해온 가문으로써, '우리 가문 대대의 법'과 그 계승을 천명한다. '가문 대대의 법'이란 '예(禮)와 의(義), 그리고 경전에 근본을 둔 문장을 추구하여, 오로지 화평전실(和平典實)을 위주로 하는' 문학정신이다. 즉 『풍산세고』라는 편찬물은 특정한 문학적 입장을 '가법(家法)'으로 계승해온, 문한세가(文翰世家)의 전통을 전시하는 장소이다.[6] 그래서 홍석주는 개인문집들을 단순 수집·나열하는 일반적인 세고 편찬방식 대신, 문학적 업적이 있는 15명 작가들의 시문을 개별 문집들로부터 초록해서 세대 순으로 재편집하는 방식을 채택하고 있다.[7] 자신의 시대까지 이어지는, 가문의 문학적 전통을 뚜렷하게 보여주려는 적극적인 편집의지가 개입된 것이다.

『풍산세고』가 이 집안의 전통에 대한 결산이라면[8] 『영가삼이집』은 이 집안의 현재를 현시하는 장소이다.[9] 재상이며 당대 최고의 문장가인 홍석주, 독특한 개성의 기문(奇文)으로 홍석주에 필적하는 문명을 떨치던 홍길주(洪吉周), 부마이자 조선 최고의 장서가이고 서화·골동의 수장가이며 화가이기도 했던 홍현주(洪顯周) 등 이들 삼형제가 만들어

6) 홍석주, 『淵泉先生文集』 권21, 한국문집총간 293, 「豐山世稿跋」, 480쪽, "嗚呼, 吾家以文學相傳紹, 迨今十八世矣. 其所就深淺高下, 非我後子孫所敢議. 若其非禮義不稱, 非經傳不述, 一唯是和平典寔以爲主者, 是維吾世世家法, 至于今, 未有或易者也. 觀于此編而當益信."

7) 앞의 글, "謹裒輯吾九世祖文敬公已下至于吾先考贈領議政公所著詩若文, 掇其尤用意及有繫于出處議論之大者, 以系于洪厓公之後. 合三百二十有二篇, 而題曰豐山世稿."

8) 홍현주의 "伏以世藁既成幸文獻之有備"(『海居溲渤』 미정고, 「世藁先集印役告完 三怡集繼成 上淵泉沆瀣兩先生牋」)나 홍석주의 "文獻旣蓄, 迺章以襲祖考之休光"(李正履, 『淵泉全書』 7, 「永嘉三怡集序」, 188쪽) 같은 발언이 대표적이다.

9) 이정리, 앞의 글. "大夫淵泉子旣上述十世遺文, 爲豊山世稿訖, 繼刊先大夫足睡集, 附以大夫人令壽閤稿. 旣而與弟參奉憲仲駙馬都尉世叔謀, 曰 : 吾先人旣嗣有, 文獻旣蓄, 迺章以襲祖考之休光, 余小子實相斯役, 日月將告成矣. 惟小子兄弟幼而服踐詩禮, 以其餘握管濡毫, 以從事于斯文, 緊惟先大夫夫人之訓, 是賴以有所成立. 今不一二略見于簡編, 將無以昭前訓于不墜詔後承於毋怠也."

내는 풍경은 이 집안이 당대 최고의 문한 명가임을 현시한다. 여기에 『가정창수록』은 서영수합이 남편인 홍인모의 주도 하에 세 아들, 한 딸과 더불어 일상적인 시회를 즐기는, "제목을 정하고 운을 내걸 때면 어머니와 형제자매들과 더불어 주고받고 화답하여 … 이렇게 지은 것이 수백 수천 편이나" 되는 풍경을 보여준다. 즉 '한 집의 남녀노소가 모두 풍아(風雅)를 익숙하게 익히고 성률에 능숙하여 천하의 지극한 즐거움(가족의 단란함)과 지극한 보배(문장)가 하나로 합쳐진 경우는 옛날을 살펴보아도 우리 집만 한 곳이 없'[10]는 바로 그러한 현장을 드러내 보이고 있다.

이 편찬사업에서 재미있는 점은 이 모든 편찬물의 핵심에 '서영수합'이 존재한다는 것이다. 풍산 홍씨의 시조에서 시작한 『풍산세고』는 홍인모와 서영수합 부부가 나란히 등재된 것으로 끝난다. 홍석주 삼형제의 시문 선집인 『영가삼이집』의 서문은 이 세 형제의 문학적 연원으로써 홍인모와 서영수합 부부를 거론하는 것이 주된 논지이다. 심지어 두 부부의 인격적 덕목을 각각 나열하고, 그것을 『영가삼이집』 편찬의 방식과 연결시키는 수사를 구사한다.[11] 즉 『풍산세고』는 홍인모·서영수합에서 끝나고 『영가삼이집』은 이들로부터 시작함으로써, '홍인모와 서영수합 부부'를 매개로 서로 연결된다. 『가정창수록』과 『영가삼이

---

10) 홍길주, 앞의 글, "嗚呼, 我先君子於世泊然無所好, 顧篤耆歌詩 … 每命題拈韻, 唯吾母氏及吾昆弟姊妹相屬而和之. 如是者累百千章 … 至若一室之中, 長穉男女皆能習風雅嫺聲律, 以天下之至樂與其至寶合焉而爲一, 求之於古, 蓋未有若吾家也 … 若是卷者 宇宙以來吾知其必無二也."

11) 이정리, 앞의 글, "竊覸習先大夫夫人之德懿矣. 先大夫儉而約, 大夫人謙而能和, 其訓子循循有軌物, 其處倫懿也篤而盡, 其立言措辭也溫厚悱惻, 見仁人君子之心焉. 三子者得之家庭者若此, 故其爲文也若此, 其爲是集也亦若此. 夫三子之文, 宏偉辨博, 若史若子, 馳騁上下, 抉摘玄微者, 蓋累百萬言不止, 而顧取寂寥數十篇. 書謂不敢晏然自居於作者之列, 豈非約而謙者乎. 其爲選也略文藻而尙典則, 其言率出於正家貽後仁民礪俗之旨, 外是則不與也. 豈非循循有軌物者乎. 兄弟一集, 合以聯之, 如合堂同席, 聯衾而寢, 怡怡竟日而不相舍. 豈非處倫懿篤而盡者乎. 此可以知三怡集矣."

집』은 '일가족이 모두 시인'이며 '일가족 모두 개인문집을 지닌' 풍산 홍씨 당대의 풍경을 횡으로 보여주고, 『풍산세고』과 『족수당집』, 『영가삼이집』은 이 가문의 문한 전통을 종으로 보여준다. 그리고 그 교차점에 서영수합과 홍인모가 존재한다.

이렇게 편찬된 간행물들은 중국으로 보내진다. 『풍산세고』와 『영가삼이집』 두 편찬물이 간행된 다음 해인 1825년, 홍현주는 자신이 교제를 시작한 장심(莊深)에게 이 두 편찬물을 보내어 제사(題辭)와 중국문단에의 소개를 부탁한다.[12] 이후에도 1832년 자신의 시집이 인쇄되기 전까지, 홍현주는 청의 인사들과 교우를 맺을 때면 예물로 이 책들을 보냈다.[13] 즉 홍씨 일가에서는 이 두 편찬물을 기회가 있을 때마다 중국으로 보냈고, 이 책들의 적극적인 전파를 희망했다.

『풍산세고』와 『영가삼이집』이 간행된 1824년에는 소조(小照) 형식의 홍현주 초상화도 만들어졌다.[14] 이 소조는 중국에 보내기 위해 만들어진 것일 가능성이 높다. 따라서 정황은 이 두 편찬물과 초상화가 청에의 반출을 암암리에 염두에 두고 함께 마련된 것일 가능성을 배제하지 않는다.[15] 신위가 이 초상화 두루마리에 쓴 제시(題詩)는

12) 홍현주, 『海居溲渤』, 「與張茶農(深)書」, "謹獻家世遺文曰豊山世稿者三本, 鄙昆仲季所著詩文合錄曰永嘉三怡集者一本. 幸垂覽觀, 賁以一言, 俾偏邦之文, 獲豫於詞壇之鑒品, 僕之受賜于足下 腆矣."

13) 홍현주의 「昨冬節价之行, 寄書蔣秋吟(詩仁和人), 贈以世稿及三怡集(合刻十世遺稿曰豊山世稿, 昆仲季詩文曰永嘉三怡集). 蔣之壻溫孝廉寄七言長編, 以示歎服之意. 和其韻, 因附小札云.(蕪拙之藁, 仰玷中華詞伯題詠之寵. 謹此和呈, 兼獻世稿及三怡集各一帙. 非敢曰奉酬朋錫之惠, 蓋欲以是爲贄, 聊托忘形之末契爾.)」; 「道光丙戌上元, 過楡西仙館. 外舅秋吟先生出示東國約軒都尉來書, 竝讀永嘉三怡集. 嘆海邦人文之盛. 因賦長句, 以誌神交.」 등의 편지가 『海居溲渤海』(규장각 소장본)에 남아있다.

14) 신위, 『警修堂全藁』, 『花徑賸墨』 9, 한국문집총간 291, 「題海道人小照行看子(五首)」, 241쪽.

15) 이 무렵 이런 작은 초상화를 그려 주고받는 유행이 청조 문인과 조선 문인들 사이에 존재했다. 친상 기간 중, 굳이 상주의 초상을 그려야하는 이유를 달리 설명할 길도 없다.

이 두 편찬물의 편집 및 중국 전파의 의도를 적절하게 대변하고 있다고 보인다.

사람마다 문집이 있던 낭야의 왕씨 같으니	人皆有集瑯琊王
탑본 두드리는 소리 화려한 복도에 울린다.	氈墨登登響畫廊
패옥 차고 걸으시는 절도를 기리며	懿此珩璜琚瑀節
절하고 영수합 앞 향을 집어 든다.	拜拈令壽閤前香

(원주) 도인(道人)은 가집(家集)을 합각하여 『풍산세고』라고 하였고, 또 선부인의 시집을 판각하여 『영수각초(令壽閣草)』라고 하였다.[16)]

신위가 홍현주를 중국에 소개한 당사자였다는 점을 상기하면,[17)] 신위의 제찬(題讚)은 홍현주에 대한 소개장 같은 것이다. 제찬에서 신위는 '사람마다 문집이 있던 낭야 왕씨'로 그 가문을 소개하고, 증거로 『풍산세고』와 『영수합초』를 거론하고 있다. 10세대 15명의 시문이 합집된 『풍산세고』는 이 가문이 대대의 문한세가임을 보여주고, 서영수합과 『영수합초』의 존재는 여성가족조차 문집이 있다는 사실을 부각시켜, '사람마다 문집이 있는' 이 집안의 문예적 홍성을 더욱 강조하는 역할을 한다.

이정리가 쓴 『영가삼이집』 서문도 같은 해석을 보여준다.

> 예전 강좌 왕씨는 대대의 문집이 있어 역사서에서 미담으로 서술하였으며, 당에는 두씨의 연주집(聯珠集)이 있어 세상에서 일컫는다. 『영수합고』가 있고 이어 『삼이집』까지 있으니, 저 두 집안에도 이런 일은 없었지 싶다.[18)]

---

16) 신위, 앞의 책, 「題海道人小照行看子(五首)」 其五, 241쪽, "人皆有集瑯琊王, 氈墨登登響畫廊. 懿此珩璜琚瑀節, 拜拈令壽閣前香.(道人合刻家集曰豊山世稿, 又刻先太夫人詩集曰令壽閣草.)"

17) 앞의 시 첫수에 "海道人廣交中州名士, 自余壬申燕行始也."라는 원주가 달려있다.

18) 이정리, 앞의 글, "昔江左王氏以有世文集, 史述以爲美談. 在唐有竇氏聯珠集, 見稱於世.

강좌 왕씨는 앞의 낭야 왕씨이다. 두씨 오형제의 연주록은 한 세대의 형제들 모두가 뛰어난 시인이었던 예이다. 이정리가 『영가삼이집』 서문을 통해 만들어내고자 하는 것은 중국의 대표적인 문예 명족 두 집안을 합쳐놓은 것 같은, 심지어 그를 능가하는 문예 명가의 이미지이다. 여기서도 '서영수합'의 존재가 특별하게 부각되는 것을 볼 수 있다. 이처럼 신위와 이정리는 의도적으로 '서영수합'이라는 여성의 존재와 시집을 부각시키고 있다. 이 집안을 '낭야 왕씨'로 만드는 결정적인 요소는 『족수당집』이 아니라 오히려 『영수합고』인 것이다.

문한 가문을 완성하는 일원으로써 서영수합이 중국에 전파되는 것은 홍현주의 개인시집인 『해거재시초(海居齋詩鈔)』를 통해 다시 한 번 이루어진다. 1832년 간행된 『해거재시초』의 첫머리에는 '수편(首篇)'이 따로 얹혀 있다. 이 수편은 「동가십경(東嘉十景)」 단 1제목, 10수만으로 이루어져 있다. 여기에 홍인모와 서영수합 부부, 홍석주, 홍길주 두 형이 차운한 차운시 40수가 부록되어 있다. 그리고 마지막에는 이 시축(詩軸)이 성립된 경위와 당부를 적은 홍한모의 글이 수록되어 있다.[19] 결국 이 수편은 특별 편의 형식으로 책 첫머리에 얹혀 있는 '가정창수록(家庭唱酬錄)'인 것이다. 본고의 관점에서 본다면 이 시집에서 가장 눈에 잘 띄는 장소에 서영수합이라는 여성의 시가 게시되어 있는 것이기도 하다. 그런데 이 『해거재시초』는 애초부터 중국에 보내기 위해 편찬된 것이었다. 홍현주 자신뿐 아니라 서유구와 정원용의 후지 등도 이 시집이 중국에 보내기 위해 만들어진 것임을 언급한다. 동시에 홍현주가 '왕사지가(王謝之家)'의 일원이라는 사실을 강조한

至若有令壽閣稿, 而繼之以三怡集, 則恐二家無有是也."

19) 홍인모, 『海居齋詩鈔』, 한국역대문집총간 2859권, 28쪽, "季兒自京寄示原韻 伯兒已次其韻 同來 … 與淑人及仲兒 共步其韻 遂作一軸 送示季兒 仍令藏弆 庸作傳示子孫 一以示祖先文墨遊戲之擧 一以勸子孫勤業 勿墜之意."

다.[20] 즉 개인시집임에도 이 시집의 또 다른 주인공은 홍씨 가문인 것이다. '서영수합'이 책의 첫머리에 게시되는 것은 이러한 간행 및 전파의 목적과 닿아있다는 것이 본고의 판단이다. '중주(中州) 명사들의 청감(淸鑑)'을 청하는 데에 '가정창수'의 상황이나 '서영수합'은 매우 자랑스러운 자원이었던 것이다.

정리하자면, 결국 풍산 홍씨 가문이 문화적 명문임을 국내외적으로 드러내려는 것이 『풍산세고』와 『영가삼이집』이 간행되고 유통되는 이유이다. 나아가 개인시집인 『해거재시초』조차도 수편으로 '가정창수록'을 특별 수록하는 형식으로 이 작업을 계속하고 있다. 그런데 이 집안의 문필 전통을 더욱 특별하게 만드는 요소가 '서영수합'이다. 남성가족들로 구성된 문한세가의 전통이란, 동양 문인사대부 문화에서 대단한 긍지일망정 특별한 것이라고는 할 수 없다. 여기에 '여성'이 더해짐으로써 이 집안은 더욱 특별한 가문이 된다. 즉 여성예술가는 이 집안의 문예적 전통에 화룡점정하는 존재인 것이다. 풍산 홍씨 남성들의 가문 전략에 서영수합이 매우 중요한 자원으로 이용되고 있는 것이다. 따라서 사대부 가문 여성의 중국문단 진출이라는 대단히 희귀한 사건이 벌어지는 것이기도 하다.

2) 중국문화의 유입과 경화문화

홍석주는 『풍산세고』의 발문에서 '우리 집안은 18대를 문학으로

---

20) 홍현주 자신이 '중국 명사들의 감식안과 良藥으로 질정해주길 바라서'라고 밝히고 있거니와(홍현주, 『海居齋詩鈔二集』, 「初集印訖 分寄中州諸公 系以一詩」) 徐有榘의 서문과 鄭元容의 후지 등에서도 한결같이 이 시집이 중국에 보내 평가받기 위하여 만들어진 것임으로 언급한다.("每語余曰吾季都尉之詩, 格高而氣淸, 吾不如也. 一日以海居齋詩鈔三卷示余曰此吾季作也. 將以遠質于中州諸名家. 子不可無一言. … 吾知是卷之隨貢�渡鴨也. 燕薊望氣者踵門而求寶. 將不勝其足蹠之交錯.", 徐有榘, 『楓石全集』, 한국문집총간 288권, 「海居齋詩鈔序」, 357쪽 ; "逐手鈔若干篇 鋟梓成卷 遠質於中朝工詩之家", 鄭元容, 『海居齋詩鈔』 後識, 한국역대문집총서 2859, 144쪽.)

전하고(吾家以文學相傳紹)'라고 선언하였다.[21] 재미있는 것은 홍석주가 가문의 정체성을 충신효자의 가문이나 도학자의 가문 혹은 정치가의 가문이 아니라 '문학의 가문'이라고 했다는 점이다. 남녀노소 누구나 시를 짓고 문필에 종사하는 집, 가정이 곧 문학적 동인활동의 장소이며 가족이 곧 문학적 동인인 가문, 여성문인까지 포함된 문한세가-이러한 가문 이미지를 도학자, 정치가, 충신효자의 가문과 맞먹는 또 다른 가문 이미지로 내세울 수 있다는 것은 그것이 가능하게 된 당대의 문화적 상황이 존재한다는 뜻이다. 그것은 무엇보다도 19세기가 정치나 도학의 시대이기보다 문화의 시대이기 때문에 가능할 것이다.[22] 그리고 그 문화에선 '여성'이 부상한다.

그런데 여성의 부각에는 젠더 문제가 다시 얽힌다. 서영수합을 여성 예술가로 공개했을 때 그것이 가문을 장식하는 특별한 요소가 되려면, '문화의 시대'라는 일반적 분위기에 더하여 여성의 공개적 예술 활동을 수용하는 젠더적 분위기가 전제되어야 한다. 일탈적 파격을 무릅쓰기에는 국왕의 안사돈이라는 서영수합의 위치나 대대 부마와 재상의 집안이라는 이 집안의 위상이 지나치게 부담스럽다.

조선 후기 잦아진 연행 경험은 여성의 공개적인 예술 활동에 대한 전혀 다른 태도와 접촉할 기회를 조선의 양반문화에 제공하였다. 조선 사행이 마주친 청의 문인학자들의 태도는 여성의 공개적인 문예활동에 대해 아무런 제한을 두지 않을 뿐 아니라 적극적으로 선양하였으며 같은 맥락에서 스스럼없이 조선의 여성예술가들에 대하여 호기심을 표시하는 것이었다. 청의 문인학자들과 본격적인 교유를 시작한 첫 세대라고 할 수 있는 홍대용이나 박지원에게 청조 문인학자들의 이러

---

21) 이때의 '문학'은 비교적 근대적 의미의 '문학'에 접근하고 있다. 특정한 문학관을 '가법'으로 내세우는 후술로 알 수 있다.

22) 박무영(2008b), 43~72쪽 ; 이현일(2009), 351~388쪽 참조.

한 태도는 낯설고 불쾌한 경험이었다. 그러나 곧 연행에서 마주치는 익숙한 경험이 되어갔다. 청의 문인들과 개인적인 교유를 지속적으로 유지하는 인사들이 늘어나면서 청의 여성예술가들과의 개인적이고 직접적인 접촉들도 늘어났다. 이에 따라 이 낯선 문화에 대한 반응도 초기의 당혹스러운 불쾌함으로부터 긍정적인 호기심의 단계로, 그리고 선망으로 바뀌어갔다.[23)]

이 시기 조선 사대부들이 맞닥뜨린 중국 규수 예술가들의 소식은 대부분 '부부 예술가'이거나 '일가 예술가'의 모습을 하고 있었다. 시기적으로 조금 뒤의 사례지만 이상적의 다음 진술이 분위기를 선명하게 파악하는데 도움이 된다.

> 내 벗 장중원은 유명한 아버지의 아들로써, 집안에 전해진 학문에 심오한 조예가 있다. 네 명의 누님들과 함께 모두 시와 문장을 살해서 각기 문집이 있다. 셋째 누이인 완순 부인은 관도군에게 서법을 전수받아 깊이 북조의 정통을 얻었고, 아내인 포맹의 부인의 필치에는 역시 그 아버지인 신백의 풍모가 있다. … 근래 중원은 무창에서 그의 딸 여지와 질녀 왕간향·거향·기향과 손녀인 소완, 시첩인 이자휴가 함께 그린 그림 열두 폭을 보내 보여주었다. 각기 제사와 관지가 있었다. … 옛날의 재주 있는 여자로써 한 가지 예술에 전적으로 정통한 자들은 자못 적지 않다. (그러나) 삼절(三絶)을 겸하였다는 말은 들어본 적도 없다. 지금 중원의 가문엔 사람마다 봉의 깃털을 달고, 집집마다 용의 구슬을 물어서 이처럼 이룬 바가 있으니, 그 재주와 복이 완전하고 풍아(風雅)가 성대함이 어떠한가. … 간향·거향·소완·여지의 시편들은 내가 전에 『한류창화(寒柳唱和)』 시권에서 읽었는데, 『옥대신영(玉臺新詠)』을 계승한 소리임을 자랑하였으니 마음으로 몰래 그 위의를 사모한 것이 오래다.[24)]

23) 이상의 논의는 박무영(2008c), 117~155쪽에서 대부분 논의되었다.

24) 이상적, 『恩誦堂集續集』 文, 권1, 한국문집총간 312권, 「棣華館畫冊序」, 226쪽, "吾友張大令仲遠. 以名父之子. 邃傳家之學. 與四姊氏均工詩文. 各有其集. 而叔姊婉紃夫人受書

중원은 장요손의 자이다. 장요손은 조선의 문인들과 가장 지속적이고 적극적인 관계를 지속한 청의 인물들 중 하나다. 위의 인용은 이상적이 그가 보내온 시화첩에 쓴 서문이다. 조선에 전래한 청의 규수 예술가 모습을 가장 첨예한 형태로 볼 수 있다. 네 명의 누이들, 아내와 첩, 딸과 질녀들까지 일가의 모든 여성들이 문예로 함께 어울리는 가정 풍경인 것이다. 장요손은 자매들과 모여 살며 문예로 소일하는 광경을 「비옥연음도(比屋聯吟圖)」로 제작하여 조선에 보내 제·발문을 청하기도 하였다.[25] 여성가족들이 주축이 된 가정 시회의 산물이 기록화와 함께 전래된 것이다.

18세기 후반부터 축적되기 시작한 이런 경험은 19세기로 넘어오면 이제 어느 정도 조선경화의 문화계에서 정착되는 단계에 접어드는 것으로 보인다. 조선의 문인들이 청의 인물들을 기술할 때, 자연스럽게 예술가 배우자에 대해 기술한다.[26] 이제 완벽한 부부란 예술적 동인관계의 부부로 생각되고, 예술가 아내는 선망의 대상이 된다.[27] 조선의 경화세족에게 일가족 전체가 문인예술가인 문화적 명족에 대한 선망도 부각되는 것이 이 시기이기도 하다.[28]

法於館陶君. 深得北朝正傳. 妻包孟儀夫人筆意. 亦有乃父愼伯之風. … 古之才女子專精一藝者. 故自不乏. 兼工三絶則未之或聞. 迺者仲遠之門. 人人鳳毛. 家家驪珠. 無施不可. 有爲若是. 何其才福之全而風雅之盛也. … 澗香, 筥香, 少婉, 儷之詩篇諸作. 余嘗讀寒柳唱和之卷. 而詫爲玉臺嗣響. 心竊欽儀者久矣.”

25) 장요손 일가와 조선 문인의 교유관계에 대해서는 이춘희(2005), 참조. 이춘희의 위 논문에서는 위의 인용문은 다루지 않았다.

26) 한 예로, 1809년 朴長馣이 박제가의 중국 우인들의 약전을 편찬하였을 때-『縞紵集』-그는 짤막한 인정기술에서까지 여러 차례에 걸쳐 그 부인이나 어머니의 문학적 혹은 예술적 재능을 언급하고 있다. 기술할 내용이 있는 경우라면, 아주 짤막한 기술에서라도 여성가족의 예술적 활동은 반드시 포함되는 정보가 된 것이다. 이에 대한 상술은 후고로 미룬다.

27) 박무영(2008b) ; 이현일(2009) 등 참조.

28) 이 시기 필기류 저작에는 여성을 포함하여 서화에 능한 가문을 가문단위로 기술하는 자료들도 나타난다. 한 예로 이덕무는 서예 명문으로 낭야 왕씨를

홍석주 일가는 이러한 유행의 가장 전면에 있다. 일단 풍산 홍씨 일가는 조부 이후 홍인모, 홍석주에 이르기까지 3대에 걸친 연행 경험이 있다. 이 집안 남성들이 여성의 예술 활동에 대해 지녔던 개방적인 태도는 풍부한 중국 경험과 일정 정도 연관이 있을 것이라 짐작된다.[29] 그 핵심에서 가장 활발히 움직인 사람은 막내인 부마 홍현주였다.[30]

한편 19세기 초 경화 문단에는 청과 국경을 초월하여 문예 동인적 관계를 유지하는 동인그룹이 형성되어 있었다. 그 핵심에는 신위와 김정희가 있었고, 이들은 당대 조선 문단의 두 맹주이기도 하다. 홍현주는 이러한 첨단 경화문화를 대표하는 두 인물, 신위와 김정희 주변에 형성된 문예그룹의 일원이었다.[31] 특히 신위는 홍현주를 중국에 소개한 인물이기도 하고, 청 문단과의 소통 채널을 홍현주와 공유하는 사이이기도 하다.[32] 홍현주가 참여해 있던 이 문예그룹은 여성의 공개적인 문필활동에 대해서 조선에선 최첨단의 태도를 지닌 그룹이었다. 특히 신위는 청조 문인들의 예술가 배우자들과 폭넓은 교분을 유지했고, 남성가족의 매개를 넘어서 '예술가와 예술가'로 직접 교유하기까지 했다.[33] 중국 여성예술가들과의 이런 오래 접촉은 자연히

거론하면서, '왕씨의 부인들도 다 글씨를 잘 썼으니, 치부인·사도온·순부인·왕부인·이여의 등이다.'라고 이 집안의 여성예술가들을 거론한다.(이덕무, 『盎葉記一』, 『靑莊館全書』, 한국문집총간 258, 「書畵種子」, 486쪽.)

29) 이 연행 경험들이 조선 여성의 문필활동과 관련하여 어떤 흔적을 남겼는지 말해주는 자료는 현재 찾을 수 없다. 그러나 적어도 삼대에 걸친 연행의 경험은 여성예술가를 대하는 청조 문인학자들의 태도를 매우 익숙한 것으로 만들었을 것만은 틀림없을 것이다.

30) 홍현주의 중국 인사들과의 교유에 대해서는 이군선(2008), 285~307쪽에서 부분적으로 다루고 있다.

31) 홍현주는 1813년 홍수곤에게 쓴 「與翁星原(樹崑)書」에서 스스로 "同心之交 如紫霞元春 及戚友李醇溪某柳經園某 皆文質彬彬 有才有學 此皆弟之所取益而敬愛者也"라고 하고 있다.(『海居溲渤』)

32) 앞의 책, 「與吳蘭雪書」, "每遇申紫霞 語未嘗不到左右 爲道盛諭 兼致書질 其亹亹之懇與僕無二耳."

조선 여성들의 예술 활동에 대한 태도에도 영향을 미친 것으로 보인다. 실제로 신위는 조선 여성의 예술 활동에 대해 매우 개방적인 태도를 지녔었고, 여러 여성 예술가들과 사제관계를 맺었다.[34] 홍현주 역시 각종 시회나 아집(雅集)에서 소실 신분의 여성 예술가들과 자주 어울리거니와, 청의 여성예술가들과 직접적인 접촉도 한다. 실례로 1827년 홍현주는 홍씨 가문의 별장인 쌍포별관을 그려 오숭량(吳嵩梁)에게 부친다. 그러자 오숭량은 부인인 화가 장휘(蔣徽)에게 그 화의를 다시 부채그림으로 그리게 하고 자신은 홍현주가 보낸 시의 운을 이용해 시를 써 부쳐온 적이 있다.[35]

본고의 주제와 관련하여 흥미로운 다른 예로 진문술(陳文述)과의 교유를 들 수 있다. 진문술은 원매의 '수원여제자(隨園女弟子)'를 본떠, 문하에 수많은 여제자들을 많이 두었고 그들의 시를 『벽성선관여제자시(碧城仙館女弟子詩)』로 출판했던 것으로 유명한 인물이다.[36] 그 진문술이 신위와 홍현주를 '조선이현(朝鮮二賢)'으로 병칭하면서, 자신의 『화림신영(畫林新詠)』에 나란히 편입했다.[37]

---

33) 박무영(2008a) ; (2008c) ; 이현일(2009), 참조.

34) 김경숙(2003), 259~290쪽 ; 이현일(2009).

35) 홍현주, 「雙浦別館圖 寄吳蘭雪」 ; 오숭량, 「附次韻－道光七年孟春月 海居先生 以雙浦別館圖 見寄 因命山妻蔣氏 倣其意 畵扇 奉呈 卽次自題原韻 請正」, 『海居齋詩鈔』 卷一.

36) '碧城仙館女弟子'에 대해선 鍾慧玲의 「陳文述與碧城仙館女弟子的文學活動」(『東海中文學報』第13期) 등을 참고할 수 있다.

37) 신위, 앞의 책, 405쪽, 「錢塘陳雲伯(文述). 有朝鮮二賢詩. 自注曰. 聞秋吟侍御誦申紫霞, 洪海居詩文而作. 今年. 並其所刻畫林新詠二冊. 自馬教習 光奎 所寄來. 馬教習言庚寅夏. 蔣秋吟子(鉞) 還浙鄕時. 留書曰敝同里人陳雲伯先生. 寄紫霞, 海居兩先生信件. 乞轉致之. 此書留於丁舍人(泰). 舍人又歿. 今春. 始自馬教習寄來. 遠信浮沉. 屢經存歿. 三年然後竟能入手. 亦四海奇緣也. 卽次原韻」 ; 신위, 앞의 책, 406쪽, 「陳雲伯畫林新詠. 補入不佞墨竹及海居都尉墨菊. 各有小傳. 故卽次卷中原韻謝之」, "論畫處難置異同. 先須書味在心胸. 縱然馳譽江南北. 自媿偏邦謏淺翁."
신위와 『화림신영』의 관계에 대해서는 이현일의 앞 논문에서 자세히 다룬 바 있다.

『화림신영』은 진문술이 평생 교유한 화가들을 회인시(懷人詩) 형식으로 나열하고 약전을 부록한 것이다. 여기에는 본편에 77명 이상, 보유편에 37명 이상의 여성 예술가들이 그들의 행적 및 특기와 함께 나열되어 있다.[38] 전체의 1/4 이상을 차지하는 분량이다. 여기에는 매우 다채로운 여성예술가들의 초상이 묘사되어 있다. 이 여성예술가들은 신분 상 대부분 사족 여성들이지만, 사족의 정실 이외에도 희첩과 기녀 등 모든 계층을 망라하고 있으며, 민족적으론 한족과 만주족을 망라한다. 서화와 시문, 음악, 의학과 검술 심지어 교정·편집, 출판에 이르기까지 다양한 전문성을 지녔고, 그림을 팔아 생계를 해결하는 사족 여성들도 있다. 기혼과 미혼의 여성뿐 아니라 독신녀도 포함되어 있고, 연령상으론 일흔을 넘은 노년의 여성에서 아직 미성년의 여성까지 망라되어 있다. 더욱 특별한 것은 여성들 사이의 사승관계가 서술되어 있을 뿐 아니라, 가문의 안팎의 남성들과 맺어진 사승관계도 기술되어 있다는 것이다. 여성예술가들은 남성들의 예술적 스승이기도 했고, 남성예술가의 직접 제자이거나 사숙제자를 자처하는 관계에 있기도 하다.

진문술과 『화림신영』이 보여주는 풍경은 조선을 지배하고 있었던 내외법 같은 것은 가볍게 뛰어넘는다. 심지어 여기에는 “기혼 여성이 이름난 문인을 꿈에서 보고 그 초상화를 그려서 간직했다가 제자가 되겠다고 찾아오고 더욱이 임종하기 직전에 자기 초상화를 남자 스승에게 그려 보내고, 게다가 이 모든 사실을 자세히 적고 시로 읊어서 공식적으로 출판”하는 등 “당시 조선으로서는 정말 생각하기 힘든 일”들이 포함되어 있었다.[39]

---

38) 『畵林新詠』, 서울대중앙도서관 소장본. 1855년 간본인 이 본은 보유편이 붙어 있고, 신위와 홍현주에 관한 기록은 보이지 않는다. 김정희와 관련이 있는 책인 것으로 보인다.

이처럼 『화림신영』의 제3편 '규각편(閨閣篇)'에 수록된 여성예술가들의 군상은 신분과 성별을 뛰어넘어 적극적으로 예술적 네트워크를 맺으며 활동하는 전문적 여성예술가들의 모습이다. 이 규각편을 포함한 『화림신영』 전체는 남녀가 젠더적 구분이나 배제 없이 재능에 따라 자유롭게 활동하는 강남 예단의 모습을 현시하고 있는 것이기도 하다.[40] 그리고 『화림신영』에 등재된다는 것은 이처럼 내외법이 사라진 예단의 풍경 속에 나란히 게시된다는 것을 의미한다. 그럼에도 불구하고 신위나 홍현주는 유교적 젠더 규범 상 시비가 많았던 이들 벽성선관 여제자들이나 『화림신영』에의 등재를 별다른 거부감 없이 수용하고 그 분위기에 참여하는 모습을 보인다.[41]

조선시대 여성의 한문 문필활동에 있어서 그 상위 심급이 남성/문화의 심의와 허가라면, 그 남성/문화의 상위에는–경화문화에 속한 특정 문화권에서는–당대 북경 문화, 사실은 북경을 통해 매개되는 강남 문화가 있다.[42] 청으로부터 수입된 문화는 한양을 중심으로 새로운 유행을 형성

39) 이현일(2009), 368~373쪽.

40) 물론 현대적 의미의 완전한 '자유'를 말하는 것은 아니다. '규각편'이 따로 설정되었다는 사실 자체가 이미 여성을 특화하는 성별 경계가 여전히 존재하다는 것을 의미한다. 그러나 이러한 전제 하에서나마 『화림신영』은 예술 활동에 있어서 성별 경계–유교적 내외법의 경계가 사라진 모습을 보여준다.

41) 앞의 시, 「陳雲伯畫林新詠. 補入不佞墨竹及海居都尉墨菊. 各有小傳. 故卽次卷中原韻謝之」뿐만 아니라, 「見心用余別詩韻. 一時出五篇求和. 故走筆就和其四.」(『警修堂全藁』 冊十九, 『養硯山房藁三』 한국문총291, 411쪽)에서도 "畫錄詩林位置身(不佞姓名. 屢見於陳雲伯畫林新詠, 吳蘭雪詩話等書)"라고 거듭 언급하고 있다. 당대에 『화림신영』이 문인들 간에 회자되었으며, 거기에 수록된 사실이 자랑스럽게 긍정되고 있다는 것을 확인할 수 있다.
홍현주도 마찬가지다. 『海居齋詩鈔二集』 卷之一, 「蘆舫月夜 集同人作」, "畫林分寄徵頤道(浙江人 陳文述 作 畫林新詠 三編 一寄紫霞 又寄余 首卷各題一絶 以徵余餘霞 入於畫林中意也 文述號頤道.)"

42) 홍길주는 이 문제에 대해 몇 군데서 다소 빈정거리는 어조로 증언하고 있다. 『睡餘瀾筆 上』, 『沆瀣丙函』 권5, "今人稍有文詞, 輒鈔付燕价, 求賞于中國. 蓋恨吾邦之無知者也. 然中國人獎譽東文, 已不足喜. 且吾之文學, 雖眞有可賞, 未必合於中國人所尙. 中國近世, 経學則祖鄭孔, 文章則專考證, 詩歌則師韓蘇. 其習尙, 與明末淸初, 又不啻大異. 我東文

했고, 이 유행은 지방으로 퍼져나가며 지식과 감수성 그리고 결과적으로 담론을 바꾸기도 했다.[43] 여성의 문필활동을 둘러싼 담론과 정서에도 조선남성문화의 인가라는 심급 위에 최종적으로 이러한 심급이 존재한다고 할 수 있을 것이다. 물론 조선의 현실문화, 특히 여성규범이나 신분질서 같은 것은 당대 청의 현실과 상당한 낙차가 있었다. 따라서 북경에서 발신된 문화적 동향은 조선에서 일정한 조정을 거친다. 그러나 분명한 것은 이 문화가 당대 경화에선 가장 첨단의 문화였다는 것이다. 홍씨 집안에서 서영수합을 적극적으로 이용하는 것은 이러한 배경을 전제로 한다.

3. 여성담론의 개발과 변화

그러나 중국 발 여성문화는 경화 내에서도 매우 첨단의 문화이다. 조선 내에서 이 문화는 여전히 담론적 긴장을 유발하는 일이었다. 따라서 '서영수합'을 가문전략에 적극적으로 이용하려면, 당대 조선의 일반적 담론을 돌파해야 하는 문제가 가로놓여 있다. 따라서 이 집안에서는 '서영수합'을 중심으로 여성의 문예활동에 대한 담론 조정이 지속적으로 수행된다.

1) 『풍산세고』의 여성담론

『풍산세고』에는 편집의 각 단계마다 붙여진 발문들이 남아있어서, 편집과 인쇄 과정에 벌어졌던 담론들의 조정과정을 보여준다. 『풍산세고』의 2차 편집을 마친 홍석주는 1820년에 쓴 첫 번째 발문 뒤에 「풍산세

學, 安能中其嗜好耶?"

43) 박무영(2008b), 참조.

고재발(豐山世稿再跋)」을 덧붙여 세고를 간행했다. 이 두 번째 발문에서 홍석주는 서영수합이 자신의 의사로 문필 행위를 한 것이 아니었고, 그녀의 시집을 간행하는 것 역시 본인의 의사에 반하는 행위임을 거듭 강조한다. 여성의 시문을 공간하면서도 그것이 본인의 뜻이 아님을 한사코 주장하는 이러한 서술은 조선조 사족 여성의 시문집 서문에 드러나는 전형적인 서술이다. 이것은 여성의 한문 문필 활동 및 그것의 공개가 여전히 문제적 사건임을 보여주고 있다. 그러면서도 최종적으로 고대에도 여성의 문필활동이 있었고 경전과 역사서에 등재되었음을 덧붙여 조심스럽게 이 편집행위의 정당화를 시도한다.[44] 사실 『풍산세고』의 2차 편집 자체가 여성문필활동에 대한 홍석주의 의견을 실천으로 보여주고 있는 것이기도 하다.

담론들 간의 조정이 그렇게 간단한 일은 아니었던 듯하다. 2차 편집과 인쇄 사이에 홍석주는 다시 조정기간을 거친다. 이 과정을 보여주는 것이 「우서세고후(又書世稿後)」이다.[45] 홍석주는 여기에서 인쇄 직전에

---

44) 홍석주, 앞의 책, 권21, 「豐山世稿再跋」, 480쪽, "先妣自少日博涉經史. 而未嘗一爲文辭. 及年垂六十. 先考始强之和詩律. 然非先考先唱者. 未嘗先作. 及作亦未嘗筆于紙. 不肖兄弟聞口呼. 輒從傍竊書之. 猶敬遵先妣誡誨. 雖親戚至近者. 亦未敢以相示也. 嗚呼. 不天獲戾. 謦欬邈焉. 誠不忍使口澤僅存者. 永泯于無傳. 雖大懼違平日意. 益重其不孝之辠. 葛覃卷耳之詩. 柳下之誄. 東征之賦. 自古亦紀之矣. 嗚呼. 其庶或見恕於君子耶."

45) 홍석주, 앞의 책, 권21, 「又書世稿後」, 480쪽. 이 발문은 『풍산세고』에는 실려 있지 않고 『연천선생문집』에만 실려 있다. 다음에 전문을 보인다. "奭周旣系先妣文于世稿. 猶怵焉. 懼獲辠于君子. 李氏妹聞之曰. 吾先妣晩爲文辭. 雖吾外家諸從. 亦不肯使之見也. 今將以塗一世耳目. 其若遺志何. 旣而世稿行. 果有竊議者曰. 婦人之有集禮乎. 或應之曰. 葛覃卷耳非歟. 曰. 是三代之前也. 安可以援于今. 奭周益懼且悔曰. 爲是者. 將以顯親也. 而顧使人議之. 余罪大矣. 於是欲別其編而更之. 訪于羣弟與交舊之能讀書者. 或言可. 或言不可. 有沈維新者. 嘗受學于吾先人. 能信古人之言. 而不動于流俗者也. 獨爲余言曰. 陋哉. 子之見也. 夫不能以三代之道待其親. 而徒以罕見爲疑者. 固世俗之恒情也. 君子之恩顯其親也. 其將欲沾沾求悅於一時流俗之人而止耶. 抑亦將以百世爲蘄而有待乎知德知言之君子耶. 吾嘗觀先夫人之文. 發乎中和. 依乎禮義. 咳唾之餘. 皆可以爲訓於後. 今之世固尠有知德知言者. 然百世之遠. 又安可誣也. 且先夫人之未嘗以文辭示人. 亦未嘗形於紙墨者. 固世之所共知也. 子之兄弟. 從傍而竊書之. 又顯諸編袠. 以行于世. 使世有議者. 亦將在乎子之兄弟而已. 一時之譏當乎身. 百世之美歸乎親. 子其將奚居焉. 奭周矗然含涕曰. 不肖知罪矣.

가정 내외의 물의에 맞닥트려 서영수합의 글을 별권으로 재편집하는 방안을 검토하였던 사정을 서술한다. 물의의 핵심은 '부인이 문집을 갖는 것은 예법에 어긋난다.'는 것이다. 유교적 여성규범이 엄존하고 있음을 새삼 확인하게 된다.

결국 여성규범에 대한 당대의 상식과 논란을 돌파하고 그 인가를 얻어내는 변론의 장이 「우서세고후」이다. 여기서는 이제 「풍산세고재발」과 같은 '변명'이 아니라 '적극적인 옹호 논리'가 전개된다. 논쟁은 세 단계로 진행된다. 논쟁의 첫 단계에선 '여성이 문집을 갖는 것은 예법에 어긋난다.'는 주류담론의 문제제기가 이루어지고, 이에 대해 고대에도 여성의 문필을 금지하지 않았다는 반론이 '누군가'의 입을 통해 개진된다. 이 반론은 '그것은 삼대의 일일 뿐 현대에 의거할 바는 아니라'고 간단히 기각된다. 다음 단계로 이 문제는 집안과 지인들 중 '독서할 줄 아는 사람(能讀書者)'에게 제출되고, 여기선 찬반의 양론이 팽팽하였다고 기술한다. 옹호론으로 방향을 전환할 교두보를 확보하는 것이다. 이를 발판으로 마지막에 홍인모의 제자이기도 했던 심유신의 옹호론이 등장한다. '고인의 말씀을 믿어 시속에 흔들리지 않을 수 있는 사람(能信古人之言, 而不動于流俗者)'으로 성격화된(characterized) 심유신은 앞서 「풍산세고재발」에서 제기되었던 두 가지 옹호논리－'본인의 의사가 아니다'라는 변명과 '성인들도 금하지 않았다'는 전례－를 다시 개진하는데, 이번엔 변명이 아니라 삼대(三代)의 전례를 앞세우며 확고한 목소리로 여성문필에 대한 옹호의 논리를 개진한다. 심유신은 여성의 문필활동과 그 선양은 '삼대의 도'였으며, 서영수합의 문학은 '중화(中和)에서 발하여 예의(禮義)에 의거하였으니 후세의 교훈이 될' 글이라고 평가한다. 즉 전할 가치가 있는 글을 작가의 성별을 불문하고

遂仍舊不更."

전하는 것은 삼대의 도라고 주장한다. 그는 반대 논리를 '단지 낯설기 때문에 반대하는 시속'으로 폄하하며, '삼대'의 권위에 의탁해 주류 담론에 대항하는 전략을 펼친다. 세 단계의 논의는 '뒷말하는 사람들(竊議者)'→ '독서할 줄 아는 사람(能讀書者)'→ '고인의 말씀을 믿어 시속에 흔들리지 않을 수 있는 사람(能信古人之言 而不動于流俗者)'의 입을 통해 단계적으로 발화됨으로써, 최초의 물의는 '제대로 글을 읽을 줄도 모르는 시속배의 뒷말'로 평가절하 된다. 정치한 서술 전략을 구사하고 있는 것이다.

홍석주와 서영수합이 속한 사대부 문화에서 공적 여성 문필 활동은 여전히 뜨거운 감자라는 사실을 보여주는 것이 이 여러 번에 걸친 발문들이다. 즉 여전히 규범을 돌파해야 하는 문제가 강고히 자리 잡고 있는 것이다. 그러나 동시에 적어도 '찬성하는 사람도 반대하는 사람도 있는' 상황이기도 한 것이다. 홍석주는 이러한 상황에서 '서영수합'을 공간하면서 여성의 공개적인 문필활동에 대한 평판과 규범을 의식하지만 동시에 그것을 돌파하는 논리를 갖추어가고 있는 것이다.

2) 『지수념필』의 여성담론

홍석주의 논쟁은 다음 세대에 오면 보다 본격적인 논리를 갖추고 한 단계 진화한다. 「영수합서씨(令壽閤徐氏)」라는 임의적 표제로 알려져 있는 『지수념필(智水拈筆)』의 한 단은 이 집안에서 여성의 공개적 문필 활동에 대한 옹호 담론이 지속적으로 개발되어 왔음을 보여준다.[46)]

「영수합서씨」는 3단의 논설로 이루어져 있다. 1단계는 일반론이다.[47)] 이 논설은 서영수합을 인정하기 위해서 여성의 문필활동에

46) 洪翰周는 홍석주 형제와 재종간으로, 『지수념필』은 1863년 작으로 알려져 있다.

47) 홍한주, 이우성(편), 『智水拈筆』, 栖碧外史海外蒐佚本 13, 「令壽閤徐氏」, 162~165쪽, "造書契不過爲記事而已 故三代之世 未必人人皆文 其文簡而且少 後世工文而較藝 爲初學之

대한 일반론을 먼저 전개한다. 서영수합을 예외적인 존재가 아니라 일반적인 가능성이 성공적으로 발현한 예로 다루는 것이다.

홍한주에 의하면, '문자의 발명'은 문학을 위한 것이 아니었다. 애초 기록의 수단으로 발명되었던 것이 역사가 진행되면서 '문학을 배우고 짓는' 단계로 접어들게 되었고, '문예의 공교함'이 사회적 진출 수단이 되었기 때문에 남성들은 전문적으로 익히지 않을 수 없게 되었다. 반면 여성들의 경우는 '술 빚고 밥 짓는 것만을 생각하라(唯酒食是議)'는 성왕의 예법에 구속되어 문예로 발전되어가는 문자의 역사에서 비껴서 있게 되었다고 파악한다.

재미있는 것은 그가 '옛 성왕이 사람을 교화하던 법이 진·한에 이르면 거의 다 폐기되기에 이르니, 어찌 여자에게만 옛 법을 독책하여 오직 술과 밥에만 관심하라고 할 수 있겠는가?'라는 결론에 도달한다는 사실이다. 남성에게도 성왕의 예법은 '문사는 전달할 수 있으면 충분하다'[48]고 가르쳐왔다. 그러나 문예사는 일찍부터 그러한 가르침에서 벗어나 문예적 공교를 추구하는 방향으로 진행되었다. 남성의 문예사도 이미 '옛 성왕의 교인지법'에서는 벗어난 것이다. 그렇다면 여성에게만 고대의 예법을 계속 준수하라고 강요하면서 문예의 역사에서 소외시키는 것은 부당하다는 결론에 도달하는 것이다. 즉 홍한주는 문자의 출발이라는 원점으로 돌아가 문학사를 검토하면서 결국 기존 문학사가 여성 소외의 문학사였으며, 소외의 원인은 본성적인 것이 아니라 상황적인 것이었던 것으로 파악한다. 그리고 그것은 불평등의 역사였

進身 其勢不能不學文而作文也 但女子惟酒食是議 故不如男子之專治 然其中往往有聰明出群之才 其所著作 亦多傳後 古聖王敎人之法 至秦漢 幾盡廢棄 則何獨於女子 而專責古法 但令惟酒食是議乎 且國風諸詩 多婦人所作 葛覃卷耳之詠 亦文也 無論男女 有人則有文 亦易致之事 至於不循女則 專攻文辭 則流於駘蕩 故遂爲閨閤中所諱 然班昭是班固女弟 而固歿後 昭竟續成漢書 而初出 人多不能讀 大儒馬融往伏閤外 受而讀之 其外一文一詩 見於傳記者 又不可勝數矣."

48) 『論語』, 衛靈公 "子曰辭達而已矣."

다고 파악한다.[49)]

결론적으로 홍한주는 '남녀를 막론하고 사람이 있으면 문이 있는 것은 또한 쉽게 이를 수 있는 일이다.'고 매우 일반적인 문맥에서 여성의 '문'을 인정하고 있을 뿐 아니라 그 성취의 수준에서도 차별을 두지 않는다. 따라서 여성에 대한 문필 교육이나 여성의 문필활동은 당연하고 바람직한 것으로 요청된다.

2단계는 조선의 특수한 상황에 대한 논의이다.[50)] 그는 1단계 논의의 바탕 위에서, 구체적으로 조선의 풍토에서 뛰어난 여성 문필이 드문 원인을 문자적 현실에서 찾는다. 즉 훈민정음이 창제된 이후 한자와 한글 사이에 젠더적 경계가 작용했던 현실이 여성들에게 한문을 사용하는 문학교육의 기회를 원천적으로 제한하는 결과를 낳았고 이것이 여성문필의 희소함으로 이어졌다고 파악한다. 따라서 여성이 남성과 똑같은 교육과 학습의 기회를 얻어 '전문(專門)'할 수 있다면, 남성과 대등한 성취를 이룰 것이라는 결론으로 이어진다. 비교의 대상으로 거론된 인물들은 장유(張維), 이식(李植), 김창협(金昌協), 김석주(金錫胄)이다. 홍한주가 속했던 노론을 대표하는 문장가들이다. 즉 홍한주는

---

49) 따라서 그럼에도 불구하고 문학사 상 뛰어난 자취를 남긴 여성작가들을 일반(남성)문학사에 돌출한 예외적 존재가 아니라, 거꾸로 여성이 문학사에서 소외된 증거로 인용한다. 그가 드는 예는 최고의 지적 성취를 보여주는 예이다. 여성의 지적 작업이 도달할 수 있는 제한 없는 높이를 드러내기 위해서인 것이다. 그는 『後漢書』가 처음 발표되었을 때 그것을 읽을 수 있는 능력이 있는 이가 없어서 馬融이 班昭의 방문 밖에 엎드린 채로 그녀가 구두를 떼어 읽어주는 것을 받아 배우고서야 비로소 읽을 수 있었다는 일화를 보여준다. 그럼으로써 여성의 지적 능력이 '大儒'인 마융을 능가하는 최고의 경지에 이를 수 있는 것으로 제한하지 않고 인정하는 문맥을 구사하고 있다.

50) 홍한주, 같은 곳, "我國 則世宗製訓民正音 以敎東俗 盖爲東人不辨音韻 故欲正之耳 非爲女子書牘之資而設也 然而其書易曉 凡言語事情無所不形道 故雖庸才闇識之賤女 擧皆效習 遍于國中者 今四百年 而遂爲一種婦女之文字 誠可笑也 然又或有類異絶人之才 則不無能詩文通經史之婦人 如柳眉菴希春之妻·李玉峰·許蘭雪之類 歷歷可知也 如使此等婦女 勸課敎誨 隨才成就 一如丈夫之專門 則安知無谿澤農息之輩 出於閨閤也."

그가 속한 당파의 문학적인 최고 성취를 남성 전유의 것이 아니라고 일반화하고 있는 것이다.

3단계는 서영수합의 문필에 대한 논의이다.[51] 그는 기회의 평등이 이루어진다면 여성과 남성의 성취에 차이가 있을 수 없다는 사례를 서영수합에게서 확인했다고 증언한다. 홍한주는 '여자의 본성은 편성이어서 지적인 일에는 적당하지 않다'거나 '시사는 창기의 본색'이니 '여성의 한문 문식력은 조상의 명자를 아는 정도로 충분하다'든지 하는 담론과는 대척적인 지점에 도달해 있는 것이다.

홍한주가 도달한 이러한 지점은 19세기 중반 정도의 경화사회 내부에서는 어느 정도 합의된 견해인 것으로 보인다. 즉 19세기 중반 경에 이르면 여전히 전통적인 여성담론이 존재하지만, 한편에는 여성의 지적 활동에 대한 일반적인 승인의 감각이 존재하기도 한다는 것이다. 서영수합의 중국 반출은 당대 경화의 남성문화와 남성들의 가문 전략에 여성이 동원되는 것이었다. 그러나 이를 위해서는 당대 조선 사대부 문화 속에 상존하고 있는 여성의 문필에 대한 금기를 돌파하는 논리를 마련해야 했다. 즉 남성적 기획의 부수적 효과로 여성의 문필에 대한 담론적 변화가 발생하는 것이다.

---

51) 홍한주, 같은 곳, "以余親見言之 余仲從叔足睡公夫人 近世卓然之才也 嘗所著詩文已載令壽閤稿中 亦附入於我洪氏世稿之末 然夫人性端嚴 雖對子姪 未或以文詞談論 諸胤發之 則黽勉答之而已 且淹通筭數 暗習曆學幾何開方之法 皆瞭然 故淵泉沆瀣傳授有自矣 婦人之能知筭數 古亦無聞 此其所以有名德文章之三子者也 夫人姓徐氏 監司迥修女 渼湖金文敬公元行外孫女 壽七十一卒."

4. 남성의 문화와 여성의 언어

18세기 후반부터 19세기 전반까지, 여성의 한문문필 활동을 둘러싼 조선의 상황은 매우 재미있는 풍경을 연출한다. 규방 여성의 시문이 인쇄되고, 규방의 시회도 각종 기록에 종종 등장한다. 남편의 스승 노릇을 하는 여성이 등장하고, 경제적 파탄 상황에서 아내의 시문집을 간행하는 남편이 등장하는가 하면,[52] 전라도 남원에는 시를 주고받는 것으로 초야를 치루는 신랑신부의 기록이 등장하기도 한다.[53] '여성 성리학자'가 등장하기도 한다. 18세기 후반의 자료지만, 굳이 '문벌도 재산도 상관없이 문예와 문학에 뛰어난 재주가 있는 사람'을 골라서 결혼한 다음, 백화당이란 초당을 지어주고 예술가로 살게 하였다는 남편이나[54] '방적이나 침선 등의 일은 전혀 아는 체도 안 하고' 문학에만 종사하였던 이씨 부인과 그녀의 문학을 사모한 중인 여성이 신분을 뛰어넘는 교유를 맺었던 이야기[55]도 전한다. 그런가 하면 사대부 규방 밖에서는 소실들의 문학동인 활동이 공개적으로 이루어지고(三湖亭詩社), 동료의 저작에 제발(題跋)을 붙이는 동인적 비평 활동이 여성들 사이에서 행해지기도 한다(『호동서락기』). '여행가'의 면모를 보이는 소실여성이 자신이 경험한 여행의 광범위함을 강조하는 『호동서락기(湖東西洛記)』 같은 제목의 여행기를 쓰기도 한다. '낭만적 연인'의 모습을 한 여성들의 초상도 등장한다. 이런 다양한 모습의 여성 한문문필 활동이 18세기 후반 이후, 특히 19세기에 들어 한꺼번에 등장한다. 그런데 이 풍경들은 '조선'의 풍경이라기에는 다소 '뜬금없는' 풍경들이

52) 박무영(2008a), 참조.

53) 박무영(2004), 217~253쪽 참조.

54) 『左溪裒談』 권9, 附婦人事蹟, 87쪽, "百花堂主人妻不知何氏" 이하.

55) 앞의 책, 91~94쪽, "士人韓生之妻李氏" 이하.

다. 마치 중국 강남 문화의 축소판을 보는 듯한 느낌까지 든다. 그 까닭이 앞에서 논의한 내용이다.

그러나 이런 현상이 19세기 중반 이후로 특별히 확대되는 것 같지는 않다. 여성의 문필활동에 대한 일반적 승인의 담론에도 불구하고, 이후 본격적인 한문문필의 여성작가가 등장하지 않는 것을 어떻게 설명할 것인가? 그 원인 중의 하나는 홍한주의 언급처럼 '문자'의 문제에서 찾아야 할 것 같다. 그러나 사태는 홍한주가 파악하는 것처럼 단순하지 않은 것 같다. 조선은 이중 문자(文字) 체계를 훈민정음 이래 유지했고, 문자들은 젠더적으로 구분되고 위계화되어 있었다. 따라서 젠더와 문필활동의 문제는 훨씬 복잡한 양상을 띤다.

홍한주가 특히 문자를 문제 삼는 것은 그가 속한 문화—조선 상층 남성의 문화에서 본격적인 지적 작업은 한문을 통한 것이기 때문이다. 조선과 달리 단일 문언문자 체계를 지녔던 중국의 여성시인들을 모델로 삼을 때, 자연스럽게 한자를 표기수단으로 사용하는 것만을 본격문학으로 취급하게 되는 것이기도 하다. 더 근본적으로 여기에는 구전언어와 문자 언어, 한글과 한자 사이의 관계를 위계적으로 바라보는 지배계층 남성들의 시선이 내재되어 있다. 이 점은 소위 '여성적 문화'와 '남성적 문화'를 위계적으로 평가하는 시선과 동전의 앞뒤 면이기도 하다.

그러나 여성의 입장에서 이 문제를 고찰해보면, 다른 관점이 제기될 수 있다. 조선의 여성들은 자신들이 경험을 표현할 때 구전언어나 한글을 매체로 하는 경험을 축적해 왔다.[56] 훈민정음 사용의 역사는 이제 여성들이 자신의 경험을 표현하는 수단으로 훈민정음을 완전히 장악하는 단계에 도달해 있었다. 이 시기에는 한글을 사용해서 보다

56) 이경하(2010), 31~55쪽 참조.

본격적인 지적 작업도 이루어진다. 반면 남성의 경험을 표현하는 매체로 발달된 한자를 통해 자신을 표현한다는 것은 여성에게는 낯설거나 원천적인 소외를 내장한 행위일 수 있다. 문자는 결코 젠더 중립적인 것이 아니기 때문이다.

결국 여성문필의 성장은 홍한주처럼 한문을 여성에게 전면적으로 개방한다고 해결될 단순한 일은 아닌 것이다. 한문 문필 내로 여성을 초대하는 홍한주의 초대는 사실 '현실적 여성'을 포기하는 것과 단단하게 연계되어 있다. 문자 사이의 젠더적 경계는 철폐되었을지언정 위계까지 철폐된 것은 아닌 것이다. 다시 말하면, 여성의 문학과 남성의 문학 사이에 존재하는 젠더적 위계는 여전히 해제된 것이 아닌 것이다. 홍한주가 도달한 지점은 여전히 남성적이다. 그러나 이 또한 남성과 여성의 문화가 서로 얽히며 새로운 젠더 관계를 만들어내는 다양한 역동 과정의 한 단계라고 봐야할 것이다.

참고문헌

| 자료 |
『左溪裒談』, 국립중앙도서관 소장.
박장암, 이우성(편), 『縞紵集』, 『楚亭全書』下, 아세아문화사 영인, 1992.
서영수합, 허미자(편), 『令壽閤藁』, 『韓國女性詩文全集』, 국학자료원 영인, 2003.
신위, 『警修堂全藁』, 한국문집총간 291, 한국고전번역원 표점·영인.
이덕무, 『靑莊館全書』, 한국문집총간 258, 한국고전번역원 표점·영인.
이상적, 『恩誦堂集續集』, 한국문집총간 312, 한국고전번역원 표점·영인.
진문술, 『畫林新詠』, 서울대중앙도서관 소장. 1855년 간본.
홍길주, 『縹礱乙幟』, 연세대 소장.
홍길주, 『沆瀣丙函』, 연세대 소장.
홍석주, 『淵泉先生文集』, 한국문집총간 293, 한국고전번역원 표점·영인.
홍석주, 『淵泉全書』 7, 오성사 영인.
홍인모, 『足睡堂集』, 장서각 소장.

홍한주, 이우성(편), 『智水拈筆』, 栖碧外史海外蒐佚本 13, 아세아문화사 영인, 1994.
홍현주, 『海居漫渤』, 규장각 소장.
홍현주, 『海居漫渤(未定稿)』, 규장각 소장.
홍현주, 『海居齋詩鈔』, 규장각 소장.
홍현주, 『海居齋詩鈔』, 한국역대문집총간 2859, 경인문화사 영인, 1999.
홍현주, 『海居齋詩鈔二集』, 규장각 소장.

| 연구논저 |

김경숙, 「자하 신위와 그 시대 여성들 또는 여성상」, 『한국고전여성문학연구』 6집, 한국고전여성문학회, 2003, 259~290쪽.
박무영, 「19세기 향촌사족의 여성형상 : 김삼의당(1)」, 『고전문학연구』 25집, 한국고전문학회, 2004, 217~253쪽.
박무영, 「여성시문집의 간행과 19세기 경화사족의 욕망-『정일당유고』의 간행을 중심으로」, 『고전문학연구』 33집, 한국고전문학회, 2008a, 369~406쪽.
박무영, 「19세기 한문학의 계열과 논점-항해 홍길주를 중심으로」, 『한국한문학연구』 41집, 한국한문학회, 2008b, 43~72쪽.
박무영, 「18~9세기 중국 여성예술가의 소식과 조선의 반응」, 『한국고전여성문학연구』17집, 한국고전여성문학회, 2008c, 117~155쪽.
이현일, 「조선 후기 경화세족의 이상적 여성상-신위의 경우를 중심으로」, 『한국고전여성문학연구』 18집, 한국고전여성문학회, 2009, 351~388쪽.
이경하, 「중세의 여성 지성과 문자의 관계」. 『여성문학연구』 24집, 한국여성문학학회, 2010, 31~55쪽.
이군선, 「해거(海居) 홍현주의 서화에 대한 관심과 수장」, 『한문교육연구』 30, 한문교육학회, 2008, 285~307쪽.
이춘희, 「藕船 李尙迪과 晩淸 文人의 文學交流 硏究」, 서울대 박사학위논문, 2005, 1~260쪽.
鍾慧玲, 「陳文述與碧城仙館女弟子的文學活動」, 『東海中文學報』 第13期, 東海大學校中文系, 2001, 151~182쪽.

근대 초기 공론장의 형성과 여성주체의 글쓰기 전략

박 애 경

1. 들어가는 말 : 공론장과 젠더

三千리 넓은 강토 二千万중 만ᄒᆞᆫ 동포 순셩 학교 찬양회에 ᄋᆡ국가를 드러보오 단군 긔ᄌᆞ 긔千년에 부인 협회 쳐음일셰 쳐음일셰 쳐음일셰 녀학교가 쳐음일셰 문명동방 대한국에 황뎨 폐하 쳐음일셰

성상의 높은 은덕 하늘 아릐 하늘이라 순셩 학교 챵셜ᄒᆞ고 동포 녀ᄌᆞ 만히 모하 비양 셩츄 ᄒᆞ량으로 각항 ᄌᆡ죠 ᄀᆞᆯ아치니 구미 각국 부러 마쇼 문명 동방 더욱 죳타 萬셰 萬셰 億萬셰라

황뎨폐하 億萬셰라 萬셰 萬셰 億萬셰라 대한 뎨국 億萬셰라 千셰 千셰 萬千셰라

동궁 뎐하 萬千셰라 순셩 학교 萬千셰라 百셰 百셰 千百셰라 우리 동포 千百셰라 百셰 百셰 千百셰라 찬양 회장 千百셰라 百셰 百셰 千百셰라 찬양 회원 千百셰라[1]

---

* 이 논문은 『한국고전여성문학연구』 31집에 실린 같은 제목의 글을 수정한 것임.

1) 『독립신문』 1898년 10월 18일 4면 잡보 「부인회 ᄋᆡ국가」.

우리 역사상 최초의 여성운동 단체라 할 수 있는 찬양회[2]의 「애국가」는 여성이 최초로 공론장에 진입하던 당시의 한 장면을 인상적으로 보여주고 있다. 찬양회원들은 여학교 설시의 취지를 밝힌 통문을 돌리고,[3] 관립 여학교 설시를 요청하는 상소를 올림과 동시에 만민공동회에도 참여하면서 공감의 폭을 넓혀 나갔다. 부인회의 연설 후 부른[4] 위 노래는 의례적인 장엄함, 미래에 대한 낙관, 동일한 통사구조의 반복을 통한 의지의 전면화, 찬양과 송축의 수사를 두드러지게 구사하고 있어, 같은 매체에 30회 이상 게재되었던 애국가류 노래의 특징을 공유하고 있다는 것을 알 수 있다. 애국가류 노래를 포함한 『독립신문』 소재 시가를 '대한제국의 악장(樂章)'[5]이라 명명한 것은 바로 이러한 수사적 특성에 주목한 것으로 보인다.

애국가류 노래의 최종 지향점은 '문명개화'와 '부국강병'으로 집약되고 있다. 이는 국가를 우위에 두고, 각 영역의 문명화를 부단하게 촉구하던 이 시기 시대정신이기도 했다. 여학교, 단체, 민회라는 장은 근대 이후 여성들이 새롭게 대면한 대상이었다. 이들은 「애국가」에 나타난 시대정신, 매체의 규약, 의전의 전통을 수용하는 한편, '여학교'라는 여성 자신의 문제를 배치하기 시작하였다. 그리고 동시에 국가

---

2) 贊襄會는 1898년 9월 12일 조직된 여성운동단체로, 養成院 · 順成會로도 불린다. 동년 9월 1일 서울 북촌의 양반 부인이 주축이 되어 관립 여학교 설시를 위한 통문을 발표한 것이 계기가 결성되었다. 1899년 개교한 최초의 여학교인 순성여학교를 설립하고 후원하였다.

3) 『황성신문』 1898년 9월 8일 2면 별보 ; 『독립신문』 1898년 9월 9일. 통문에 대해서는 3장에서 더 자세히 논의하기로 한다.

4) "이ᄃᆞᆯ 十三일 오후 ᄒᆞᆫ시에 찬양회 부인들이 모혀 일젼에 녀학교 셜시ᄒᆞ여 주ᄋᆞᆸ소셔 ᄒᆞ고 젼복ᄒᆞ야 상쇼ᄒᆞᆫ 비지를 공포ᄒᆞ고 인ᄒᆞ야 연셜들 ᄒᆞ며 나라 ᄉᆞ랑ᄒᆞᄂᆞᆫ 노ᄅᆡ를 지여 셔로 불으고 길거워 ᄒᆞ더라 하기에 그 노ᄅᆡ를 좌에 긔ᄌᆡ하노라."(『독립신문』 1898년 10월 18일 4면 잡보 「부인회 ᄋᆡ국가」)

5) 조동일(1989), 250쪽. 악장은 궁중의례나 연회 시 불리던 의전용 노래로, 왕실의 무궁한 번영을 염원하고 송축하는 내용을 주로 담고 있다.

우위의 문명개화론의 수용 과정에서 다양한 균열과 차이의 지점들을 만들어내기 시작하였다.

이 글에서는 근대초기 공론장에 새롭게 편입된 여성 주체의 말하기, 글쓰기 방식의 분석을 통해 공적 담론이 젠더화하는 양상을 살필 것이다. 특히 공적 담론이 다양한 층위의 집단에게 전수되고, 내면화하는 방식을 살피기 위해 계몽언론에 드러난 여성주체의 말하기, 글쓰기 전략을 살피고, 이들이 만들어내는 소통의 효과에 주목하려 한다. 여기에서 근대 초기란 갑오개혁부터 한일합방까지의 시기를 말한다. 이 시기 공적 담론의 장은 신문, 잡지와 같은 인쇄매체였다. 이 연구에서는 여성주체의 글쓰기 전략을 살피기 위해 『독립신문』, 『황성신문』, 『제국신문』, 『대한매일신보』 국문판에 게재된 여성의 기서, 통문 등을 중점적으로 살펴볼 것이다. 특히 전근대적, 정념적, 비합리적, 비주류적인 것으로 치부되어 왔던 구술의 전통과 정념적 수사가 여성주체의 자기표현과 소통에서 유의미한 효과를 만들어내는 지점을 포착할 것이다.[6] 나아가 공적 담론의 발신자로서의 남성 지식인과 수신자인 동시에 발신자였던 여성독자 간의 역동, 여성 발신자와 여성 수신자 간의 역동을 통해 남성 지식인들이 주조한 국가 우위의 공적 담론을 수용하면서도 여기에 전적으로 포섭되지 않는 자율적 의사소통의 장을 만들어 내었던 여성 주체의 의지를 드러내려 한다.

---

6) 『제국신문』의 여성독자 투고 글을 분석하여, '여성적 감각'의 탄생을 읽어내고, 이것이 대안적 근대를 상상하는 단서가 될 수 있음을 밝힌 선행 연구[김복순(2013)]에서도 '이성과 감각(혹은 감정)'을 위계화하거나 계몽과 감성을 이원화하여, 감성, 감정, 감각을 주변화했던 관행을 비판적으로 접근하고 있다는 점에서 연구자의 문제의식과 상통한다고 할 수 있다. 그러나 선행 연구자가 '여성적 감각'이라 명명했던 여성의 말하기, 글쓰기 전략이 가진 의미와 그 맥락에 대해서는 다른 각도에서 접근하고 있음을 일러둔다.

2. 〈춘향전〉과 신문—한글 공론장의 등장과 여성의 문명화

> 경계자 본인은 하향벽음 일ᄀᆡ녀ᄌᆞ로 세상에 싱겨난후 발ᄌᆞ회난 셩부밧게 ᄶᅥ나지못ᄒᆞ얏스니 안즐방이와 달음업고 눈은한줄 글을보지못ᄒᆞ양스니 쟝임이나 달음업ᄀᆞ오나 이것은 우리나라 풍속이 녀ᄌᆞ에게난 교휵을 허치 안이ᄒᆞ고 학문을 갈아치지안이ᄒᆞᆫ연고라 본인이 ᄆᆡ양 혼ᄌᆞ 탄식ᄒᆞᆯᄲᅮᆫ이거니와 이위가뎡 교훈을 밧아 여간국문을 학습하와 가장이 상관ᄎᆞ로 츌타한 후면 고담ᄎᆡᆨ이나 보옵다가 근ᄌᆞ에 귀샤신문일장을 획득ᄒᆞ와보오니 그ᄉᆞ의가 공평셩대ᄒᆞ야 세계ᄉᆞ졍을 력력히 긔재함과애국ᄉᆞ상을 흥긔케권고ᄒᆞ고구민의 지식발달 권토ᄒᆞᄂᆞᆫ정셩을 한번보ᄆᆡ 여위보던 고담ᄎᆡᆨ의 허탄ᄒᆞᆷ을 가히ᄭᆡ닷깃난쟈라 이것을 ᄌᆞ조듯고 오ᄅᆡ보와스면 안즌방이와쟝님의 병신ᄎᆡᆨ망을 십분지일이나 면ᄒᆞᆯ가 료량ᄒᆞ와 (후략)[7]

공론장은 자신의 생각을 말하고, 문자로 표현하고, 생각을 교환하고 토론할 수 있는 의사소통의 장[8]을 의미한다. 그리고 이 공론장은 문자를 읽고 쓸 줄 알며, 공적 의지의 실현을 위해 합리적 토론이 가능한 교양 계층의 성립을 전제로 한다.[9] 근대를 향한 열망이 다종다양하게 펼쳐졌던 이 시기 신문, 잡지와 같은 저널리즘 매체는 민회와 더불어 대표적인 공론장이었다. 특히 일간 신문은 규중에 있던 여성이 세상과 대면할 수 있는 유력한 통로였다. 위에 인용한 독자의 글은 신문을 통해 새로운 세상에 눈을 뜬 여성의 자기 고백이라 할 수 있다. 여기에서 흥미로운 지점은 '고담책'이라 칭한 소설과 신문을 바라보는 독자의 태도이다. 투고자는 '허탄한 고담책'을 버리고 세상 사정을 기재하고, 애국사상을 흥기케 하는 신문을 읽겠다는 자기 다짐

---

7) 『제국신문』 1907년 4월 3일 잡보 3면 「有志婦人」.

8) 송호근(2011), 40쪽.

9) 위르겐 하버마스(2001) 참고.

을 함으로써, '공론장에 진입한 여성'의 전형적인 자기고백을 보여주고 있다.

베네딕트 앤더슨은 소설과 신문이야말로 근대의 집합적 정체성을 구성하는 대표적 공론장으로 표명한 바 있다. 특히 소설이 '상상의 공동체'를 형성하는 데[10] 기여한 역할을 주목하였다. 그런데 전통시대 여성들에게 재미와 더불어 고금의 역사와 문학에 대한 고전적 지식을 넓힐 수 있었던 통로[11]였던 소설이 여성에게 의해 배척되는 상황이 도래한 것이다. 이는 소설로 대표되던 소통장이 '옛것' 혹은 '낡은 것'으로 치부되면서, 한글로 된 계몽언론으로 대치되는 상황을 전형적으로 보여준다고 할 수 있다. 말하자면 계몽언론이 정치적 영역과 비정치적 영역, 일상과 이념을 아우르는 한글 공론장으로 정착하기 시작했다는 의미일 것이다.

여성들의 삶에 개입하기 시작한 신문 매체는 '계몽'이라는 목표를 공유하고 있었지만 매체를 주도하는 표기 언어에서는 명백히 차이를 보였다. 『독립신문』과 『제국신문』이 순 한글 정책을 고수했고, 『황성신문』이 한문현토체나 국·한문 혼용체를 채택했으며, 『대한매일신보』는 1907년부터 순 한글판과 국·한문판을 동시에 발행하였다.[12] 각

---

10) 베네딕스 앤더슨, 윤형숙 역(1991) 참고.

11) 이경하(2011). 또한 『춘향전』을 비롯한 한글소설 독자들이 언문의 포용성, 소설 양식의 복합성과 다성성에 대한 이해를 바탕으로 문화적 역량을 축적해 왔다는 선행 논의[최기숙(2013)] 역시 소설이 가진 대중적 知의 형성 가능성에 주목한 결과라 생각한다.

12) 『대한매일신보』의 표기언어는 시기별로 차이가 있다. 창간호인 1904년 7월 18일부터 1905년 3월 9일까지는 순 한글판, 1905년 8월 11일부터 1907년 5월 22일까지는 국·한문 혼용판을, 1907년 5월 23일부터 1910년 10월 28일까지는 순 한글판과 국·한문 혼용판을 이중으로 발행하였다. 『대한매일신보』의 이중 판본에 대한 논의는 최현식(2008)이 자세하다. 1905년 8월 11일부터는 아시아에 거주하는 외국인을 위한 영문판 '*Korea Daily News*'까지 발행하여, 엄밀하게 말하면 『대한매일신보』는 삼중 판본으로 발행되었다고 할 수 있다.

신문이 채택한 표기언어의 차이는 말하기, 글쓰기 방식의 차이로 이어지고, 여기에는 신분, 교양, 성별의 문제가 복합적으로 개입되어 있었다. 특히 순 한글판 신문의 등장은 부녀자 독자층의 형성과 분리하여 생각할 수 없다. 이는 비슷한 시기에 발행하였지만, 순 한글신문이었던 『제국신문』이 속칭 '암신문'으로 불리고, 국 · 한문 표기의 『황성신문』이 속칭 '숫신문'으로 불린 데에서 단적으로 나타난다.[13)]

계몽언론의 등장은 진서(眞書)와 언문(諺文), 공동문어와 구어, 시문과 암글로 위계화되었던 전 근대 '리터러시(literacy)'의 질서를 재구축하고, 글쓰기 방식의 혼종을 유도하는 계기가 되었다. 이는 '언문'으로 불리던 한글의 지위 변화와 밀접하게 관련을 맺고 있다. 한문에 익숙한 지식인의 관점에서 보면 언문은 분산적, 산발적, 우연적 담론으로 이루어져[14)] 이성적 사유나 합리적 소통이 불가능한 언어로 취급되었다. 그러나 한글이 공론장의 소통을 매개하는 언어로 선택되면서, 야만의 언어에서 문명의 언어로 전환하게 되었다.[15)]

가) 우리신문이 한문은 아니쓰고 다만 국문으로만 쓰ᄂᆞᆫ거슨 상하귀쳔이 다보게 ᄒᆞᆷ이라 ᄯᅩ 국문을 이러케 귀졀을 ᄯᅦ여 쓴즉 아모라도 이신문 보기가 쉽고 신문속에 잇ᄂᆞᆫ말을 자세이 알어 보게ᄒᆞᆷ이라 각국에셔ᄂᆞᆫ 사ᄅᆞᆷ들이 남녀 무론ᄒᆞ고 본국 국문을 몬저 ᄇᆡ화 능통ᄒᆞᆫ 후에야 외국 글을 ᄇᆡ오ᄂᆞᆫ 법인ᄃᆡ 죠션셔ᄂᆞᆫ 죠션 국문은 아니 ᄇᆡ오드ᄅᆡ도 한문만 공부ᄒᆞᄂᆞᆫ ᄭᆞ닭에 국문을 잘아ᄂᆞᆫ 사ᄅᆞᆷ이 드물미라 죠션 국문ᄒᆞ고 한문ᄒᆞ고 비교ᄒᆞ여 보면 죠션국문이 한문 보다 얼마가 나흔거시 무어신고ᄒᆞ니 쳣ᄌᆡᄂᆞᆫ ᄇᆡ호기가 쉬흔이 됴흔 글이요 둘ᄌᆡᄂᆞᆫ 이글이 죠션글이니 죠션 인민 들이 알어셔 ᄇᆡᆨᄉᆞ을 한문ᄃᆡ신 국문으로 써야 상하 귀쳔이 모도보고 알어보기가

13) 최기영(1989), 6~7쪽.

14) 송호근(2011), 41쪽.

15) 전인권 · 정선태 · 이승원(2011), 129쪽.

쉬흘터이라 … 죠션 부인네도 국문을 잘ᄒᆞ고 각식 물졍과 학문을 ᄇᆡ화 소견이 놉고 ᄒᆡᆼ실이 정직ᄒᆞ면 무론 빈부 귀쳔 간에 그부인이 한문은 잘ᄒᆞ고도 다른 것 몰으는 귀죡 남ᄌᆞ 보다 놉흔 사ᄅᆞᆷ이 되는 법이라 우리 신문은 빈부 귀쳔을 다름업시 이신문을 보고 외국 물졍과 ᄂᆡ지 ᄉᆞ졍을 알게 ᄒᆞ랴는 뜻시니 남녀 노소 샹하 귀쳔 간에 우리 신문을 ᄒᆞ로 걸너 몃돌간 보면 새지각과 새학문이 싱길걸 미리 아노라[16)]

나) 국문은 진실노 셰계에 드문 글이라 이 글을 써스면 글시 못쓰고 ᄎᆡᆨ못보는 사ᄅᆞᆷ이 온 나라에 몃치 되지 안을지라 근자에 쳥국에 유명ᄒᆞᆫ 션ᄇᆡ들이 말ᄒᆞ기를 한문이 과히 어려워셔 이 어두운 ᄇᆡᆨ셩들을 ᄭᆡ우치자면 이 글 가지고셔는 ᄒᆞᆯ슈업다고 ᄒᆞ야 ᄉᆡ로 셔양글자와 우리 나라 국문을 참작ᄒᆞ야 구차로이 글을 만드러 가지고 국즁에 통용ᄒᆞ기를 원ᄒᆞ는 사ᄅᆞᆷ이 여러히니 그 사ᄅᆞᆷ들은 한문이 ᄌᆞ긔 나라 글리로되 그 폐단을 ᄉᆡᆼ각ᄒᆞ고 이런 의론을 창론ᄒᆞ거놀 ᄒᆞ물며 국문은 우리 나라 글일ᄲᅮᆫ더러 이ᄀᆞᆺ치 쓰고 보기에 쉽고 편ᄒᆞᆫ 지라 엇지 쇼홀히 넉이리오 우리가 ᄒᆞᆼ상 부러워 ᄒᆞ던 것은 외국 사ᄅᆞᆷ들이 길에 혹 ᄐᆞ고 가던지 거러 갈ᄯᅢ라도 ᄎᆡᆨ이나 신문을 보며 다니고 진고ᄀᆡ 일본 사ᄅᆞᆷ의 가가를 지나가며 보면 남녀간에 로방에 안져 신문을 가지고 보며 ᄌᆞ긔 나라 시셰와 외국 형편을 서로 의론ᄒᆞ여 혹 나라 일을 걱정도 ᄒᆞ며 남의 나라를 론란도 ᄒᆞ거놀 우리 나라 사ᄅᆞᆷ 들은 길에 가며 젼후 좌우를 돌나 보아도 모도 일업시 늘어 안졋스되 글ᄌᆞ쓴 죠희 죠각 들고 보는 사ᄅᆞᆷ은 업고 혹 고담ᄎᆡᆨ이나 볼 ᄯᆞ름이 더니 지금은 그만 ᄒᆞ여도 길에 지나가며 보자면 슌검막과 가로상 젼방에셔 신문을 보는지 만하셔 이젼에는 쳥국이 무삼 나라인지 모로고 대국이라ᄒᆞ면 비로소 셰상에 뎨일부강ᄒᆞᆫ 나라 흐로만 넉이던 사ᄅᆞᆷ 들이 지금은 신문지를 들고 안져 말ᄒᆞ기를 쳥국이 말 못 되얏스며 우리 나라이 ᄆᆡ우 위급ᄒᆞᆫ ᄯᅢ라고들 의론 ᄒᆞ는 ᄇᆡᆨ셩이 잇스니 이는 다ᄒᆡᆼ이 대한에 국문이 잇는 ᄭᆞ닭이라 이런 요긴ᄒᆞᆫ 글을 실시ᄒᆞ야 써셔 우부 우ᄆᆡᆼ이라도 다 ᄀᆡ명ᄒᆞᆫ 학문을 ᄇᆡ화 젼국이 어셔 문명에 나아 가기를 우리는 간졀히 원ᄒᆞ노라[17)]

---

16)『독립신문』 1896년 4월 7일 1면 논설「發刊 趣旨」.

위 두 글은 한글이 문명화된 국민을 양성하는데 유익함을 역설하고 있다. 특히 문자로부터 배제된 여성이나 하층민이 한글 신문의 잠재적 독자층으로 설정되면서, 이들이 가지고 있던 구어적 전통 역시 부분적으로 매체에 포섭되었다. 특히 '돌려보기'와 '읽어주기'와 같은 간접 구독행위[18]가 매체 수용의 한 방식으로 자리 잡으면서, 계몽언론의 공적 담론은 성별, 지식, 문자 해독 능력, 교양이 상이한 집단에게 각기 다른 방식으로 전수되기에 이르렀다.

한글 공론장의 형성에 따라 전통사회의 내외법에 의해 공적 역할이 제한되었던 여성은 새로운 지위와 역할을 부여받게 되었다. 그 결과 이 시기 들어 남녀동등권과 여성교육의 필요성을 주창하는 논의가 공적 영역에 본격적으로 등장하기 시작하였던 것이다. 아울러 남존여비의 관습이나 여성을 공적 영역에서 제외하려는 태도는 '야만' 내지는 '구습'으로 인식되기 시작하였다. 1894~1900년 사이 활발하게 논의되었던 '남녀동등권'은 이러한 배경에서 설파되었다. 여성을 둘러싼 이러한 움직임은 국가와 국민을 최상의 가치로 두고, 개개의 주체를 문명화한 나라의 국민의 일원으로 호명하려는 '국민화, 문명화 프로젝트'[19]에 여성 역시 배치되었다는 것을 의미한다.[20] '여성의 국민화'는 국가 건설 과정에서, 국민의 절반을 차지하는 여성을 배제하고는 그 과정을

---

17) 『매일신문』 1898년 6월 17일 1면 논설 「국문이 나라 문명홀 근본」.

18) 간접구독행위는 신문보급이 제한적이던 근대 초기 지식과 정보를 공유하고 계몽이념을 전파하는 보조적 수단으로 기능하면서 신문이 공공 영역에 자리잡는 데 기여하였다. 간접구독행위에 대한 논의는 채백(1998)의 글을 참조할 것.

19) 근대전환기 계몽담론의 궁극적 지향이 근대적 국민으로 문명화하려는 거대한 기획 안에서 이루어지고 있으며, 여성 역시 이러한 배치에서 예외일 수 없다는 것은 다음 논의에서 대표적으로 나타나 있다. 고미숙(2001) ; 전미경(2004), 참조.

20) 박애경(2008), 참조. 여성의 문명화와 관련한 논의의 기본은 이 선행 연구를 따른다.

효율적으로 진행할 수 없다는 의도를 명백히 드러낸 것이라 할 수 있다.

따라서 계몽언론이 여성을 호명하는 방식은 '국민화, 문명화'라는 이 시대의 궁극적 지향으로부터 자유로울 수 없었다. 서구적 근대 가치의 수용을 통한 문명화는 법률과 제도의 공명정대함, 교육 받은 각성된 국민이 전제되어야 가능한 것이었다. 1894년 단행된 갑오개혁이 법률과 제도의 개혁을 통한 근대화, 문명화의 열망을 표현한 것이라면, 언론을 통한 대중의 계몽은 '각성된 국민'을 만들기 위한 의지의 표현이었던 것이다. 말하자면 이 시기 근대적 주체가 된다는 것은 국민의 일원이 된다는 것과 동등한 의미였던 것이다. 그런데 '국민'과 '문명'이라는 것은 내포가 모호하기 짝이 없는, 번안된 개념일 뿐 아니라 봉건적 신민의 일원으로만 살았던 대다수의 대중에게는 낯선 가치 체계였기 때문에 부득불 언론을 통한 대중 계몽의 필요성이 제기되었던 것이라 할 수 있다.

따라서 계몽언론을 통해 유포된 여성 관련 담론 역시 '국민 만들기'라는 목표로 자연스럽게 합류하게 되었다. 그 시작은 여성을 국가라는 공적 영역의 일원으로 호출하는 것이었다. 이는 '가족 내 일원'으로만 고착화되었던 여성의 지위와 역할을 새롭게 규정하는 것이기도 하였다. 그런데 오랫동안 공적 영역으로부터 소외되어왔던 여성이 그 안에 진입하기 위해서는 별도의 관문이 필요하다. 따라서 여성 교육의 필요성이 적극 제기되었던 것이다.

이처럼 여성이 '국민'으로 호명되면서 가정은 개인과 국가를 잇는 사회의 하부 단위로 기능하기 시작한다. 즉 가정은 사적 영역인 동시에 국가주의를 일상에서 실천할 수 있는 공공의 장이자 국민화, 문명화를 실천하는 기구였던 것이다.[21] 남녀동등권이 가족 내 여성의 지위 문제로 환원되는 것은 그 이유라 할 수 있다. 그런데 개개의 가정을 개조의 대상으로 삼고, 여성을 가족 내 훈육자의 위치로 고정시키는 것은 기본적으로 계몽언론을 주도한 남성 지식인의 입장이라 할 수 있다. 즉 여성의 지위와 교육은 어디까지나 '가족'과의 관계, 가정 내 위치를 통해서 인정받았던 것이다. 이는 여성에게 권유되는 근대 지식의 핵심이 '가정학'[22]이었다는 데에서 단적으로 드러난다고 할 수 있다. 1900년 이후 계몽담론에서 '가족'이 종종 개조의 대상으로 거론되었던 것은 가족을 공익을 실천하는 기구로 자리매김하려는 의도가 가시화한 것이라 할 수 있다.

여성 관련 담론의 추이에서 보듯, 여성 교육의 의미는 여성 자신의 권리 신장으로 이어지는 것이 아니라 철저하게 가정의 개조를 통한 국가 건설로 귀결되었다. 즉 여성 지식 획득의 결과는 전통적 성 역할 구도에 변화를 가져오거나 위협적이지 않으면서, 가족의 질서를 공고히 하고 국가 부강의 기초가 되는 것이어야 했다.[23] 바로 이 지점에서 유교적 가부장제와 가부장적 국가주의는 큰 충돌 없이 병존하게 된다.

3. 공적 담론의 젠더적 전유와 그 효과 - 공감을 통한 감정의 공론화

학도야 학도야 ᄋᆡ국학교학도들아 넷일을 ᄉᆡᆼ각ᄒᆞ고 ᄂᆡ두를 솁혀보세 ᄌᆞ녀를양육ᄒᆞ고 가즁범ᄉᆞ살필 ᄯᅢ에 학실이젼ᄆᆡᄒᆞ여 방법을 몰낫구나 독립을 회복후 ᄌᆞ유궐리 보젼ᄒᆞᆷ은 우리들 엇기우에 담ᄎᆡᆨ이 즁ᄒᆞ도다 ᄐᆡ극긔팔괘

21) 전미경(2004), 참조.

22) 홍인숙(2004), 참조.

23) 홍인숙(2004). 예를 들어 『제국신문』 1903년자 6월 19일 논설 「녀자교육의 관계」를 살펴보면 여성 교육이 여성의 전통적인 덕목을 고수하는 데 장애가 되지 않음을 역설하고 있다.

> 쟝 대한뎨국 놉흔일흠 동셔양륙대쥬에 번쓰시 날녀보세 금갓흔시간을 잠시라도 허숑말고 독실히공부ᄒᆞ여 셩은을 감파보세 동반구대한국이 쳔만명 동포즁에 남ᄌᆞ만교육ᄒᆞ고 녀ᄌᆞᄂᆞᆫ 압박힛네 츙군상 ᄋᆡ국가 효친ᄉᆞ상일심으로 남녀가ᄒᆞᆸ력ᄒᆞ여 학문을 힘써보세 셩텬ᄌᆞ 은덕이 산천쵸목금수ᄭᆞ지 골수에 져졋스ᄆᆡ 셩심이 감동ᄒᆞ네 즐겁다 대한국 ᄐᆡ평안락만만세에 남녀가 동등되여 상등국 되어보세[24]

「평양ᄋᆡ국녀학도의 학도가」라는 이 노래는 남성 지식인이 발신한 여성의 국민화, 문명화 논리가 여성들에게 어떻게 수용되고, 내면화되었는지를 보여준다. 여성의 문명화, 국민화 논의는 대개 부국강병을 위한 남녀동등론이나 남녀의 성역할에 기초한 남녀분업론과 그 비판론으로 가닥을 잡아볼 수 있다.[25] 남녀동등론을 국가와 국민을 우위에 두는 태도로, 남녀분업론을 젠더를 우위에 두는 태도로 대별해 볼 수도 있지만, 양자 모두 '여성의 국민화'라는 대전제에서 근본적으로 자유로울 수는 없었다.

그렇지만 '여성의 국민화'라는 남성 지식인 중심의 기획이 여성의 입장에서는 활동할 공적 영역을 확보하고, 발언권을 얻을 수 있는 유력한 방식이었다는 점까지 부인하기는 어려울 듯하다. 뿐만 아니라 여성의 젠더 정체성이란 지배담론에 의해 일방적으로 조율되는 것이 아니라, 상호협상을 통해 형성된다는 점을 새삼스럽게 강조할 필요가 있다.[26] 여성들은 남성 지식인들이 주조한 국가 우위의 담론을 수용하면서도, 전적으로 이에 포섭되지 않는 자율적 장을 구상하였던 것이다. 위의 「학도가」 역시 독립회복, 상등국 건설, 충군애국의 가치를 표면에 드러내고 있으나, 그 안을 들여다보면 자유권리 회복이라는 가치 안에

---

24) 『제국신문』 1906년 7월 9일 잡보 3면 「女校試驗」.

25) 김복순(2013), 354쪽.

26) 김복순(2007), 참조.

여성의 권리에 대한 의지가 강하게 보이고 있다. 이는 전통시대 여성의 지위를 '압제'라 표현한 데에서 단적으로 보인다.

이 차이는 여성담론을 둘러싼 미묘한 균열이 발생하는 지점을 보여주고 있다. 즉 남성 지식인들이 주조한 남녀동등권과 여성교육론이 국가 우위의 담론에 완벽하게 포섭되었던 것과는 달리 여성들은 교육을 통해 개인의 권리를 신장하고, 여성의 공적 참여를 보장받는 기회로 삼고자 했다.

그렇다면 그 차이를 드러내는 유효한 방식은 무엇일까? 이를 모두에 언급한 찬양회가 작성한 두 건의 글을 통해 확인해 볼 수 있다.

> **가)** 업ᄃᆡ여 써 ᄒᆞ되 학교라 ᄒᆞᄂᆞᆫ것은 인ᄌᆡ를 ᄇᆡ양 ᄒᆞ옵고 지식을 확장 ᄒᆞ옵ᄂᆞᆫ지라 그런 고로 녯젹에 나라에 학(學)이 잇고 향당에 샹(庠)이 잇스며 집에 슉(塾)이 잇ᄉᆞ옴은 홀노 남ᄌᆞᄆᆞᆫ ᄀᆞᆯᄋᆞ칠ᄲᅮᆫ 아니라 비록 녀ᄌᆞ라도 ᄯᅩᄒᆞᆫ ᄀᆞᆯᄋᆞ치ᄂᆞᆫ 법이 잇서 ᄂᆡ칙(內則)과 규범(閨範)등 션훈이 ᄀᆞᆺ쵸앗ᄉᆞ오며 구(歐)미(米) 각국으로 말ᄉᆞᆷ ᄒᆞ와도 녀학교를 셜립ᄒᆞ고 각항 ᄌᆡ예를 비화 ᄀᆡ명 진보에 이르럿ᄉᆞ온즉 엇지 우리 나라에ᄆᆞᆫ 녀학교 명ᄉᆡᆨ이 업ᄉᆞ오릿가 오즉 우리 대황뎨 폐하ᄭᅴ옵셔 즁흥의 운을 응 ᄒᆞ옵시고 독립의 업을 세우샤 ᄇᆡᆨ가지 법도를 새롭게 ᄒᆞ시며 셩턱이 겻히로 흐르시와 관립학교를 셜립 ᄒᆞ샤 영ᄌᆡ(英才)를 발월케 ᄒᆞ옵사니 의여 셩ᄌᆡ라 흠송ᄒᆞ옵고 발구르며 츔 츄나이다 대뎌 인ᄌᆡᄂᆞᆫ 학문에 잇삽고 학문은 교육에 잇삽ᄂᆞᆫ지라 근일 독립 협회의 목젹을 듯ᄉᆞ온즉 님군의게 츙셩 ᄒᆞ고 나라를 ᄉᆞ랑ᄒᆞᄂᆞᆫ ᄆᆞᄋᆞᆷ으로 공평 정직ᄒᆞᆫ 의리를 잡아 텬폐에 글을 올녀 셩춍을 보좌ᄒᆞ고 나라 법강을 부지케 ᄒᆞ려 ᄒᆞᆫ다 ᄒᆞ오니 우리 폐하의 신민 된ᄌᆞ이 뉘 아니 흠감 ᄒᆞ오릿가 심지어 나무 쟝ᄉᆞ와 과실 쟝ᄉᆞ ᄭᆞ지라도 의연금을 내여 나라 ᄉᆞ랑ᄒᆞᄂᆞᆫ 정셩을 표 ᄒᆞ옵ᄂᆞᆫᄃᆡ 신쳡등 ᄀᆞᆺᄉᆞ온 분바른 계집들인들 엇지 잡앗ᄂᆞᆫ 썻썻ᄒᆞᆫ ᄆᆞᄋᆞᆷ이야 업다 ᄒᆞ오릿가 그러 ᄒᆞ오나 혹 비방 ᄒᆞᄂᆞᆫ 의론과 비쳑 ᄒᆞᄂᆞᆫ 문ᄌᆞ가 업지 아니 ᄒᆞ와 듯기에 현혹 되옴이 잇ᄉᆞ오며 츙신과 역젹을 분변치 못 ᄒᆞᄂᆞᆫ ᄌᆞ이 죵죵 잇ᄉᆞ오니 이ᄂᆞᆫ 다름아니오라

비록 남ᄌᆞ라도 학식이 업ᄉᆞ와 ᄉᆞ의에 합 ᄒᆞ고져ᄒᆞᄂᆞᆫ 쥬의가 아니오니 그러 ᄒᆞ오면 도로혀 학문 잇ᄂᆞᆫ 녀ᄌᆞ만도 못 ᄒᆞ오니 일노 써 미루어 보건ᄃᆡ 녀ᄌᆞ라도 ᄯᅩᄒᆞᆫ 츙ᄋᆡ 지심과 문명 지학을 힘쓰ᄂᆞᆫ것만 ᄀᆞᆺ지 못 ᄒᆞ온지라 신쳡등이 찬양회를 셜시ᄒᆞ와 츙셩츙 ᄉᆞ랑ᄋᆡ 두 글ᄌᆞ를 규즁으로 브터 온 나라가 흥왕케 ᄒᆞ랴 ᄒᆞ오나 학교가 아니면 총혜ᄒᆞᆫ 계집 아ᄒᆡ들을 ᄀᆞᆯᄋᆞ칠 도리가 업ᄉᆞᆸ기로 감히 외월 ᄒᆞᆷ을 피치 안코 실정으로 쇼ᄅᆡ를 가작히 ᄒᆞ야 텬폐의 아ᄅᆡ 알외오니 업ᄃᆡ여 빌건ᄃᆡ 셩명은 깁히 통촉 ᄒᆞ옵셔 학부에 칙령을 나리오샤 특별히 녀학교를 셜시 ᄒᆞ야 어린 계집 아ᄒᆡ들노 ᄒᆞ여금 학업을 닥ᄉᆞ와 대한도 동양에 문명지국이 되옵고 각국과 평등의 대접을 밧게 ᄒᆞ옵시기를 업ᄃᆡ여 ᄇᆞᆯᄋᆞ옵나이다 비지 ᄂᆡ에 베픈바ᄂᆞᆫ 학부로 ᄒᆞ여금 죠쳐를 잘 ᄒᆞ야 비양 ᄒᆞ고 셩취 ᄒᆞᄂᆞᆫ 도를 힘써 극진케 ᄒᆞ리라[27]

나) 한심헌일이로다혹쟈이목구비와ᄉᆞ지오관륙톄가남녀가다름이잇ᄂᆞᆫ가엇지하야병신모양으로사나희버려쥬ᄂᆞᆫ것만안져먹고평생을심규에쳐하야남의절제만밧으리오이왕에우리보다몬져문명ᄀᆡ화헌나라들을보면남녀가동등권이잇ᄂᆞᆫ지라어려셔브터각각학교에ᄃᆞᆫ니며각종학문을다ᄇᆡᆨ호아이목을널펴ᄌᆞᆼ셩헌후에사나희와부부지의을결허여평생을살더ᄅᆡ도그사나희의게일호도압졔를밧지아니허고후대ᄒᆞᆷ을밧음은다름아니라그학문과지식이사나희와못지아니헌고로권리도일반이니잇지아름답지아니허리오슬프도다젼일을생각허면사나희가위력으로녀편네를압졔허랴고한갓녯글을빙자하야말허되녀ᄌᆞᄂᆞᆫ안에잇셔밧글말허지말며술과밥을지음이맛당허다허ᄂᆞᆫ지라엇지허여ᄉᆞ지륙톄가사나희와일반이여ᄂᆞᆯ이ᄀᆞᆺ흔압졔를밧어셰샹형편을알지못허고죽은사ᄅᆞᆷ모양이되리오이져ᄂᆞᆫ녯풍규를젼폐ᄒᆞ고ᄀᆡ명진보ᄒᆞ야우리나라도타국과ᄀᆞᆺ치녀학교를셜립ᄒᆞ고각각녀아들을보ᄂᆡ여각항ᄌᆡ조를ᄇᆡᆨ호아일후에녀즁군ᄌᆞ들이되게ᄒᆞ올ᄎᆞ로방ᄌᆞᆼ녀학교를창셜허오니유지허신우리동포형뎨여러녀즁영웅호걸님네들은각각분발지심을내여귀ᄒᆞᆫ녀아들을우리녀학교에드려보ᄂᆡ시랴허시거든곳착명ᄒᆞ시기를[28]

---

27) 『독립신문』 1898년 10월 13일 2면 「부인상쇼」.

가)의 글은 관립 여학교 설립을 청원하는 상소 글이고 나)는 여학교 설립 취지에 동감하는 이들을 규합하기 위한 통문이다. 스스로를 '분바른 여자'라 자처하는 가)의 상소글은 조심스럽고 예의바르다. 뿐만 아니라 '충군애국', '개명진보' 등 동시대의 주된 의제를 전면화하여, 국가 우위의 동시대 여성담론에서 크게 벗어나지 않은 듯 보인다. 반면 동류의 여성들에게 건네는 나)의 통문에서는 여성을 규방 깊숙이 쳐박아두고, 남성의 압제를 당연시 하는 구습을 미개의 표상으로 직시하면서, 여성교육의 필요성을 역설하고, 뜻 있는 여성들의 참여를 호소하고 있다. 여기에서 교육을 통한 남녀동등권의 확보를 공적 영역에의 참여 이전에 보편적 '인권'의 차원에서 접근하고 있다는 점을 주목해 볼 수 있다. 말하자면 상소에서는 공인된 합의를 준수하면서, 여학교 설립의 필요성을 역설한다면 통문에서는 여성의 집단적 해원의 염원이 보이고 있다.

양자의 차이는 일차적으로 윗사람에게 올리는 '상소'와 동류의 독자를 대상으로 한 '통문'이라는 차이에서 비롯된다고 할 수 있다. 그런데 글쓰기 방식에서는 더 큰 차이가 포착된다. 가)의 글은 상소라는 글의 규약에 맞게 상대를 높이고 자신을 낮추며 자신의 의지를 완곡하게 드러내는 반면 나)의 글에서는 공감을 획득하기 위한 수사를 효과적으로 배치하고 있다. 그 중 하나가 여성이 남성 지배 하에서 압제받는 현실과 교육을 통해 선취된 미래를 대비하는 것이다. 규방에 갇혀 바깥세상과 단절된 여성의 처지는 '심규'라는 구체적 공간성과 함께 환기된다. 또한 압제를 받는 여성의 타자성을 '안져먹고', '병신 모양', '죽은사람 모양'이라는 신체적 표현과 격정적 언사로 표현하고 있다는 점이다. 반면 이들이 교육을 통해 얻고자 하는 가치, 즉 남성과의

28) 『황성신문』 1898년 9월 8일 2면 별보.

동등한 권리, 바깥 세상과의 소통은 '개명진보'라는 동시대의 핵심적 개념어로 드러내고 있다.

즉 충군애국과 개명진보와 같이 공인된 사실, 당위의 규약은 규범적 체계에 맞춰 이성적으로, 정연하게 서술되고 있다면, 생활에서 체득한 일상과 경험에 바탕한 글쓰기는 대개는 정연한 체계에서 일탈한 신체적 표현과 감정을 드러내는 수사로 이루어지고 있는 것이다. 여성의 타자성을 격정적 언어로 드러낸 통문은 결과적으로 '남성적'으로 범주화한 보편성, 규범성에 균열을 일으키면서, 개별적 삶의 진실성을 핍진하게 드러내는[29] 데 유효한 방식이었다고 할 수 있다. 뿐만 아니라 글쓰기라는 행위를 통해 여성의 일상과 정서적 경험을 공유함으로써, 공감을 불러일으키는 수사적 효과를 거두고 있다.

애국계몽기 연설과 기서를 통해 계몽담론을 활발하게 펼쳤던 신소당의 글에서도 흥미로운 지점이 발견된다.

> **가)** 만민에 공동회로 모혀드는 회원들은 보국안민 ᄒᆞ량으로 죽을 ᄉᆞᄌᆞ 심주ᄒᆞ야 통곡ᄋᆡ 졀ᄒᆞᆫ다 ᄒᆞ니 치우ᄒᆞᆫ 녀ᄌᆞ러되 소문 듯고 눈물 ᄂᆞ오 억만창싱 부모근심 측은지심 나오실듯 이쳔만 동포들은 셩의를 승슌ᄒᆞ야 신민이 합심된 후 ᄀᆡ명진보 속키ᄒᆞ와 부강이 되ᄋᆞ셔서 타국병뎡 보호말고 대한군병 보호ᄒᆞ면 대한텬디 금셕될듯 금셕갓치 굳게되면 만만세를 부르면셔 셩은을 축수ᄒᆞᆯ듯 심즁소회ᄒᆞ랴 ᄒᆞᆫ즉 눈물게워 못하겟소
>
> **나)** 대한텬디창싱들은 동심합력ᄒᆞ오서셔 ᄀᆡ명진보 속키ᄒᆞ야 강국 침노 밧지 마오 ᄀᆡ명이 더듸되면 ᄉᆞᆷ천리가 난보될 듯 독립협회연셜소문 졀졀이 츙군이오 ᄉᆞᄉᆞ이ᄋᆡ국이라 우ᄆᆡ한 녀ᄌᆞ들도 연셜을 들러보니 츙ᄋᆡ지심격발ᄒᆞ나 녀ᄌᆞ몸이도엿느니 보국안민ᄒᆞᆯ수잇소 녀학교셜시ᄒᆞ야 ᄀᆡ명규칙 ᄇᆡ온후에 남ᄌᆞ와동등되여 츙군ᄋᆡ국목젹ᄉᆞᆷ아 황실을 보호ᄒᆞ고 민싱을 구졔ᄒᆞ면 그 아니죠ᄒᆞᆯ잇가 녀학교회원들은 깁히ᄉᆡᆼ각ᄒᆞ여보오[30]

---

29) 박애경(2008), 114쪽.

다) 부인도 층층이요 ᄉᆞ부도 층층이오 남의 쳡도 층층이지 ᄉᆞ부의 ᄯᆞᆯ이라고 힝세가 탕잡ᄒᆞ면 그러도 뷘잇가 샹노므 ᄯᆞᆯ이라도 죵작업ᄂᆞᆫ 남쟈들이 후취 삼취 사취ᄭᆞ지 홈부로 히온것도 부인축에 가오릿가 쳡이라도 상쳐ᄒᆞᆫ 후 드러와셔 고락을 갓치 격고 봉제ᄉᆞ졉빈긱에 자식 낫코 일부죵ᄉᆞᄒᆞᄂᆞᆫ 쳡이 부인만 못ᄒᆞᆯ릿가 탕잡부랑ᄒᆞᄂᆞᆫ 쳡과 갓치 옥셕구분ᄒᆞ여셔야 엇지아니 분ᄒᆞ릿가 녀학교를 셜ᄒᆞᆫ다니 셜시젼에 이구졍을 먼져ᄒᆞ기 쳔만축슈ᄒᆞ나이다 슬푸다 대한 쳔쳡된 녀인들아 광풍 갓탄 남쟈말을 신탁ᄒᆞ고 ᄎᆞ차 풍습이 되어 지금에 니르러셔 쳡 텬디가 되엿스니 이 구습을 어이ᄒᆞ리 우리도 개명되면 이러케 쳔ᄒᆞᆯ 터이니 부ᄃᆡ부ᄃᆡ ᄯᆞᆯ가지고 남의 시앗 쥬지 말고 쳡 노릇슬 ᄒᆞ지 마오 셰상에 못ᄒᆞᆯ 노릇 그밧게 ᄯᅩ잇ᄂᆞᆫ가 깁히깁히 ᄉᆡᆼ각ᄒᆞ고 아모됴록 ᄒᆞᆨ문 ᄇᆡ와 외국부인 동등되게 일심으로 합력ᄒᆞ오[31]

가)는 계몽대중 일반을 향한 글이라면 나)는 여학교 설시를 위해 분투하는 찬양회 회원들을 명시적 독자로 상정하고 쓴 글이다. 가)와 나)는 공히 '개병진보', '보국안민'과 '충군애국'의 가치를 내세워 표면적으로는 남성 지식인의 국가 우위 담론과 별반 차이가 드러나 보이지 않는다. 가)에서 '눈물'이나 '눈물겹다'는 말이 등장하기는 하나, 만민공동회에 대한 강한 '동의'이상의 절실함을 찾아보기 어렵다. 그러나 유장한 4.4조의 가사체로 쓰인 투고문 나)의 이면을 들여다보면, 공적 참여를 보장받고자 하는 여성 주체의 욕망과 이를 다른 여성들과 공유하고픈 의지가 미묘하게 드러나고 있다. '절절이츙군이오 ᄉᆞᄉᆞ이 익국이라'와 같이 낭송물의 투식은 절실함을 표현하고 동조를 구하는 구어의 대표적 수사라 할 수 있다. 신소당의 의도는 4.4조의 가사체의

30) 「평양 여노인 애국가」, 『제국신문』 1898년 11월 5일자 1면 논설. 이 평양 여노인은 근대 초기 독자 투고와 연설을 통해 여성의 공적 지위를 확보하고자 했던 신소당이다. 첩 출신으로 공적 영역에서 활발하게 활동했던 신소당의 글쓰기와 계몽활동은 이경하에 의해 밝혀졌다. 이경하(2004), 참조.

31) 『제국신문』 1898년 11월 10일자 「엇던 유지각한 시고을 부인의 편지」.

율독과 반문, 청유형 어미를 활용한 구송의 효과를 통해 구현되고 있다. 정연한 율조의 반복은 기억과 전승에 적합한 정형화한 패턴이라 할 수 있다. 뿐만 아니라 정형화한 패턴과 리듬은 심리적으로도 무엇인가를 환기해 내는데 적합한 장치라 할 수 있다.[32] 이는 대상으로의 이입을 촉구하고, 동조를 구하는 문체적 효과라 할 수 있다.

다)의 글은 첩을 야만의 존재로 규정하고, 처첩 간의 분별, 공적 영역으로터의 배제를 주장하는 논설[33]에 반박하여 쓴 글이다. 따라서 이 글에서 호명하는 독자는 일차적으로 신문사의 집필진, 즉 남성 지식인이라 할 수 있다. 그러나 글이 진행되면서 점차 여학교 설립 추진 주체－동류의 첩으로 대상이 이동하고 있다. 그리고 호명하는 대상이 점차 남성에서 여성, 공인된 직함을 가진 여성에서 동류의 소외된 여성으로 바뀌면서 어조는 점차 격정적으로 고조되고 있다.

공론장에 진입한 여성은 이렇듯 청중에 따른 글쓰기의 '차이'를 보여주고 있다. 남성 지식인이나 계몽대중을 향한 글에서는 널리 공인되거나 합의된 사실을 확인하여 공적 소통을 이루려는 태도를 보이는 반면, 여성, 특히 타자성이 중첩된 여성에게는 무언가를 촉구하고 공감을 확산하려는 의도를 격정적으로 노출하고 있다. 이를 가능케 한 것은 문자로부터 소외된 여성과 하층민 사이에 내재한 구술적 전통이라 할 수 있다.

---

32) 월터 J. 옹, 이기우·임명진 역(1995), 57쪽.
33)『제국신문』 11월 7일 1면 논설 「妻妾分別」.

4. 여성 소수자의 국민되기-구술적 전통과 정념의 전면화

여성들의 공론장 참여는 한국을 둘러싼 주변 열강들의 동향이 분주해지는 1900년 이후에는 더 활발하게 전개되기 시작하였다. 특히 국권 상실이 가시화된 1905년 이후에는 독립국가의 지위를 상실하고 있는 '국가'라는 단위 대신 집단과 조직의 역할이 강조되면서 계몽의 언표가 강화되기 시작하였다. 혈연과 문화적 동질성에 기반한 민족이라는 개념이 강조되기 시작한 것도 이 시기 이후이다.

여성, 특히 첩이나 기생 등 여성 소수자들을 민족적 주체로 재탄생하는 데 있어 중요한 계기로 작용하게 한 두 개의 모멘텀은 한말 관료이자 왕실의 외척이었던 민영환(閔泳煥, 1861~1905)의 자결과 국채보상운동이었다. 특히 민영환의 자결은 여성들이 계몽담론이 유포한 공적 담론을 내면화하고, 이를 문화적으로 표현하는 주요한 계기가 되었다. 민영환은 1905년 을사조약이 체결된 후 집에서 스스로 목숨을 끊은 후부터 '항일과 애국계몽'의 상징이 되었다. 당대 언론은 그의 죽음과 추모 열기를 실시간으로 보도하며, 민족 통합의 계기로 삼고자 하였다. 그 결과 자연인 민영환은 충절의 상징인 '민충정공'으로 기억되었다.[34] 이후 다음 해 7월 그의 피 묻은 의복을 둔 방에서 녹죽이 자생했다는 소문이 기사화되면서, 민영환의 죽음은 혈죽을 모티프로 한 일련의 시와 노래, 회화로 이어지면서 창조적 영감의 원천이 되었다. 말하자면 그의 방에서 자생한 대나무를 모티프로 한 혈죽시와 「혈죽가」류의 노래는 계몽언론이 유포한 공적 담론에 대한 당대 대중들의 정감적 반응인 동시에 국가 주권의 문제를 둘러싼 공론이 펼쳐지는 장(場)으로 기능했었다고 할 수 있다.

---

34) 박애경(2009), 참조.

> 협실의소슨ᄃᆡ는츙정공의혈적이라우로를불식ᄒᆞ고방즁의풀은뜻슨지금의위국츙심을진각세계츙정의구든절ᄀᆡ미ᄌᆞᄃᆡ가드여누샹의홀노소사만민을경동키ᄂᆞᆫ인싱이비여잡쵸키로독야청청츙정공고든절ᄀᆡ포은선셩우희로다석교에소슨ᄃᆡ도선죽이라유젼커든허물며방즁에ᄂᆞᆫᄃᆡ야일너무삼[35]

대구여사의 「혈죽가」는 줄글로 쓴 노래 안에 혈죽 출현의 의미를 역사적으로, 동시대적으로 성찰하고 있다.

이처럼 혈죽 출현 이후 대거 쏟아져 나온 「혈죽가」류의 작품에서 특기할 만한 것은 여성들, 특히 '여성의 국민화'에서도 배제된 첩과 기생 등 여성 소수자 집단이 창작과 투고에 적극 가담하였다는 점이다. 평양여학도들이 집단 창작하여 기고한 「여학도 애국가」에는 민영환의 죽음을 예수의 수난과 부활과 겹쳐 바라보고 있다. 이들은 혈죽가를 창작하면서, 방탕과 결별하고 금욕을 다짐하는 고백까지 덧붙이고 있다.

> <u>경계자 예슈그리스도ᄂᆞᆫ 십ᄌᆞ가에 못박혀 보ᄇᆡ로운 피를 흘려 우리의죄ᄅᆞᆯ ᄃᆡ신ᄒᆞ셧고 계뎡 민츙정공은 ᄋᆡ국셩 더운피로 우리 두뢰에 부엇ᄂᆞᆫᄃᆡ</u> 흠을며 칼과 옷을 두엇던 방에셔 네썰기 ᄎᆞ마ᄃᆡ가 소ᄉᆞ나셔 만셰에 청청불ᄀᆡᄒᆞ깃스니 <u>우리도 녯적의 썩어지고 음란ᄒᆞᆫ 노ᄅᆡᄂᆞᆫ 불으지 말기 위ᄒᆞ야</u> 혈죽가 십졀을 지여 보ᄂᆡ오니 귀신문에 긔ᄌᆡᄒᆞ여 일반 동포로 ᄒᆞ야금 이갓흔 노ᄅᆡ를 불너 츙졀의 만일이라도 효측케 ᄒᆞ시믈 바라오
>
> 광무십년 팔월일일 뎨국신문샤장 각하[36]

---

35) 『대한매일신보』 1906년 7월 21일 1면 詞林 寺洞寓大丘女史 「血竹歌」.

36) 『제국신문』 1906년 8월 13일자 잡보 「女學徒愛國歌」. 모두의 금욕적 자기 다짐, 실명이 아닌 필명을 쓴 점, 시정의 풍류방에서 애창되던 『남훈태평가』를 패러디한 시조가 섞여있는 점으로 미루어 보아, 집단 창작에 참여한 여학도 혹은 그 중 일부는 기생 출신이었을 것으로 추정된다.

요컨대 이들은 계몽언론에서 유포한 '충절의 상징으로서의 민충정공'이라는 공적 담론을 자발적으로 수용한 듯 보인다. 이것은 민충정공의 죽음을 형상화하고, 남은 자의 책무를 다짐하는 다음 시에서도 확인해 볼 수 있다.

> 졈졈이 흘닌피ᄂᆞᆫ 문명의 ᄭᅩᆺ치피고 챵챵이 소든ᄃᆡᄂᆞᆫ 츙ᄋᆡ의 싹이로다
> 그남아 문명진보ᄒᆞ야 ᄌᆞ쥬독립을낭 우리담당[37]

평양의 여학도 널게가 지은 이 시조는 '혈죽'의 의미를 문명과 충군애국으로 읽어내면서, 문명개화와 자주독립이라는 살아남은 자의 책무를 다짐하고 있다. 안으로는 문명진보 대외적으로는 자주독립의 완수라는 글쓴이의 의지는 이 시기 계몽담론이 지향하는 바를 간명하게 압축하고 있다. 그러나 널게의 시에서는 풍류방 등에서 애창되던 대중적 시조양식에 희생과 결단을 상징하는 피의 정념을 이미지가 선명한 언어로 효과적으로 구현하여, 공적 담론의 경직성을 극복하고 있다.

평양여학도 애국가는 『제국신문』, 『대한매일신보』에 시차를 두고 게재되어,[38] 당대 계몽담론을 유포하는 데 효과적으로 기여하였다는 것을 알 수 있다. 이들이 작품이 계몽언론에 취사선택된 이유는 구전적 가창의 전통에 기대있고, '피'와 '녹죽'의 이미지를 선명하게 대비하는 정념의 수사가 가지는 호소력에 있다고 할 수 있다. 구전적 가창은 동일한 음절, 단어, 통사구조의 반복이나 대구를 통해 감정의 고양을 이루어내면서, '노래 속의 개별 대상이 다변적인 일체를 이루어, 전체의 집합적인 면모들을 만드는'[39] 데 기여하고 있다. 이는 기억과 전승에

37) 「여학도애국가」, 『제국신문』 1906년 8월 13일자 잡보.

38) 『제국신문』에 실린 「여학도 애국가」는 약 1년 뒤 1907년 7월 26일 『대한매일신보』 국문판, 7월 27일 국·한문판에 「혈죽가」 10수라는 제목으로 바뀌어 게재되었다.

용이한 패턴화한 율격이 집단적 의식의 전파에 여전히 유효한 양식임을 증명하는 것이라 할 수 있다. 계몽언론은 바로 이러한 구전의 효과에 주목하였다. 또한 의태어를 효과적으로 활용하여 녹죽 자생의 현장을 재현한 듯한 감각적 수사는 '피'의 파토스와 결합하여 강력한 감정이입의 효과를 구현해 내고 있다.

「혈죽가」류 시가는 계몽언론이 유포한 국가 우위의 담론이 대중적으로 전유되는 지점을 보여주는 동시에, 계몽언론에 의해 이것이 다시 '충군애국'의 프로파간다로 귀결된다는 점에서 재 전유되는 지점도 보여준다고 할 수 있다. 여학도들은 「혈죽가」 투고를 통해 부활의 현장을 동시대적으로 경험한 신비체험을 공유하고, 이를 존재 성찰의 계기로 삼고자 하였다. 이들에게 집단 창작은 자신의 존재성을 공공의 영역에서 확인받는 '인정 투쟁'의 방식이었다고 할 수 있다. 그러나 여성의 구술 언어와 정념의 수사는 을사조약 이후 개인과 집단의 각성을 통해 총체적 난국을 극복하려는 언론에 의해 '계몽을 위한' 효과적 언어로 수렴되기에 이른다.[40]

이처럼 구술적 전통이 효과적인 계몽의 언어로 수용되면서, 이를 자신의 문화적 자산으로 삼고 있던 여성 소수자들은 '국민'의 의무를 기꺼이 수용하고, 내면화하는 통로로 구술적 전통을 활용하기 시작하였다.

> 십년검무 홍 배운뜻은, 홍
> 촉석루노름을 기ᄃᆞ림이라, 홍[41]

---

39) 곽명숙(2008), 46쪽.

40) 『대한매일신보』 국문판에 민요나 가사, 타령조의 구술언어를 활용한 「시사평론」이 고정적으로 편성된 것은 계몽언론의 의도를 가장 뚜렷하게 보여준 예라 할 수 있다.

41) 1909년 3월 19일 ᄉᆞ조 기싱 죽엽 「론개학」.

어리화, 됴타, 흐응. 닥치는딕로, 홍.

5. 나오는 말 : 여성, 언문, 구술과 감성의 공론장[42]

선행 연구에서는 근대 초기 여성독자의 글쓰기는 '메마른' 계몽기의 수사보다 더 건조하며, 딱딱하고 이성적이며 예의바르다고 언급하면서 이러한 방식은 여성 스스로 '지분기와 감상성'을 없앤 글을 통해 이성적 소통의 장을 확보하려는 자기검열의 결과[43]라 한 바 있다. 그런데 논설의 장을 벗어나면 개인의 기억과 정서적 경험을 전면화하고 구술적 전통에 기반한 여성의 글쓰기가 보이고 있다. 그리고 이러한 경향은 계몽의 수사가 범람하고, 주변화한 구술전통이 계몽의 유효한 언어로 선택될수록 증폭되는 양상을 보이고 있다.

이 명백한 차이는 여성 주체 간의 차이에서 비롯된 것일 수도 있다.[44] 그런데 동일한 여성 주체가 호명하는 대상과 맥락에 따라 다른 글쓰기 방식을 구사하는 지점을 살피다 보면, 여성의 글쓰기에서 발견되는 이러한 경향의 차이는 여성이 공론장에 안착하기 위한 지난한 과정을 보여준다고 할 수 있다. 이들은 대상과 맥락에 따라 글쓰기를 달리하면서 의미 있는 '차이'를 만들어 왔던 것이다.

후속 글에서 더 주목하고 싶은 부분은 주변화되었던 언문, 구술적

---

42) '감성의 공론장'이란 감정, 경험, 일상, 정보의 지속적인 교류와 누적된 소통활동을 통해 과정적으로 구성된 것이라 정의하고 있다. 김예란(2010), 참조. 이 글에서는 '문자에 의한 합리적 소통'을 전제로 하는 하버마스의 공론장에 대한 대안 개념으로서, 구술적 전통에 기반한 말하기와 글쓰기, 감정과 경험의 교류를 통한 공감의 확산을 통해 공적 여론을 형성하는 공론장을 의미하기도 한다.

43) 홍인숙(2006), 125쪽.

44) 김복순(2013), 참조.

전통이 여성(나아가 문자로부터 소외된 하층민) 간의 소통을 매개하는 방식이라 할 수 있다. 이를 통해 가사의 창작과 낭송, 소설의 낭송과 윤독 등 구술문화를 통해 일상과 정보, 감정을 공유하고, 공감을 획득했던 전통시대의 기억과 경험이 근대 이후 공론장에서도 여전히 유효하게 작동되는지를 살필 수 있으리라 생각한다.

참고문헌

| 자료 |

『독립신문』

『제국신문』

한국언론진흥재단 고신문 데이터베이스 (http://www.kinds.or.kr)

국사편찬위원회 한국사 데이터베이스 (http://db.history.go.kr)

이화여자대학교 한국여성연구소 편, 『한국여성관계자료집』 근대편 상 · 하

| 연구논저 |

고미숙, 『한국의 근대성, 그 기원을 찾아서－민족·섹슈얼리티·병리학』, 책세상, 2001.

곽명숙, 「『독립신문』 애국·독립가 류의 구술적 특징 연구」, 『우리어문연구』 30집, 우리어문학회, 2008, 35~59쪽.

김복순, 「근대 초기 모성담론의 형성과 젠더화 전략」, 『고전여성문학연구』 14집, 한국고전여성문학회, 2007, 5~51쪽.

김복순, 「『제국신문』의 힘 : '여성적 감각'의 탄생」, 『민족문학사연구』 51호, 민족문학사학회, 2013, 343~385쪽.

김예란, 「감성 공론장－여성 커뮤니티, 느끼고 말하고 행하다」, 『언론과 사회』 통권 18권 3호, 성곡언론문화재단, 2010, 146~191쪽.

박애경, 「야만의 표상으로서의 여성 소수자들－『제국신문』에 나타난 첩, 무녀, 기생 담론을 중심으로」, 『여성문학연구』 19호, 한국여성문학학회, 2008, 103~138쪽.

박애경, 「민충정공 담론과 〈혈죽가〉 류 시가 연구」, 『우리어문연구』 34집, 우리어문학회, 2009, 161~190쪽.

베네딕스 앤더슨 저, 윤형숙 역, 『민주주주의 기원과 전파』, 나남, 1991.

송호근, 『인민의 탄생－공론장의 구조 변동』, 민음사, 2011.

월터 J. 옹 저, 이기우 · 임명진 역, 『구술문화와 문자문화』, 문예출판사, 1995.
위르겐 하버마스 저, 한승완 역, 『공론자의 구조 변동-부르조와 사회의 한 범주에 대한 연구』, 나남, 2001.
이경하, 「애국계몽가 신소당의 생애와 신문독자 투고」, 『국문학연구』 11호, 국문학회, 2004, 105~140쪽.
이경하, 「중세의 여성지성과 문자의 관계」, 『여성문학연구』 24집, 한국여성문학학회, 2011, 31~55쪽.
전미경, 『근대계몽기 가족론과 국민 생산 프로젝트』, 소명출판, 2004.
전인권·정선태·이승원, 『1898, 문명의 전환-대한민국 기원의 시공간』, 이학사, 2011.
조동일, 『한국문학통사』 4권, 지식산업사, 1989.
최기숙, 「언문소설의 문화적 위치와 문자적 근대의 역설-근대초기 '춘향전'의 매체 변이와 표기문자·독자층의 상호관련성」, 『민족문화연구』 60호, 고려대학교 민족문화연구원, 2013, 405~444쪽.
최기영, 『『뎨국신문』 연구』, 서강대학교 언론문화연구소, 1989.
최현식, 「『대한매일신보』의 이중판본 정책과 근대어의 형성」, 『현대문학의 연구』 35집, 한국문학연구학회, 2008, 445~481쪽.
홍인숙, 「근대 계몽기 여성, 지식, 글쓰기의 관계」, 『여성문학연구』 24호, 한국여성문학학회, 2004, 57~86쪽.
홍인숙, 「근대 계몽기 여성 글쓰기의 양상과 여성 주체의 형성 과정」, 『한국고전연구』 14집, 한국고전연구학회, 2006, 103~130쪽.

구술 서사 속 여성 배설물 모티프에 대한 젠더비평적 독해*

김 영 희

1. 들어가며

차이의 담론은 차이를 본질화하는 데 기여하기도 하고 차이를 해체하는 데 기여하기도 한다. 따라서 '차이'를 어떻게 인식하고 어떻게 드러내는가, 혹은 무엇을 위해 '차이'를 드러내고 말하는가에 따라 차이의 담론은 차별을 정당화할 수도 있고 차별에 저항할 수도 있다.

그러나 문제는 사태가 결코 단순하지 않다는 데 있다. 때로는 차별에 저항하기 위해 '차이'를 강조해야 하는 경우도 있고 '차이'를 해체하려는 시도가 차별에 저항하는 토대를 약화시키기도 한다. '남성'과 '여성'의 차이에 대한 담론도 유사한 딜레마에 봉착하곤 한다. 남성중심적 가치에 반발하여 '남성'과 '여성'의 차이를 부정함으로써 '남성'이 획득한 독점적 지위와 권력의 부당함을 고발할 수 있지만, 이와 동시에 차이의 부정은 남성중심적 사회의 약자인 '여성'을 배려하는 행위의 논리적

* 이 글은 필자가 『온지논총』 44집(온지학회, 2015)에 수록한 같은 제목의 글을 수정한 것임.

근거를 박탈할 수도 있다.

차별에 저항하고 이를 보완하기 위해 고안된 사회적 약자에 대한 배려가 '차이'를 규정하거나 강조하는 일을 전제하지 않을 수 없다는 역설은 어제 오늘의 일이 아니다. 예를 들어 적어도 한국 사회에서는 스스로를 '장애인'으로 규정하고 이에 대한 사회적 낙인을 승인하는 과정 없이는 '장애인'에 대한 복지 혜택을 받을 수 없다. '남성'과 '여성'의 문제도 마찬가지여서, '남성지배' 권력이 정당화되거나 자연화된 사회에서 살아가는 '여성'이 차별에 저항하여 자신의 권리를 주장하는 일은 스스로 '여성인 내가 남성과 동등한 존재임을 부르짖는 일'인 동시에 '여성인 내가 남성과 다른 존재임을 스스로 규명하고 증명하는 일'이 된다.

사실상 차이를 강조하지 않고서는 배려를 주장할 수 없고 차이를 강조하는 순간 차별이 정당화되는 논리적 역설은 젠더를 둘러싼 사회적 논쟁에서 끊임없이 제기되어온 주제 가운데 하나다. 눈앞에 닥친 사회적 문제를 해결하기 위해 때로는 '남성과 여성이 같은 존재'임을 주장하고 때로는 '여성이 남성과 달리 배려가 필요한 존재'임을 주장하는 임기응변의 논리가 현실적 조건에 의해 쉽게 정당화되는 현장을 포착하는 것은 어려운 일이 아니다. 그러나 차이가 없으니 동등하게 대해 달라고 말하거나 차이가 있으니 달리 배려해 달라고 말하는 임기응변의 논리는 결과적으로 자가당착(自家撞着)의 함정에 빠지기 쉽다. 이와 같은 논리는 누가, 왜 '차이'를 말하는가, 혹은 '차이'를 말하는 것이 어떤 효과를 만들어내는가에 관한 질문들을 봉쇄하거나 무화시키기 때문이다. 더 정확하게는 언제, 어떻게 '차이'가 말해지는가에 대한 질문, 다시 말해 '차이'가 문제시되는 담론의 층위에서 일어나는 일들이 무엇인가에 대한 질문을 가로막기 때문이다.

그래서 젠더 비평과 철학의 이론가들은 '남성'과 '여성'이라는 이분법적 분류의 틀은 물론이고 이와 같은 사회적 호명의 준거를 해체하는 작업 없이 이 틀 안에 갇힌 채로는 결코 근본적인 문제를 해결할 수 없을 것이라고 주장한다. '남성'과 '여성'도 젠더 담론과 규범의 층위에서 만들어진 하나의 개념으로 접근하여 비평과 해체의 대상으로 삼을 필요가 있다고 주장하는 것이다. 이와 같은 맥락에서 오늘날 젠더 이론의 문제의식은 여성주의의 전략적 구호와 주장들, 예를 들어 '여성의 위대함'을 역설하거나 '여성이 경험하는 차별적 현실'을 고발하거나 '남성 권력의 부당함'을 비판하는 지형적 한계를 넘어서 있다.

젠더(gender)를 담론적 구성물로 간주하려는 시도가 마지막까지 부딪혀야 하는 대상은 '몸의 차이'에 관한 질문들이다. 이것은 생물학적 차이, 혹은 섹스(sex)나 섹슈얼리티(sexuality)의 차이에 대한 논쟁으로 이어지곤 한다. '남성'과 '여성'이라는 이성애적 구도가 사회적 담론과 제도적 기제들의 산물이라는 점을 인정하는 이들조차 마지막 순간에는 '그래도 끝내 담론의 층위로 포섭되지 않는 몸의 차이가 존재하는 게 아닌가'를 묻곤 한다. 이에 대해 주디스 버틀러는 몸의 차이가 인식되거나 의미화되는 것은 결국 담론의 층위에서라고 답한다. 그는 더 나아가 담론의 층위를 벗어난 곳에서 의미화되는 '신체'는 없으며, 그래서 결국 섹스는 젠더일 수밖에 없다고 주장한다.[1)]

주디스 버틀러의 관점에 따르면 모든 신체적 차이는 결국 젠더화된 신체의 차이이며, 이 젠더화된 신체는 담론적 구성물에 지나지 않는다. 그는 옷장의 비유를 드는데 우리가 옷장 안에 들어있는 옷을 골라 입듯이 우리가 '선택'할 수 있는 젠더란 이미 담론의 층위에서 만들어진 규범의 틀 안에 있는 것이며 그렇기 때문에 이것은 진정한 의미에서의 '선택'으로 보기 어렵다는 것이다. 이렇게 되면 우리가 질문할 것은

1) 주디스 버틀러(2003), 참조.

몸의 차이가 실제로 존재하는 것이냐 허구적으로 만들어진 것이냐가 아니다. 왜냐하면 몸의 차이를 말한다는 것 자체가 젠더 담론의 매트릭스(matrix)[2] 안에서 젠더를 수행하는 일이기 때문이다.

예를 들면 우리가 물을 것은 "'남성'과 '여성'의 차이가 실제로 존재하는가', '이와 같은 차이를 과학적으로 규명하는 근거로는 어떤 것들이 있는가'가 아니다. '수많은 신체적 차이들 가운데 어떤 것들은 왜 '남성'과 '여성'의 차이로 분류되는가', '이렇게 분류된 차이들이 다른 차이들과 달리 더 중요하거나 본질적인 것으로 의미화되는 까닭과 근거는 무엇인가'를 물어야 하는 것이다. 결국 우리가 문제삼아야 하는 것은 어떤 종류의 신체적 차이들을 선별하거나 의미화하여 이를 젠더 규범과 관습의 틀에 따라 재해석함으로써 젠더 정치의 전략들을 효과적으로 자연화, 정당화하는 근거로 삼는 방식이다.

이 글에서는 이를 위해 '여성 배설물'이 등장하는 구술 서사들에 관심을 갖는다. 공식적 담론의 층위보다 더욱 강력한 영향력을 행사하는 것이 비공식적 담론의 층위라고 할 때 구술 서사는 이와 같은 층위에서 작동하는 담론의 구조를 파악하기에 용이한 대상이기 때문이다. 구술 서사는 준공공영역[3]의 담론으로서 한편으로는 지배적

---

2) 버틀러는 젠더의 수행성(performativity)을 특정 개인의 행위, 혹은 수행에 결부시키지 않고 매트릭스(matrix)라는 틀로 설명하고자 한다. 매트릭스는 가변적이고 유동적인 허구적 가설물이자, 무엇인가가 만들어지고 규정되는 틀이며, 정교하게 짜여서 내부에서는 인공적인 구성물임을 인식할 수 없을 정도로 환상적 효과를 창출하는 구조물이다. 젠더의 매트릭스는 젠더정체성이 수행되는 틀이자 담론적 효과를 창출하는 구조 자체라고 할 수 있다. 젠더정체성은 이와 같은 매트릭스를 통해서만 구성될 수 있으며 매트릭스의 구조 안에서 비로소 효과를 발휘할 수 있다. 젠더정체성이 담론적 효과를 통해 구성되는 산물이라고 할 때 이 담론적 효과는 매트릭스라는 틀을 전제로 하는 것이다.(조현준(1990) ; Judith Butler(1990), 참조.)

3) 일상적인 소통의 장으로서 이야기판은 일종의 '준공공영역'으로서의 성격을 지니는데 '준공공영역'은 '가정에서 아이와 부모, 할아버지와 손자가 나누는 얘기들, 또는 회식이나 술자리 모임' 같은 담화의 장을 가리키는 개념으로,

담론을 관철하는 틀로 작동하고 다른 한편으로는 이와 같은 이데올로기 효과에 균열을 만드는 탈주적 기제로 작용한다.

구술 서사에 등장하는 '여성 배설물' 모티프에 대한 분석은 '여성의 몸'이라는 젠더화된 신체가 구술 담화의 일상적 층위에서 어떤 식으로 구성되고 작동하는지 파악할 수 있는 흥미로운 주제가 될 것이다. 특히 이 주제에 대한 해석은 신화적 상징과 의미에 대한 분석에서 시작하여 탈신화화와 세속화의 과정에서 드러나는 의미에 대한 분석까지 포괄하게 될 것이다. 이와 같은 분석을 통해 신성(神聖)에 내재한 양가적(兩價的) 상징성이 탈신화화와 세속화의 과정을 거치면서 젠더 담론의 전략과 맞물려 어떻게 분화해 나가는지 살펴보는 계기를 맞이할 수 있으리라 기대한다.

일상적이고 비공식적인 소통 공간을 지시한다.(알프 뤼트케 외(2002), 472~473쪽.) 연구자들에 따르면 '준공공영역'은 우리가 상상하는 이상으로 담론의 장으로서 적극적인 기능을 수행하며, 때로는 공공영역보다 훨씬 더 강력한 정치적 효과를 발휘하기도 한다. 준공공영역은 일종의 유언비어(流言蜚語) 등이 만들어지고 유포되는 장으로서 지배 담론이 생활 세계의 틀 내에서 가장 직접적으로 영향력을 행사하는 영역이면서, 동시에 지배 담론이 결코 전일적인 효과를 발휘할 수 없는 비공식성과 일상성에 기초한 틈새 영역이기 때문이다. 윤해동은 공공성을 실체가 아닌 정치적 은유로 간주하고 식민지 공공성을 탐구하는 논의에서, 알프 뤼트케의 개념을 전유하여 '준공공영역'을 '공공영역에서의 의사소통을 보조하는 영역'으로 정의하고 '회식이나 술자리 등에서 나누는 이야기들의 정치성을 지칭'하는 개념으로 활용하였다. 유언비어 등이 유포되고 공유되는 일상적 정치 담론 영역으로서 '준공공영역'은 지배적인 공공성의 담론을 '수면 아래로 잠복시켜 일상 속에서 자신의 것으로 만드는' 場으로 해석된다.(윤해동(2010), 184~188쪽.) 민족이나 국가 단위의 정체성이 구성되고 이와 같은 추상적 단위의 공동체가 실제로 개별 주체에게 작동할 수 있는 것은 이른바 '준공공영역'으로 명명되는 소규모 담론공동체의 매개적 작용을 통해서이다. 일상적인 소규모 담론공동체의 의사소통영역에서 구술 연행되는 이야기야말로 개별 주체의 소속을 가르며 정체성의 정치(identity politics)를 작동시키는 가장 효과적인 기제라고 할 수 있다.

2. 신화와 탈신화 : 신화적 표상의 잔존과 신비화

대지모신(大地母神, Gaia, Gaea)은 가장 보편적인 신화적 관념이다. 이 신화적 관념 속에서 세상의 모든 살아있는 것들은 어머니 대지의 자궁에서 나와 자궁으로 돌아가며 그 자궁에서 다시 '되살아나는' 죽음과 재생을 반복하는 것으로 인식된다. 가을에 대지의 어머니 자궁 속으로 들어간 생물들은 다시 겨울의 잉태를 거쳐 봄에 되살아나고, 죽어 땅 속에 묻힌 몸들은 다시 대지의 어머니 자궁 속에서 새로운 생명을 얻어 되살아난다.

'대지의 어머니'라는 관념을 넘어서더라도 모든 신화적 인식과 관념의 기저에는 여신(女神)의 표상이 있다. 삶과 죽음의 신, 토지와 풍요의 신, 사냥과 숲의 신, 달과 물의 신, 우주와 집의 신, 산과 나무의 신 등 신화적 상징과 표상이 자리한 도처에서 '여신'의 이미지를 발견할 수 있다.(장영란(1999), 58~91쪽.) 신화적 주제의 핵심부에 삶과 죽음, 재생과 풍요가 있다고 할 때 '여신'의 '무엇' 중에서도 가장 극적인 관심의 대상이 되는 것은 '여신'의 '몸'이다. '여신'의 '몸'은 그 자체로 세계의 물질성을 대변하기도 하고 때로는 짓밟히고 찢기고 산산조각 난 채 창조와 재생과 풍요의 토대가 되기도 한다. 여신의 신체 일부분이 우리가 살아가는 세계의 한 부분, 곧 산과 바다, 강과 논밭이 되기도 하고, 여신의 몸이 산산조각난 토대 위에서 세계가 창조되거나 풍요가 만들어지기도 한다.

그렇다면 '여신'의 몸에서 나온 것들은 어떤가. '여신'의 몸에서 흘러나온 것들은 '여신'의 몸 바깥의 것이되 동시에 여전히 '여신'에게 결부된 것이다. 일종의 '몸엣것'[4]으로서 '여신'의 배설물은 '여신'의 몸이라

4) 한국에서 '월경'을 가리키는 말 가운데 '몸엣것'이라는 말이 있다. '월경'은 '생리', '경도', '서답', '꽃', '달거리' 등으로 불리기도 한다.

는 경계 바깥으로 내쳐진 것이면서도 '여신'이 갖고 있는 것으로 가정되는 성적(聖的) 에너지(聖顯, 히에로파니)[5]가 가장 극대화된 대상으로 그려진다. 예를 들어 여신의 오줌과 젖물, 월경혈 등은 여신이 갖고 있는 성적 에너지가 가장 응축된 대상이며 여신의 신적 권능이 가장 극대화된 형태로 발현될 수 있는 물질이다. 이들 배설물은, 접촉하는 것은 물론 가까이 가는 것만으로도 성적(聖的) 에너지에 전염, 혹은 오염될 만큼 강력한 힘을 가진 것으로 인식된다. 여신의 '몸엣것'은 더이상 여신의 '몸'이 아닌 것처럼 보이지만 여신의 '몸'이 갖고 있는 어떤 속성을 가장 명확하게 드러내는 핵심으로 간주된다. 여신의 '몸' 경계면에서 가장 여신의 '몸적'인 부분을 표상하는 것이 바로 '배설물'인 셈이다.

'여신의 몸' 바깥으로 배출되는 '몸엣것'은 대체로 '물'의 표상을 드러낸다. '몸엣것'으로서의 '물'은 '여성의 몸' 안에서 흘러나오는 것이거나 '여성의 몸' 안으로 흘러들어가는 것[6]으로, 생명의 근원이자 재생의 원천을 상징한다. 이 물의 이미지는 가장 에로틱하면서도 가장 성스러운, 가장 더럽고 불결한 것이면서 가장 순결하고 신성한 어떤 것으로 표상된다. 물은 영원하면서도 변화무쌍한데, 이 물의 이미지는 신화학에서 흔히 '달'의 이미지에 연동된다. 엘리아데는 '여성', '물', '달'을 하나의 연계된 신화적 이미지로 설명하고 이를 신화학의 핵심 표상으로 지시한 바 있다.(엘리아데, 1996) 변화하면서도 영원한 '달'의 이미지

5) 엘리아데는 외경심을 불러일으키는 聖의 완전함이 드러나는 것을 聖顯, 곧 '히에로파니'로 명명하였다. 이와 같은 성의 완전함은 '외래의 것, 이상한 것, 신기한 것'으로서 인간에게 공포나 두려움을 느끼게 하는데 聖의 이와 같은 측면을 엘리아데는 '力顯', 곧 '크라토파니'로 표현한다. '크라토파니'는 '히에로파니'와 모순적으로 병존하는데, 이 병존이 의미하는 바는 '聖이 성스러운 동시에 더럽혀진 것이며 성스러운 동시에 저주스러운 것'이라는 사실이다.(엘리아데(1996), 68쪽.)

6) '여신의 몸 안으로 흘러들어가는 것'은 '정액'을 상징하는 경우가 많다.

는 변화와 영속의 양가적(兩價的) 이미지 때문에 흔히 유동적이면서도 지속적인 신성(神聖) 표상으로 인식되며, 어딘지 모르게 불안정하면서도 완전한 이중적인 상징성을 지니는 것으로 간주된다.[7] 여신의 몸에서 흘러나온 '물'은 이와 같은 '달'의 이미지에 연동되어, 숭배의 대상인 동시에 저주의 대상이 되기도 했다.

한국 구술 서사에서 가장 많이 등장하는 '여신의 몸엣것'은 '오줌'과 '월경혈'이다. 『삼국유사(三國遺事)』에 「선류몽담(旋流夢談)」 한 편이 수록되어 있는데 바로 김유신의 여동생 문희가 김춘추의 부인이 되어 왕후가 될 징조를 나타내는 꿈 이야기다. 김유신의 동생이자 문희의 언니인 보희는 서악(西岳)[8]에 올라가 오줌을 눈 후 서울이 모두 물에 잠기는 꿈을 꾼다. 꿈 이야기를 들은 문희가 보희에게 꿈을 산 후 왕후가 되는 것이 이야기의 핵심 내용이다.[9] 같은 이야기가 『삼국사기

7) 여신, 곧 여성의 몸에서 흘러나온 것이 달과 연동되는 동시에 양가적 대상으로 인식되는 양상은 '월경'에 관한 신화와 의례의 맥락에서 명확하게 드러난다. 월경은 신화와 의례에서 유동성, 사악함. 유혹. 불길함 등을 상징한다. 전세계적으로 월경은 생명과 죽음, 생명과 질병에 관한 어떤 것으로 표상되는데 이것은 흔히 '달'과 연관된 이미지로 맥락화된다. 프랑스에서는 월경을 '달의 순간'으로 부르고 마오리족은 월경을 '달의 병'이라 부른다고 한다. 달의 여신들이 흔히 임산부에 결부되거나 북아메리카 인디언들이 달이 기우는 것을 달이 '월경을 한다'고 말하는 것도 이와 같은 맥락으로 이해할 수 있다. 어떤 부족들은 임신이 될까봐 달을 보지 않는 풍습을 갖고 있기도 하다.(질베르 뒤랑(2007), 143~151쪽.) 소녀의 입사의례는 흔히 월경의 시작에 연동되어 있다. 초경의 소녀들이 수행하는 입사의례는 슬픔과 고통을 동반하는데, 어두운 오두막집이나 동굴 같은 곳에서 죽음과 재생의 상징적 의례를 경험한다. 이 또한 달과 연관된 상징성을 지닌다. 흔히 여성의 입사의례에서는 실잣기나 베짜기 등이 등장하는데 이는 달과 연관된 여신의 직능적 면모에 관련되어 있다. 신화학에서는 시간을 실 잣듯이 뽑는 것은 달이며 인간의 현존을 '잣는' 것도 달이라고 인식한다. 같은 맥락에서 여신들은 운명의 실을 잣는 거미로 간주되기도 한다. 한밤중에 어둡고 깊숙한 곳에서 시간과 운명의 실을 잣고 베를 짜는 것은 모두 은밀하고 신비로운 창조와 생산의 일을 표상한다.(미르치아 엘리아데(2006), 256~257쪽.)

8) 서악은 경주라는 우주적 공간의 서쪽 기둥으로 여신이 깃들어 사는 신화적 공간이다.

(三國史記)』에도 실려 전하는데, 이와 같은 모티프는『동국여지승람(東國輿地勝覽)』 권31의 경종비(景宗妃) 이야기[10]에도 등장하고 같은 책 권12의 보육(寶育)과 진의(辰義) 이야기[11]에도 등장한다.

어떤 여성이 산에 올라가 오줌을 누고 그 오줌물로 온 세상이 물에 잠기는 꿈을 꾸는 유형의 이야기를 선류몽담(旋流夢談)이라고 한다. 이와 같은 부류의 꿈은 지금도 길조(吉兆)로 해석되곤 한다. 이 꿈이 길조로 해석되는 까닭은 온 세상이 오줌물에 잠기는 형상이 '홍수'를 연상시키기 때문이다. 홍수는 신화에서 우주의 질서가 무화(無化)되는 카오스(chaos)를 상징한다.[12] 이것은 곧 종말을 상징하는데 신화에서 종말은 창조의 전단계로서 새로운 세계의 창조와 재생을 징후적으로 표상하는 사건이다. 다시 말해 세계의 종말을 가져올 수 있는 신은 세계를 거듭나게 하거나 창조할 수 있는 신인 것이다. 따라서 우주의 중심인 산에 올라가 오줌을 누는 행위로 세계의 질서를 카오스 상태로 만들 수 있는 존재는 세계를 거듭나게 하거나 새롭게 창조할 수 있는 존재이며 이는 곧 여신적 존재임을 암시한다.[13] 그래서 선류몽을 꾸었던 여인들이 모두 세계의 중심이 될 자의 배필이 되거나 그 어머니가 되었던 것이며, 이와 같은 꿈이 길몽으로 해석되는 것이다.

---

9)『三國遺事』 권1,「紀異」「太宗春秋公」.

10) 경종의 비 獻貞王后가 곡령에 올라가 오줌을 눠 온 나라가 물에 잠기는 꿈을 꾸고 고려 8대 임금인 현종을 낳게 되었다는 이야기다.

11) 寶育은 고려 태조의 증조인 작제건의 외할아버지로 알려져 있다. 해당 이야기에서 보육은 귀인이 사위가 되리라는 예언을 듣고 두 딸을 키웠는데 그중 둘째가 辰義였다. 진의는 15세에 언니가 오관산 꼭대기에 올라가 오줌을 누니 오줌이 천하에 흘러넘쳤다는 이야기를 듣고 비단치마로 그 꿈을 산 후, 당나라 숙종의 아들을 낳았다. 당나라 숙종의 찢어진 옷을 꿰맨 후 그의 아들을 낳게 되는 과정이 김유신의 동생 문희의 이야기와 유사하다. 진의가 낳은 아들이 바로 작제건이다.

12) 멀치아 엘리아데(1983), 참조 ; 엘리아데(1985), 참조.

13) 권태효(1995), 175~200쪽 ; 노영윤(2012), 39~62쪽 ; 박계옥(2007), 689~705쪽.

창조의 여신이 누는 오줌의 신화적 상징성은 마고할미류 이야기에서 본격적으로 전개된다. 설문대할망, 경주할미, 다자구할미, 마고할미 등으로 불리는 한국 구술 서사 속 창조의 여신들은 모두 특정 지형과 세계를 창조한 여신적 존재들로 등장한다.[14] 제주도 '설문대할망' 이야기 중에는 '설문대할망'이 이쪽 산과 저쪽 산에 다리를 걸치고 오줌을 눠서 육지가 패이거나 두 동강 나서 바다나 강이 만들어졌다는 내용의 각편들이 많다.(조현설, 2014) 왕이 만들어준 옷이 너무 좋아 춤을 추다가 추방당한 거인할머니가 흙을 먹고 바닷물을 마시는 바람에 설사를 했고 그 배설물이 지금의 강산(江山)이 되었다는 '갱구할머니' 이야기[15]도 있지만 다수의 이야기는 주로 '오줌'에 관한 것들이다. 천태산 마고할매가 돌로 성을 쌓은 후 오줌을 누었고 그 덕분에 농사를 지을 수 있는 물길이 생겼다는 내용의 이야기도 같은 유형의 이야기라 할 수 있다.[16]

'오줌'이 바다, 강, 농수(農水) 등 생산과 풍요의 물을 표상하거나 우주의 창조, 혹은 창조된 우주를 표상한다면 '월경혈'은 좀더 직접적으로 '여신'의 생산 능력에 결부된 성적(聖的) 에너지를 표상한다. 여신의 생산 능력을 표상하는 핵심 대상이 '자궁'이라면 이 자궁에서 흘러나온 피, 혹은 주기적으로 피가 흘러나오는 사건으로서의 월경(月經)은 이와 같은 생산 능력을 표상하는 가장 핵심적인 이미지라 할 수 있다.

---

14) 허남춘은 제주 설문대할망의 배설물이 지형 창조와 연관된 신화적 서사의 흔적을 일본이나 중국의 창조신화와 비교한 바 있다.(허남춘(2013), 101~136쪽 ; 허남춘(2015), 311~348쪽.) 설문대할망의 배설물이 지형을 만드는 창조의 서사를 탐색한 다른 연구로는 고혜경의 「상징해석을 통한 창세여신 설문대할망 이미지 복원」(2009)이 있다.

15) 이 이야기에서는 '갱구할머니'가 흘린 눈물이 압록강과 두만강이 되고, 갱구할머니가 토하거나 설사로 눈 똥이 태백산맥과 제주도가 되었다는 내용이 전개되기도 한다.(조현설(2014), 참조.)

16) 『한국구비문학대계』(한국학중앙연구원, 1980~1989, 이하 『대계』) 8-2, 경남 거제 「마고할미와 피왕성」.

여신의 생산 능력은 곧 창조에 관한 일이며 월경은 이 창조의 권능을 증명하는 사건이다. 또한 이때 흘러나오는 '몸엣것'으로서의 피, 곧 '월경혈'은 이와 같은 창조의 성적(聖的) 에너지가 응축된 대상으로서 가장 강력한 힘과 전염력을 가진 대상으로 간주된다. 그래서 동서고금을 막론하고 '월경혈'은 극단적 금기의 대상이자 숭배의 대상이 되어왔다.

『삼국유사(三國遺事)』에 전하는 원효 이야기에서 이와 같은 '월경혈'의 신성 표상을 찾아낼 수 있다. 원효가 도를 얻기 위해 길을 가던 중 월수백(月水帛, 월경대)을 빨던 여인을 만나는데 원효가 물을 달라 청하자 이 여인이 월수백을 빨던 '더러운' 물을 그대로 떠서 바친다. 그 물을 엎질러 버리고 다시 냇물을 떠서 마신 원효는 나중에서야 그녀가 관음보살의 화신임을 알게 된다.[17] 관음의 화신으로 등장하는 여인이 빠는 '월수백'은 관음이 표상하는 바의 신성 상징을 그대로 드러내는 대상이다.

월경혈은 아니지만 여성의 자궁에서 흘러나온 피의 이미지는 노힐부득(努肹夫得)과 달달박박(怛怛朴朴)의 이야기에도 등장한다. 노힐부득과 달달박박은 함께 수도정진하는데 어느날 해질 무렵 젊은 여인이 나타나 하룻밤 재워 달라 청한다. 박박은 거절하고 부득은 여인을 받아들이는데 여인은 아이를 낳겠다며 아이를 받아달라 청하고 이에 부득이 아이를 받자 자신을 목욕시켜 달라 청한다. 부득이 여인을 목욕시키자 목욕물이 금빛으로 변했고 이번에는 여인이 함께 들어와 목욕하기를 청해 부득이 그렇게 하자 부득의 살빛이 금색으로 변하면서 앞에 연대(蓮臺)가 생겼다. 여인이 스스로 관음보살이라 칭하고 부처의 도를 성취하는 것을 돕기 위해 왔다고 말한 후 부득은 미륵

17) 『三國遺事』 제4 「塔像」 「洛山二大聖 觀音 · 正趣 · 調信」.

부처로 화한다.[18] 이 이야기에서도 구체적인 붉은 피의 이미지가 강조되는 것은 아니지만 사건의 전개 내용상 출산 과정에서 여성의 자궁에서 흘러나온 피가 암시되며 이 피를 씻기는 행위까지 묘사된다. 이 여성 또한 관음의 화신으로 등장함으로써 여성의 출산과 자궁에서 흘러나온 피는 모두 일종의 신성 상징을 표상한다.

마고할미류의 이야기[19]나 마을의 중심산이 어떻게 생겨났는가를 설명하는 '떠내려온 산'[20] 부류의 이야기에서도 '서답 빠는 여인'의 형상이 나타난다. '서답'은 월경대를 가리키는 말인데 이들 이야기에서 '서답을 빠는 행위'는 냇가를 피로 붉게 물들이는 일이며 이는 곧 여성의 자궁에서 흘러나온 피가 세계를 오염시키는 사건이라 할 수 있다. 그리고 이 오염이 곧 창조와 재생에 관련된 신성(神聖)의 사건을 표상한다.

'오줌'과 '월경'의 이미지가 등장하는 이들 서사는 모두 '신화(神話)'로 연행되거나 전승되는 이야기들이 아니다. 그러나 이들 이야기에 등장하는 '오줌'과 '월경'의 이미지는 모두 '여신(女神)'의 속성에 결부된 것들이며 해당 이야기에서 신화의 흔적을 보여준다. 신화가 탈신화화되는 과정에서 신화적 의미가 지속, 혹은 잔존하는 양상을 보여주는 것이다. 신성(神聖) 표상은 숭배와 경외의 대상인 동시에 배제와 저주의 대상이 되기도 하는 양가적(兩價的) 속성을 지니는데 탈신화의 맥락에

18) 『三國遺事』 제4 「塔像」 「南白月二聖 努肹夫得·怛怛朴朴」.

19) 마고할미가 다리를 벌리고 앉아 서답을 빨다가 군사를 만나거나 누군가에게 비밀을 토로하는 장면이 종종 등장한다. 대표적으로는 설문대할망의 이야기가 있다. 설문대할망이 서답 빨래를 하다가 다른 사건에 개입하는 부류의 이야기는 『제주설화집성』 1의 "설문대할망" 참조.(김영돈·현용준·현길언(1985), 511~512쪽.)

20) '떠내려온 산'은 서답을 빨던 여인(서답을 빠는 것이 아닌 다른 행위를 하는 것으로 그려지기도 한다.)이 산이 둥둥 떠내려가는 것을 보고 '저기 산이 떠내려간다'고 외친 바람에 산이 그 자리에 멈추게 되었는데 바로 그 산이 마을 우주의 중심산이라는 내용으로 구성되는 이야기다.(김영희(2009), 참조.)

서 이와 같은 양가성은 숭배와 경외의 방향으로 전면화되기도 하고 그 반대 방향으로 나아가기도 한다. 앞서 예로 든 이야기들은 모두 '여신의 배설물'에 관한 모티프들이 여전히 신성의 흔적을 드러내는 양상을 보여준다.

그러나 이것은 다른 한편 여성 섹슈얼리티를 의도적으로 모호하게 만들면서 신비의 대상으로 구성하는 젠더화 전략의 단면을 보여주는 것으로 해석할 수 있다. 탈신화의 맥락에서 '여신'의 신성성은 필연적으로 '여성'이라는 젠더 표상을 강화하는 방향으로 나아갈 수밖에 없다. 신이 아닌 인간에 가까운 존재로 그려지거나 신성의 존재가 점차 속화(俗化)될 때 '여신'은 '신'이기보다는 '여성'이라는 사실이 강조되는 방향으로 나아가곤 한다. 앞서 예로 든 마고할미나 설문대할망, 관음의 화신 등은 모두 '여성'으로서의 표상성을 명확하게 드러낸다. 다시 말해 이들의 신성 이미지에는 여성 섹슈얼리티의 표상성이 강하게 개입되어 있다. 이들에게 결부된 '여신적 표상'이 '여신의 계보'를 증거하는 것으로 해석됨으로써 이와 같은 계보를 복원하는 데 기여할 수 있지만 다른 한편 여성 섹슈얼리티를 모호하고 신비화된 대상으로 타자화하는 데 기여할 수도 있는 것이다. 이와 같은 양상을 보여주는 이야기가 '사자생손'과 '첫날밤에 자식을 낳은 여인' 부류의 이야기다.

'사자생손(死者生孫)' 부류의 이야기는 어느 집에 독자(獨子)가 죽어 대가 끊기게 되었는데 우연히 어느 여인이 죽은 독자의 아들을 낳아 대를 잇게 되었다는 내용으로 구성된다. 이 이야기에서 여인이 죽은 독자의 아들을 낳게 되는 사건은 죽은 독자의 혼령이 나타나 여인과 정을 통하는 사건으로 구체화되거나 여인이 독자가 묻힌 땅 위에서 오줌을 누고 아들을 낳게 되는 과정으로 그려지기도 한다.(장장식, 1992) '첫날밤에 아이를 낳는 여인'의 이야기에서도 어느 신부가 결혼한 첫날밤에 아이를 낳는데 신랑이 신부를 용서하고 살다가 나중에 사연을 물으니 여인이 강가에서 오줌을 누거나 달이 높이 뜬 날 오줌을 누는데 달빛이 비추더니 그 이후로 배가 불러왔다고 대답한다. 이렇게 해서 낳은 아들이 나중에 크게 되는 내용의 이야기다. 이들 부류의 이야기 중에는 땅속 지렁이의 정기가 여성의 오줌에 화합하여 아이를 잉태하게 된 것으로 그려지는 각편도 많다.[21]

이들 이야기는 모두 여성의 '오줌'이 남성과의 결합이라는 생물학적 이원 결합 없이 생산을 이끌어낸다는 점에서 여신적 속성에 닿아 있다.[22] 이런 부류 이야기들 중에는 이물교혼(異物交婚) 모티프와 연결된 것들도 많은데, 예를 들면 과부가 오줌을 눈 후 아이를 낳았는데 그 아이가 지렁이나 뱀의 자식으로 알려지는 내용의 이야기들이 있다.[23] 빨래나 서답 빨래를 하다가 떠내려온 오이나 참외 등을 먹고 아이를 낳는 부류의 이야기도 이와 관련된 것들로 인식할 수 있다.[24] 냇가에서 빨래하던 처녀의 다리를 조개가 물고난 후 처녀가 잉태를 하는 내용의 이야기도 있다.[25] 어떤 경우에는 두 가지 모티프가 서로

---

21) 이인경(2008), 382~384쪽.

22) 아래 이어지는 내용을 참조할 때 다음과 같은 신화학의 주장들을 함께 고려할 수 있다. 여성의 신화적 생산력은 흔히 달, 뱀 등의 이미지와 연결되며 이는 풍요와 다산을 상징하는 이미지들과의 연계로 간주될 수 있다. 뱀은 주기적으로 태어나고 재생을 반복하며 영생한다는 점에서 변화하면서 지속되는 달을 연상시키는 동물이다. 또한 여성의 성적 행위나 섹슈얼리티에 연계된 이미지들이 생산과 풍요에 연계되는 예 또한 흔히 찾아볼 수 있다. 여성의 몸에서 흘러나오는 액체에 관한 것들만 한정해 보아도 농촌 여자가 밭에 씨를 뿌리기 전에 밭고랑에 자신의 젖 몇 방울을 뿌리는 관습을 갖고 있는 핀란드의 사례를 들 수 있다. 그밖에도 여성이 발가벗고 농사일을 하는 것, 밭이나 농작물 위에서 성행위를 하거나 이를 모방하는 것 등을 통해 풍요를 기원하는 의례적 풍습을 가진 사례를 발견하는 것은 어려운 일이 아니다. 또한 여성이 지렁이나 뱀과 교접하는 것을 상징화함으로써 의례적 생산성과 풍요의 의미를 표상하는 예 또한 전세계적으로 쉽게 찾아볼 수 있다.(엘리아데(1996), 436쪽, 462쪽.)

23) 이인경(2008), 632~633쪽.

24) 이인경(2008), 48쪽.

25) 『대계』 7-1, 「조씨의 시조」. 아래 이야기와 함께 모두 이선재(여)씨라는 여성 연행자가 연행한 이야기들인데 이 여성 연행자는 특히 여성 혼자 아이를

결합하기도 하는데, 냇가에서 빨래하던 여인이 버드나무 밑에서 오줌을 누고 태기가 있어 아들을 낳는데 이 아들이 나중에 아버지를 찾아가자 버드나무가 홍수날 때를 미리 알려줘 모자만 살아남는 이야기도 있다.26)

이들 이야기에 등장하는 '오줌'과 '빨래'의 모티프는 모두 앞서 살펴본 '여신'의 배설물에 개입된 '신성 표상'이 탈신화의 서사들에서도 여전히 지속되거나 잔존하는 양상으로 인식할 수 있다. 특히 이들 이야기 중에는 오줌을 누거나 빨래를 하는 여인이 '남다른 존재 속성'을 지닌 것으로 서술하는 각편들도 있는데, 예를 들면 박문수 이야기 중에 우연히 크게 될 며느리감으로 어떤 처녀를 데리고 온 박문수가 살림은 엉망으로 제쳐둔 채 문을 열고 오줌을 누는 며느리를 목격하는 내용의 각편이 있다. 이 이야기에서 며느리는 당황한 박문수의 질문에 '승천하는 용에게 물을 주기 위함'이라고 대답하는데 그의 말대로 박문수의 집안은 그 이후 크게 번창하게 된다.

이들 이야기에서 오줌을 누는 행동은 성적(性的) 행위를 비유하는 행동으로 맥락화되기도 한다. 그러나 이때 여성의 배설물이나 여성의 배설 행위는 비일상적인 잉태와 출산으로 의미화되며 이는 신화적 상징성을 환기하는 차원으로 연결된다. 주목할 것은 이들 사건이 신화적 상징의 흔적을 내포하되 이야기 속에서 분명하게 성적(性的) 행위, 혹은 이와 연관된 여성 섹슈얼리티를 환기하는 사건으로 그려진다는 사실이다. 그러나 배설물이나 배설 행위를 통해 드러나는 여성 섹슈얼리티에서 여성의 성적(性的) 욕망이나 성적(性的) 행위는 완전히 지워져 있다. 이들 배설물과 배설 행위가 환기하는 여성의 몸은 성(性, sex),

---

잉태하게 되는 부류의 이야기를 많이 연행하였다.

26) 『대계』 7-1, 「류씨의 시조」. 시조담으로 전승되는 이와 같은 부류의 이야기들은 다소 속화된 형태이기는 하지만 신화적 서사의 흔적을 뚜렷하게 보여준다.

혹은 여성 섹슈얼리티의 구체적 맥락들을 소거한 채 모호하게 그려지거나 신비화된 대상으로 구성된다.

특히 이와 같은 여성의 배설 행위가 '대를 잇거나', '가문이 번창하거나', '남성의 관용을 드러내는' 사건으로 귀결된다는 점이 중요하다. '남성 권력'을 유지하고 보존하는 일, 혹은 '남성 권력'의 정치적 질서를 확대 재생산하는 일을 성취하기 위해 신비한 여신적 '몸'이 소환되는 것이다. 탈신화화의 과정에서 잔존하거나 재소환된 '여신'의 몸은 결과적으로 '남성 권력'의 보존과 재생산에 기여하는 방식으로 도구화되거나 타자화된 '여성의 몸'을 보여준다고 할 수 있다.[27] 신화의 맥락을 벗어나 탈신화화의 여정을 거쳐가는 '여신의 몸'은 이처럼 한편으로 신화적 상징성을 여전히 견지해 나가면서도 여성 섹슈얼리티를 신비화하는 방식으로 젠더화 전략을 실현한다.

3. 탈신성화와 양가적 분화 : 기괴함(uncanny)

신화와 의례를 연구하는 많은 연구자들은 신성(神聖) 표상이 양가적(兩價的) 성격을 드러낸다고 진술한다. 특히 프로이트는 타부(Taboo)를 통해 신성외경(神聖畏敬, Heilige Scheu)의 양가성(兩價性, ambivalence)을 분석한 바 있다. 그는, "타부의 의미는 상반되는 두 방향을 지향한다. 즉 한편으로는 '신성한', '성별(聖別)된'이라는 의미를 지니고 있는가

27) 「명의 유의태」 이야기에서 길에서 오줌을 누고 태기가 있었던 여자는 유의태의 지혜 덕분에 죽을 위기에서 구해진다. 여인을 끓는 물이 담긴 솥 위에 앉혔더니 지렁이가 한 솥 가득 나와 누명을 벗게 된 것이다.(『대계』 7-1, 「명의 유의태」) 이 이야기에서도 땅 위에서 오줌을 눈 여인은 지렁이와 교접하여 잉태를 한 것으로 암시된다. 그러나 여기서도 서사적으로 초점화되는 것은 여인의 신성 표상이 아니라 죽을 위기에 처한 여인의 이와 같은 존재 속성을 알아보고 지혜를 발휘한 유의태의 능력이다.

하면 다른 한편으로는 '기분 나쁜', '위험한', '금지된', '부정한'이라는 의미를 지니고 있기도 하다."[28]고 말한다. 프로이트는 인간이 특정 대상을 숭배하면 할수록 반대급부의 감정이 함께 고양되기 때문에 완전하고 신성한 대상일수록 양가적인 감정을 유발한다는 것으로 타부의 양가적인 의미를 설명하였다. 성적(聖的) 대상이 인간의 무의식적 욕망을 자극할 때 대상을 갈망하면 할수록 결코 그 대상을 범해서는 안 된다는, 혹은 그 대상을 범하는 것은 지극히 위험한 일이라는 인식과 감정이 함께 싹튼다는 것이다. 그래서 이러한 성적(聖的) 대상들은 어떻게 해서든지 범하고 싶은 것인 동시에 범하기에는 너무나 무섭고 위험한 것이 된다.[29]

제의학파의 신화학자 엘리아데 역시 성(聖)은 외경심과 두려움의 대상이 된다고 설명한다. 두려움의 대상인 동시에 숭배의 대상이 되는 성(聖)의 양면성은 가치론적 차원에도 속하는 것으로서 성(聖)은 '성스러운' 동시에 '더럽혀진' 것이 될 수밖에 없다는 것이다. 그는 성의

28) 지그문트 프로이트(1994), 235쪽.

29) 여신의 양가적 이미지에 대한 비평적 해석 가운데 가장 널리 알려진 것은 '성적 환희'로 불리는 19세기 발리의 조각상에 대한 하인리히 짐머의 평이다. "모성과 풍요의 여신은 … 전통적이고 이중적인 상징적 자세로, 여성 원리의 두 가지 주요 부위를 가리키고 있다. 한쪽 팔뚝으로는 자신이 낳은 생명들을 먹여 살리는 유방을 들어 올리고 있고 다른 손은 그녀의 복부 아래쪽, 생식기 바로 윗부분에 두어 임신한 배를 지긋이 받치고 있다. 반쯤 벌어져 왼쪽 끝이 넓어진 관능적인 입술에는 쾌락의 고통에 찬 듯한 기미를 띠고 있는데 이것은 사랑과 수태의 희열과 출산의 고통을 자연스럽게 나타내고 있다. 이 작품은 고대의 어머니상의 부끄러움 없이 순수한 모습을 보여준다. 하지만 이와 동시에 기묘하게 악마 같고 초인적인 창부의 도전적이며 냉정하고 경계하고 의도적으로 노출적인 듯한 태도를 지닌 것으로도 보인다. 이 끔직하고 그로테스크한 모습은 불길하고, 악마 같은 성적 매혹으로 가득하다. 인간과 생명 속에서 동물적 힘에 완전히 사로잡힌 모습이 여과 없이 그대로 표현되었다. … 인간 도덕이나 사회적 가치와 명령을 넘어서거나 그 밑에 깔려 있는 아름다움과 흉측함, 매력과 괴기스러움을 혼합해 놓은 양가적이고 모호한 순수한 본성은 이 조각상에서 사회, 윤리, 가족, 그리고 인류의 영적 추구에 대한 영속적인 절대자로서 드러나고 있다."(조지프 캠벨(2006), 326~327쪽.)

양가적 양면성을 인간의 존재론적인 문제와도 결부시키는데, 그에 따르면 인간은 성스럽고 초월적인 힘에 효과적으로 접촉하여 자신의 실재를 확보하고 증가시키려 하면서도 다른 한편으로는 존재론적으로 자신보다 우월한 대상이나 차원에 합일되어 그 '실재'를 상실하지 않을까 하는 두려움에 휩싸여 있다.[30]

이와 같은 양가성은 세속화와 탈신성화의 과정에서 다양한 방식으로 분화되어 나간다. 특히 신성 표상에 대한 숭배와 외경의 감정이 완화되고 성스러운 대상들이 세속적 질서 속에서 재맥락화되기 시작할 때 성스러움을 드러냈던 신성 표상의 이미지들은 어딘지 모르게 낯설고 기이한 것으로 다가오기 시작한다. 프로이트는 이를 '기괴함(unheimlich, uncanny)'이라는 말로 표현하였다. '기괴함'은 '두려운 낯설음', '두려운 이상함', '기분 나쁜', '편안하지 않은', '집과 같지 않은'의 의미를 지닌다. 이것은 완전히 분리되거나 배제된 낯설음이 아니라 일상 속의 낯설음으로 정의된다.[31] 속화된 세계 안에 여전히 존재하는 성(聖)의 흔적들이 자아내는 낯설음과 기이함 등이 일상의 관점에서는 어딘지 불편하고 익숙하지 않게 느껴지는 지점에서 이와 같은 '기괴함'이 발견되는 것이다.

속(俗)의 질서에 우연적으로 출현하는 성(聖)의 현현, 혹은 속(俗)의 질서에 숨은 듯 존재를 드러내며 잠재적 권능을 암시하는 성(聖)의 잔존은 두렵고 불안한 대상으로 일상을 비집고 들어온다. 표면적인 일상의 매끄러운 면에 균열을 만들면서 낯설고 불편한 감정을 자아내는 이와 같은 '기괴함'은 일상 속에서 불안과 공포를 자아내는 원인이 된다. 이것은 일상 속에 숨어 있고 드러나지 않는 대상이면서 비밀스런 대상이기에, 또한 드러난 듯 드러나지 않고 없는 듯 존재하는 대상이기

30) 엘리아데(1996), 참조.

31) 지그문트 프로이트(2003), 399~452쪽.

에 어떤 것보다도 더 끈질긴 불안을 자아낸다.

앞서 언급한 '마고할미' 이야기도 세속화된 이야기들 속에 여전히 모습을 드러낸다. 이들 이야기에서 '마고할미'는 자신의 음부를 드러내거나 거침없이 행동하여 어딘지 외설스럽게 그려지기도 하고, 제멋대로이면서 감정의 굴곡이 심한 인물로 그려지기도 한다. 또한 외적에게 아군의 비밀을 알려주거나 악행을 저지르는 인물로 그려지기도 하는데 이때 마고할미는 '마귀'로 불리거나 그와 유사한 이미지를 구현하는 인물로 등장한다.[32] 속(俗)의 세계에서 마고할미의 존재는 충분히 이질적이며 '마귀'에 가까운 그의 형상은 공포와 불안을 자아내기에 충분하다. 중요한 것은 마고할미의 이와 같은 기괴함이 규범을 벗어난 행동, 정상성을 벗어난 신체와 속성 등에 기인한다는 점이다. '마고할미'는 '할미'라는 이름에 맞게 여성으로 명명되는데 여성으로서 그녀의 행동은 비정상적이고 반사회적이며 탈규범적이다. 그녀는 너무 많이 먹고 아무데서나 배설하며 자신의 음부나 성기를 드러내는 데 거리낌이 없다. 뒤에서 다시 언급하겠지만 이와 같은 '마고할미'의 형상 때문에 '그녀'는 연행 층위에서 때로 '조롱'과 '공격'의 대상이 되기도 한다.[33]

'떠내려온 산' 이야기에서 산의 이동을 목격한 '서답 빨던 여인' 역시 이와 유사한 '기괴함'을 드러낸다. 이 여인의 경우 산이 떠내려가는 것을 목격하고 '산이 떠내려간다'고 외친 그녀의 행동은 지극히 일상적이고 '정상적'이다. 더구나 그녀의 이 외침은 산의 이동이라는 비일상적이고 비정상적인 상황을 멈추게 하고 결과적으로 현재 마을 우주의

32) 조현설(2014), 참조.

33) 김영희 외(2006), 참조. 경남 밀양에서 채록된 구술 자료에서 연행자는 마고할미가 마을의 계곡에서 오줌을 누는데 게가 마고할미의 음부를 물어서 그 게를 멀리 던져버렸다고 말한다. 그래서 해당 마을에는 게가 살지 않는다는 것이다. 그리고 마고할미의 이와 같은 행동은 한편으로는 흥미로운 사건이지만 다른 한편으로는 우스꽝스럽고 괴이한 사건으로 언급된다. 연행자들의 웃음에는 조롱과 풍자의 어조가 있다.

중심산인 한 지형의 형성을 정초했다는 점에서 '창조의 여신'에 맞먹는 역할을 수행한 것으로 인식할 수 있다. 그러나 대부분의 연행자들은 한결같이 그녀의 행동을 비난한다. 그녀가 방정맞게 외치지 않았더라면 산은 더 이동해갔을 것이고, 그렇게 되었더라면 자신들이 살고 있는 마을이 '서울'과 같은 중심지가 되었을 것이라고 말한다. '산이 떠내려간다'고 외친 그녀의 행동은 연행자들에게 일종의 금기위반으로 인식되며 그녀는 은밀하게 지켜져야 할 비밀을 폭로한 자로 간주된다.[34] '떠내려온 산' 이야기에 등장하는 이 여인의 형상에는 '마고할미'와 마찬가지로 '성(聖)'의 흔적이 개입되어 있으나 속화된 이야기의 맥락과 여인의 행동을 비판하는 연행자들의 발화를 통해 이 신성의 흔적은 '기괴함'으로 재해석된다.

월경혈과 관련해서 이와 같은 '기괴함'을 가장 극명하게 보여주는 것이 도깨비에 관한 구술 서사다. 한국의 구술 서사에서 도깨비는 월경혈에 깊이 연루된 존재로 드러난다. 한국에서 가장 널리 전승되는 도깨비 관련 이야기는 월경 중인 여성이 빗자루 위에 앉았다가 월경혈이 빗자루에 묻으면 그 빗자루가 도깨비가 된다는 내용으로 구성된다. 빗자루에 월경혈이 묻는 것은 일종의 '전염'이라고 할 수 있다. 이것은 성스러운 힘, 곧 마나(mana)[35]가 옮겨가는 과정으로 월경혈에 내재한 성적(聖的) 에너지가 빗자루에 전염됨으로써 일상생활 도구인 빗자루가 도깨비 등의 초월적인 존재로 화하는 성스러운 힘을 발휘하게 되는 것이다.[36] 따라서 이 성스러운 힘의 근원은 월경혈에서 시작된

34) 김영희(2009), 2장과 3장 참조.

35) 마나(mana)는 영국의 선교사이며 민족학자였던 코드링턴이 처음 사용한 용어로, 멜리네시아 원시종교에서 도덕적인 선악과는 관계없이 초자연적인 힘을 지니고 있는 것을 말한다.(미르치아 엘리아데(1996), 74쪽 역주 3번 참조.) 일반적으로 초월적인 힘, 성스러운 에너지를 가리키는 말로 쓰인다.

36) 김영희(2012), 45~89쪽.

것이다. 뒤르케임에 따르면 전염이란 일단 획득된 성스러운 특성이 확산되는 일종의 이차적인 과정이 아니라 성스러운 특성이 획득되어 지는 과정 그 자체다. 그에 따르면 성스러운 특성은 전염에 의해 확립된다.[37] 월경혈이 빗자루에 묻어 빗자루가 도깨비로 화하는 것 자체가 성스러움이 확립되고 획득되는 과정인 것이다.

따라서 도깨비의 출현은 성스러운 힘이 드러나는 과정, 곧 성현(聖顯, 히에로파니)으로 해석할 수 있다. 도깨비는 한국 민속과 구전 서사 등에서 광범위하게 등장하는, 신성 표상을 지닌 존재다. 도깨비의 신성 상징에 대해서는 이미 여러 연구자들이 지적한 바 있는데,[38] 도깨비의 신성성은 신격으로 좌정한 도깨비의 내력을 풀어내는 도깨비 본풀이나 도깨비를 의례 대상 신격으로 모시는 도깨비 신앙에서 주로 확인된다.[39] 그러므로 월경혈이 묻은 빗자루가 도깨비로 화한다는 것은 월경혈을 통해 표상된 여성 섹슈얼리티에 신성 상징이 개입되어 있음을 의미한다.[40] 특히 이 중에서도 여성의 월경혈이 묻은 천을

---

37) 에밀 뒤르케임(1992), 452쪽.

38) 김영희(2012), 45~89쪽 ; 장주근(1972), 참조 ; 현용준(1988), 참조 ; 강은해(1986), 참조 ; 강은해(1989), 참조 ; 김종대(1996), 참조 ; 김종대(1999), 참조 ; 문무병(1993), 참조 ; 문무병(1990), 참조.

39) 제주도에서 일반신본풀이(영감놀이 등), 당신본풀이, 조상신본풀이의 형태로 전승되는 다양한 도깨비 본풀이를 확인할 수 있다. 제주도에서 전승되는 도깨비본풀이 가운데 일반신본풀이에는 ①홍상옥·김만보·안사인 실연본(『무형문화재조사보고서 3』, 문화재관리국)과, ②안사인 구송본(『제주도 무속자료사전』, 현용준, 신구문화사, 1980)이 있고 당신본풀이로 ③김승은 구송본(『제주도 무가본풀이사전』, 진성기, 민속원, 1990)과 ④조술생 구송본(『제주도 무가본풀이사전』·『제주도 당신앙 연구』, 문무병, 제주대 박사학위논문, 1993), ⑤김옥자 구송본(『제주도 무가본풀이사전』·「제주도 무속의 도깨비 신앙에 대하여」, 장주근, 『국어교육 18-20 합본호』, 1972), ⑥오신정 구송본(「제주도 무속의 도깨비 신앙에 대하여」)이 있다. 마지막으로 조상신본풀이로는 ⑦고맹선 구송본(『제주도 무가본풀이사전』)과 ⑧김을봉 구송본(『제주도 무가본풀이사전』), ⑨안사인 구송본(『제주도 무속자료사전』)이 있다. 그밖에 '設位說經(앉은굿)'의 병굿 등에서도 도깨비를 신격으로 모시는 의례적이고 주술적인 전통을 확인할 수 있다.

장대에 꽂아 들고 돌아다니며 축제적 의례를 행하는 전라도 일부 지역-진도(珍島)[41]와 순창(淳昌)[42]-의 도깨비굿은 도깨비가 월경혈이라는 여성 신성 표상에 직접적으로 연결된 존재임을 짐작케 한다.

그런데 월경혈이 묻은 빗자루가 화하여 도깨비가 되는 이야기의 연행에서 연행자들은 이야기 말미에 '월경 중일 때 몸 간수를 잘 해야 한다'거나 '월경 중일 때는 빗자루나 방아 위에 앉아서는 안 된다'는 등의 금기를 덧붙인다.[43] 이들 부류 이야기가 연행되는 담론의 층위에서 연행자들에 의해 확인되는 것은 '월경'에 대한 부정적 인식과 '여성의 몸'을 규제하는 관습과 규범의 강박적 기입이다. 이야기 연행의 맥락에는 이미 '월경'이 더럽고 불결하며, 어딘지 위험하고 수치스러운 대상이라는 인식이 전제되어 있다.[44] 이에 따라 연행자들은 이야기를 통해,

---

40) 김영희(2012), 45~89쪽.

41) 진도 射亭里에서는 도깨비굿이 두 번 치러지는데 여자들만으로 치러지는 도깨비굿과 남성 위주로 치러지는 유교적인 도깨비제가 있다. 여자들만의 도깨비굿은 병이 돌 때 행하는 것으로 여자들이 월경이 묻은 속곳을 장대에 매달고 나와 가면을 쓰거나 얼굴에 숯칠을 하고 양판, 징, 쪽박들을 두들기며 시끄럽게 소리를 내며 "남자들은 모두 없어지고 없어!"라고 외치고 다니는 행동으로 구성되어 있다.(이현수(1986), 126쪽.)

42) 순창 塔里의 도깨비굿 역시 돌림병이나 질병이 침입하는 것을 방지하기 위해 치러지는 굿이다. 당산제를 지낸 후 부녀자들을 중심으로 치러지는데 이를 '도깨비 지낸다'고 하며 도깨비를 잘 먹여 보내는 데 굿의 목적이 있다.(김종대(1997 재판), 222~238쪽.)

43) 김영희 외(2006), 참조. 특히 조사자들이 나이 어린 여성일 때 연행자들은 더욱 분명하게 이와 같은 태도를 드러냈으며 연행자들 가운데 다수는 마을의 연장자이거나 규범적인 성향이 강한 인물들이었다. 도깨비 이야기는 일반적으로 남성이 연행하는 경우가 많은데 유독 빗자루가 화한 도깨비 이야기만이 여성 연행자의 비율이 높다. 또한 여성들만으로 구성된 집단 내에서 이루어지는 연행에서 해당 이야기가 연행되는 경우가 많다. 이는 해당 이야기가 여성들 사이에 전승되는 월경에 관한 규범적 지식을 전수하는 기능을 맡았음을 짐작케 한다.

44) '월경경험'에 대한 여성들의 구술 발화에서도 이와 같은 인식이 뚜렷하게 드러난다. 70대 이상 여성 노인들의 월경경험담에서 '월경'은 '침침하고, 찐득찐득하고, 냄새가 나고, 더러운 것'으로 표현되었다. 그들은 '월경'을 '씻고, 말리고,

어둡고 음습한 곳에 감추어서 드러나지 않도록 통제해야 할 '월경'이 드러나고 그 힘을 발휘하게 된다면 반드시 부정적 결과를 초래하게 될 것이라는 경고의 메시지를 전달한다.

월경 중인 여성이 몸가짐을 잘 해야 한다는 이야기 말미의 언술은 일상적 물건인 빗자루가 도깨비로 화한 현상을 이상하고 불편한 일에서 더 나아가 심리적 불안과 공포를 야기하는 사건으로 인식하고 있음을 보여준다. 월경혈로 표상되는 여성 섹슈얼리티의 성적(聖的) 에너지와 그것의 전염이 일으킨 사건이 부정적 결과를 초래한 일종의 '기괴함'으로 맥락화되고 있는 것이다. 여기에는 여성 섹슈얼리티가 '제대로 된 여성의 몸가짐'이라는 훈육적 규제를 벗어났기 때문에 '기괴한' 일이 벌어졌다는 인식이 깃들어 있다. '기괴한' 사건이 부정적 상황으로 인식되는 순간 여성 섹슈얼리티에 연루된 '기괴함'은 '여성의 몸'에 대한 통제와 훈육을 강화하는 근거가 된다.[45]

도깨비 이야기에 등장하는 월경혈 모티프에 대한 분석에서 드러난 것처럼, '기괴한 대상'으로 맥락화된 여성 신체의 배설물은 여성들 스스로가 자신의 몸과 이에 결부된 섹슈얼리티를 수치와 혐오, 기피와

막고, 끊고, 감추고, 태워야 하는' 대상으로 그려냈다. 특히 초경 이후 이들이 '월경'에 대해 갖는 감정은 '공포스럽고 불안하고 불쾌하고 부끄럽다'는 것이었다. 이 가운데 가장 강한 것은 수치심이었는데 할머니에서부터 어머니를 거쳐 어린 소녀에 이르기까지 쥐가 갉아먹는 것을 감수하면서도 뒷간 옆 멍석말이 깊숙이 사용한 월경대를 감추는 일을 계속할 만큼 강렬한 것으로 표현되었다. (백민정(2011), 참조.) 특히 아버지나 오빠를 포함한 온 가족이 지켜보는 가운데 손녀의 월경대를 멍석 속에서 작대기로 끄집어내 마당에 집어던지며 손녀를 질책하고 힐난하는 할머니의 모습은 여성 섹슈얼리티에 대한 억압과 통제가 폭력에 가까운 것임을 보여주는 동시에 이것이 모두 여성들에 의해 적극적으로 공모되고 있음을 반증한다. 구술자는 할머니의 이와 같은 행동이 월경에 대한 수치심을 강하게 길러주기 위한 것임을 지적하였다. 월경은 이처럼 더럽고 불결한 것을 넘어 흠집이나 결함, 혹은 더 나아가 수치스러운 죄에 가까운 어떤 것으로 표상되었다.

45) '월경 중인 여성은 행동거지를 조심해야 한다'는 규범적 진술을 강화하고, 이와 같은 규범의 내면화를 촉진하는 것이다.

배제의 대상으로 인식하게 만든다는 점에서 충분히 문제적이다. 여성 섹슈얼리티가 수치와 죄의식을 유발하는 듯한 구도가 형성되면서 '여성의 몸'이 여성 스스로에 의해 지속적으로 부정되거나 부인되기에 이르기 때문이다. 이는 곧 '여성의 몸'에 대한 상실을 의미하며, 이 상실은 인지되지 못함으로써 애도의 기회를 갖지 못한 채 우울로 자리잡게 된다.[46] 결국 자기 억압적이고 자기 훈육적인 폐쇄 회로에 갇힌 '여성의 몸'은 젠더화된 신체로서, 젠더 주체인 '여성'의 우울과 상실을 심화하는 공간인 동시에 기제라고 할 수 있다.

4. 세속화의 전략들 : 조롱과 훈육

'여성의 몸', 그 중에서도 '여성의 몸에서 나온 배설물' 모티프가 포함된 구술 서사의 가장 속화(俗化)된 형태에서, '배설'과 '배설물'은 조롱과 풍자, 혹은 훈육과 규제의 대상으로 떠오른다. 탈신화적 텍스트에 등장하는 '여성 배설물' 모티프에 대한 가장 일반적인 수용적 반응은 '웃음'이다. 그런데 이 '웃음'에는 조롱과 공격의 어조가 있다. 예를 들어 앞서 언급한 '마고할미' 이야기의 경우 가장 속화된 각편들에서 '마고할미'는 매우 우스꽝스러운 존재로 그려진다. 그리고 이것은 '마고할미'의 악덕과 결부되어 '마귀의 한계나 추악함'으로 그려지곤 한다. 마고의 성적(聖的) 속성이 기괴함을 넘어 정상성에서 벗어난 단순한

46) 프로이트는 상실이 분명히 일어났으나 상실한 대상이 무엇인지 몰라 애도할 수 없는 심리적 상태를 '우울(Melancholie, Melancholy)'로 명명한 바 있다. 인간은 누구나 살면서 다양한 종류의 상실을 경험하지 않을 수 없는데 이런 상실 가운데 의식적으로 인지되지 못한 채 무의식적으로 부인되거나 억압된 상실은 이 상실을 애도할 기회 자체를 가질 수 없게 된다. 이처럼 애도의 기회가 봉쇄된 상태가 '우울'이다.(지그문트 프로이트(2005), 243~265쪽.)

이상(異常)으로 규정되는 것이다. 그리고 이 '이상함'은 마고를 조롱의 대상으로 만든다.

아래의 이야기들에서 여성의 배설물'은 여성의 '어리석음'이나 '반규범성', '추하고 미친한 존재로서의 속성'을 드러내는 대상물로 등장한다. 아래 이야기에서 똥을 누고 뒷간 기둥에 뒤를 닦는 며느리의 못된 행동을 길들이기 위해 이 기둥에 낫을 꽂아 두는 시아버지의 행동은 잔혹하기까지 한데 서사와 연행의 문맥에서 이와 같은 시아버지의 훈육적 태도는 전혀 문제가 되지 않는다. 오로지 문제가 되는 것은 며느리의 게으름과 우매함, 그리고 그에 결부된 고집스러운 태도다. 이야기 속에서 며느리의 '똥'은 며느리를 조롱의 대상으로 만드는 동시에 공격의 대상으로 만든다. 그래서 이야기는 자연스럽게 며느리의 배설을 훈육과 규제의 대상으로 삼는다. 이때 시아버지는 훈육의 대리자로서 며느리를 징치하고 처벌하는 역할을 맡는다. 이 징치와 처벌이 온당한 것인가, 폭력적이지는 않은가 등은 질문되지 않는다.

「사나운 신부 길들이기」

1. 볼일을 보고 뒷간 기둥에 뒤를 닦는 며느리가 있었다.
2. 뒷간 기둥에 마른 똥이 붙어 굳어졌다.
3. 시아버지가 뒷간 기둥에 낫을 꽂아 두었다.
4. 며느리가 여느 때처럼 기둥에 뒤를 문지르다 변을 당하고는 "한 동네가 두 동네가 되었다"고 소리쳤다.
5. 시아버지가 며느리에게 '나라에서 강똥(된똥) 서 말을 광주리에 담아오면 큰 상을 내린다고 한다'고 말했다.
6. 며느리가 마른 똥을 긁어 광주리에 담아 들고 가다가 비가 쏟아져 똥벼락을 맞았다.[47]

---

47) 『대계』 1-4, 「강똥 세 말」; 『대계』 8-12, 「바보 며느리」 등 참조. 이밖에도 '못된 며느리, 혹은 행실 나쁜 며느리 길들이기' 유형에 이와 같은 이야기가

이와 같은 이야기는 다양한 각편으로 전승된다. 억세고 사나운 신부를 길들이는 이야기에 신부의 배설물이 등장하는 경우는 흔한데 가장 대표적인 것이 똥이다. 이런 부류 이야기의 대체적인 내용은, 억세고 사나운 신부가 있었는데 남편이 첫날밤 신부의 옷에 메주나 된장을 바르거나 자신이 똥을 눈 후 다음날 신부에게 '지난밤에 똥을 누는 실수를 한 것처럼' 포장하여 신부를 길들이는 내용으로 구성된다. 이야기 각편에 따라 실제로 남편 앞에서 똥을 누거나 첫날밤 똥을 누는 장면이 등장하기도 한다.[48]

이들 이야기에서 신부의 배설은 반규범적이거나 일탈적인 행동이 아니다. 어쩔 수 없이 행한 실수거나, 신부가 행하지도 않은 일을 오해한 결과다. 배설이나 배설물은 단지 표면적으로 내세운 훈육의 명분에 지나지 않을 뿐, 실질적인 훈육의 이유나 근거가 아니기 때문에 배설의 동기나 배설 행위의 윤리성은 처음부터 문제가 되지 않는다. 훈육의 실질적 이유는 배설이나 배설물이 아니라 신부의 성격에 있다. 자기 주장이 강하고 억센 신부의 성향을 길들이거나 통제하기 위해서 배설이나 배설물을 빌미로 삼은 것이다.

신랑이 행하는 훈육의 근거나 정당성은 질문의 대상이 되지 않는다. 그의 훈육이 윤리적으로 온당한 것인지, 다시 말해 실수나 오해, 혹은 의도하지 않은 생리적인 행동을 훈육과 처벌의 대상으로 삼는 것이 정당한 것인지 질문조차 하지 않는 것이다. 오히려 신랑의 훈육은 그의 지혜와 슬기를 드러내는 과정으로 표장된다. '남성'의 훈육은 사실상 폭력에 가깝고, '여성'의 배설은 윤리적인 처벌이나 훈육의 대상이 될 수 없음에도 불구하고, '남성'의 훈육은 부적절한 행동을 교정한 지혜로운 훈육으로 표상되고 '여성'의 배설은 어리석고 우스꽝

다수 포함되어 전승된다.(이인경(2008), 370쪽.)

48) 이인경(2008), 377쪽, 387쪽.

스러우며 때로는 반사회적인 행동으로 그려진다. 이는 '여성'의 배설이나 배설 행위가 '여성의 몸'에 대한 규범과 관습, 표준화된 기제를 벗어났기 때문이다. 이런 부류 이야기에서 '여성의 몸'은 강하고 억세기보다는 유약하고 순종적인 대상으로 머물러 있을 때, 좀더 명확하게는 '여성의 몸'에 대한 훈육과 규제의 틀 안에 있을 때 수용 가능한 대상으로 타자화된다.

> "할미의 거동은 추하고 우스꽝스런 것으로 가끔 옆구리를 긁적긁적 긁기도 하고 오줌을 누기도 하는데 이럴 때도 율동은 정지치 않고 항상 장단과 일치한 움직임을 보인다."[49]
>
> "**영감** : 오냐 헤여지자고, 헤여지는 판에 더 볼 게 무엇 있나. (관중을 보고) 여보 여러분 말슴 들으시요. 저 년에 행위 말 좀 들어보시요. … 동지 섣달 설한 서북풍에 방은 찬데 이불을 발길로 툭 차고 이모로 봇장을 칵 하고 받아서 코피가 줄 흘러나가지고 뱃대기를 버적버적 긁으면서, 우리 요강은 파리 한 놈만 들어가도 소리가 왕왕 하는 것인데 벌통 같은 보지를 벌치고 오줌 쐴쐴 방구를 땅땅 뀌니 앞집에 털풍이가 보뚱 터진다고 광이하고 가래하고 가지고 왔으니 이런 망신이 어데 있나."[50]

가면극에 등장하는 '할미' 캐릭터도 이처럼 '배설'을 통해 '조롱'의 대상으로 전락한다. 「동래들놀음」의 할미나 「봉산탈춤」의 미얄은 수십 년 전 집을 떠난 남편을 대신해 살림을 유지하고 자식을 키워낸 여인이다. 그는 수십 년째 남편을 찾아 전국을 떠도는데 마침내 찾아낸 남편 옆에는 제대각시와 삼개덜머리집이라는 젊은 여인이 있었다. 그리고 영감이 된 남편은 갖은 구박 끝에 자신에게 폭력을 행사하고 결국 할미와 미얄은 영감에게 맞아서 죽고 만다. 제의적 상징성의

---

49) 「할미마당」, 『봉산탈춤』, 심우성 편저(1976), 104쪽.
50) 「제7장 영감미얄과장」, 『봉산탈춤』, 심우성 편저(1976), 246쪽.

맥락에서 할미나 미얄은 죽을 수밖에 없는 운명이다. 생기와 힘이 넘치는 젊은 것이 늙은 것을 이겨야 생산과 풍요를 기약할 수 있기 때문이다. 풍요를 기원하는 의례적 상징성의 관점에서 보면, 영감이나 노장이 말뚝이나 취발이에게 져야 하는 것처럼 할미나 미얄도 제대각시나 삼개덜머리집에게 져야 하는 운명이다.

그러나 제의적 맥락을 제쳐두고 극적 구성을 살펴보면 할미, 혹은 미얄이야말로 가장 비극적인 운명의 캐릭터다. 그러나 극 속에서 할미나 미얄은 우스꽝스러운 존재로 그려지며 조롱의 대상이 된다. 그녀를 조롱의 대상으로 만드는 것은 '수치를 모르는' 그녀의 배설 행위다. 그녀는 아무데서나 누구의 시선에도 아랑곳하지 않고 자신의 음부를 드러내 볼일을 본다. 이와 같은 그녀의 행동은 영감이 젊은 여인에게 빠져들 수밖에 없는 이유처럼 그려진다. 실제로 영감의 대사를 통해 미얄의 이와 같은 행동이 비난에 가까운 부정적 평가의 대상이 되기도 한다. 영감은 '이런 여인과 어떻게 계속 같이 살 수 있겠냐'며 할미의 부적절한 언행을 예로 드는데 그 가운데 대표적인 것이 아무데서나 몸을 드러내 오줌을 누거나 똥을 싸는 것이다.

'땅 위에 오줌을 누는 여인'의 형상도 속화된 이야기 각편들에서 성적(性的) 조롱의 대상이 되거나 남성적 징치와 처벌, 혹은 훈육의 대상으로 그려진다. 지나가던 여인이 소변 본 자리에 남아있던 지푸라기를 자신의 성기에 감는 총각과 그 총각을 바라보며 부러워하는 중이 등장하는 음담류의 이야기에서 '여성의 배설물'은 남성의 성적 욕망을 자극하는 대상으로만 그려질 뿐 그밖의 다른 구체성과 물질성을 획득하지 못한다.[51] 이 이야기에서 강조되는 것은 '여성의 오줌'이 자아내는 성적 홍취일 뿐 '여성'은 작중 인물로서 전혀 구체화되지

51) 『대계』 1-1, 「지푸라기가 모자라」.

않는다. 특히 이런 부류 이야기는 남성 동성 집단으로 구성된 이야기판에서 남성들이 '우스갯소리'로 여기며 흥겹게 연행하는 작품 가운데 하나다. 여기서 '여성의 몸'은 성적 유혹의 대상으로 타자화되며 '여성의 배설물'은 성적 농담의 대상으로 '남성적 웃음'의 소재가 된다.

'사자생손(死者生孫)' 이야기들 중에는 여성이 오줌을 눈 후 남성에게 겁탈당하는 것으로 그려지는 각편들도 다수 존재한다.[52] 이때 여성은 자신의 음부를 드러냈기 때문에 겁탈을 당한 것으로 그려지며 남성은 여성의 몸으로 드러나는 성적 유혹 앞에 속수무책으로 무너지는 것처럼 그려진다. 더구나 이를 통해 가문의 대를 이음으로써 가부장적 질서가 회복된다. 바로 이 때문에 여성이 당한 폭력은 폭력이 아닌 운명적인 사건, 초월적 질서가 개입하여 만들어낸 신이한 사건으로 정당화된다. 여기서 '여성의 배설'은 '여성의 몸'을 드러낸 사건으로 규정되며 이 드러난 '여성의 몸'은 불가항력적인 '남성의 성적 욕망'을 부추기는 원인으로 간주된다. '여성의 몸'이 남성의 성적 욕망을 부추기는 원죄를 가진 대상으로 타자화되는 것이다.

남성뿐 아니라 여성 스스로가 자신의 성기, 음부, 배설, 배설물 등을 수치의 대상으로 인식하고 여성의 몸을 남성적 욕망을 부추기는 외설스럽고 추한 것으로 간주하는 태도는 오랜 문화적 훈육과 제도의 산물이다. 수많은 과학적 지식과, 출산에 관한 의학적 상식들, 임신과 출산을 둘러싼 제도들, 여성의 몸에 관한 다양한 규범과 관습, 여성의 몸을 통제하고 규율하는 담론들이 이와 같은 훈육과 제도를 뒷받침해 왔다.[53] 여성은 이와 같은 담론적 질서에 스스로 종속되지 않고서는 사회적 존재로 호명받을 수 없었기에 여성에게 여성의 몸에 관한 규율적 담론에 순응하는 것은 선택의 문제가 아니다. 그렇다면 '여성의

52)『대계』 7-1,「사자생손」 외 다수.

53) 한스 페터 뒤르(2003), 참조.

몸'을 이처럼 규율과 훈육의 대상으로 얽어 놓아야 하는 까닭은 무엇일까.

'여성의 몸'은 거부할 수 없는 '매혹'의 대상이기에 두려움과 불안을 야기하는 존재로 인식된다. '남성'의 이성을 통제 불능의 상태로 만들 만큼 강력한 힘을 가진 욕망의 대상이기에 '여성의 몸'은 규제와 훈육의 대상이 되어야 한다. '남성'을 통제하고 훈육하기 위해 여성 섹슈얼리티를 표상하는 '여성의 몸'이 혐오와 배제의 대상으로 타자화되어야 하는 것이다. 따라서 '여성의 몸'에 대한 타자화는 '남성' 주체가 감당할 수밖에 없는 억압과 불안의 산물이라 할 수 있다. '여성의 몸'은 '남성'의 위반과 이에 대한 금기, 그리고 '남성' 내부의 심리적 억압과 이 억압이 야기하는 불안과 결핍을 고스란히 드러내는 공간이기 때문이다. '여성의 몸'에 대한 규제와 훈육이 강화될수록 '남성'의 불안과 위반의 욕망 또한 강해질 수밖에 없다. 그러므로 '여성의 몸'에 대한 처벌과 조롱, 혹은 부인과 갈망은 모두 젠더 주체로서 '남성'이 경험하는 신경증을 반증한다.

결국 '여성의 몸'을 조롱과 훈육의 대상으로 삼는 구술 서사의 담론을 최종적으로 수신하는 것은 '여성' 주체가 아니라 '남성' 주체라고 할 수 있다. 표면적으로는 '여성의 몸'을 통제와 규율의 대상으로 삼고자 하지만 이를 통해 궁극적으로 의도하는 것은 '남성' 주체의 불안과 결핍을 방어하는 것이기 때문이다. 이들 이야기의 연행자들이 대부분 '남성'인 것 또한 이와 무관하지 않다.[54] '여성의 몸'을 타자화하는 젠더화 전략은 결국 '여성의 몸'을 구성적 외부로 삼는 '남성' 주체의 결핍과 의존을 드러낸다는 점에서 이미 그 안에 균열을 내포한다.

54) 김영희(2012), 45~89쪽.

5. 신성(神聖)의 저항과 탈주 : '몸'의 긍정적 재인식

여성 배설물에 개입된 신성 표상의 양가적 의미는 탈신성화와 세속화 과정을 거치면서 기괴한 것으로 규정되기도 하고 다시 조롱과 훈육의 대상으로 한정되기도 한다. 그러나 다른 한편 신성 표상의 양가적 의미 가운데 다른 한쪽, 곧 '여신적 속성을 드러내는 신화적 의미'의 한 자락은 끈질기게 살아남아 '여신을 추락시키는' 세속화에 저항하기도 한다. 가장 일상적 의미의 층위에서도 여전히 살아남은 신화적 표상성이 개입하여, '여성의 몸'을 조롱과 훈육의 대상으로만 한정할 수 없도록 저항하는 것이다. 이것은 기괴함에 내재한 반항적 성격의 한 단면으로 해석될 수도 있다. 일상에 숨어 있는 낯설고 불안한 대상은 일상의 표면에 균열을 만들어 다른 의지의 개입을 부추길 수도 있기 때문이다.[55]

이와 같은 징후를 드러내는 이야기로 「방귀쟁이 며느리」를 들 수 있다. 이 이야기는 여성 배설물 모티프가 등장하는 이야기들 중에 가장 일상적 의미 층위에 가까운 주제로 구성된 이야기다.

「방귀쟁이 며느리」

1. 며느리가 시집을 왔는데 얼굴이 자꾸 노래지면서 아픈 듯 보였다.
2. 시아버지가 까닭을 물으니 방귀를 뀌지 못해서라고 며느리가 답했다.
3. 시아버지가 방귀를 뀌라고 하니 며느리가 기둥을 붙잡고 있으라고 했다.
4. 며느리가 방귀를 뀌니 온 집의 기둥이 모두 흔들렸다.
5. 이 때문에 며느리가 친정으로 쫓겨가는데 중간에 장사꾼과 내기를 해서 이겼다.
6. 며느리가 이긴 것은 방귀를 뀐 덕분이었다.

---

55) 줄리아 크리스테바(2001), 참조.

7. 시아버지가 며느리의 방귀가 쓸 만한 방귀라며 다시 집으로 데려왔다.[56)]

이야기 속에서 방귀를 잘 뀌는 며느리는 방귀를 뀔 수 없게 만드는 규율과 훈육 담론에 맞서 시원하게 방귀를 날린다. 물론 여기에 인자하고 관용적인 시아버지의 역할이 있지만 서사 전개 과정에서 초점화되는 것은 방귀를 뀌지 못하는 며느리의 고통과 상상을 초월하는 방귀의 위력, 그리고 며느리의 방귀로 문제가 해결되는 과정이다. 방귀를 뀌지 못해 얼굴색이 노랗게 변한 며느리의 모습은 배설 주체인 며느리가 아니라 배설을 금지하는 훈육의 담론을 풍자하고 조롱한다. 방귀를 뀌지 못해 시들시들 병들어가는 며느리의 형상은 배설을 금지하거나 규제하려는 '여성의 몸'에 대한 훈육 담론이 얼마나 부자연스럽고 부당한 것인지 고발하는 '얼굴'이다. 더구나 며느리의 방귀 한 방은 집안에 이익을 가져오거나, 도둑을 잡거나, 공동체의 갈등 상황을 해결하거나, 집안의 빚을 청산하거나, 과부와 홀아비를 연결해 주는 등의 긍정적 결과를 가져온다.[57)] 이것은 방귀의 배설이 자연스럽고 긍정적인 일일 뿐 아니라 정당한 일임을 역설한다. 이야기 각편에 따라서 방귀를 뀌자 구박하는 시댁 식구들에게 당차게 대꾸하는 며느리의 형상이 등장하기도 하는데,[58)] 이와 같은 변이로 나아가면서 '방귀쟁이 며느리'의 배설은 배제되고 축출되었던 여성의 배설, 곧 '여성의 몸'을 긍정적으로 재인식하고 수용하는 계기를 마련한다.

그런데 이 방귀쟁이 며느리의 형상에는 '여신'의 흔적이 남아 있다. 방귀를 뀌자 산천초목이 흔들리기도 하고 집안의 기둥이 모두 흔들리거나 뽑히기도 했으며 때로 절굿공이들이 제멋대로 춤을 추기도 했다

56) 이인경(2008), 373쪽.
57) 이인경(2008), 373~374쪽.
58) 『대계』 7-1, 「똥 뀌는 상주」.

는 것은 이 며느리가 보통의 평범한 여인이 아니라 여신이 다소 속화된 형태인 거인에 가까운 존재임을 암시한다. 며느리의 배설이 집안에 복을 불러오고 문제를 해결하는 것 역시 여신의 배설이 창조와 풍요를 약속하는 사건으로 등장하는 신화적 층위의 의미와 연결된다. 일상적 층위의 의미망 안에 끈질기게 남아있던 신화적 상징의 흔적이 여신적 속성의 재소환을 통해 '여성의 몸'을 긍정적으로 재인식하고 수용하는 데 기여한 셈이다.

「월경혈로 호랑이 물리친 여자」

"… 【머리 풀어 앞으로 내리는 흉내】 머리를 풀어가지고, 마 산발로 해가지고 머리를 풀어가 산발로 하고, 옷을 홀홀홀 벗어가지고, 고마 구슥에다, 착 내라놓고 마, 밸-가벗고 다, 올라가드이만 살-살-, 서서 올라가드이만, 만댕이 호랭이가 딱- 앉아 내다보니께네, 에-라! 마 【네 발로 엎드려 뒤로 가는 흉내】 꺼꿀로 엎드려가지고 밸-개 벗고, 이래가지고 마 이래가주구, 이래가 마-악, 이래가, 만댕이 마 치 오르는거, 밸-개 벗고. 그렇지, 그러니께네 호랭이가 만댕이서 가만- 내다보니께네, 하는 말이 "난 안적, 오늘날같이 사람을 잡아먹고 살아도 저런 짐승은 생전에 처음 봤다." 카는데. 꺼꿀로 엎드려놓이 머리는 풀어 산발됐제? 【가랑이 밑을 가리키며】 여, 여게 그 터래기는 막, 또, 어, 입으는 그게 마, 우에 붙었는강, 밑에 붙었는강 그렇제? 꺼꿀로 엎드려놓이 그자? □□같이 꺼꿀로 엎드리가, 그래가 마 치올라가니께네 마, 호랭이가 마, [서혜기 : 식겁을 하네.] 식겁을 먹고 그자? [서혜기 : 달아났나?]【웃음】 …"[59)]

앞서 「방귀쟁이 며느리」나 바로 위에 언급한 「월경혈로 호랑이 물리친 여자」와 같은 이야기는 여성 동성 집단 내에서 연행되는 경우가

59) 2002년 1월 7일 경상남도 밀양시 산내면 용전3리 오치마을 김수조씨 자택 김수조(여, 73세)씨 연행 자료.

많다. 이것은 주로 여성들이 즐겨 연행하는 '우스갯소리'인데, 남성들이 연행하는 '우스갯소리'에서 '여성의 몸'이 남성의 성적 욕망을 부추기는 대상물로 한정되는 데 반해 이들 이야기에서는 '여성의 배설물', 더 나아가 '여성의 몸'이 긍정적인 효과를 만들어내는 대상으로 그려진다. '여성의 몸'으로 표상되는 여성 섹슈얼리티가 여성 주체 스스로에 의해 긍정적으로 재인식되고 수용되는 계기가 마련된 것이다.

위에 언급한 「월경혈로 호랑이 물리친 여자」는 어느 마을에 호랑이가 활개를 치고 돌아다녀 큰 골칫거리가 되었는데 남자들 가운데 아무도 나서지 않는 상황에서 이야기가 시작된다. 어느 대담하고 지혜로운 여자가 스스로 나서 호랑이를 잡겠다고 하자 마을 남자들 사이에는 과연 여자가 호랑이를 잡을 수 있을 것인가를 둘러싸고 내기가 벌어졌다. 여인은 아랫도리를 발가벗고 호랑이 앞에 음부를 내밀어 호랑이를 놀라게 하는 것으로 호랑이를 물리친다. 상당수 각편에서 여성의 음부에서 월경혈이 흘러나오는 것으로 묘사되며 이로 인해 호랑이는 더욱 혼비백산하여 도망가는 것으로 그려진다.

이와 같은 이야기에서는 여성 배설물에 내재한 신성의 에너지를 공격적이거나 부정적인 것, 혹은 공포와 불안을 야기하는 어떤 것으로 인식하지 않고 오히려 문제를 해결하고 긍정적 결과를 불러올 수 있는 힘으로 인식하는 양상을 드러낸다. 특히 여성 동성 집단 내에서 「방귀쟁이 며느리」나 「월경혈로 호랑이 물리친 여자」가 연행될 때 연행 분위기는 더할 나위 없이 즐겁고 유쾌하다. 이들 이야기는 '여성' 연행자들이 가장 즐겁게 연행하고 즐겨 연행하는 이야기 레퍼토리 가운데 하나다. 연행에 참여한 '여성'들은 '방귀'나 '월경혈', '여성의 음부' 등을 표현할 때 다소 쑥스러워하기도 하지만 그보다는 '방귀쟁이 며느리'나 '호랑이 물리친 여인'에 대해 긍정적인 시선과 태도를 유지하면서, 이들 배설물에 대해서도 시종일관 쾌활한 웃음과 홍겨운 분위기로 이를 긍정하는 태도를 드러낸다.[60] 이때 '여성' 연행자들의 웃음은 조롱과 공격이 아닌 공감과 향유의 성격을 드러낸다. 무엇보다 '여성의 배설'을 둘러싼 규범과 관습, 훈육적 지침들을 벗어난 곳에서 경험하는 해방과 일탈의 정서와 흥분이 깃들어 있다.

'내 복에 산다' 유형에 등장하는 일부 각편에서도 이와 같은 여성 섹슈얼리티에 대한 긍정적 인식을 발견할 수 있다.

「내 복에 산다」

1. 부잣집에 딸만 셋이 태어났는데 아버지가 세 딸을 불러 '누구 덕에 사냐'고 물었다.
2. 첫째 · 둘째 딸이 '아버지 덕에 산다'고 대답한 반면 막내딸은 '내 복에 산다'고 대답하였다.
3. 아버지가 불같이 화를 내며 막내딸을 내쫓았다.
4. 쫓겨난 막내딸이 산으로 가서 숯구이 총각과 연을 맺었다.
5. 숯구이 총각의 숯막에서 금을 발견한 막내딸이 숯구이 총각으로 하여금 금을 내다 팔게 하였다.
6. 금을 판 돈으로 대로변에 집을 지어 문을 여닫을 때마다 막내딸의 이름 부르는 소리가 들리게 하고 잔치를 열어 부모를 찾았다.
7. 막내딸의 이름 부르는 소리를 듣고 막내딸의 집을 찾아온 부모가 막내딸과 재회하고 막내딸이 부모를 보살피며 살았다.[61]

이 이야기는 '아버지'로 표상된 '남성권력'과 '가부장적 질서'의 세계에서 벗어나 스스로의 세계를 구축한 막내딸의 분리와 독립에 관한 구술 서사다. 그런데 이 유형 이야기의 일부 작품과 이와 유사한 서사무가 「삼공본풀이」의 '가믄장아기' 이야기에서 '누구 덕에 사냐'

60) 김영희(2012), 45~89쪽.
61) 김영희(2008), 참조.

묻는 아버지의 질문에 막내딸이 자신의 음부를 가리키며 '이 덕에 먹고 산다'고 대답하는 장면이 나온다. 「내 복에 산다」 유형의 이야기는 '여성' 주체가 부친살해의 입사적 과정을 거치면서 스스로의 자존을 회복하고 자신의 정체성을 새롭게 정립하는 이야기라고 할 수 있는데 자기 정체를 확인하고 자존을 회복하는 가장 핵심적인 장면이 바로 '내 덕에 산다'고 대답하는 장면이다. 그런데 바로 이 장면에서 '내 덕에 산다'고 대답하는 대신 여성 섹슈얼리티의 가장 핵심적인 신체의 한 부분을 가리키며 '이 덕에 먹고 산다'고 답하는 것은 '여성의 몸', '여성 섹슈얼리티'를 가장 적극적으로 긍정한 사례라고 할 수 있을 것이다.

「내 복에 산다」 이야기에서 가장 초점화된 대상은 주인공인 막내딸의 자존감이다. '아버지'로 표상된 가부장적 세계의 그늘 아래서 그에 안주해 살아가는 대부분의 딸들이 그러하듯이 막내딸에게 기대되는 역할은 '아버지'가 지배하는 세계에 대한 순종과 감사, 그리고 '아버지'를 위로하는 사랑스러운 애정 표현과 정서적 위안이다. 세상의 모든 딸들에게 요구되는 규범적 행동의 모든 것이, '너는 누구 덕에 사냐'는 아버지의 질문에 '아버지 덕이요'라고 딸들이 대답하는 이 한 장면에 집약되어 있다.

그러나 바로 이 장면에서 '내 덕이라' 대답하며 자신의 음부를 가리키는 막내딸의 행동은 다분히 탈주적이며 반항적이다. 이를 인정하고 수용할 수 없는 아버지가 막내딸을 자기 세계 바깥으로 내치는 것은 가부장적 세계에서 두말 할 필요없이 당연하고 마땅한 결과다. 그러나 막내딸의 반항은 여기서 한 걸음 더 나아간다. 그녀는 아버지에게 용서를 구하거나 매달리지 않고 기다렸다는 듯이 집을 박차고 나가 자신의 인생을 개척한다. 이것은 자식을 보살피며 거느리는 '가부장'의 권위와 자존심을 더 깊이 무너뜨리는 또 한 번의 일격이다. 집을 나간 막내딸은 아버지의 세계를 벗어나 자신의 세계를 새로이 구축한다. 온세상 사람들이 다 보고 다 들을 수 있도록 큰길 한 가운데 자신의 이름이 울려 퍼지는 큰 집을 짓는 것이다. 그리고 이번에는 아버지가 딸을 보살피는 것이 아니라 딸이 아버지를 자신의 세계 안에서 보살피기 시작한다.

「내 복에 산다」의 막내딸이 보여준 입사의 여정, 곧 자기 세계 구축의 과정은 아버지의 세계를 벗어나는 독립에서 시작되어, 자신의 세계 안에 아버지를 두고 그를 보살피는 관계의 역전으로 마무리된다. 이와 같은 '부친살해'를 과감히 감행할 수 있었던 내적 동력의 근간에는 막내딸의 남다른 자존감이 자리잡고 있다. 주목할 것은 이와 같은 자존감이 '여성으로서의 자기 인식', 더 나아가 '여성 섹슈얼리티에 대한 긍정적 인식과 수용'에서 비롯되고 있다는 사실이다.

신화적 텍스트들에서 여신의 배설과 배설물은 창조와 같은 신성한 사건에 결부된 추상적 표상성만을 드러냈다. 그것은 '여성의 몸'에 결부된 어떤 구체성이나 물질성을 획득하지 못한 채 그저 신비하고 경이로운 대상으로만 그려졌을 뿐이다. 신화가 탈신화화되는 과정에서 여신의 신성 표상도 탈신성화의 길을 피할 수는 없어 여신적 속성들은 모두 속화된 형태로 재구성되기에 이르렀다. 그리고 이처럼 속화된 여신의 배설과 배설물들은 모호하고 추상적인 대상으로 남아 기능화되거나, 기괴한 대상으로 그려지기도 했다. 가장 속화된 형태에서 여신의 배설과 배설물은 더럽고 불결하며 우습고 반사회적인 대상으로 전락해갔다. 그러나 조롱과 처벌의 대상으로 드러나는 것들과 달리, 일상적 사건의 층위에서 여전히 여신적 속성의 흔적을 드러내며 '여성의 몸'을 둘러싼 훈육과 규제의 담론을 넘어서는 탈주적 기표로 기능하는 '배설' 혹은 '배설물' 모티프를 발견할 수 있었다. 탈신성화와 세속화 과정을 거친 후에도 여전히 흔적으로 남은 여신의 속성이나 신성

기표들이 신비하고 모호한 신성성이나 기능화된 신적 권능으로 등장하는 것이 아니라 '여성' 신체에 대한 일상적 규제와 훈육을 조롱하고 그 한계를 넘어서는 반항적인 표상성을 획득하기에 이른 것이다.

'여성의 몸'에서 나온 것이되 여전히 '여성의 몸' 깊숙한 부분에 연루되어 있는 '여성 신체의 배설물'은 젠더화된 신체의 경계를 구성하거나 때론 이 경계를 흐트러뜨리면서 여성 섹슈얼리티의 양가적 측면을 다각적으로 보여준다. '여성의 몸'은 젠더 규범과 훈육적 기제들을 실어나르는 담론적 수행들을 통해 구성된 젠더 신체라고 할 수 있다. '여성의 몸'에서 흘러나온 '몸엣것'들은 이와 같은 젠더 신체의 경계를 구성하고 드러내는 가장 명확한 징표라고 할 수 있다. 그러나 바깥으로 배출되거나 축출된 것이면서 오히려 '여성' 섹슈얼리티의 가장 핵심적인 부분을 가장 강하게 드러낸다는 점에서, 그리고 이처럼 강한 속성의 '몸엣것'이 바깥으로 빠져나와 경계를 확장하거나 지운다는 점에서 '여성 신체 배설물'은 '여성의 몸'을 매개로 한 젠더화 전략에 균열을 만드는 모티프로 기능하기도 한다.

6. 나오며

대부분의 이방인, 신, 괴물의 표상은 타자화된 이미지들로서 인간 심리의 심연에 존재하는 균열의 증거다.[62] 무의식적 불안과 두려움을 방어하기 위해 만들어낸 것이 바로 이방인, 신, 괴물의 이미지이기 때문이다. 기괴한 대상으로 우리 앞에 출몰하는 타자들은 결국 우리 안에 존재하는 불안과 결핍이 만들어낸 괴물들이다. 젠더화된 신체의

---

62) 리처드 커니(2004), 참조.

경계 주변부에 존재하는 이물질들이나 젠더 규범과 관습을 벗어난 괴물스런 존재들은 모두 젠더 주체의 불안과 우울을 반증하는 이미지들이다. 젠더 경계가 불안정할수록 젠더 규범을 둘러싼 규제와 훈육적 장치들은 더욱 공고해지지 않을 수 없다.

'여성의 몸'이 강박적 부정의 대상이 되거나 억압적 훈육과 규제의 대상이 되어야 하는 것은 이것이 젠더 규범과 경계를 흔드는 동요를 촉발할 수 있기 때문이다. '여성의 몸'에 내재한 물질성이 부인되거나 소거되거나 극단적으로 배제되는 것 또한 같은 이유에서다. 이 물질성이야말로 젠더 경계를 근간에서부터 뒤흔들 수 있는 폭발성을 갖고 있는 것이다. '여성의 몸'에서 나온 배설물은 젠더화된 여성 신체의 경계를 흔들거나 모호하게 할 만큼 탈주적 힘을 갖고 있다. '여성의 몸'에서 이미 나왔으되 여전히 '몸엣것'으로서 '여성의 몸'에 결부된 이 이물질들이야말로 젠더화된 신체로서의 '여성의 몸'을 벗어난 물질성을 구현하기 때문이다.

타자를 원천적으로 배제함으로써 동질적 범주로서의 '나'를 구성하는 주체의 시도를 크리스테바는 '아브젝시옹(비체화, abjection)'[63]의 개념으로 설명한 바 있다. 그에 따르면, 배제되고 거부된 '비체화된' 타자들은 주체로부터 완전히 단절되지 않은 채 오히려 주체의 내부에서 주체를 구성하는 한 부분으로 작용한다.(줄리아 크리스테바, 2001, 참조) 주체는 영원히 타자에 의존한 채 자신의 경계를 설정할 수밖에 없는 것이다. '남성' 혹은 '여성'이라는 이성애 담론에 기초한 젠더 주체의 경계는 '남성'이나 '여성'이 아닌 성적 주체들, 혹은 '남성'이나 '여성'의 것으로 구획지을 수 없는 비체화된 대상들을 '구성적 외부'[64]로

63) 아브젝시옹은 '자기 자신'에게 '다른' 것으로 판단되는 것을 추방하는 하나의 과정으로 주체성의 경계를 한정하는 하나의 수단이다. 그러나 그것은 또한 결코 전적으로 사라지지 않는 현상으로, 주체성에 출몰하여 이미 구성된 것을 해체하도록 위협한다.(노엘 맥아피(2007), 111쪽.)

삼는다. 젠더화 전략이 가장 첨예하게 충돌하는 공간으로서 젠더 신체는 젠더 규범과 표준화 기제에 부합되지 않는 몸의 물질성을 배제하거나 축출하는 방식으로 자신의 경계를 구성하기에 젠더 신체의 외부는 포획되지 않는 물질성을 표상하는 배설물과, 정상성을 벗어난 것으로 규정되는 '신체 기형'들로 가득차 있다. 그러나 이와 같은 이물질과 괴물들은 내쳐지되 결코 내쳐지지 않는 대상으로 남아 경계를 구성하고 때로 위협하는 힘을 갖는다.

젠더 신체의 그물망에 포획된 '여성의 몸'을 보여주는 것도, 또 그 포획에서 벗어나는 물질성을 구현하는 것도 '여성의 몸'에서 흘러나온 '몸엣것'들이다. '몸엣것'은 바깥으로 내쳐지는 동시에 영원히 안으로 결부되는 비체화의 대표적 상징으로서 젠더 신체의 외부를 구성하지만 다른 한편 여성 섹슈얼리티의 가장 핵심적인 부분을 표상한다. '여성의 몸'에서 나온 것들－오줌, 월경혈, 방귀, 똥 등－은 때때로 수치와 기피, 혐오와 배제의 대상으로 그려지기도 하지만 젠더화 전략에 결코 포섭되지 않는 '여성의 몸'을 보여주기도 한다. '몸엣것'에 대한 배제와 기피가 강할수록 젠더 신체의 경계에는 더욱 강한 균열이 생긴다. 젠더 신체의 규범에서 벗어난 '여성의 몸'을 축출하는 작업이 오히려 포획되지 않는 이 잉여적 '몸'에 대한 의존을 더 강하게 환기시킬 뿐 아니라, 이 강박적 배제의 뿌리에 자리잡은 불안과 신경증을 두드러지게 드러내기 때문이다. 이렇게 해서 젠더 신체의 불안과 결핍을 대리 표상하는 '몸엣것'의 표상들은 젠더 주체가 배제하는 방식으로

---

64) 데리다는 이분법의 어디에도 속하지 않는 것, 내부와 외부의 경계 설정을 넘어서는 것, 이미 체계 안에 들어와 있으나 체계로 환원될 수 없는 이질성을 가리켜 '구성적 외부'라고 했는데, 주디스 버틀러는 이를 전유하여 어떤 범주를 구성하는 것의 외부에 있지만 범주를 구성하는 데 필수적인 요소로 작용하는 것을 '구성적 외부'로 명명한 바 있다.(주디스 버틀러(2003), 참조. ; 조현준(2007), 참조.)

의존하고 있는 구성적 외부들, 혹은 잉여적 '몸'의 자리를 더욱 환하게 비춘다.

참고문헌

| 자료 |

심우성 편저, 「동래들놀음」, 『한국의 민속극』, 창작과비평사, 1976 재판, 104~246쪽.
이인경, 『〈한국구비문학대계〉 소재 설화 해제』, 민속원, 2008.
일연. 『삼국유사(三國遺事)』.
임석재, 『임석재 구전설화전집』 1~12, 평민사, 1987~1990.
진성기, 『제주도 무가본풀이사전』, 민속원, 1990.
한국정신문화연구원 어문연구실, 『한국구비문학대계』 전 82권 및 부록, 한국정신문화연구원(현 한국학중앙연구원), 1980~1989.
현용준, 『제주도 무속자료사전』, 신구문화사, 1980.

| 연구논저 |

강은해, 『한국 도깨비담의 형성·변화와 구조에 관한 연구』, 서강대 박사학위논문, 1986.
강은해, 「두두리 재고」, 『한국학논집』 16, 계명대학교, 1989, 57~74쪽.
고혜경, 「상징해석을 통한 창세여신 설문대 할망 이미지 복원」, 『구비문학연구』 28, 한국구비문학회, 2009, 1~22쪽.
권태효, 「선류몽담의 거인설화적 성격」, 『구비문학연구』 2, 한국구비문학회, 1995, 175~200쪽.
김영돈 · 현용준 · 현길언, 『제주설화집성』 1(탐라문화총서 2), 제주대 탐라문화연구소. 1985.
김영희 · 이미라 · 황은주, 『숲골마을의 구전문화』, 이회, 2006.
김영희 「'아버지의 딸'이기를 거부한 막내딸의 입사기」, 『온지논총』 18, 온지학회, 2008, 379~427쪽.
김영희, 「비극적 구전서사의 연행과 '여성의 죄'」, 연세대 박사학위논문, 2009.
김영희 「한국 구전서사 속 여성 섹슈얼리티에 대한 신경증 탐색」, 『한국고전여성문학연구』 25, 한국고전여성문학회, 2012, 45~89쪽.
김종대, 「제주도 영감놀이에 대한 일고찰」, 『민속놀이와 민중의식』, 민속학회 엮음, 집문당, 1996.

김종대, 『민담과 신앙을 통해 본 도깨비의 세계』, 국학자료원, 1997 재판.
김종대, 「도깨비의 비교연구」, 『비교민속학과 비교문화』, 최인학교수정년기념논총간행위원회, 민속원, 1999, 267~293쪽.
노엘 맥아피, 이부순 옮김, 『경계선에 선 줄리아 크리스테바』, 앨피, 2007.
노영윤, 「설화 속 오줌 꿈 파는 행위의 심리적 특징과 그 의미 : 설화 〈진의매몽〉과 〈문희매몽〉을 중심으로」, 『한국학연구』 40, 고려대학교 한국학연구소, 2012, 39~62쪽.
리처드 커니, 이지영 옮김, 『이방인, 신, 괴물』, 개마고원, 2004.
문무병, 「제주도 도깨비당 연구」, 『탐라문화 10』, 제주대, 1990.
문무병, 『제주도 당신앙 연구』, 제주대 박사학위논문, 1993.
멀치아 엘리아데, 이동하 옮김, 『성과 속-종교의 본질』, 학민사, 1983.
엘리아데, 『신화와 현실』, 성균관대 출판부, 1985.
엘리아데, 이은봉 옮김, 『종교형태론』, 한길사, 1996.
미르치아 엘리아데, 강응섭 옮김, 『신화, 꿈, 신비』, 숲, 2006.
박계옥, 「선류몽설화의 신화론적 고찰」, 『새국어교육』 77, 한국국어교육학회, 2007, 689~705쪽.
백민정, 「월경경험을 통해 본 여성 정체성의 형성과 변화－안동시 풍산읍 소산마을을 중심으로」, 안동대 민속학과 석사학위논문, 2011.
알프 뤼트케 외, 이동기 외 옮김, 『일상사란 무엇인가』, 청년사, 2002.
에밀 뒤르케임, 노치준·민혜숙 옮김, 『종교 생활의 원초적 형태』, 한국사회학연구소, 민영사, 1992.
윤해동, 「식민지근대와 공공성」, 『사이間SAI』 8, 국제한국문학문화학회, 2010, 184~188쪽.
이현수, 「진도 도깨비굿 고」, 『월산 임동권박사송수기념논문집』, 집문당, 1986, 126쪽.
장영란, 「원시 신화 속에 나타난 여성의 상징 미학과 여성주의 인식론의 새로운 모델」, 『여성의 몸에 관한 철학적 성찰』, 한국여성철학회 엮음, 철학과 현실사, 1999, 58~91쪽.
장장식, 「한국의 풍수설화 연구」, 경희대 박사학위논문, 1992.
장주근, 「제주도무속의 도깨비 신앙에 대하여」, 『국어교육』 18-20 합본호, 한국국어교육연구회, 1972.
조지프 캠벨, 홍윤희 옮김, 『신화의 이미지』, 살림, 2006.
조현설, 『마고할미 신화 연구』, 민속원, 2014.
조현준, 『주디스 버틀러의 젠더정체성 이론』, 한국학술정보(주), 2007.
주디스 버틀러, 김윤상 옮김, 『의미를 체현하는 육체』, 인간사랑, 2003.
줄리아 크리스테바, 서민원 옮김, 『공포의 권력』, 동문선, 2001.

지그문트 프로이트, 정장진 옮김, 「두려운 낯설음」, 『예술, 문학, 정신분석』(프로이트 전집), 열린책들, 2003재간, 399~452쪽.
지그문트 프로이트, 「토템과 타부」, 『프로이트 총서16 종교의 기원』, 열린책들, 1994.
질베르 뒤랑, 진형준 옮김, 『상상계의 인류학적 구조들』, 문학동네, 2007.
한스 페터 뒤르, 『여성의 몸 수치의 역사, 은밀한 몸』, 박계수 옮김, 한길 히스토리아.
허남춘, 「설문대할망과 여성신화 : 일본/중국 거인신화와의 비교를 중심으로」, 『탐라문화』 42, 제주대학교 탐라문화연구소, 2013, 101~136쪽.
허남춘, 「설문대할망의 창세신적 특성과 변모양상 : 주변민족 여성신화와의 비교를 중심으로」, 『반교어문연구』 38, 반교어문학회, 2015, 311~348쪽.
현용준, 「영감본풀이와 영감놀이」, 『백록어문』 5, 제주대 국어국문학과, 1988, 7~28쪽.
Judith Butler, *Gender Trouble*, Routledge, Chapman & Hall, Inc., 1990.

제3부

여성의 심성과 가치의 체제

조선시대 천주교 여성사 다시 읽기
: 동정녀에 대한 논의를 중심으로

송 지 연

1. 머리말

17세기 조선의 양반 남성들은 중국을 통해 서적으로 혹은 직접적인 천주교당 방문 등으로 천주교와 첫 만남을 가졌다. 그들은 이후 1세기 동안의 꾸준한 연구를 했고 그 결과 18세기 말에는 스스로의 힘으로 조선 땅에 천주교회를 세웠다. 그러나 그들은 1791년 북경 주재 천주교 주교 구베아가 조선의 신자들에게 제사를 엄금하는 서한을 보내오자 대거 배교를 하고 말았다.

그 이후 그들보다 더 오랜 기간을 끊임없는 박해 속에서도 교회를 유지하는 데 기여한 것은 조선의 여성신자들이었다. 그녀들은 천주교회가 조선 땅에 처음으로 세워지던 순간부터 함께 했으며, 100여 년간 지속된 피비린내나는 박해의 와중에서도 굳건히 자신들의 신앙을 지켰다.

그중에서도 기존의 조선 역사에서는 찾아보기 힘들었던 독특한 존재가 나타났는데, 그들은 천주교에서 제공한 언어와 사상을 통해 기존 결혼 제도의 규범을 벗어나는 모험을 감행했던 동정녀들이었다.

이들의 이러한 독특한 움직임을 20세기 한국의 역사학자들은 '한국 여성 근대화의 시작'이라고 정의하고 높이 평가해 오고 있다.

그러나, 본고는 조선시대 동정녀들의 삶을 통해서 전근대 시대를 살아간 조선시대의 천주교 여성들에게서 20세기의 경험인 '근대화'를 찾는 것이 천주교 여성들의 역사를 읽는데 어떠한 문제를 발생시켜왔는지를 여성사의 관점에서 비판하고자 한다. 또한 이를 통해서 오랫동안 가려져왔던 파리 외방 전교회(Société des Mission Etrangères de Paris) 출신의 프랑스 선교사들과 조선의 동정녀들의 갈등을 재구성하고자 한다. 이러한 과정을 통해서 지금까지 '천주교를 통한 여성의 근대화'라는 담론이 조선시대 천주교 여성에 대한 기억과 망탈리테를 크게 오독해 왔음을 밝히고자 한다.

2. 1945년 이후 조선시대 천주교 여성사에 관한 지식의 형성

한국에서의 여성사 연구는 전 세계에 걸쳐 이루어진 제2세대 페미니즘의 영향 아래 1970년대 초반 무렵부터 학문의 한 분야로서 본격적으로 기초를 닦기 시작했다. 조선시대 '천주교 여성들'의 역사도 한국의 역사상 처음으로 여성이 하나의 집단으로 기록 상에 등장했다는 점에서 이 시기부터 하나의 각광받는 주제로서 학자들의 관심을 끌었다.

해방 이후 최초로 조선시대 천주교 여성사에 대한 분석을 시도한 한국의 역사학자는 박용옥이다.[1)] 사실 박용옥의 연구는 '한국 근대 여성 개화'의 기점을 찾는 과정에서 조선시대 천주교 여성을 부수적으로 다루고 있다. 그러나 그녀의 연구는 1970년대 이래로 현재에 이르기

1) 박용옥(1971), 403~408쪽, 참조 ; 박용옥(1975), 32~38쪽, 참조.

까지 조선시대의 천주교 여성을 언급할 때 통용되는 하나의 공식을 만들어 냈다.

그녀의 이론은 한국 사회의 개화가 시작되는 1876년 개항 이전 시기의 조선사 안에 벌써 봉건적인 유교의 지배를 붕괴시킬 개화의 요소가 있었다는 1970년대의 내재적 발전론을 바탕으로 한다. 그녀는 한국의 여성사에도 이미 '내재적 개화의 요소'가 분명히 전개되었을 것이라는 전제 하에 그 기점을 조선시대의 천주교 여성에게서 찾았다. 또한 그 계보는 18세기 초 실학을 통해서 18세기 말의 천주교 여성에게로, 그리고 19세기 말의 동학여성에게서 20세기 초의 개화기 여성으로 이어진다고 보았다.

이후 박용옥이 사용한 단어인 '한국 여성의 개화'는 1976년에 나온 김영순의 연구에서부터 '한국 여성의 근대화'로 완전히 대체되었다.[2] '근대화'는 이때부터 현재에 이르기까지 조선시대 천주교 여성에 대해 논할 때 항상 빠지지 않고 따라오는 하나의 수식어로서 고정되기에 이른다. 여기에서 말하는 '근대화'의 대체적인 내용은 자유평등사상을 근본으로 하는 천주교가 개신교보다 1세기나 앞서서 유교의 불평등과 억압을 부정하고 남녀평등을 가르침으로써 유교사회의 억압으로부터 조선여성들을 해방시켰다는 것이다.

조선시대 천주교 여성에 대한 연구는 1990년대에 들어서 동정녀들과 동정부부 등 유교식 결혼제도와는 다른 양상을 보이는 예외적 존재들이 집중적인 분석의 대상으로 연구되기 시작하였다. 특히 이미진의 연구는 기존에 취회(聚會) 활동이라고 불리던 동정녀들의 공동체의 구성과 형태에 대해서 보다 정밀 분석을 했으며 이후에 나오는 연구들의 공통된 논지의 바탕을 형성하였다.[3] 그들은 공통적으로 인간평등

2) 김영순(1979), 참조.

3) 이미진(1994), 참조.

과 남녀평등을 바탕으로 하는 천주교가 동정녀, 자유결혼, 과부재가, 일부일처제를 근간으로 하는 '근대적 혹은 근대지향적' 결혼관을 들여와서 유교식 가부장제를 붕괴시키는 데 기여했다고 논의하고 있다.

2000년대 이후에도 조선시대의 천주교 여성사와 관련한 논의는 크게 변함없이 '근대화'라는 기존의 개념을 중심으로 이루어지고 있다. 특히 이 시기에는 사회사의 입장에서 좀 더 치밀한 자료 분석을 통해 조선시대 천주교 여성사를 분석하려는 김정숙의 연구가 주목된다. 김정숙의 연구는 기존에 주로 동정녀들에게만 쏟아지던 연구의 관심을 조선 후기 천주교 여성 전반으로 넓혔다. 또한 현존 사료들의 정밀한 분석을 통해서 조선 후기 100여 년 간에 걸친 천주교 여성 신자들의 구성, 신분, 연령, 출신 지역 등의 시대별 변화 및 다양한 양상을 구체적 수치를 통해 구분하고자 시도하였다. 그러나 그녀의 연구 또한 천주교와 조선 여성의 관계를 조선 후기 여성의 근대화의 단초로 보면서 여전히 천주교가 여성의 존엄과 남녀평등을 가르치는 등 근대적 의식 성장을 일깨웠다고 보면서 천주교 여성의 각성을 '근대화'라는 단일한 시점으로 읽고 있다.

한편으로는 이와 같은 기존의 '한국 여성의 근대화' 논의의 균열을 읽어낸 연구들도 있었다. 먼저, 김옥희는 조선시대 동정녀들에 대한 자료를 재검토하면서 그 당시 여성들이 유교사회의 모순에 저항했다거나 여성들의 사회적 지위를 확보해야 한다는 의식을 가지고 있지는 않았음에 주목했다. 또한 이미 근대적 의식을 받아들였다던 천주교 여성들이 병인박해(1866)를 전후한 시기에는 오히려 기존의 '여필종부(女必從夫)' 의식으로 돌아가는 것을 주목하였다.[4] 방상근도 역시 19세기 중반 병인박해기(1866~1872)에 천주교 여성들이 여필종부(女必從夫)

4) 金玉姬(1984a), 117쪽 ; 金玉姬(1984b), 251~252쪽, 참조.

의식을 보이는 것을 주목했다.5)

그러나 김옥희도 역시 천주교 여성들이 남녀평등을 내세웠던 천주교의 복음정신에 매료되어 남녀 불평등 차별의식에서 벗어나고자 하는 근대적 의식의 변화를 가졌다고 독해하면서6) 이러한 양상들이 19세기 중반 이후 '조선 교회의 보수화의 결과'로만 분석하고 있다.7) 방상근은 김옥희의 결론을 부정하면서 조선의 천주교회는 병인박해기에도 남녀평등을 변함없이 대전제로 하였으나, 유교의 지속적인 영향과 신앙의 자유를 추구하던 교회의 절박한 사정 때문에 천주교회의 남녀평등 추구가 제약을 받았다고 보았다.8)

이렇게 해서 세워진 조선시대 천주교 여성사에 대한 공식은 현재까지도 깨어지지 않고 있다. 사실상 이 '한국 여성의 근대화' 담론은 조선시대 천주교 여성의 역사를 일찍부터 학자들의 연구 대상으로 삼도록 한 원동력이자 이 분야가 1970년대 이후 끊임없이 같은 내용을 자기 복제하게 만든 근본적인 족쇄로서 동시에 작용하였다.

3. 전근대사 속 조선시대 여성의 '근대화' 찾기가 가져오는 문제

한국의 역사학자들은 해방 이후부터 조선시대의 천주교가 '근대적'이었다거나 '근대화'와 연결되어 있었다는 공통된 믿음을 가지고 있다. 그들은 당시의 천주교가 '신 앞에서 만인이 평등하다'는 교리에 바탕을 둔 '평등사상'을 통해서 조선 사회의 '신분해방 의식'과 '여성해방 의식'

5) 방상근(2002), 69쪽.
6) 金玉姬(1984a), xi쪽 ; 金玉姬(1984b), 251~252쪽, 참조.
7) 金玉姬(1984b), 82쪽.
8) 방상근(2002), 71~75쪽, 참조.

을 일깨우고자 노력했다고 믿고 있다. 그러나 사실상 현재까지 발견된 자료들에 의해서 알 수 있는 것은 조선시대의 천주교회는 조선 땅에서 신분해방이나 남녀차별의 철폐를 위해 어떠한 실질적인 시도도 한 적은 없다는 사실이다. 그들은 천주교가 '근대화'가 시작된 서구에서 들어온 종교이므로 '근대적'이라고 오독함으로써 천주교를 통해 유입되어 17~19세기 조선땅에서 크게 유행한 '서학' 또한 조선이 스스로 놓쳐버린 내재적 근대화의 기회로 읽는 오류를 범하고 말았다.

그로 인해 예수회 선교사들이 동양에 들여온 서구의 문물과 사상이 중세 유럽의 산물이었다는 사실을 놓쳤다.[9] 또한, 19세기 중반 이후 조선 파견 선교사들을 배출한 프랑스에서는 천주교가 오히려 프랑스 혁명 이후 자유와 평등 등의 '근대적'인 사상에 가장 반대하고 있었다는[10] 사실을 외면하게 되었다. 또한 파리외방전교회의 선교사들은 조선 땅에서 천주교 신앙을 확고히 정착시키는 데에 선교 활동의 초점을 두어 예수회 선교사들처럼 적응주의 선교방식을 통해 서구의 과학 기술을 조선 사회에 도입하려는 노력은 더더욱 시도하지도 않았다.

조선의 천주교 여성사와 관련해서 한 가지 분명히 잊지 말아야 할 것은 천주교회가 서구의 가부장제 이념과 제도의 바탕을 제공한 장본인이었다는 사실이다. 따라서 서구에서의 천주교는 결혼과 이혼, 가정의 유지 방식 등 세부적인 면에 이르기까지 서구 여성들의 정신과 육체를 가부장제에 구속시키는 역할을 했다는 점에서 조선의 유교와 그 역할을 공유한다. 따라서 천주교는 한국에서의 유교가 그런 것처럼 서구의 여성들에게 2천여 년이 넘는 역사 속에서 가부장적 여성 억압의 상징으로서 지속적인 투쟁의 대상이었던 것이다.

9) 도날드 베이커(1997), 133쪽.
10) 조현범(2008), 79~81쪽, 참조.

천주교가 일부일처, 처첩제도의 부정, 결혼에 있어서의 당사자의 동의, 과부 재가의 허용 등의 새로운 가족제도를 수립하면서 교회의 방침을 준수하려는 신자들 사이에서는 유교식 가부장제도와 첨예하게 대립을 해 온 것이 사실이다. 바로 이러한 변화들은 소위 '근대적 결혼관'으로 독해되어 왔으나 그 실체도 사실상 근대화와는 다르다.

'결혼에 있어서의 당자사의 동의'는 결혼에 대한 본인의 의사를 존중하는 천주교회의 남녀평등의 실천이 아니라 로마법에서 그 기원을 찾을 수 있는 것으로 교회법(Canon Law)에 의해서 12세기에 법제화된 서구식의 결혼제도였다. 결혼에서의 동의와 육체적 결합(Consummation)은 천주교식 결혼 성립의 필수 요소였다. 따라서 이 두 가지가 완비되어 성사(聖事, Sacrament)로서 교회의 승인을 얻어 성립된 결혼은 불가해성(不可解性, indissolubility)을 획득하면서 교회법상에 위배사항이 없거나 교회의 허락이 없는 한에는 이혼이 불가능해진다.[11] 또한 천주교회는 결혼제도의 실질적인 운영상에는 '부모의 허락'을 보장하고 있는데, 트리엔트 공의회에서는 오히려 결혼의 조건으로 부모의 허락을 강화하고 있다.[12]

천주교와 개신교를 비롯한 서구 출신의 기독교 선교사들은 결혼의 기독교화를 필두로 한 서구식 가부장제와 성 도덕을 그들의 선교지에서 세례를 받은 비서구인 신자들 사이에 들여오도록 설득하거나 강제하였다. 특히 이런 지역에서 기독교식 성 규범과 규제의 도입은 결혼제도와 관련하여 가장 먼저, 그리고 강하게 이루어져 왔다.[13] 그러므로 조선시대 천주교 신자들 사이에서 이루어진 결혼제도와 의식의 변화는 조선 땅에서 이루어진 근대화의 시작이 아니라 서구적 가부장제의

11) Thatcher, Adrian(1998), p.416.

12) McNamara, Jo Ann(1996), pp.527~528, 참조.

13) Wiesner-Hanks, Merry E.(2000), pp.142~143, 참조.

도입으로 보아야 할 것이다.

그러나 '근대화' 담론은 조선시대 천주교 여성들을 조선 땅에 '내재적 근대화'를 구현하려는 투사로 물화(物化)시킴으로써, 여성사로 그녀들이 내는 다양한 목소리를 읽어내는 것을 방해했다. 그 결과, 20세기 이후에 재단된 렌즈를 통해 19세기 조선시대 여성의 역사를 투사케 함으로써 그녀들의 삶을 그녀들이 살았던 시대의 맥락에서 분리시켜 버리는 오류를 범하게 하였다.

조선시대의 천주교사를 논할 때 반드시 따라붙는 '근대화' 담론은 사실상 19세기 말부터 20세기 전반에 걸쳐 이루어진 '근대 한국'의 식민과 탈식민 경험의 산물이었다. 이러한 담론의 시원은 20세기 초반에 이능화의 저서 『조선기독교급외교사(朝鮮基督教及外交史)』(1928)에서 찾을 수 있다. 이능화는 이 책에서 '조선의 개화' 문제를 천주교의 문제와 처음으로 연결시키고 있다. 그는 18세기 말의 조선왕조의 천주교 박해와 유교의 옹호, 19세기 중반의 대원군의 쇄국정책과 천주교 거부가 20세기 초에 들어와서 조선의 '개화'를 늦추어 시대적으로 가장 뒤처진 낙오자가 되도록 만들었다고 개탄하였다.[14)]

이러한 이능화의 관점은 20세기 중반 해방 이후의 한국학계에서 일제시대 관학자들의 정체성론을 부정하기 위해 세워진 내재적 발전론 속의 '근대화 담론'과 결합하게 된다. 이 시기의 학풍은 '근대화'로 이름지어진 '서구적 발전 양상'의 증거를 한국의 역사적 경험에서 찾았고, 17, 18세기의 '실학'에서 그 증거를 찾았다고 보았다. 그리고 실학자들의 일부가 서학을 공부했고 그 중 일부는 천주교 신자가 되었다는 사실에서 조선의 근대화의 계보는 조선시대의 천주교회사로까지 연장되었다.

---

14) 李能和(1928) 上卷, 92쪽 ; 下卷, 4쪽.

그들은 실학과 서학의 좌절로 조선의 물질적 근대화는 실패했으나 천주교를 통한 정신적 근대화만은 어느 정도 성공하였다고 보고 있는데, 조선시대 천주교 여성사는 특히 천주교를 통한 정신적 근대화(혹은 서구화)에 성공한 하나의 증거로서 언급되고 있다. 그 결과, 여성사의 관점에서 좀 더 민감하게 다루어야 할 조선시대 '여성의 역사'는 '근대화'라는 거대 담론을 매개로 하여 새로운 '국사'의 체계에 종속되는 결과가 초래되었다.

그로 인해 조선시대 천주교 여성사 연구에서는 병인박해(1866~1872)를 전후한 19세기 중후반기의 천주교 여성들의 움직임을 읽는데 중대한 독법의 문제가 발생하게 된다. 천주교 여성들의 역사는 교회창립기(1874)부터 19세기 초반(대략 기해박해가 일어나던 1839~1842)의 기간에는 일견 '근대화' 담론의 주장과 일치하는 듯한 모습을 보인다. 그러나 1866년을 전후한 19세기 중반 무렵부터는 그와 전혀 상반되는 양상을 보이는데 근대화 담론은 이러한 변화에 대해 분석할 이론적 준거를 지워버렸을 뿐만 아니라 그 분석의 이유마저 제거해버리고 말았다. 이러한 변화는 특히 조선의 천주교 여성 중 동정녀들과 관련하여 두드러지는데 다음에 이어질 장에서는 이들의 역사를 근대화 담론을 제거한 채로 다시 읽어 봄으로써 새롭게 드러나는 사실들을 검토해 보도록 한다.

4. 조선의 동정녀들의 역사

주지하듯이 조선에서의 천주교회의 건설은 선교사의 도움없이 한역(漢譯) 서학서를 탐독하면서 자생적으로 신자가 됨으로써 1784년에 세워졌다. 그러나 사제의 부재로 인한 교회운영상의 문제로 1795년에는 소주(蘇州) 출신의 중국인 주문모(周文謨, 1752~1801) 신부가 정식 천주교 선교사로서 처음으로 조선에 파견되었다. 당시의 조선 천주교회는 조선 정부에 의해 탄압 하에 있었는데, 특히 1791년 진산지역의 양반이었던 윤지충의 제사 거부 문제 이후 양반 남성들이 집단적으로 배교를 하고 여성과 중인 이하 신분층의 남성들이 주요 신자층을 구성하고 있었다.

이 시기의 주요한 여성 신자들 중에서도 중심에 선 인물은 강완숙 골롬바였다. 그녀는 여회장의 역할을 맡아 왕실로부터 노비까지 광범위한 신분층에 속하는 여성들을 대상으로 한 전교활동에서 탁월한 성과를 올렸다. 그녀는 자신의 집에 여신자들을 위한 일종의 학교를 세워 자신의 거처를 찾아온 동정녀들을 보호하였고 윤점혜 아가다를 그들의 리더로 삼아 다른 천주교도 여성들의 교육에 심혈을 기울였다.[15]

조선에서 어떻게 '동정녀'의 개념이 소개, 전파되었는지에 대해서 자세히 전하는 자료는 없다. 다만 동정녀의 개념은 조선의 천주교회가 설립된 1784년과 신유박해가 일어난 1801년도 사이에 이미 널리 알려져 있었고 특히 혼기를 앞둔 소녀 신도들 중에서 동정녀가 다수 출현하였음을 볼 수 있다. 조선 정부는 신유박해 당시에 여신도들을 심문하는 과정에서 처음으로 '동정녀'라는 존재를 알게 되었다.

그 이유는 그녀들이 공통적으로 자신들의 정체를 '허씨(許氏)의 부인' 혹은 '허씨(許氏) 과부' 등으로 속이고 있었기 때문이다.[16] 반복된 심문과 자백을 통해서 정부가 파악한 바에 의하면, 이들은 동정녀가 되기를 맹세하면서 스스로 쪽을 지어 머리를 올렸다. 그녀들이 자신들을 '허씨(許氏)'의 아내, 혹은 과부라고 말한 이유는, 유교 이념에 의해 결혼이

15) 샤를르 달레(1979a), 512~513쪽, 참조.

16) 『邪學懲義』 尹占惠 供草, 鄭順梅 供草, 金景愛 供草, 朴成艷 供草.

여성의 의무였던 조선 사회로부터 결혼을 거부함으로써 불러올 비난과 불필요한 이목의 집중을 동시에 피하고자 함이었다.[17] '허씨 과부' 혹은 '허씨 부인'의 '허(許)'는 사실상 '허씨(虛氏)'의 동음이의어를 사용한 것이었다.[18] 이것은 모두 스스로를 '허씨(虛氏)의 부인'이라고 부름으로써 '사실 나는 누구의 아내도 아니다'라는 뜻을 은연 중에 표명함과 동시에, '나는 결혼하지 않겠다'는 자신들의 의지를 동시에 표현하려던 전략이었다.

신유박해 때에 조선 정부에 의해 발각된 동정녀로서 기록 상에 남은 이들은 윤점혜 아가다, 정순매 발바라, 김경애, 이 아가다, 심 바바라, 김월임, 홍순희, 그리고 성명 미상의 전주 이씨녀 등 8명이었다. 그들은 대부분 신분상으로는 양반과 양인이었으며 나이는 대체로 이십대 중반부터 십대 초반에 걸쳐 있었다. 여기에 동정부부인 이순이 누갈다와 유중철 바울의 예도 찾아 볼 수 있으므로 신유박해 당시에 이미 19세기 말까지 이어지는 다양한 동정녀의 예가 모두 나타나고 있다.

신유박해 이후 조선의 천주교도들은 전국 각지에 퍼져 있던 교우촌을 중심으로 비밀리에 자신들의 교류망을 유지하면서 교회의 재건과 선교사의 재입국에 힘을 기울였다. 그 결과 1831년에 조선교회는 독립된 대목구(代牧區)가 되었고 그 관할권을 맡은 파리외방전교회에서 프랑스인 선교사가 대거 파견되어 조선교회는 주문모 신부의 죽음 이후 30여 년 만에 정식 교계를 받은 성직자의 인솔 하에 교회 조직을 재건하였다. 그러나 1839년에 전국적으로 일어난 기해박해로 프랑스 신부들 전원과 조선 교회의 주요 지도자가 체포, 사형되면서 교회의 조직에 큰 타격을 입게 되었다.

---

17) 『邪學懲義』 尹占惠 供草.

18) 『邪學懲義』 金景愛 供草.

기해박해 기간 동안에 발견된 동정녀들은 백여 년에 이르는 조선시대의 천주교 역사상 숫자상으로도, 동정녀로서의 자아의 성숙도도 최고조에 이른 모습을 보이고 있다. 그들의 대부분은 여성공동체를 구성하여 생활하고 있었는데,[19] 특히 이매임의 공동체, 조 바바라의 공동체, 그리고 김효임 골룸바의 공동체 등이 보이며 이들은 모두 모녀 혹은 친척관계를 중심으로 구성되어 있다.

첫 번째는 이매임 테레사의 공동체로, 이매임 테레사, 허계임 막달레나, 이정희 바바라, 이영희 막달레나, 이 바바라, 김성임 마르타, 그리고 김 루시아가 구성원이었다. 이들의 공동체는 이영희 막달레나가 결혼의 압력을 피해 고모인 이매임 테레사의 서울 집으로 도망오고, 뒤이어 이정희 바바라와 허계임 막달레나가 합류하면서 형성되었다. 여기에 이 바바라, 김성임 마르타, 그리고 김 루시아가 함께 모여 살면서 정부에 자수하기까지 하나의 공동체를 이루고 살았다.[20] 이 공동체에서는 이영희 막달레나와 이 바바라 그리고 김 루시아가 동정녀였으며 김성임 마르타와 김 루시아를 제외한 모든 이가 친척관계에 있었다.

두 번째는 조 바바라의 공동체로, 조 바바라의 딸인 이영덕 막달레나와 이인덕 마리아, 이 카타리나와 그녀의 딸 조 막달레나의 다섯 명으로 구성되어 있다. 이들 중 이영덕 막달레나, 조 막달레나가 동정녀였는데 이들은 공통적으로 결혼을 거부하고 집에서 도망을 쳐 동정녀로서 살다가 1838년에 앵베르 주교의 명으로 공동체의 일원이 되어 기해박해의 발발로 함께 체포될 때까지 함께 생활했다.[21]

세 번째는 김효임 골룸바와 김효주 아녜스 공동체이다. 이 공동체는

19) 『기해일기』, 9~10쪽. 본고에서 표시하는 『기해일기』는 1984년에 가톨릭 출판사에서 출판한 기해일기의 페이지 수이다.

20) 『기해일기』, 39쪽, 79~81쪽, 참조.

21) 『기해일기』, 80쪽.

동정녀 자매인 김효임 골룸바와 김효주 아네스 그리고 성명미상 그녀들의 여동생이 그들의 오빠인 김 안토니오의 집에서 김 클라라와 함께 살고 있었다. 1839년 기해박해가 시작되었을 때, 이들 두 자매만이 체포되었으며 사형되었을 당시의 나이는 김효임 골룸바가 26세, 김효주 아네스가 25세였다.[22)]

그 밖에도 공동체를 이루고 살지 않았던 동정녀들도 체포되었는데 그들은 정정혜 엘리사벳과 원귀임 마리아, 김 줄리에타, 그리고 전경협 아가다와 박희순 아가다였다. 이들 중에서 김 줄리에타와 전경협 아가다, 그리고 박희순 아가다는 궁녀였고,[23)] 성명 미상의 동정녀 한 명이 더 홍재영의 가족과 함께 체포된 것으로 보고되었다.[24)]

이 시기에 체포된 동정녀들은 무엇보다도 심문 과정에서 천주교도이자 동정녀로서의 자신들의 정체성과 긍지를 숨기지 않고 밝히고 있는 점이 특기할 만하다. 또한 이들은 더 이상은 허씨(許氏) 부인 혹은 허씨(許氏) 과부를 칭하는 일도 없었다. 김효임 골룸바는 자신을 고문하던 관원이 결혼을 하지 않은 이유를 묻자, '동정이 천주교도로서 더욱 완전한 상태가 되는 길이며 신에게 온전히 귀의하고자' 스스로의 의지로 동정녀가 되기로 결정했다고 밝히고 있다.[25)] 뿐만 아니라, 김 루시아와 김효임 골룸바는 모두 심문을 받는 동안 심문관들의 천주교 교리에 대한 질문에 해박한 지식을 바탕으로 조리있게 대답하는 모습마저 보이고 있다.[26)] 또한 김효임 골룸바는 간수들의 성희롱을 고발하며 여죄수에 대한 법의 보호를 호소하기도 하였다.[27)]

---

22) 『기해일기』, 65~67쪽, 참조.
23) 『기해일기』, 59-60쪽 ; 샤를르 달레(1979b), 406쪽, 참조.
24) 샤를르 달레(1979b), 514쪽.
25) 샤를르 달레(1979b), 41쪽.
26) 『기해일기』, 44쪽, 66쪽 ; 샤를르 달레(1979b), 410~411쪽, 참조.
27) 샤를르 달레(1979a), 410쪽.

현존하는 자료들을 좀 더 자세히 연구해 보아야 하기는 하지만, 이 시기에는 이외에도 동정녀들의 공동체가 전국에 다수 산재하고 있었으며 여기에는 어린 소녀들의 교육을 위해 학교를 세우기도 하였다.[28)]

기해박해가 끝난 1841년 이후 1866년에 병인박해가 일어나기까지 조선의 천주교회는 이례적으로 큰 박해없이 비교적 안정적인 성장을 맞이하게 되었다. 파리외방전교회는 다시 프랑스 신부들을 대거 파견하였는데, 이때 입국한 프랑스 선교사들은 총 17명으로 조선 교회 창건 사상 최대의 인원이었다. 프랑스 선교사들의 수적 증가는 교회 조직의 운영에도 큰 변화를 가져오는데 사제의 권위가 강화되고 기존의 평신도 조직이 재편되어 선교사들의 강력한 영향 아래에 놓이게 되었다.[29)]

이 무렵부터 프랑스 신부들은 비로소 선교지에 '현지 출신의 사제를 양성한다'는 파리외방전교회의 본래 설립 취지에 맞는 활동을[30)] 시작할 수 있었다. 1845년 이후에는 김대건과 최양업 등 본방인 신부가 서임되어 조선에서의 활동을 시작하였다. 또한 1856년에는 충북의 배론에 조선인 신부를 키워내기 위해 첫 번째 신학교가 세워져서 신학생들을 대상으로 교육을 시작하였다.

그러나 조선 내 천주교의 발전은 1866년의 병인박해로 다시 한번 큰 타격을 입게 되었다. 병인박해는 조선왕조가 공식적으로 행한 마지막 천주교도 박해로서 전국에 걸쳐 가장 광범위하게 장기간에 걸쳐 가장 철저하고도 잔인하게 천주교도를 탄압한 것으로 밝혀지고 있다.

그런데 이미 언급했듯이 병인박해기에 보인 천주교 여성 신자들의

---

28) 샤를르 달레(1979b), 294쪽.
29) 방상근(2006), 154~181쪽, 참조.
30) 조현범(2005), 7쪽.

모습은 여러모로 이전 시기와는 현저하게 다른 모습을 보이고 있다. 전대와는 달리 이 시기에는 동정녀의 존재를 찾아보기 힘들고 여성 희생자의 대부분은 결혼한 여인이거나 과부였다.[31] 또한 전대의 천주교 여성들이 대개 어머니나 모계의 친척들에 의해 전교되었던 예와는 달리 이 시기의 천주교 여성들은 대개의 경우 결혼을 통해, 혹은 남편의 가족들에 의해 전교되었음을 확인할 수 있다.[32]

뿐만 아니라, 현존하는 기록들에 의하면, 이 시기의 천주교 여성들이 체포되면서 남긴 말들과 행동들은 사실상 기존의 학자들이 논의하던 '근대화'와는 정반대되는 현상을 보여주고 있다. 이 시기의 천주교 여성들은 여전히 자신들의 남편에게 순종적인 모습을 보이고 있을 뿐만 아니라 배교도, 순교도 남편의 의견에 따라 결정을 하고 있는 것이다.[33] 때로는 포졸들이 천주교도인 남편만을 체포하고, 부인은 어린아이가 있거나 돌보아야 할 노인이 가족 중에 있음을 이유로 체포하지 않았다. 그럼에도 불구하고 사료 상에 보이는 이 시기의 천주교 여성들은 남편없이 과부로서 사느니 남편과 함께 죽겠다면서 자수하여 함께 사형을 당하였다.[34]

그러나 기해박해 때까지도 적지 않은 숫자였던 동정녀들은 극소수만 기록 상에 남아 있고 그들의 공동체도 이 시기에는 찾아 볼 수 없다. 이 시기의 동정녀로는 동정녀로 살다가 25세에 최 바바라와 함께 처형되었다는 이한교의 누이,[35] 이 프란치스코의 둘째딸이며 17세에 처형당한 이 데레사,[36] 강 바울의 둘째 딸로 24세로 처형된 강 루시아,[37]

31) 김옥희(1984b), 251~252쪽, 참조.

32) 고홍식(1988), 284쪽.

33) 방상근(2006), 69쪽.

34) 『치명일기』 68번, 557번, 68번, 459번 ; 『捕盜廳謄錄』(下), 431쪽, 483쪽 ; 『병인박해 순교자 증언록』 120번.

35) 『치명일기』 521번.

역시 동정이었던 이갑열의 누이로서 38세에 처형된 이 아가다,[38] 기해박해 때부터 동정녀로서 살다가 55세로 처형된 한성임 등이 있다.[39]

이 시기에 교우촌이나 교회 안팎에서의 활동에 대한 단편적인 기록상에서 보이는 천주교 여성들은 대부분이 과부이거나 결혼한 여성들이다. 또한 동정녀들이나 그들의 공동체의 존재가 최고조에 달한 후 단 몇 십년 사이에 기록에서 급작스럽게 사라져 버렸다는 것은 특기할 일이다.

5. 여성사의 틀을 통해 조선시대 동정녀의 역사 다시 읽기

조선시대의 동정녀는 조선시대사 전체를 통해서 볼 때 조선 사회에서 금지한 다양한 것을 동시에 실행하는 특이한 존재였다. 그들은 사교(邪敎)로서 금지된 외국의 종교를 믿었으며, 그 종교가 제공한 사상을 바탕으로 조선 사회가 부여한 여성 의무의 두 중추였던 혼인과 제사를 거부하였다. 조선시대의 혼인과 제사는 사실은 하나의 고리로서 연결되어 있었는데, 여성은 반드시 혼인을 하여 배우자 가문의 제사를 받들고 대를 이어 제사를 모실 아들을 낳아야만 했다.

따라서 조선왕조는 여성의 규제를 목적으로 국초부터 혼인제도의 정비에 심혈을 기울였다. 먼저 조선 정부는 과부의 재가를 강력히 막고 가부장제의 확립을 위한 친영제를 장려함과 동시에 비혼 여성의 존재 가능성을 근본부터 막는 데 최선을 다하였다. 조선은 혼기를

36) 『치명일기』, 151번.
37) 『병인 치명사적』 3권.
38) 『병인 치명사적』 2권.
39) 『捕盜廳謄錄』(中), 703쪽.

넘긴 딸이 혼인을 하지 못하였을 경우에는 그 가장을 처벌하였으며,[40] 지방관에게도 미혼의 양반 규수들의 혼인을 성사시킬 책임을 지웠고, 미혼의 여성이 비구니가 되는 것도 국법으로 금지하였다.[41] 이러한 상황 아래에서 집단적으로 출현한 동정녀들의 존재는 분명히 주목할 만한 현상이라고 할 수 있다.

현재 남아있는 조선의 동정녀들에 대한 기록은 그들이 동정녀의 삶을 선택한 다양한 동기들을 단편적이나마 전하고 있다. 동정녀들 중에는 소극적인 의도로 동정녀가 된 경우도 분명히 존재하고 있었다. 박성염은 어머니에 의해 천주교도가 되었으나 어머니의 사망 이후 가난으로 인해 혼인을 할 형편이 되지 못했음을 고백하였다.[42] 김월임 또한 과부의 유복녀로 태어나 역시 가난을 이유로 혼인을 할 수 없었다고 밝힌 박성염과 같은 이유로 동정녀가 되었다고 볼 수 있겠다.[43]

본인의 적극적인 의지로 결혼을 거부하고 동정녀가 되었다고 밝히는 예로는 김경애를 찾을 수 있다. 그녀는 신유박해 당시의 심문에서 천주교도가 된 뒤에 혼인하기가 싫어서 동정녀가 되었다고 밝히고 있다.[44] 또한 김효임 골룸바의 경우도 분명한 종교적인 동기에서 출발하였는데 그녀는 신에게 열성적으로 봉사하기 위해 동정녀로서의 삶을 선택했다고 고백했다.[45] 신유박해기 동정녀들의 지도자였던 윤점혜 아가다 또한 스스로의 선택으로 17세에 결혼을 피하고자 가출을 감행하는 등 종교적 동기에 의해서 적극적으로 동정녀의 삶을 선택하였다. 또한 앞서 살펴 본 김 루시아, 이영덕 막달레나, 이영희 막달레나

40) 『經國大典』 禮典 惠恤.
41) 『大典續錄』 禮典 惠恤.
42) 『邪學懲義』, 朴成艶 供草.
43) 『邪學懲義』, 金月任 供草.
44) 『邪學懲義』, 金景愛 供草.
45) 샤를르 달레(1979b), 410쪽.

등 기해박해 시기(1839~1840)의 동정녀들의 대부분도 적극적인 동기에서 가족을 떠나 동정녀의 삶을 선택한 경우였다.

이와 같이 이들이 동정녀의 삶을 선택한 것은 '사회의 변화'와 '여성의 해방'을 이루기 위한 것은 분명히 아니었다. 이들은 종교적인 이유와 현실적인 이유 속에서 동정녀가 되기를 때로는 자의로, 때로는 타의로 '선택'했으며, 천주교의 '동정' 개념은 의도치 않게 조선의 혼인제도 바깥에서 보이지 않게 존재해 온 미혼 여성들에게 숨어들 공간과 비혼 여성으로서 그들의 정체성을 표현할 방법과 언어, 그리고 이름을 제공했던 것이다.

조선의 동정녀들은 대개 10대 전반의 나이에 동정녀가 되기로 결심하였고, 10대 중반의 혼기를 맞아 혼인에 대한 강요가 거세어질 무렵에 이를 피하고자 가출을 감행하였다. 그 대표적인 예가 기해박해 중에 순교한 이시임 안나이다. 이시임 안나는 양반의 딸로 태어나서 천주교에 귀의하였고 십대 중반의 나이가 되었을 때 동정녀가 되기를 원하였다. 그러나 그녀는 집안의 강요로 결혼을 피할 수 없게 되자 풍문으로 들었던 고향에서 떨어진 곳에 있는 동정녀들의 공동체를 찾아 가출을 감행하였다. 그러나 그녀는 자신을 동정녀들의 공동체로 데려다 주기로 약속했던 천주교도 뱃사공 박씨에게 겁탈당하고 그와 결혼하여 자식을 낳고 살아야 했다.[46]

이시임 안나의 예는 동정녀의 삶을 선택한 조선의 천주교 여성들은 결혼을 강요하는 가족 공동체와 더불어 자신들이 사는 사회와도 투쟁을 했음을 보여준다. 그들이 동정녀로 살아갈 수 있는 길은 가족들의 동의가 없는 이상 강요된 결혼을 피해 가출을 감행하여 동정녀의 공동체를 찾아가는 것이었다. 그러나 성공적으로 동정녀 공동체를

46) 샤를르 달레(1979b), 62~64쪽, 참조.

찾아가서 동정녀로서 살아가게 된 예는 사실상 극소수에 불과할 것이며, 또한 그나마도 기록 상에 남아 오늘날까지 전해지는 동정녀들은 그들 중에서도 극히 일부에 불과할 것이다.

여기에서 동정녀에 관한 역사를 읽을 때 유념해야 할 점이 하나 있다. 동정녀의 존재에 대한 거부 반응은 조선왕조만이 보였던 것은 아니었으며 또한 유교를 신봉한 조선이 유독 '봉건적'이었다거나 혹은 '전근대적'이어서 그랬던 것도 아니었다. 사실상 동정녀들의 등장으로 인해 사회질서의 위협을 느끼는 것은 사실상 결혼을 근거로 여성을 규율하고자 했던 가부장 사회가 보였던 공통적인 반응이었던 것이다.

전근대 사회에서 대개 종교를 통해 이루어졌던 여성의 '동정 지키기'는 여성이 가부장 사회에서 결혼과 함께 짊어져야 했던 다양한 의무와 함께 출산과 육아의 부담으로부터 해방되는 것을 가능하게 하였다.[47] 따라서 서양사 상에서도 수많은 과거의 여성들이 '동정녀'라는 개념을 통해 수 천년 동안 '결혼'과 '가부장제도'로부터 도망하는 다양한 사례를 찾아볼 수 있다.

그러나 전근대 시대의 여성들에게 있어서 '결혼을 거부하겠다'는 결정은 결국 가부장제로부터의 일탈을 의미하였기에 동양과 서양의 여성들은 동정녀가 되기 위해서 공통적으로 결혼을 강요하는 가부장적 사회와 투쟁을 해야만 했다. 처음으로 기독교를 받아들인 로마제국 또한 여성에게 결혼을 의무로서 부과하였으며 동정녀들의 집단적인 등장을 가부장 질서 유지에 대한 위협으로 보았다. 따라서 동정녀의 삶을 선택한 로마의 여성들은 결혼의 압력을 피해 가출을 감행하여 사막으로 떠돌거나 공동체를 이루어 자신들의 삶의 방식과 신앙을 지키고자 하였다.[48] 뿐만 아니라 아직 정식으로 수녀원이 세워지기

47) Abbott, Elizabeth(Scribner, 2000), p.28 ; Lerner, Gerda(1993), p.69.

48) Wiesner-Hanks, Mary(2001), p.128.

전의 중세 유럽의 동정녀들도 모두 조선시대의 동정녀들처럼 결혼의 강요를 피하기 위해 가출을 한 채 도망을 하거나 정체를 숨기고 살아가야만 했다.[49] 서구뿐만 아니라 중국 명(明), 청대(淸代)의 동정녀들도,[50] 일본 도쿠가와 막부(德川幕府) 체제 하의 동정녀들도 '결혼을 거부'했다는 이유로 결혼을 강요하는 사회와의 투쟁이 불가피하기는 마찬가지였다.[51]

사실상 천주교회는 세계 어디에서도 가부장제를 없애고자 한 적은 결코 없었으며, 오히려 비서구 사회에 서구적 가부장제를 들여오려 했던 주체였다. 천주교회가 들여오고자 했던 서구적, 혹은 기독교적 가부장제는 축첩의 문제나 과부의 재가, 제사의 금지 등으로 인해서 거의 아시아 전 지역에서 '동양적' 가부장제와 충돌을 야기했다. 이러한 동양적 가부장제도의 부산물에 시달렸던 동양의 여성들에게는 이들을 금지했던 서구적 가부장제가 한편에서는 해방처럼 여겨질 수도 있었다. 따라서 가부장제도가 보다 강력했던 중국, 한국, 베트남 등의 지역에서는 남성들이 천주교에 반기를 들고 반대로 그 지역의 여성들은 천주교를 환영하였다. 하지만 그것은 동양적 가부장제를 제거한 위에 서구적 가부장제를 통해 여성을 교회의 권위 아래 규제하려 했다는 점에서 여성들을 해방시키고자 했던 의도가 아니었다고 하겠다. 따라서 필리핀이나 안데스 지역처럼 여성이 종교적, 사회적 주도권을 잡던 지역에서는 오히려 남성들이 아닌 여성들이 천주교에 반기를 들었다는 점도 반드시 염두에 두어야 할 것이다.[52]

'근대화' 담론은 천주교회마저도 1840년대부터는 조선의 동정녀들

49) Wiesner-Hanks, Mary(2001), p.135 ; Abbott Elizabeth(2000), pp.51~76, 참조.
50) Menegon, Eugenio(2009), pp.318~322, 참조.
51) Ward, Haruko Nawata(2009), 참조.
52) Wiesner-Hanks, Mary(2001), pp.132~133, 참조 ; Brewer, Carolyn(2001), pp.351~357, 참조.

에게 또다른 투쟁의 대상이 되었다는 것을 지금까지 보지 못하게 만들었다. 다음 장에서는 조선의 동정녀들이 사료 상에서 급격하게 사라지게 된 이유를 프랑스 선교사들의 역할을 중심으로 살펴보도록 하겠다.

6. 조선의 동정녀와 프랑스 선교사의 숨겨진 투쟁

조선의 천주교 신자들은 신유박해가 일어나고 병인박해에 이르기까지 100여 년이 채 안되는 시간동안 극적이고도 다양한 변화를 경험하고 있었다. 교회 외적으로 지속적인 조선 정부의 박해를 받고 있던 가운데 교인들이 겪게 된 가장 큰 변화는 1836년부터 조선으로 밀입국한 프랑스 선교사들에 의해 일어나게 되었다.

조선은 파리외방전교회(Mission Étrangères de Paris)가 17세기 이래 교황청에 의해 동아시아의 관할을 전담하게 됨에 따라 자연스럽게 프랑스 선교사들을 받아들이게 되었다. 1836년 모방 신부를 필두로 한국에 잠입하여 활동한 파리외방전교회의 선교사들은 그들의 선교 활동 시작부터 동정녀에 대해 호의적이지 않았다. 프랑스 선교사와 동정녀들의 갈등은 앵베르 주교가 활동을 시작하던 1836년부터 찾아볼 수 있다. 기해박해 때 순교한 이영덕 막달레나는 천주교도가 아니었던 그의 아버지와의 갈등으로 인해 집을 떠나 동정녀의 삶을 살도록 허락해 달라는 청원서를 앵베르 주교에게 보낸다. 이영덕 막달레나는 앵베르 주교의 거절에도 불구하고 어머니와 언니와 함께 끝내 가출을 감행하여 동정녀의 삶을 살게 되었다.[53]

53) 『기해일기』, 37~39쪽, 참조. 43~44쪽, 참조.

또한 제3대 조선교구장인 페레올 주교도 동정녀와의 갈등을 보이고 있는데, 그 대표적인 예로 이 바바라를 들 수 있다. 이 바바라는 14세의 나이에 동정녀가 되겠다고 페레올 주교에게 청원을 하지만 그는 이를 거절하고 결혼을 명령하였다. 그는 자신의 명령에 불복하는 이 바바라에게 영성체를 거부하고 끝내 그녀와 그녀의 가족을 파문해 버렸다. 18세의 나이로 요절하는 이 바바라의 청원은 페레올 주교에 의해 끝내 거절되었다.[54]

제4대 조선 교구장이 된 베르뇌 주교(1814~1866)는 1857년에 '장주교 윤시 제우서(이하 제우서)'를 발행함으로써 동정녀로서의 삶의 선택권을 선교사들에게 완전히 귀속시켜 버렸다. 제우서는 1857년에 열린 최초의 조선교구 시노드의 결정 사항을 담은 일종의 칙령이었으므로 그 속에서 명문화된 규율들은 모두 신자들을 대상으로 법적인 효력을 가지고 있었다.[55]

제우서는 동정녀들에 대한 강력한 규제를 처음으로, 그리고 구체적으로 명문화하고 있다. 제우서는 동정녀가 되기 위해서는 반드시 프랑스 선교사의 허락을 받아야 함을 성문화했으며,[56] 베르뇌 주교가 1864년 혹은 1865년에 쓴 것으로 추정되는 '환난을 위로하는 말이라'에 따르면, 동정을 지키고자 하는 자는 반드시 사제로부터 허락을 받아야 하며 동정의 서원을 하기 위해서는 25세가 넘어야만 한다고 밝히고 있다.[57]

여기에서 말하는 '25세'라는 나이 제한과 동정녀가 되기 위해 사제의 허락을 받아야 하는 조건 등의 기원을 찾으려면 파리외방전교회가

---

54) 『최양업 서한집』, 『일곱번째 서한』 ; 샤를르 달레(1979b), 162~168쪽, 참조.
55) 조현범(2002b), 58쪽 ; 한국교회사연구소(1982), 165쪽.
56) 한국교회사연구소(1982), 264쪽.
57) 한국교회사연구소(1982), 253쪽.

활동했던 중국의 사천성으로 눈을 돌릴 필요가 있다. 중국의 동정녀들은 1744년에 파리외방전교회의 선교사였던 요아킴 드 마르틸리아가 사천 지방에 동정녀들을 위한 평신도 여성 조직으로써 Institute of Christian Virgins를 세우면서 본격적으로 조직화되었다. 중국의 동정녀들은 교회의 입장에서 보았을 때 강력한 내외법의 규제가 주는 한계 속에서 중국의 여신도들을 전교, 유지, 관리하기 위하여 없어서는 안되는 존재였다. 그러나 동시에 그들은 선교사들에게 스캔들의 제공자가 되어 선교활동에 방해가 되기도 하였다.[58]

따라서, 중국에서의 동정녀에 대한 규제는 1740년대부터 파리외방전교회의 주도 하에 반복적으로 갱신되고 포고되었다. 결국 이러한 규제는 1803년의 사천성 시노드에서 보다 정교하게 정비되어 1832년에 교황청의 승인 하에 전 중국을 대상으로 정식으로 포고되었다.[59]

사천성 시노드의 결정사항은 동정녀들이 25세가 넘어야만 공식적으로 교회에서 첫 동정서원을 할 자격을 주었다. 이때의 동정서원은 1년마다 갱신을 해야만 하는 임시적인 것이었고 서른이 넘으면 3년마다 동정서원을 갱신해야 했다. 마흔이 넘어야만 갱신을 필요로 하지 않는 완전한 동정서원을 인정하였으나 그것도 반드시 일정량의 지참금이 기부될 경우에만 인정이 되었다.[60] 가족들이 그녀들을 경제적으로 지원할 수 없을 경우에는 동정서원이 허락되지 않았으므로 동정녀들은 대개 부유한 천주교도 집안 출신이었다. 이들은 동정서원 이후에도 반드시 자신들의 가족의 집에서 그들과 함께 거주해야 했다. 동정서원을 승인할 권리는 일차적으로 각 지역의 사제에게 있었지만 최종적으로는 대목교구장인 주교의 승인을 얻어야 했다.[61]

---

58) Menegon, Eugenio(2009), pp.343~346, 참조.

59) Tiedemann, R.G.(2010), pp.89~90, 참조.

60) Entenmann, Robert E.(1996), p.185 ; Tiedemann, R.G.(2010), p.100.

제우서는 실상은 1803년에 중국 사천성에서 열렸던 파리외방전교회의 시노드에서 논의되었던 내용들을 조선 안에서 재확인하고 공식 선포한 것이나 다름이 없었다. 조선에 들어온 프랑스 선교사들은 17세기 말부터 중국의 복건성, 운남성, 사천성에 자리잡고 활동하였던 그들의 소속기관인 파리외방전교회와 긴밀한 관계와 영향력 속에서 활동해 왔다. 이런 점에서 사천성 시노드에서 논의된 규율들은 조선 천주교회에서도 그대로 적용되었다고 볼 수 있다. 사실상, 사천성 시노드에서 협의된 사항은 1832년 교황청에 의해 동아시아 지역 교회가 준수해야 하는 일반 원칙이었기 때문에 조선 천주교회에서의 첫 번째 시노드에서도 거의 그대로 반영되었던 것이다.[62]

따라서 중국에서의 동정녀 규제 또한 조선의 동정녀들을 대상으로 대체적으로 그대로 시행되었던 것으로 보인다. 다만, 조선에 들어온 프랑스 선교사들 사이에서는 이미 불문율이었던 25세가 되었을 때 정식으로 사제에게 동정서원을 청원할 수 있다는 내용이 장주교 윤시제우서가 만들어지면서 엄격하게 지켜지도록 비로소 분명하게 명문화되었던 것으로 보인다.

조선의 동정녀들이 구체적으로 어떠한 방식으로 동정녀가 되었는지, 그리고 어떻게 스스로를 동정녀라고 규정하였는지에 대해서 현존하는 자료를 통해서 알아보기는 힘들다. 조선의 동정녀들이 사제의 허락없이는 동정녀가 될 수 없다는 것을 프랑스 선교사의 입국 전에 알았는지도 분명하지 않다. 그러나 1840년대부터 프랑스 선교사가 대거 들어오고 교회의 조직이 선교사 중심으로 개편되면서 동정녀에 대한 규제가 본격적으로 시작되었다. 조선의 동정녀들도 동정서원은 자의로 하는 것이 아니라 반드시 교회의 승인을 받아야 한다는 사실을

61) Tiedemann, R.G.(2008), p.508.

62) 조현범(2005), 32~33쪽, 참조.

이때부터 심각하게 인식하게 되었고, 그로 인해 동정녀들과 선교사간의 갈등이 심화된 것으로 짐작된다.

사실상 프랑스 선교사들이 의도한 것은 조선의 여성을 해방하거나 조선 여성을 근대화를 시키는 것이 아니었다. 오히려 그들은 서구식의 가부장제를 도입하여 교회의 권위가 조선인 신도들의 가정으로 깊이 파고 들게 하여 가부장의 권위를 사제의 권위로 교체하는 것을 목적으로 하였다. 따라서 그들은 조선의 여성들이 집단적으로 가부장제를 벗어나고자 하는 노력 자체를 결코 허락하지 않았다. 장주교 윤시제우서의 반포는 조선의 신자들을 대상으로 사제와 교회의 권위를 가부장의 권위 위에 두는 서구식 가부장제를 도입하려는 시도의 본격적인 시작이었다.

결국 교회의 조직과 명령 체계가 조선에서 재정비되면서 가장 먼저, 그리고 오랫동안 고통을 겪은 것은 아마도 동정녀들이 아닌가 생각된다. 선교사들로부터 정식으로 동정서원의 허락을 받지 못한 동정녀들은 기록 상에서도 급격히 사라져 갔다. 설사 조선의 천주교 여성이 스스로는 동정녀로 살 것을 결심하고 스스로를 동정녀라 부르며 동정녀로서 살았다고 하더라도 사제의 허락이 없었을 경우, 교회의 시각에서 그녀들은 결코 동정녀가 아니었다. 조선의 동정녀들은 한때나마 가부장제로부터 벗어날 방법과 그 언어를 교회를 통해 발견했으나 교회는 그녀들에게서 그 방법과 언어를 다시 거두어 버렸다. 아마도 여전히 일군의 조선의 천주교 여성들은 교회의 결정에 반기를 들고 동정녀로서의 삶을 선택하기 위해 다시 한번 스스로 머리에 쪽을 지고, 허씨(虛氏) 부인 혹은 허씨(虛氏) 과부라는 가짜 정체성을 내세우며 기록으로부터 사라져가야만 했을지도 모르겠다.

7. 맺음말

20세기의 한국 사학계는 조선시대 천주교 여성들의 역사를 '한국 여성의 근대화'라는 담론의 틀을 통해 읽어 왔다. 학자들은 '근대화 '담론'에 따라 천주교의 자유평등 사상이 전통적 유교 이념의 여필종부 사상과 내외법을 부정하고 새로운 사회관과 결혼관을 들여왔다고 보았다. 이는 조선 천주교 여성들 사이에서 봉건적 신분제와 남녀차별을 불식시키고 여성의 근대화를 향한 이념적 변화를 촉진하는 계기가 되었다고 하였으며 결혼을 거부했던 동정녀들이 그 대표적인 예라고 보았다. 그들은 이와 같은 한국 여성 근대화의 계보는 천주교 여성을 통해 동학 여성으로 이어져서 개화사상을 통해 만개하면서 개화기 여성이나 개신교 여성들의 사회적 활동을 위한 길을 열었다고 논의해 왔다.

근대화 담론이 조선시대 천주교 여성사를 일찍부터 학자들의 관심의 대상으로 불러오는 데 큰 공헌을 한 것은 사실이다. 그러나 한편으로는 이에 못지않게 이 분야의 연구에 대한 학자들의 시야에 심각한 사각지대를 형성해 오고 있다. 근대화 담론은 무엇보다도 사료 상에 동정녀들이 급격하게 사라지는 현상과 함께 병인박해기(1866~1872)의 사료에 남아 있는 혼인한 천주교도 여성들이 여필종부의 모습으로 '회귀'하는 현상에 대해 분석할 이유와 필요를 지워버렸다.

'근대화'라는 언설은 한국의 사학계가 해방 이후 일제시대 관학자들에 의해 주장된 정체성 이론과 관련된 '국사학계'의 식민 경험의 트라우마를 치유하는 과정에서 탄생된 산물이다. 이것은 처음에는 한국의 천주교회사에 대한 입론의 준거로서 기능하였고 이어서 조선시대 천주교 여성의 역사 서술에도 소급 적용된 것으로 여성의 역사를 '국사'의 체계에 종속시키는 결과를 초래하였다.

천주교로 대표되는 서구의 가부장제와 유교로 상징되는 동아시아의 가부장제는 조선시대 천주교 여성들을 매개로 하여 조선 땅에서 처음으로 충돌하였다. 조선의 천주교 동정녀들은 이 두 가부장제가 정면 충돌하면서 만들어진 빈 공간에서 가부장제로부터 벗어날 방법과 언어를 발견하였다.

그러나 프랑스 선교사들은 조선 천주교회의 조직을 사제 중심으로 재건한 1840년대 이후 동정녀로서의 삶을 선택할 권리를 사제들에게 전적으로 귀속시켰다. 그들은 조선 땅에서 가부장제 자체를 부정하거나 없애려고 한 적이 없으며 조선의 유교적 가부장제를 서구식 가부장제로 대체하여 기존에 가부장에게 주어졌던 권위를 사제들의 권위 아래에 두고자 했던 것이다. 혼인은 그 형식이 천주교식으로 변형되어 다시 한번 신자들의 중요한 의무가 되어 사제의 권위 아래 놓이게 되었다.

그로 인해 프랑스 선교사의 입국 전까지 가능했던 동정녀들의 주체적 삶의 방식은 좌절되었고 프랑스 신부들이 그녀들로부터 동정녀로서의 삶을 선택할 권리조차 박탈하면서 서서히 기록 상에서 그 존재가 사라지게 되었다.

참고문헌

| 자료 |

『기해일기』

『邪學懲義』

『치명일기』

『병인치명사적』

『포도청등록』

『경국대전』

『大典續錄』

『大典會通』

『최양업 서한집』

| 자료 |

고흥식, 「병인교난기 신도들의 신앙 : 포도청등록을 중심으로」, 『교회사연구』 6집, 한국교회사연구소, 1988, 277~310쪽.

김영순, 「한국 천주교회에 있어서의 여성 교육 연구」, 경희대학교 교육대학원 석사학위논문, 1979.

金玉姬, 『朝鮮天主教女性史』(I), 한국인문과학원, 1984a.

金玉姬, 『朝鮮天主教女性史』(II), 한국인문과학원, 1984b.

도날드 베이커 著, 김세윤 譯, 「眞理와 倫理의 대립」, 『朝鮮後期 儒教와 天主教의 對立』, 일조각, 1997.

박용옥, 「한국 여성 개화사 서설」, 『유홍렬박사 화갑기념사학논총』, 1971.

박용옥, 『韓國近代女性史』, 한국정신문화연구원, 1975.

방상근, 「병인박해기 천주교 여성신자들의 존재 형태와 역할」, 『교회사연구』 제19집, 한국교회사연구소, 2002, 61~88쪽.

방상근, 『19세기 중반 한국 천주교사 연구』, 한국교회사연구소, 2006.

샤를르 달레 著, 안응렬, 최석우 譯, 『韓國 天主教會史』(上), 한국교회사연구소, 1979a.

샤를르 달레 著, 안응렬, 최석우 譯, 『韓國 天主教會史』(中), 한국교회사연구소, 1979b.

샤를르 달레 著, 안응렬, 최석우 譯, 『韓國 天主教會史』(下), 한국교회사연구소, 1979c.

안화숙, 「조선후기 천주교 여성활동과 여성관의 발전」, 이화여자대학교 교육대학원 석사학위논문, 1980.

李能和, 『朝鮮基督教及外交史』, 1928(학문각, 1968 영인본).

이미진, 「조선 후기 천주교 여신도의 가족관 및 결혼관 연구」, 성신여자대학교 교육대학원 석사학위논문, 1994.

조현범, 『문명과 야만- 타자의 시선으로 본 19세기 조선』, 책세상, 2002a.

조현범, 『19세기 중엽 프랑스 선교사들의 조선 인식과 문명관』, 한국정신문화연구원, 박사학위논문, 2002b.

조현범, 「1803년 사천성 시노드 연구」, 『교회사연구』 제24집, 한국교회사연구소, 2005, 5~40쪽.

조현범, 『조선의 선교사, 선교사의 조선』, 한국교회사연구소, 2008.

한국교회사연구소 편, 『순교자와 증거자들』, 1982.

Adrian Thatcher. "Beginning Marriage : Two Traditions" In *Religion and Sexuality*, edited by Michael A. Hayes, Wendy Porter, and David Tombs, Sheffield Academy Press Ltd., 1998.

Carolyn Brewer, *Holy Confrontation : Religion, Gender and Sexuality in the Philippines, 1521-1685*, Mandaluyong City, Philippines : The Institute of Women's Studies, St. Scholastica's College, 2001.

Elizabeth Abbott, *A History of Celibacy*, New York : Scribner, 2000.

Eugenio Menegon, *Ancestors, Virgins, & Friars : Christianity as a Local Religion in Late Imperial China*, Cambridge, Mass. : Harvard University Asia Center for the Harvard-Yenching Institute, 2009.

Gerda Lerner, *The Creation of Feminist Consciousness,* New York : Oxford University Press, 1993.

Haruko Nawata Ward, *Women Religioius Leaders in Japan's Christian Century, 1549~1650*, Farnham, Surrey, England ; Burlington, VT : Ashgate, 2009.

Jo Ann McNamara, *Sisters in Arms : Catholic Nuns through Two Millennia*, Cambridge, Mass : Harvard University Press, 1996.

Mary E. Wiesner-Hanks, *Christianity and Sexuality in the Early Modern World : Regulating Desire, Reforming Practice*, London and New York : Routledge, 2000.

Mary E. Wiesner-Hanks, *Gender in History*, Malden, Massachusetts : Blackwell Publishers, 2001.

R. G. Tiedemann, "Controlling the Virgins : female propagators of the faith and the Catholic hierarchy in China," *Women's History Review* Vol.17, No.4, September 2008, pp.501~520.

R. G. Tiedemann, "A Necessary Evil : The Contribution of Chinese 'Virgins' to the Growth of the Catholic Church in Late Qing China," in *Pioneer Chinese Christian Women : Gender, Christianity, and Social Mobility*, ed. Jessie G. Lutz, Bethlehem : Lehigh University Press, 2010.

Robert E. Entenmann, "Christian Virgins in Eighteenth-Century Sichuan," in *Christianity in China-From the Eighteenth Century to Present*, ed. Daniel H. Bays, Stanford, California

: Stanford University Press, 1996.

생불로 추앙받은 조선의 여인들

최 종 성

1. 서론

주지하다시피 조선조 유교사회에서 여성들은 사찰과 무당집을 찾는 열렬한 신앙인들이었다. 간혹 소수의 여성들이 유교의 지식문화에 적응하기도 하였지만, 대부분의 여성은 음사(淫祀)니 실덕(失德)이니 하는 공개적인 비난을 감수하면서까지 불교사원과 산천 및 신사에서 자신들의 종교적 축원, 사회적 울분, 그리고 경직된 일상의 피로를 풀어냈으리라 짐작된다. 그렇다고 여성들이 일방적으로 종교소비자였던 것만은 아니어서 비구니나 무녀와 같이 일종의 종교생산자로서 또 다른 여성의 신앙을 흡수하거나 대리하기도 하였다. 이들 여성 종교전문가들이 부적절한 의례와 윤리적인 일탈을 조장하는, 유교문화의 오염원으로 간주되는 것은 당연하였다. 그러나 이러한 의례학적·윤리학적 비난의 수준을 훨씬 뛰어넘는 국가적인 충격과 사회적 관심을 받았던 여성의 종교적 카리스마 운동, 이른바 생불여인 사건이 18세기 중반 황해도 일대에서 점화되었고, 훗날까지 부정적인 종교운동의 표본으로 회자되곤 하였다.

1860년 4월 5일 신비체험을 통해 스스로 하느님(天主)로부터 만고에 없던 무극대도(無極大道)를 얻었노라고 자부하며, 동학(東學)을 창도하였던 최제우(崔濟愚, 1824~1864)는 자신이 당시의 사학(邪學)으로 손꼽히던 서학(西學)으로 지목되는 것에 유난한 경계심을 보였으며,[1] 자신의 도가 서학 아닌 동학이라 애써 강변하였지만, 끝내 서학을 답습한 괴수로 지목을 받고 죽음에 이르고 말았다.[2] 동학으로서는 당대에 위력을 떨치던 좌도(左道), 사학(邪學), 음사(淫祀) 등의 대표적 이름인 '서학의 무리'로 유비되는 것 자체가 이미 위험과 불명예를 떠안는 일이었을 것이다.

이보다 한 세기 앞서, 당시 양반들 사이에서 급속도로 유포되던 천주교의 교세가 맹위를 떨치기 시작하였을 때, 더구나 조선 후기 본격적인 천주교 박해의 시발점이었던 1791년 윤지충 · 권상연의 '폐제분주(廢祭焚主) 사건'이 유교사회를 경악시키고 있을 때, 천주교는 당대에도 여전히 충격적인 기억으로 남아 있던 해서(海西)의 생불사건으로 비유되곤 하였다. 동학에 대해 서학이 그랬듯이, 이제 서학의 종교적 위험성을 알리는 기호로 생불여인 사건이 호출된 것이었다. 그것은 황해도 지역의 몇몇 여인들이 특유의 종교적 카리스마를 행사하며 황해도는 물론 인근 경기도와 강원도 일대의 민속까지 떠들썩하게 했던 사건으로서, 조정에서 어사(御史)를 파견하여 주모자 여성을 효수(梟首)시킬 정도로 처리에 골몰했던, 떠올리기 싫고 봉인해두고픈 기억의 하나였다.

---

1) 『용담유사』, 안심가(한국학문헌연구소 편, 『동학사상자료집』 1, 아세아문화사, 1979), 93~94쪽.

2) 『고종실록』 권1, 고종 1년 3월 2일(임인).

2. 신당 및 신상의 파괴

황해도의 생불사건이 조정에 알려진 것은 영조 34년(1758) 5월 18일이었다. 실록은 당시의 상황을 아래와 같이 간략하게 기록하고 있다.

> 어사(御史) 이경옥(李敬玉)을 황해도로 보내어 요녀(妖女)를 효시(梟示)하도록 명하였다. 당시에 해서(海西) 지역인 금천(金川), 평산(平山), 신계(新溪) 등에 요녀 네 명이 생불(生佛)을 자칭하며 어리석은 백성을 현혹시켰다. 사람들이 모두 무당을 배척하고 요녀를 굳게 믿었으며, 무녀들은 무구(巫具)를 주전소(鑄錢所)에 헐값으로 팔아넘긴 것이 만 냥의 재물에 이르렀다. (요녀의) 말 한마디로 능히 온 도[一道]를 휩쓸었으니, 그 선동에 현혹됨이 어느 정도인지 가히 알 만하다. 그러므로 이러한 명령이 있었던 것이다.[3]

위 기록에 의하면, 황해도 일대에 네 명의 여인이 나타나 생불을 자처했고, 생불신앙에 온 도민은 말할 것도 없고 무녀들까지 귀의하는 사태가 벌어졌으며, 조정에서는 어사를 파견하여 당사자들을 효수시키는 강력한 조처를 내릴 정도로 사태를 심각하게 바라보고 있었다. 당시에 중신(重臣)이나 대신(大臣)들은 조용히 본도에서 자체적으로 처리하게 하거나 설령 불가피하게 조사한다 하더라도 선전관(宣傳官)을 파견하는 수준에서 무마하려 했지만, 국왕은 어사를 파견해야 할 사항으로 심각하게 받아들이고 있었다.[4]

국왕이 눈여겨 본 대목은 생불 여인들이 온 도민과 무당에게 끼친 종교적 영향력이 몰고 올 파장이었을 것이다. 무당에 대한 논의는 다음 장으로 미루고 우선, 황해도 일대의 일반 지역민들을 자극한 생불신앙의 양상을 확인하고자 한다. 그러나 위의 실록의 기록으로는

---

3) 『영조실록』 권91, 영조 34년 5월 18일(계묘).

4) 『승정원일기』 책1156, 영조 34년 5월 18일 오시.

좀처럼 실상을 파악하기 어렵다. 당시 암행어사의 조사보고서(書啓)나 암행일기(暗行日記)를 참조할 수 있다면 그 어려움은 반감되겠지만, 어쩐 일인지 1758년 5월 18일 해서사안어사(海西査按御史)로 파견되었던 이경옥(李敬玉, 1718~?)이 현지로부터 조정으로 올린 서계(書啓)가 그해 6월 3일 왕에게 보고되자마자 왕명에 의해 즉시 소각되었고,[5] 이경옥 자신도 별도의 기행문을 남기지 않은 탓에, 구체적이고도 결정적인 자료를 바라던 우리의 기대는 이내 안타까움으로 바뀌고 만다.

그럼에도 불구하고 몇몇 편린들을 통해 당국을 놀라게 했던 첫 번째의 사실, 즉 생불여인이 일반인에게 요구했던 신앙의 질량을 어느 정도 확인할 수 있다. 먼저 동문 후학들이 서학에 빠져드는 것을 우려하던 안정복(安鼎福, 1721~1791)이 문답 형식으로 천주교를 비판했던 『천학문답(天學問答)』의 한 대목에서 예의 생불사건을 언급하고 있다.

> 우리 영조 임금 무인년(1758)에 이르러, 신계현(新溪縣)의 요무(妖巫)인 영무(英武)가 미륵불을 자칭하자, 여러 지역민들이 몰려들어 생불(生佛)이 세상에 나왔다고 말하면서 합장하며 맞이하고 절하였다. 그녀는 사람들에게 신사(神祀)에서 잡귀를 받들어 모시는 행위를 없애게 하면서, 이미 부처가 세상에 나왔는데 어찌 다른 신을 모실 수 있겠느냐고 말하였다. 이에 사람들이 모두 그 명을 듣고 이른바 기도하는 신상(神箱)과 신주단지(神缸)와 같은 물건들을 모두 깨부수고 불태워버렸다. 몇 달 지나지 않아 황해도로부터 고양(高陽) 이북과 강원도 일대에서도 모두 그것을 따라했다. 서사(西士)가 말하는 천주교의 교화 속도가 어찌 이를 능가하랴. 그 당시에 왕께서 어사 이경옥을 보내 조사하고 벌주게 했지만 그 요망스런 소요는 한 달이 지나도 가라앉지 않았다. 인심이 동요하기는 쉬운 반면 진정되기는 어렵고 미혹되기는 쉬우나 깨닫기는 어려운 것이 대개 이와

---

5)『승정원일기』 책1157, 영조 34년 6월 3일 미시.

같다.[6]

안정복이 소개하고 있는 황해도 신계(新溪)의 영무(英武)는 뒤에서 확인되겠지만, 황해도 금천군(金川郡)의 영매(英梅)를 잘못 기록한 것으로 판단된다. 사건에 대한 공식적인 보고서인 어사의 계본(啓本)이 소각되고, 그나마 승정원의 기록을 열람할 수 없는 상황에서 있을 수 있는 실수라 할 수 있다. 중요한 것은 황해도는 물론이고 인근 경기도 북부와 강원도 일대에서 미륵불, 즉 현생한 살아 있는 부처인 생불이 건재하는 한, 이외의 잡귀잡신에 대한 신앙이 철저히 금지되었다는 사실이다. 그러한 금지명령은 곧바로 신체(神體)의 상징이라 할 수 있는 신상(神箱)과 신항(神缸)의 대대적인 파기와 소화로 이어졌다. 마치 1791년 진산사건 이래 가톨릭 신자들이 신주를 불태우거나 19세기 말 초기 개신교 신자들이 목주(木主), 토주(土主), 신주단지 등을 불태웠던 양상[7]을 떠올릴 정도이다.

1791년 천주교 신자인 윤지충과 권상연이 윤의 모친이 사망하자 제사를 거행하지 않음은 물론 사당에 봉안되어 있던 조상의 위패마저 불태워 파묻는 소위 폐제분주(廢祭焚主)의 사건을 일으켰을 때, 성균관 유생들의 척사(斥邪) 여론이 비등하였다. 성균관 생원 송도정(宋道鼎)을 비롯한 221명의 유생이 이에 대한 강력한 대처를 요구하는 상소를 올리자, 국왕 정조는 선왕 대에 생불사건에 대처했던 침착한 처분을 회상하며 유생들에게 진정을 호소하였다. 정조는 "황해도 지방에 사학

---

6) 『순암선생문집』 권17, 잡저, "天學問答. 至若我英宗朝戊寅, 新溪縣, 有妖巫英武者, 自稱彌勒佛, 列邑輻湊, 謂之生佛出世, 合掌迎拜. 令民盡除神祉雜鬼之尊奉者曰, '佛旣出世, 豈有他神之可奉者乎?' 於是, 民皆聽命. 所謂祈禱神箱神缸之屬, 率皆碎破而焚之. 不數月之內, 自海西及高陽以北嶺東一道, 靡然從之. 西士所謂天主之敎, 其從化之速, 豈過於是乎? 其時, 自上送御史李敬玉按誅之, 而其妖彌月不定. 人心之易動難定, 易惑難悟, 大抵如是矣."

7) 「회즁신문」, 『죠션크리스도인회보』, 1897. 3. 3, "집안의 목쥬와 토쥬와 숨신 항아리롤 다 불살으고…."

(邪學)이 생겨, 집집마다 사당을 부수고 제사를 폐하였으며(毁祠廢祀), 그들을 따르는 무리가 황해도로부터 강원도에 이르기까지 점점 불어나 중외(中外)를 매우 놀라게 하고 당황시켰던"[8] 사건으로 영조 34년의 생불사건을 기억하고 있었다. 천주교 신앙에 따른 '폐제분주(廢祭焚主)'나 생불의 명령에 따른 해서 및 강원지역민들의 '훼사폐사(毁祠廢祀)'는 유교의 의례적 정통성(orthopraxy)을 훼손시키는 차원에서 충분히 유비될 만한 사건소재였지만, 전자가 진산의 한 가정에서 일어난 일회적 사건이었던 반면, 후자는 황해 및 인근의 광범위한 지역에서 수개월을 끌었던 지속적인 사건이었다는 데에 차별점이 있다. 더군다나 천주교 당국의 조직과 제도가 뒷받침한 사건과, 한낱 지방의 미천한 여성이 던진 말 한마디가 일으킨 파장은 전혀 다른 카리스마의 특질(official charisma / personal charisma)에서 비롯된 것이었다고 할 수 있다.

생불여인의 명에 따라 일반인들이 행동에 옮긴 신사(神祠)나 신당(神堂)의 파괴는 주로 마을의 성황당의 훼손으로 구체화되었다. 당시 생불사건을 조정에 알린 좌의정 김상로(金尙魯, 1702~?)는 "근래에 해서 지역에 생불이라 칭하는 요녀가 어리석은 백성을 속여 미혹에 빠뜨리고 있는데, 듣기로는 길가의 성황당이 다 허물어져 폐해졌다"[9]고 보고하였다. 국왕 영조(英祖)는 생불여인의 위엄스런 명령에 의해 서도(西道)의 성황당이 다 허물어 폐해졌다는 보고를 접하면서 강력한 국법이나 왕명으로도 금제하기 어려웠던 성황당과 같은 음사가 요녀의 말 한마디로 인해 거도(擧道) 차원에서 순식간에 정리되고 있다는 사실에 대해 당황하지 않을 수 없었다.[10]

생불을 자처했던 여인들은 평범한 지역민들을 향해 생불신앙을

8) 『일성록』 책17, 정조 15년 11월 6일.
9) 『승정원일기』 책1156, 영조 34년 5월 18일 오시.
10) 『승정원일기』 책1156, 영조 34년 5월 18일 신시.

혼동시키는 일체의 신당과 신상을 철훼하도록 요청하였다. 그녀들은 탄탄한 제도종교가 갖춘 조직력도 없었고 국법과 왕권에 견줄 만한 어떠한 권위도 없었지만 특유의 종교적 카리스마를 통해 단기간에 광범위한 지역으로 생불신앙을 강화해 나갔던 것이다.

3. 무당들의 귀의

앞장에서 우리는 생불여인의 배타적인 요청에 따라 해서와 경기 및 강원 일대에서 벌어진 일반민들의 신당 및 신상 파괴 행위를 확인할 수 있었다. 국왕과 조정을 경악시켰던 생불신앙의 두 번째 사례는 특정 종교전문가라 할 수 있는 무당들에 관한 이야기이다. 결론적으로 말하자면, 일반인들이 잡신에 대한 공간과 이미지들을 혁파해 나갈 때, 무당들은 무업(巫業)을 포기하고 생불여인들의 카리스마적 종교운동에 속속 귀의하였다. 단순히 말하자면 종교생산자를 자부했던 이들이 스스로 종교소비자로 전락하는 사태가 무속전통이 강렬한 곳으로 유명한 황해도의 무당들 사이에서 대대적으로 일어났던 것이다. 무업의 포기, 즉 무당들의 귀의는 무당의 입문과 의례의 정체성을 드러내는 무구(shaman's paraphernalia)의 처분으로 구체화되었다.

> 여름 5월에 해서의 요녀가 생불을 자칭하자, 마을 사람들이 모두 높이 받들어 믿었다. 요녀가 신사(神祠)를 철거하게 하니 군민들이 급급하게 철거하는 데에 몰두하였다. 양서(兩西, 황해도와 평안도)의 무녀들이 모두 영도와 신령을 버려두고 요녀의 명령을 따랐다.[11]

---

11) 『국조보감』 권64, 영조조8, 34년 5월, "夏五月, 海西有妖女, 自稱生佛, 鄕民靡然尊信. 妖女使撤神祠, 郡民汲汲毁之. 兩西諸巫, 棄靈刀抛神鈴, 皆聽令於妖女."

영도(靈刀)와 신령(神鈴)은 무속의례에 필수불가결한 신칼과 방울을 말하는 것으로, 주지하다시피 '쇠걸립'(무당 후보자가 장차 사용할 무구를 제작하기 위해 놋쇠를 구걸하여 모으는 행위)이나 '무구찾기'(무당 후보자가 옛 무당들이 사용했던, 감추어진 무구를 찾아내는 행위)를 통해 자신의 무구를 확보하는 것 자체가 입무(入巫)를 보증하는 확실한 증거물이 될 정도이다. 무구 없는 무당은 필수적인 이니시에이션을 거치지 않은 무당이자 무업 없는 무당인 셈이다. 따라서 무구를 처분한다는 것은 신병과 내림굿의 호된 절차를 거친 무당의 삶을 포기하는 결단인 것이다. 입무를 거스르는 탈무(脫巫)인 것이고, 현대적인 감각으로는 개종(conversion)을 뒤집는 탈종(deconversion)과 다르지 않은 것이다.[12]

위의 기록에서 양서의 무당들이 생불여인의 명을 따라 무구를 폐기했다고 되어 있지만, 앞장에서 거론했던 실록의 기록에 따르면, 무구의 포기는 무구를 주전소(鑄錢所)에 헐값으로 팔아넘기는 사태로 구체화되었음을 알 수 있다. 주전소는 상평통보와 같이 나라에서 통용되는 돈을 만들던 기관으로서 중앙은 물론 지방의 감영에도 설치되곤 하였는데, 당시 본업으로부터 이탈한 무당들이 팔아넘긴 무구가 국용(國用) 동전의 원천재료로 제공된 것이다. 1758년 5월 18일 생불사건이 조정에 알려져 어사 이경옥이 파견된 다음날인 5월 19일에, 국왕 영조와 주전감관(鑄錢監官) 전만종(田萬種) 사이에 오간 대화는 당시의 무구 처리상황이 어떠했는지를 잘 보여주고 있다.

> 임금이 (주전감관) 전만종에게 물었다. "무구(巫女器械)는 주전도감(鑄錢都監)에 얼마나 들어왔느냐?"
>
> 만종이 대답하였다. "대략 오천여 근에 이릅니다."

---

12) 최종성(2014), 3~7쪽.

임금이 말하였다. "많구나!"

(좌승지) 이규채가 말하였다. "아직 다 들어온 것이 아니랍니다."

임금이 말하였다. "지금 돈을 주조하고 있는 중인가?"

전만종이 대답하였다. "아직 돈의 주조를 시작하지는 않았습니다. 겨울에 주조하고자 합니다."

임금이 말하였다. "당당한 천승(千乘)의 나라에서 무녀의 기물(器物)로 돈을 만들어 각처에서 쓰게 한다는 것이 진실로 편치 않다. 이 기물은 군대의 포를 만드는 데에 쓰고 주전은 다른 쇠로 만들되, 무당의 방울과 신칼 등을 군영(軍營)에 한꺼번에 모아 두는 것도 곤란하니, 두드려 철괴(鐵塊)로 만들어 창고에 넣어 두었다가 쓰는 것이 좋겠다."

전만종이 명을 받고 물러났다.[13]

당시 무당들이 주전도감에 넘긴 무구의 양이 실록에서는 만재(萬財)에 이른다고 기록된 바 있는데, 주전감 관리인 전만종의 직접적인 언급에서는 대략 오천여 근이 넘는 정도의 양으로 밝혀지고 있다. 물론 문답 사이에 좌승지(左承旨) 이규채가 오천여 근 이외에도 더 들어올 것이 있다고 언급한 것으로 보아 주전소로 처분된 무구의 양이 상당하였음을 짐작할 수 있다.

상당한 양도 문제이거니와 체통 있는 유교국가로서는 관과 민에서 공식적으로 사용될 화폐가 무녀의 기물에서 비롯된다는 것도 명분상 쉽게 수용하기 어려운 문제였을 것이다. 궁여지책으로 군용 무기인 동포(銅砲)를 제조하는 용도로 변경하긴 했지만, 그마저도 군영의 창고에 무구 모습 그대로 입고되는 것도 꺼려, 철괴의 모양으로 일차 가공한

---

13) 『승정원일기』 책1156, 영조 34년 5월 19일 진시, "上問萬種曰, '巫女器械, 幾何入來於都監耶?' 萬種曰, '幾至五千餘斤矣'. 上曰, '多哉!' 奎采曰, '尙未盡來云矣.' 上曰, '卽今鑄錢耶?' 萬種曰, '尙未始鑄, 而欲於冬間鑄之矣.' 上曰, '堂堂千乘之國, 以巫女之物鑄錢, 用於各處, 誠爲未安. 此物則用於軍門銅砲, 而鑄錢則以他鐵爲之, 巫鈴靈刀等屬, 軍門不可一時留置, 打成鐵塊, 留庫入用, 可也.' 萬種承命退."

뒤에 비축해두기로 결정하였다. 무업을 포기시킨 생불여인들의 파장은 주전도감과 군문(軍門)을 사이에 두고 처리상의 명분과 실리를 고민하게 하는 데에까지 이른 것이다.

김동리의 『무녀도』(1947)와 그것을 개작한 『을화』(1978)가 흥미롭게 그려냈듯이, 우리는 확고부동한 종교적 정체성을 지닌, 심지어 기독교 전통에 대항하는 순교자적인 배타성마저 갖춘, 그래서 한국의 끈끈한 가족주의적 전통으로도 화해시킬 수 없는, 무속(무녀)의 강렬한 이미지에 익숙해져 있는 게 사실이다. 그러다보니 신병(神病)에 뒤이은 입무(入巫) 과정을 통해 완성된 무당의 종교전문가의 이미지를 중시하는 반면, 무당의 길을 포기하고 다른 종교문화로 이탈하는 소위 무업 없는 무당에 대한 생각은 무시하기 일쑤였다. 한마디로 무당으로의 개종(conversion to)은 자연스럽게 받아들이면서도 무당으로부터의 개종(conversion from)은 주목하지 않았던 것이다. 사실 19세기 이래로 무당으로부터 천주교도로, 무당으로부터 동학도로, 그리고 무당으로부터 개신교도로 각각 개종한 사례가 없었던 게 아니다.[14] 그러나 그보다 한 세기 앞서 무당의 개종상황을 이끌었던 평범하지만 걸출했던 생불여인의 카리스마를 만나는 것은 놀라운 일이기도 하다. 이는 전근대에 흔히 있었던 무불(巫佛)의 경계를 오간 무당의 종교적 혼합(religious syncretism)과는 격이 다른 차원의 결단과 선택을 요구하는 개종상황과 관련되었다고 할 수 있다.

"마을의 신당은 주민들이 혹신(酷信)하던 대상이고 무녀는 왕 자신도 금제하기 어려운 것이었는데, 생불의 말 한마디에 온 도내가 바람에 휩쓸렸다는 것은 이들이 보통내기의 요녀가 아님을 알 만한 것"[15]이라

14) 조선조 무당의 개종상황에 대한 논의로는 최종성(2014), 참조.

15) 『국조보감』 권64, 영조조8, 34년 5월, "敎曰, '神祠鄕民之所酷信, 巫女予令之所難禁, 而妖女一言, 道內風靡, 可知其非尋常妖人.'"

토로했던 국왕 영조의 말은 결코 과장이 아니었을 것이다. 국왕뿐만 아니라 지금의 우리로서도, 마을 사람들로 하여금 신당과 신상을 파괴하게 하고 무녀로 하여금 자신의 무구를 처분하여 무업을 그만두게끔 한 생불여인의 종교적 카리스마가 도대체 어디에서 비롯된 것이었는지 궁금증을 품지 않을 수 없는 것이다.

4. 미륵의 화신, 생불

해서의 도민을 선동하고 무녀의 삶을 뒤바꾸어놓은 주인공들은 스스로 생불이라 일컫거나 타인들로부터 생불로 추앙되었다. 생불은 말 그대로 '살아 있는 부처'를 뜻하며, 의미상의 맥락에서 여러 갈래를 지니고 있겠지만, 대략 세 가지 정도로 간추려 볼 수 있을 것이다. 먼저 생불은 수행이나 학식을 겸비한 명승고덕(名僧高德)에 대한 찬사의 표현으로 사용되었다. 가령 고려 말의 나옹선사(懶翁禪師)나 헤이안 초의 홍법대사(弘法大師)가 대표적인 사례라 할 수 있다. 두 번째로, 고매한 수행력과 학덕을 겸비한 승려가 아니더라도, 간혹 주류사회로부터 요승(妖僧)이라는 비난을 받을지언정 민중들 사이에서 치유력과 술법을 인정받은 신승(神僧)의 의미로서 생불이 사용되기도 하였다. 가령 강원도의 불우한 처지에서 자라다 어린 나이에 절에 맡겨진 뒤, 경기도 곳곳을 유리하다가 잘생긴 외모와 의례적 영험성으로 인해 주변으로부터 생불로 인정받았지만, 결국 소현세자(昭顯世子)의 유복자를 자처하며 입경(入京)하였다가 관에 붙들려 추국(推鞫)을 당한 뒤 처형된 숙종(肅宗) 대의 불승 처경(處瓊)이 그 예에 해당될 것이다.[16]

16) 최종성(2012a), 참조.

세 번째로, 불교계에 몸담고 있느냐의 여부와는 무관하게, 시대를 가를 만한 우주론적인 변혁과 갱신의 힘을 지닌 메시아적 존재 혹은 진인(眞人)이나 미륵(彌勒)의 표상으로서 생불이 지칭되기도 하였다.[17]

민중종교의 세계에서 통용되는 생불은 주로 위의 두 번째와 세 번째의 범주로 활용되기 일쑤였지만, 전근대 왕조사회에서는 근왕(勤王)과 호국(護國)에 반하는 반란과 혁명의 반역적 기호로 받아들이려는 다소 예민한 정치적 감수성이 생불에 작용하고 있었다고 할 수 있다. 그도 그럴 것이 당시 지배세력들도 정치적 반역이라는 것이 단순히 물리적인 폭력 수단에만 의존하지 않고, 소박한 종교적 담론과 실천을 통해서도 그것이 설득되고 강화될 수 있음을 충분히 공감할 수 있었기 때문일 것이다.[18]

우리가 주목하는 해서의 생불여인들은 불교계의 인물도, 이름난 비구니도 아닌, 그저 요녀(妖女)로 지칭되는 양인(良人) 출신의 여성일 뿐이었고, 몇몇 자료에선 무녀의 존재로 암시되고 있는 정도였다. 그러나 생불, 곧 현실에 살아 있는 부처는 곧 현생한 미륵의 화신을 암시하는 것이었고 실제로 몇몇 기록에서는 이들 여인들에게 '생불=미륵'의 등식을 확인시켜주고 있기도 하다. 앞서 인용한 바 있는 안정복의 경우에는 자칭 '미륵불'과 타칭 '생불'을 병기하였고, 후대의 몇몇 기록에서는 생불여인을 '해서의 미륵'으로 지칭하기도 하였다. 당대에 생존했던 이익(李瀷)은 생불여인에 대한 기억을 '미륵불'이라는 제호 아래 다음과 같이 기록하고 있다.

> 또한 수년 전에 해서(海西)의 한 촌부(村婦)가, 갑자기 자신을 가리켜 미륵불이 강림하였다고 칭하면서 허황된 말을 많이 함으로써 사방 사람들이

---

17) 최종성(2012b), 197~198쪽.

18) Bruce, Lincoln(1989), pp.3~11.

> 선동되었는데, 관가에서도 능히 금하지 못하였다. 그는 다시, 미륵불이 석가와 원수가 되었으니, 무릇 역내(域內)의 신사(神祠)들은 모두 허황하여 참다운 것이 아니라고 하자, 이에 곳곳에서 신사들을 헐어 버렸으니, 그 믿고 따름이 이와 같았다. 조정에서 근신(近臣)을 보내어 그를 죽이라고까지 하였으나, 동쪽 산골짜기 안에는 아직도 그 잔당들이 있다고 한다.[19]

이익은 생불이라는 말을 언급하기보다는 '역사적 부처(historical Buddha)'를 대신할 새로운 시대의 '미래불(Maitreya)'의 화신으로서 사건 당사자들을 묘사하고 있으며, 대대적인 제 신사(神祠)의 파괴를 추동하는 권위가 미륵으로부터 비롯되었음을 암시하고 있다. 일반적으로 미륵은 과거의 석가를 잇는 미래의 부처로 이해되지만, 변화의 긴박성이 요구되는 특별한 시기에는 석가불로 대변되는 기존체제를 일신할 만한 정치적인 파괴력을 지닌 주역으로 급부상하였다. 이러한 미륵이 내포하고 있는 기의(記意)로 인해 미륵의 기표(記標)는 늘 감시와 처벌의 대상이 되곤 하였다. 실제로 조선시대에 자칭 미륵불을 내세우는 것 자체만으로도 『대명률(大明律)』(禮律, 祭祀, '禁止師巫邪術'조)에 저촉되어 교살(絞殺)되거나 유배될 정도였다. 그러나 미륵불이 지닌 정치학에 아랑곳하지 않고 몇몇 해서의 여인들은 질적인 구원을 바라는 민중들의 열망을 담아낸 특유의 생불신앙으로 해서지역을 강타하고 있었다.

미륵불이나 미륵신앙을 내세운 종교적 반란으로서 북송(北宋) 대의 왕칙(王則)이나 명청(明淸) 대의 백련교도(白蓮教徒)의 사례가 이미 알려져 있었고, 조선 숙종 대에 미륵신앙에 기반한 불승(佛僧) 여환(呂還)과 용신앙에 기반한 무녀 원향(元香) 부부가 상경입성(上京入城)을 꾀하다 처형된 사건도 당시에 여전히 기억에 생생하였다. 주목되는 것은 그리

---

19) 『성호사설』 권17, 인사문, 미륵불(민족문화추진회, 『성호사설』 4, 321쪽).

멀지 않은 고려 말에 자칭 미륵을 내세우며 잡신제사, 식육, 재물의 독식 등을 금하지 않으면 반드시 죽을 것이라 호언하던 이금(伊金)의 사례인데, 이금을 따르던 당시 사람들이 성황사묘(城隍祠廟)의 신위(神位)를 철폐하고, 무당도 그를 숭신하고, 무뢰배들마저 제자로 입도하는 데에까지 이를 정도였다고 한다.[20] 이로 인해 끝내 이금은 복주(伏誅)되고 말았는데, 성황당이 훼손되고 무당이 귀의했던 장면에서 보자면 이금사건은 해서의 생불사건과 가장 유사한 사례라 할 수 있다. 다만 남자가 아닌 여자, 그것도 평범한 양인 출신의 여자들이 동시다발적으로 카리스마의 주인공이 되었다는 점에서 차이가 난다.

호란(胡亂)의 주요 피해지였던 전장터, 접대와 향응을 자체 제공해줘야 하는 사행(使行)의 빈번한 길목, 전염병과 기근이 끊이지 않은 질곡의 땅,[21] 조선 후기 들어 사찰이 가장 급감한 곳,[22] 그리고 왕조와 도성 가까이에서 반역과 반란을 빈번하게 일으켰던 불온한 정치적 중심지 황해도에서 내세울 것 없던 양녀, 그것도 무당 노릇으로 출발했던 여인들이 새로운 시대와 구원을 약속하는 주체로 등장하자 그의 말은 시간적 긴박성과 종교적 힘이 실린 절대명령으로 다가왔던 것이다.

---

20) 『고려사』 권107, 열전20, 權呾傳 附 權和傳 ; 『고려사절요』 권31, 신우2, 임술.

21) 최선혜(2013), 참조. 한편, 조선 후기 황해도 지역의 피폐된 상황의 일단에 대해서는 숙종 대에 해서의 암행어사로 활동한 朴萬鼎이 남긴 암행일기(『해서암행일기』, 고려출판사, 1976)를 참조할 만하다.

22) 16세기 『新增東國輿地勝覽』과 18세기 『梵宇攷』를 비교할 때, 전국의 사찰수는 1,658개소에서 1,775개소로 총 117개 증가한 것으로 조사되고 있지만, 오히려 황해도의 사찰수는 전국적인 추세와는 달리 213개소에서 138개소로 감소(-75)하는 역전현상을 보이고 있다. 경상도가 115개 증가한 것을 비롯해, 강원도가 72개 증가하고, 함경도와 평안도도 각각 66개, 64개 증가한 것에 비해, 황해도가 75개 감소한 것은 눈에 띄는 대목이며, 더욱이 상대적으로 면적이 넓은 전라도(-14), 경기도(-42), 충청도(-69)의 감소분을 상회하는 전국 최고의 감소수준인 점은 학술적 조명이 필요한 부분이다. 현재로선 황해도지역 불교의 약세가 무속의 강화와 관련되는 것인지, 아니면 사찰의 운영을 뒷받침할 수 없을 만큼 지역의 사회경제적 기반이 붕괴한 것을 의미하는지 속단하기 어렵다. 최종성(2012c), 39~45쪽.

국왕이 토로했던 대로, 국법과 국왕의 권위로도 단속하기 어려운 음사(淫祀)와 무속(巫俗)이 여인의 말 한 마디로 일시에 정리될 수 있었던 것도 미륵이 내포하고 있는 절대적인 힘과 관련될 것이다. 심지어 영조가 살생하지 말라는 여인들의 말에 따라 해서인들이 누에치기를 포기하는 자가 많았다고 혐의를 둘 정도로 생불여인의 종교적 권위는 조정에서조차 의심받지 않았다.[23] 소박한 출신의 이름 없는 여인이자 미천한 무당이었던 그녀들이, 이제 무당의 정체성을 뛰어넘어 다른 무당들을 귀의시키는 미륵의 화신, 생불로 자리매김한 것이다. 그러나 미륵과 생불로 종교적 권위가 강화될수록 그들을 기다리는 것은 사술(邪術)로 대중을 유혹하고 민심을 교란시킨 국가사범이 감내해야 하는 정치적인 죽음뿐이었다.

5. 생불여인들 : 영매(英梅), 복란대(福蘭臺), 영시(英時)

생불을 자칭하며 온 도민이 뭇 신사를 파괴하게 하고 양서(兩西)의 무녀들이 본업을 폐하고 귀의하도록 이끌었던 여인들을 만나볼 차례이다. 그러나 어사가 보내온 서계가 급히 소각되었고, 당시의 실록도 소략한 근거만을 남기고 있으며, 드물게 당시 사건을 소개하고 있는 저자들도 그것의 현실적 위험성과 잠재적 파장을 경고하는 데에 주력할 뿐이어서, 생불여인들의 이력을 소상히 밝히는 데에는 분명한 한계가 있다. 당시 실록은 생불사건에 대해 두 번의 기록을 남기고 있다. 그 하나는 1758년 5월 18일의 기록으로서 앞에서도 인용한 바 있듯이,

23) 영조는 어사의 직임을 마치고 돌아온 이경옥에게 요녀의 살생금지 명령이 해서인들의 廢蠶을 불러온 것인지 확인하려 했고, 이에 이경옥은 간간이 폐하는 자가 있긴 했지만 온 도민이 폐잠했다는 설은 지나치다고 답변하였다. 『승정원일기』 책1157, 영조 34년 6월 18일 유시.

황해도 금천(金川), 평산(平山), 신계(新溪)에 요녀 네 명이 나타나 생불을 자칭하며 백성을 현혹시키고 무녀를 선동했다는 것이고, 다른 하나는 어사의 서계가 당도했던 날인 1758년 6월 3일의 기록으로서 생불여인의 이름과 처벌 내용(梟示, 嚴刑, 流配)을 간략히 밝히고 있는 것이다. 출신지와 더불어 주인공의 이름이 밝혀진 기록은, 왕의 교지에 의해 정례화되었던 처벌 조항을 모아둔 『수교정례』의 한 구석에서 확인되고 있다.

> 영조 34년 무인년(戊寅年)에 금천의 양녀 영매(英梅), 신계의 양녀 복란대(福蘭臺), 평산의 양녀 영시(英時) 등이 생불이라 칭하며 어리석은 백성을 속이고 미혹케 하였다. 어사 이경옥에 명하여 조사케 하였으며, 영매와 복란대는 효시하고 영시는 한 차례 엄형을 가한 후에 흑산도로 정배시켰다.[24)]

생불여인은 네 명으로 지목되었지만, 실제로 구금되어 처벌된 여인은 세 명이었던 것으로 보인다. 위 기록에 의하면, 해서의 생불여인들은 모두 양인(良人) 신분이었으며, 구체적으로는 금천의 영매, 신계의 복란대, 평산의 영시 등이었다. 처벌자의 신상을 밝히고 있는 6월 3일자의 실록의 기록도 '영매(英梅)', '이란대(移蘭代)', '영시(英時)' 등이라 밝히고 있다는 점에서 핵심 3인방이 대체로 일치하고 있으나 '복란대'를 '이란대'로, 즉 '복(福)'을 '이(移)'로 오기한 점이 눈에 띌 뿐이다. 애초에 네 명으로 알려진 생불여인 중에서 영매, 복란대, 영시 등 세 명이 처벌을 받았고, 그 중에서도 효시를 당한 금천의 영매, 형문을 견디다 죽음을 당한 신계의 복란대가 상대적으로 주목되는 인물이었

24) 『受教定例』, 稽古, 妖邪惑衆二條, "英宗三十四年戊辰, 金川良女英梅, 新溪良女福蘭臺, 平山良女英時, 稱以生佛, 誑惑愚氓. 命御使李敬玉按查, 英梅·福蘭臺梟示, 英時嚴刑一次, 黑山島配."

다고 할 수 있다. 만족스럽지는 못하더라도 핵심 2인방에 대한 행적은 『승정원일기』에 간간이 기록되어 있는 만큼, 이를 추적하면서 이들의 종교적 신상에 대한 정보를 얻어 보는 것으로 위안을 삼을 수밖에 없을 것이다.

영조 34년 5월 18일 낮 12시경(午時)에 좌의정 김상로(金尙魯)가 해서 지역의 생불여인의 실상을 알려왔을 때, 어사의 파견이 불필요하다거나 선전관(宣傳官)의 파견 정도로도 무방하다고 보는 고관들의 의견에 반대하면서 국왕은 "황무(黃巫)의 일을 가만히 놔둘 수 없다"며 어사 이경옥(李敬玉)의 파견을 결정하기에 이른다. 여기에서 말하는 '황무'는 황해도 무당을 지칭하는 것으로서, 생불여인들을 이르는 것인지 아니면 그들에게 귀의한 무당들을 지칭하는 것인지 분명하지 않다. 그러나 어사를 파견해 속결로 그들을 쳐 죽이고자(撲殺) 했던 왕의 입장을 고려한다면, 황무는 뭇 무당들이 아닌 처벌의 대상인 생불여인일 가능성이 높다고 여겨진다. 생불여인들에 대한 종교적 배경에 대해서는 다른 기록을 통해 뒤에서 보강될 것이다.

이로부터 4시간이 지난 5월 18일 오후 4시경(申時)에 어사로 결정된 이경옥과 국왕이 대면하기에 이른다. 영조는 이경옥에게 황해감영으로 가서 힐문 없이 죄인의 죄를 결안하고 3일간 효시하도록 지시한다. 그러면서 국왕은 자신의 명으로도 어찌 할 수 없었던 성황과 무녀의 일을 일거에 온 도민에게 실현한 생불요녀들을 용녀부인(龍女夫人)이나 징이(徵彝) · 징칙(徵則)과 유비시키고 있다. 징이와 징칙은 후한 대에 베트남의 반란을 이끌어 중국세력을 몰아낸 후 지역을 다스리다 끝내 진압된 자매들이었다. 한편 용녀부인은 불승 여환의 부인이었던 무녀 원향(元香)으로서, 숙종 14년(1688) 상경입성하여 국권을 차지하려던 여환의 무리에게 '큰 비로 서울을 쓸어버릴 수 있는(大雨傾瀉)' 능력의 소유자로 추대되었다가 능지처사된 여인이었다. 생불사건을 접한 국왕의 입장에서는 치병의 능력을 인정받았던 황해도 은율 출신의 나이 어린 무녀 원향이 어느덧 강우(降雨)의 조절을 통해 세상의 운명을 뒤바꿀 만한 용녀부인으로 추대되면서 정치적 분란을 일으켰던 70년 전의 과거가 예사롭지 않게 떠올랐을 것이다.

다시 2시간이 지난 5월 18일 오후 6시경(酉時)에 국왕은 어사 파견대의 인적 구성과 물자를 갖춰준 후, 어사가 출발 전에 숙지할 수 있도록 좌포장(左捕將) 정여직(鄭汝稷)과 우포장(右捕將) 구선복(具善復)으로 하여금 당시까지 입수된 생불여인의 생포 및 구금의 경과를 설명하게 하였다. 그들의 설명을 기초로 할 때, 생불여인은 금천에 1명, 신계에 1명, 평산에 2명 등 모두 4명으로 파악되고 있었다. 그 중에 금천(영매로 추정됨)과 평산(영시로 추정됨)의 여인은 이미 체포된 상태였고, 신계(복란대로 추정됨)의 여인은 인근 강원도로 도주한 것으로 파악되고 있었다.

다음날 5월 19일 아침 8시(辰時)에 국왕은 황해감영 군관인 황향(黃鄕)을 불러 현지에서 형추(刑推)를 받은 생불여인에 관한 정보를 청취하였다. 황향이 전하고 있는 생불여인은 다름 아닌, 금천의 영매로 여겨진다. 국왕과 황향 사이의 문답은 아래와 같이 전개되었다.

> 임금이 황향에게 물었다. "너는 생불을 보았느냐?"
>
> 황향이 말하였다. "보았습니다."
>
> 임금이 말하였다. "황해감사가 잡아들일 때 백성들이 모두 합장하였다고 하는데 믿을 만한 것인가?"
>
> 황향이 말하였다. "그것은 황해도 감영의 일이 아니고 개성부에서 있었던 일이었습니다."
>
> 임금이 말하였다. "상세하게 진달하는 게 좋겠다."
>
> 황향이 말하였다. "지난번 금천(金川)과 백천(白川) 사이에 요인(妖人)이 있었다고 하여 황해감사(黃海監司)가 금천에 공문을 보내 잡아들이게 하였

습니다. 그 여자가 장차 금강산(金剛山)에 가기 위해 개성을 지나가는데 개성사람들이 몰려들어 합장한 것입니다. 개성유수(開城留守)가 인민들을 깨우쳐서 신봉하지 못하게 하였지만 백성들은 모두 합장하며 숭봉하였습니다. 유수가 죽이려 하다가 그만 놔두었고, 그후 금천으로 잡으러 보냈을 때에 영교(營校)가 붙잡아 왔습니다. 황해감사가 본디 서장(書狀)을 올려 (재가를 얻은 뒤) 처리하려 했으나 도신(道臣)으로서 이런 사소한 일들을 번잡스럽게 장문(狀聞)하는 것이 적절치 않다고 보고 곧바로 쳐 죽이는 것이 가하다고 여겼습니다."

임금이 말하였다. "황해감사가 본분대로 한 것이다."

황향이 말하였다. "신이 (서울로) 올라올 때에 한 차례 엄형을 하였는데 해주판관(海州判官)의 보장(報狀)을 보니 몇 차례 혼절하였다고 하니 그 사이에 이미 죽지 않았을까 생각합니다."

임금이 말하였다. "그 여자가 이미 물고(物故)를 당하였다면 이경옥은 헛걸음만 하는 것이다."

황향이 말하였다. "요망한 무당이 잡혀올 때, 백성들이 모두 '생불이 어찌 죽어서 돌아오겠느냐'고 말하였습니다. 순찰사(巡察使)가 이를 비웃기라도 하듯 끌고 갔다고 합니다."

임금이 웃으면서 말하였다. "미혹됨이 심하다고 할 만하다."

황향에게 나가보라고 명하였다.[25]

황해도 감영에서 생불여인을 형추(刑推)하고 있던 장면을 직접 목도하고 상경한 군관 황향이 들려준 정보는 금천의 생불 영매에 관한 것이었다. 여기에서 주목되는 것은 세 가지 사실이다. 먼저 금천의 영매는 황해도와 경기도 북부 일대에서 이미 대중적인 숭앙을 받고 있었음을 알 수 있다. 영매는 금천과 인근 남서쪽의 백천(白川)은 물론 금천의 남쪽 접경을 이루고 있는 경기도 개성을 오가며 합장 인파에 휩싸일 정도로 대중들의 인기를 누리고 있었다. 지방관의 위엄을 넘어

25)『승정원일기』 책1156, 영조 34년 5월 19일 진시.

서는 영매의 카리스마라면 신당의 파괴 열풍과 무녀의 무업포기 사태가 충분히 예상되고도 남는다.

두 번째로 대중들의 열망을 받은 금천의 영매는 무당의 신분에서 메시아적인 생불로 거듭난 존재였음을 확인할 수 있다. 군관 황향은 포착(捕捉)되어 온 영매를 요망한 무당, 즉 '요무(妖巫)'로 지칭하고 있다. 이미 앞에서 인용한 바 있는 안정복의 『천학문답』에서도 생불사건의 당사자가 신계현의 요무(妖巫) 영무(英武)라고 제시되고 있는데, 내용상으로는 금천의 영매에 대한 정보로서 지역과 인명(人名)에 착오가 있긴 하지만, 미륵불 혹은 생불로 지칭된 여인들이 무당 출신임을 암시하고 있다는 점에 있어서는 황향의 의견과 대동소이하다. 이런 맥락에서 보자면, 전날 국왕 영조가 어사의 파견을 강조하며 언급한 황무(黃巫) 역시 생불여인들의 종교적 신분을 암시하는 것이라 할 수 있다. 그러나 이들은 무녀에서 출발하였지만 이미 무녀의 위상을 넘어선 미륵의 화신, 생불여인으로 전환되어 있었다.

세 번째로 대중으로부터 생불로 숭앙받은 영매는 불사(不死)의 존재로 여겨졌다는 점을 확인할 수 있다. 공적인 권력이 생불에 가해진다 해도 생불은 사지(死地)에서 충분히 벗어날 수 있다는 믿음이 공공연했던 것이다. 후술하겠지만, 이러한 생불에 대한 믿음은 현지로 파견되었다가 귀경한 어사 이경옥이 영매의 효수 과정을 국왕에게 보고하는 과정에서도 극명하게 드러나고 있다.

이로부터 보름이 지나고 달이 바뀐 6월 3일 오후 2시경(未時)에 어사 이경옥이 현지에서 보내온 서계가 동부승지 이장하(李長夏)에 의해 대독되면서 생불에 대한 1차적인 공식 정보가 알려지게 되었다. 어사의 서계를 접한 국왕은 아래와 같은 전교를 현지에 하달하게 하였다.

> 영매는 이미 효시를 하였으니 가히 법을 공정히 폈다고 할 만하다. 그러나

> 복란대는 지금 어사에게 특교(特教)의 명을 내렸지만 감히 숨기니 더욱 교묘하고 추악하다. 이런 부류들은 하루에 한 차례의 형벌로는 불가하니 낱낱이 엄형(嚴刑)하여 바른 진술을 얻은 뒤에 일체 효시하게 하고, 영시는 한 차례 엄형한 후에 흑산도로 멀리 유배 보내는 일을 즉시 하달하라.[26)]

일찍이 구금되어 형추를 받아온 금천의 영매는 이미 효시되었고, 강원도 쪽으로 도주했다가 구금된 신계의 복란대도 영매만큼의 혐의를 받고 효시를 앞두고 심한 형문을 당했으리라 짐작된다. 후에 알려진 내용에 의하면 복란대는 효시되기 이전에 형문(刑問)을 받는 과정에서 고문으로 물고(物故)를 당하였다. 한편 평산의 영시는 영매와 복란대만큼 심각하게 다뤄지지는 않은 채, 흑산도로 유배형을 받게 되었다. 서계가 보고된 이후 왕명에 의해 그것이 소각되는 바람에, 영매에 대한 추가적인 정보와 아직 베일에 가려진 복란대에 대한 정황은 어사 이경옥이 귀경한 후 쏟아낸 발언 속에서 추출해낼 수밖에 없다.

5월 18일 어전(御前)에서 물러나 현지로 떠났던 어사 이경옥이 한 달이 지난 6월 18일 오후 6시경(酉時)에 드디어 국왕과 대면하기에 이른다. 지금까지 논의의 중심이 된 생불 영매가 효시되는 장면에 대해 이경옥은 아래와 같이 전하고 있다.

> 신(臣)이 내려간 후, 길을 따라 들려오는 말을 미루어 보건대 일도(一道)의 요혹함이 이미 말할 수 없는 지경이었습니다. 신이 도신(道臣)과 함께 살피며, 군사를 크게 벌리고 승장포(升帳砲)를 이끌며 죄인(英梅)을 뭇사람들에게 보이고자 돌아다니고 있을 때, 온 도의 사람들이 모여들어 구경하는 자들이 둘레에 늘어서서 다들 말하기를, '<u>어사가 비록 참수하려 하여도 생불이 어찌 죽임을 당할 리 있겠는가? 칼날이 반드시 그의 목에 들어가지 않을 것이다</u>'고 하였습니다. 드디어 효수를 한 이후에야 비로소 놀라며

26) 『승정원일기』 책1157, 영조 34년 6월 3일 미시.

> 크게 깨달았습니다. 이를 통해 민심이 얼마나 어리석게 미혹될 수 있는지 알 만합니다. 이후에 해서의 사람이 어쩌다 더위에 학질(瘧疾)을 앓던 이를 소생시키는 자가 있으면 이임배(里任輩)들이 생불이 다시 나온 것이라 여기고 관부(官府)에 보고할 것입니다. 수령이 그에게 칼을 씌우고 상급 관청의 관리가 실상을 조사하여 조처를 한다 해도 앞으로 이러한 폐단이 염려되었습니다. 그래서 관서(關西)의 각 읍을 다니며 각별히 엄칙해서 소요의 폐단이 없게 하였습니다. 또 여러 읍을 다니며 몸소 깨우쳐 지금은 온 도가 안정되어 다른 염려가 없을 듯합니다.[27]

위에서 주목되는 것은 영매를 효시하는 과정에서 보인 대중들의 믿음이다. 이미 군관 황향이 보고한 대로 영매가 잡혀올 때에도 생불은 죽지 않을 거라는 믿음이 팽배해 있었는데, 효시의 과정에서도 그러한 믿음은 조금도 흔들리지 않고 강화되고 있었다. 어사는 퍼레이드를 통해 죽음의 전시효과를 노리고 있었지만, 몰려든 군중들은 생불은 죽지 않을 것이며, 예리한 칼로도 생불의 목을 관통하지 못 할 것이라 확신하고 있었다. 사실 이러한 믿음은 동학난(東學亂)의 과정에서도, 북미 고스트댄스(ghost dance)에서도 드러날 정도로 종말론적 운동이나 예언자적 운동에서 흔히 볼 수 있는 것이었지만, 적어도 이러한 믿음이 전제되는 한, 어사 이경옥이 우려했던 대로, 질곡의 상황에서 치유의 능력을 행사하는 제2, 제3의 영매가 등장한다면 언제든지 생불에 대한 신앙이 기화될 수 있음을 예고하는 것이라 할 수 있다.

한편 어사 이경옥의 말을 듣고 난 채제공(蔡濟恭, 1720~1799)이 발언을 이어가는데, 지금까지 잘 드러나지 않았던 신계의 복란대와 관련된 정보가 거기에 담겨 있었다.

---

27)『승정원일기』 책1157, 영조 34년 6월 18일 유시.

> 신(臣)이 이천(伊川)으로부터 돌아오는 길에 본부(本府)의 사람들이 내가 탄 말 앞에 다가와 하소연하기를, '신계의 생불이 병을 치료하고 복을 주는 술법이 있어 본현(本縣)에서 잡아 가둘 것이라 하니, 이는 실로 염려할 만한 일입니다. 이천으로 청하여 맞이해 백성들이 복을 불러올 기회로 삼고자 합니다'라고 하였습니다. 그래서 신은 백성들을 엄칙하여 요물에 미혹되지 않고 자신의 본업에 힘써 편안히 거하여 관가에 저촉되는 죄를 범하지 않도록 했습니다. 그랬더니 사람들은 비록 억지로 대답은 하면서도 끝내 각성하는 빛이 없었습니다. 이로 미루어 보건대 해서의 두 요녀의 헛되고 탄망함을 가히 알 수 있습니다.[28]

채제공은 이미 2년 전인 영조 32년 6월에 강원도 이천부사(伊川府使)로 부임되었다가 영조 34년 2월 23일에 승지(承旨)로 임명되어 이천부사직을 면하게 되었다. 당시의 기록들을 간추려 보면, 2월 23일에 승지의 명을 받은 채제공이 여전히 3월 16일까지 상경하지 못하고 있었으며, 4월 1일에 이르러서야 비로소 국왕을 대면하게 되었음을 알 수 있다. 이를 고려할 때, 그가 이천에서 돌아오는 시점은 대략 1758년 3월 중의 일이었을 것이고, 생불사건이 조정에 알려졌던 5월 18일보다는 두 달 정도 앞서는 즈음이었다. 이천은 철원의 북서쪽에 위치하고 있었고, 서쪽으로 황해도 신계와 접경을 이루고 있던 곳이라 신계의 복란대에 대한 소식을 충분히 접하고 있었을 것이다. 생불 복란대가 신계현으로부터 쫓기고 있다는 소식을 접한 이천사람들은 치유 능력을 갖춘 복란대를 맞이하여 자신들의 복리를 추구할 것을 임지(任地)를 떠나고 있는 지방관에게 호소하였던 것이다.

채제공이 전한 신계의 복란대에 대한 에피소드에 이어 이경옥이 추가적인 정보를 내놓았다.

---

28) 『승정원일기』 책1157, 영조 34년 6월 18일 유시.

> 임금이 말하였다. "신계의 여인(福蘭臺)과 금천의 여인(英梅)은 어떠한가?"
> 이경옥이 말하였다. "신계의 여자는 비록 성황 등을 헐어부수는 일은 없었으나 자칭 생불이라 하며 온 도를 미혹시키고 사람들로부터 베, 비단, 곡물을 받았으니, 폐단으로 치면 금천의 여자보다 심함이 있습니다."
> 임금이 말하였다. "이는 필시 금천의 여자를 함부로 흉내 낸 것일 것이다."
> 이경옥이 말하였다. "신계의 여자가 가장 먼저 나온 것이니 본받아 흉내 낸 것은 아닐 것입니다."
> 임금이 말하였다. "신계의 요녀는 매를 능히 참아냈는가?"
> 이경옥이 말하였다. "지극히 요망하고 악하여 두 차례 엄형을 가했는데도, 끝내 조금의 꺾임도 없었습니다. 세 번째 형벌에 이르러 죽음에 이르렀습니다."

이경옥의 언급에 따르면, 생불사건의 핵심으로 알려진 신당의 파괴와 무녀의 귀의 열풍은 주로 금천의 영매에 해당되는 내용이지만, 자칭 생불로서 (치병과 술법을 통해) 대중들에게 재물을 받아내며 폐단을 불러일으킨 신계의 복란대가 결코 금천의 영매에 뒤지지 않음을 강조하고 있다. 출현 시기도 신계의 복란대가 앞서고 내용적으로도 훨씬 심각한 수준이라는 것이 이경옥이 파악한 진상이었다. 그럼에도 불구하고 영매에 비해 복란대에 대한 실상이 드러나지 않은 것은 그녀가 형문 3차에 이르도록 실토하지 않은 채 물고를 당하는 바람에 죽음과 더불어 복란대의 종교적 삶이 묻히고 말았기 때문일 것이다.

흑산도로의 유배형을 받은 평산의 영시에 대해서는 핵심 2인방인 영매와 복란대에 비해 독립적으로 알려진 사실이 없다. 그러나 영매 및 복란대와 더불어 영시 등이 각처에서 일으켰던 생불신앙의 열풍으로 인해, 황해감사 심발(沈墢)과 황해병사 전운상(田雲祥)이 파직되고, 생불여인의 관할 지방관인 금천군수(金川郡守) 홍술해(洪述海), 신계현령(新溪縣令) 김선재(金善材), 서흥현감(瑞興縣監) 조재한(趙載翰) 등도 교체될 수밖에 없었다.[29] 금천군수와 신계현령의 파직이 각각 영매와 복란대에 의한 조처였다면 서흥현감의 파직은 영시와 관련될 듯하지만, 애초에 영시가 평산의 생불로 알려져 있어 혼돈스럽기만 하다. 그러나 평산의 영시는 어사 파견 이전에 알려졌던 사실이므로 평산이 아닌 인근 서흥이 영시의 활동 본거지였을 수도 있을 것이다.

『승정원일기』에 산재된 기록을 통해, 양인 출신의 무녀로부터 출발한 여인들이 질곡 속의 민중을 구제할 만한 현존하는 미래불로서의 생불로 인정받아 추앙되고 있었음을 확인할 수 있었다. 세 명의 생불여인을 처벌하는 것으로 마무리 된 생불사건의 여진(餘震)은 지속되었을 것이다. 사건이 해결되고 1년이 지난 뒤, 생불사건으로 파직된 심발(沈墢)을 대신해 34년 5월 25일 황해감사로 제수되었다가 35년 4월 3일 파직되기까지 해서지역을 담당했던 조명정(趙明鼎, 1709~1779)과 국왕이 펼친 대화 속에서 그것이 확인되고 있다.

> 임금이 말하였다. "미륵에 동요했던 해서인들의 인심은 이제 안정되었는가?"
>
> 조명정이 말하였다. "전하께서 파견하신 어사가 잘 진무(鎭撫)한 효과가 있었습니다. 신이 본영에 도착한 이후에 점차 진압되어 다시 동요될 염려는 없습니다. 다만 귀신을 숭상하는 해서의 풍속이 타도와는 달라 본영에서 가까운 곳에서도 왕왕 기도하는 일로 인해 신(臣)에게 고발하는 일이 있었는데, 신이 일절 휘둘러 진압하며 결단코 너그러이 봐주지 않았습니다.[30]

해서의 생불사건이 종결된 이후에도 해서지역의 미륵 열풍의 추이

29) 『승정원일기』 책1156, 영조 34년 5월 25일 미시.
30) 『승정원일기』 책1171, 영조 35년 7월 19일 오시.

는 관심의 대상이었고, 이전의 동요가 진정되긴 했어도 상귀(尙鬼)의 풍속이 남다른 황해도에서는 사회적 토대가 마련되면 언제든지 예의 생불신앙이 타오를 수 있을 만한 믿음이 조성되어 있었음을 확인할 수 있다.

6. 결론

1758년엔 이렇다 할 전염병도 돌지 않았고,[31] 조정(朝廷)을 긴장시킬 만한 역모자도 없었던,[32] 그저 그런 평범한 한 해로 잊힐 수도 있었다. 적어도 해서의 생불사건만 아니었다면 그랬을 것이다. 서너 명의 여인들이 일으킨 해서의 생불사건은 당시 조정을 당황시키고 지식인들에게 우려를 자아내게 할 만한 부정적인 종교운동의 대표적인 기호였다. 미륵운동이니 생불신앙이니 하는 것들이 그 전후로 없었던 것도 아니지만, 온 도민의 우상파괴와 무녀의 개종상황을 대대적으로 이끌었던 주체가 다름 아닌, 미천한 여성에서 비롯되었다는 데에 놀라움과 위험스러움이 더했던 것이다. 그녀들이 일으킨 종교의 변화는 남성들의 그것을 뛰어넘는, 더군다나 국왕의 명과 국법이 기대하는 효과를 훨씬 능가하는 것이었지만 봉인된 기억으로 묻혀 있을 뿐이었다.

생불여인, 특히 금천의 영매가 일으킨 돌풍은 온 도민들로 하여금 지역 내의 신당과 신상을 파괴하면서 생불신앙의 집중력을 키우게

31) 三木榮(1963), 12~27쪽, 참조.

32) 사실 생불여인의 사건이 알려진 5월 18일을 전후로 두 가지 간단한 사건이 다루어지긴 하였다. 즉 5월 12일부터 5월 18일까지 金鳳甲 사건에 대한 심문이 있었고, 5월 19일부터 24일까지 金景躍 사건을 다루는 추국이 열린 것이다. 그러나 각각 허위 告變과 거짓 呈狀을 올린 것으로 의심받은 당사자들이 刑問을 받다 物故를 당하는 것으로 사건은 일단락되었다. 김우철(2014), 347~395쪽.

했다. 생불에 대한 합장숭배와 생불의 불사(不死)를 굳게 믿은 일반인들에게 잡신의 금지와 성황당의 파괴는 지상명령이 아닐 수 없었을 것이다. 제도종교인 천주교와 개신교가 들어오기 이전에 이미 배타적인 우상파괴 행위가 여성의 종교적 카리스마에 의해 선행되었던 것이다.

생불신앙의 열풍은 종교전문가인 무녀들의 종교적인 삶에도 커다란 변화를 주었다. 무속의 전통이 남다른 황해도였지만, 무녀들은 신직(神職)이라는 자의식을 가질 만한 무업(巫業)마저 포기하며 생불신앙의 주요한 소비자로 전락하였다. 무엇보다도 입무(入巫)의 표상이기도 한 무구(巫具)를 대대적으로 처분했던 탈무(脫巫)의 개종상황은 주전(鑄錢) 당국을 긴장시킬 정도였다. 생불여인에 귀의한 무업(巫業) 없는 무당을 보면서 우리는 생산자와 소비자를 오간 종교적 프로슈머(prosumer)로서의 무당의 양면성을 만나게 되었다.

온 도민과 무녀의 종교적 삶에 변화를 이끌었던 여인들은 미륵의 화신으로서의 생불로 간주되었다. 양녀 신분의 무녀에서 출발한 여인들은 평범한 일상의 질서를 관리하고 유지하는 존재이기보다는 질곡의 말법적 상황을 해결해 줄 주역으로서 종교적 카리스마를 발휘하였던 것이다. 대개의 예언자적 카리스마 운동이 그렇듯이, 이들도 특유의 치병능력으로 이름을 얻으며 숭신의 범위를 넓히고 깊이를 더해갔을 것이다. 우리가 부분적으로 확인한 금천의 영매와 신계의 복란대는 미천한 무당이었지만 불사의 생불로 숭앙되면서 민중들로부터 열렬한 환호를 받았지만, 대중을 미혹시킨 요망하고 삿된 요녀(妖女)로서 정치적인 죽음을 맞이해야 할 운명에서 벗어날 수 없었다.

생불사건에 대한 지금까지의 논의는 본격 여성사 자체를 다룬 것은 아니지만, 적어도 그것을 뒷받침할 만한 여성의 삶을 발굴하는 작업의 일환일 수 있을 것이다. 조선 후기 질곡의 땅, 황해도의 지방 한 구석에서 시작된 미천한 무당들의 종교적 삶은 정치적인 죽음이 기다리는 생불의 삶으로 귀결되고 말았지만, '다수 무녀의 삶을 변화시킨 소수 전직 무녀의 삶'을 전근대 한국사 속에서 여실히 드러내고 있다는 점에서 지적인 조명을 받을 만한 여성의 삶이라 할 수 있을 것이다.

참고문헌

| 자료 |

『죠션크리스도인회보』『高麗史』『高宗實錄』『國朝寶鑑』『星湖僿說』『受敎定例』『順菴先生文集』『承政院日記』『英祖實錄』『龍潭遺詞』『日省錄』『海西暗行日記』

| 연구논저 |

김우철, 『추안급국안』 64, 전주대학교 한국고전학연구소, 2014.

최선혜, 「조선후기 숙종대 황해도 지역의 '生佛' 사건」, 『歷史學硏究』 50, 호남사학회, 2013, 121~160쪽.

최종성, 「무당에게 제사 받은 생불」, 『역사민속학』 40, 한국역사민속학회, 2012a, 7~35쪽.

최종성, 「생불과 무당」, 『종교연구』 68, 한국종교학회, 2012b, 195~219쪽.

최종성, 「조선후기 민간의 불교문화 : 불승(佛僧), 단신(檀信), 제장(祭場)」, 『종교학연구』 30, 한국종교학연구회, 2012c, 19~53쪽.

최종성, 「무업(巫業) 없는 무당」, 『종교학연구』 32, 한국종교학연구회, 2014, 1~22쪽.

三木榮, 『朝鮮疾病史』, 富士精版印刷株式會社, 1963.

Lincoln, Bruce, *Discourse and the Construction of Society*, Oxford University Press, 1989.

식민지 조선에서 여자가 운다*

장 석 만

1. 신부(新婦)의 방성 통곡(慟哭)

때는 1914년 10월 4일 달이 밝은 밤 8시. 전라남도 동남부 흥양반도(興陽 半島 : 현재 고흥군)의 바다 위를 순천호(順天號)라는 이름의 기선이 가고 있다. 이제 그 배에 탄 승객 중에서 다음 기착지에 내릴 사람은 배를 갈아타야 한다. 소월(素月) 최승구(崔承九, 1892~1917)[1]도 내릴 준비를 하고 있다.

"나의 탄 기선 순천호(順天號)는 시월 사일, 월색(月色)은 명랑하고 맑은

* 이 논문은 2013년 정부(교육부)의 재원으로 한국연구재단의 지원을 받아 수행된 연구임.(NRF-2013S1A5B6052002)

1) 최승구는 김정식(金廷湜, 1902~1934)보다 10년 연장자로서, 그와 같이 素月이라는 호를 사용한 시인이다. 『학지광』 4호(1915년 2월)에 발표한 시 「벨지움의 용사」가 대표작이다. 그는 普成專門學校를 졸업하고, 1910년경 일본 게이오대학(慶應大學)에 유학하였다. 일본 유학생의 동인지 『학지광』에서 편집인을 맡는 등, 주도적인 역할을 했다. 폐결핵에 걸려 학업을 중단하고 귀국하여 당시 전라남도 고흥군수로 있던 둘째형의 집에서 요양하다가 요절하였다. 서양화가 나혜석의 연인으로도 유명하다. 「南朝鮮의 新婦」라는 글은 그가 도쿄에 유학하다가 일시 귀국하여 고흥지방을 여행했을 때, 경험한 바를 쓴 것으로 보인다.

바람은 산들산들 파도 한 점 일어나지 아니하는 밤 하오 팔시쯤 되어서, 전남 홍양반도(興陽半島)의 풍남포(豊南浦)에 정박하게 되었다. 가형의 출영으로 상륙할 터이다."[2]

그런데 배를 갈아타고 얼마 지나지 않아 밝은 달밤의 조용한 분위기를 깨트리는 일이 일어난다. 종선 승객 가운데 어느 젊은 여인이 몸부림을 하며 큰 소리로 울음을 터뜨렸기 때문이다. 최소월은 다음과 같이 그 모습을 적고 있다.

"상륙할 선객은 다 옮겨 타고 하물 다 옮겨 실은 후에, 종선(從船)은 사공의 노(櫓)박는 소리가 삐걱삐걱 들리며 본선을 뒤에 두고 부두(埠頭)로 향한다. 배 머리가 막 돌자 아까 보던 신부는 방성통곡(慟哭)을 한다. 남한(南韓)에서 특히 보는 사설(辭說) 몸부림을 해가면서 목이 메어 통곡한다.

달은 금산(錦山)재에 걸치어 산 밑에까지 비추어주지 못함으로, 산허리에 싸여있는 촌가나 그밖에 있는 전답수목(田畓樹木)까지도 연하에 파묻혀 육면(陸面)의 자연은 잡색을 드러내지 아니하고, 다만 평범하게 보일 뿐이며 아까까지 있던 바람도 그쳤고, 수면조차 조금도 움직이지 아니하여 있는 것이라고는 모두 휴식할 때를 얻은 듯이 사면이나 하늘땅까지 침묵인데, 이렇게 침묵한 것을 깨트리는 것은 오직 이 젊은 부인의 슬피 우는 소리 뿐이라."[3]

나이 어린 여자는 한껏 성장(盛裝)하고 있는 모습이다. 녹의홍상(綠衣紅裳)의 새 옷, 틀어서 머리에 얹은 두발 모양, 유분(油粉) 화장(化粧), 왼손가락의 은반지로 단장하였다. 그런 성장(盛裝)을 했음에도 최소월은 그녀에게서 뭔가 서투르고 어색한 모습을 느낀다. 그녀는 나이든

2) 최소월, 「南朝鮮의 新婦」, 『學之光』 제3호, 1914년(大正3) 12월 3일 ; 『學之光』(전2책), 제1권, 도서출판 역락, 2009, 35쪽(이하 원래의 페이지 수).

3) 위의 글, 36쪽.

두 여자와 같이 있었으나, 이제 한 명과는 작별하였다. 그들은 최소월처럼 본래 기선에 탔던 이들이 아니라, 종선을 타고 온 이들이다. 작별하며 기선에 올라탄 여인은 50살이 훨씬 넘어보였으며, 비호감의 인상(왈가닥, 애꾸눈, 주걱턱)으로 묘사되어 있다.[4] 반면 새색시와 동행하는 여인은 인품 좋게 생겼고, 40살이 채 못 되어 보인다. 우는 여자가 십여 일 전에 혼인한 새색시라는 것은 최소월이 옆의 승객에게 물어서 알게 되었다. 새색시가 아까 작별한 노부인은 친정(親庭) 계모(繼母)로서 며칠 전에 사돈집에 인사하러 왔다가 본가(本家)로 돌아가는 길이며, 인품 좋은 중년 부인이 신부의 시어머니라는 것도 얻어들은 바이다. 그런데 최소월은 궁금해진다. 새색시는 어찌해서 통곡하는가?[5] 그는 그동안 얻은 정보를 동원하여 새색시가 "사설(辭說) 몸부림"하며 방성통곡하는 이유를 짐작해보기 위해 다음처럼 물음을 던진다.

계모를 그리워해서 인가? 인품 좋게 생긴 시어머니가 있고, 평생 사랑해줄 신랑이 있지 않나? 친정을 못 잊어서? 사랑(舍廊) 행랑(行廊)과 풍부한 곳간(庫間)이 있는 부유한 시댁이 있지 않은가? 남해의 따뜻한 일광(日光)이 그리워서인가? 파도의 향기를 그리워함인가? 화단에 심은 봉선화, 암초 위에 있는 백일홍을 그리워함인가? 사회의 죄악에 물들지 않은 동생을 그리워함인가? 순결(純潔)하게 단합(團合)하던 동무들을 그리워함인가? 자유롭던 고향을 그리워함인가? 종순(從順)을 요구하는 시부모를 싫어함인가? 권위를 다투려는 시누이를 싫어함인가? 자기가 가는 곳이 달빛처럼 평화롭지 않을까 하고 염려해서인가? 저 바람처럼 조용하지 않을까 염려함인가? 저 해양과 같이 공평치 않을까 염려함인가?[6]

---

4) 위의 글, 35쪽.
5) 위의 글, 39쪽.
6) 위의 글, 37~38쪽.

최소월은 시댁이 그렇게 좋은 조건을 가졌다면 통곡하는 새색시가 이해할 수 없다는 관점에 대해서도 생각해 본다. 하지만 최소월은 결코 이런 관점에 동의할 수 없다. 왜냐하면 그는 새색시에게서 어떤 강한 힘을 느꼈기 때문이다. 최소월은 자기 글을 읽는 독자에게 이렇게 신부를 소개한다.

> "제군(諸君)이여, 이 신부는 부두(埠頭)에서 종선(從船)타는 맛을 아는 신부(新婦)요. 기선(汽船)까지 전송(餞送)하는 맛을 아는 신부요. 육지에서 수면(水面)으로 나아가는 맛, 및 용기(勇氣)를 가지고 실행(實行)할 줄 아는 신부(新婦)요!"[7)]

이어서 새색시의 강인함이 좀 더 구체적으로 묘사된다.

> "아아, 회포(懷抱)가 과연(果然) 이러면 시모(媤母)의 인품(人品) 좋은 것쯤 가지고서는, 신랑의 사랑쯤 갖고서는, 사랑 행랑 있는 집쯤 가지고는, 면장(面長) 집 며느리의 대우(待遇)쯤 가지고는, 조포(租包) 잡곡(雜穀) 섬쯤 가지고서는, 쌀밥에 고기 국쯤 가지고서는, 도저히 이 부인의 단단한 그리움과 굳은 뜻을 유혹(誘惑)해 낼 수 없고, 그 용기(勇氣)를 억제(抑制)할 수 없고, 지금 이 통곡을 금지할 수 없으며, 아까도 이곳까지 오려하는 실행(實行)을 만류(挽留)할 수 없었겠다. 이 신부(新婦)는 육지(陸地)로부터 수면(水面)까지 나아가는 맛을 아는 신부이다!"[8)]

최소월은 "육지에서 수면(水面)으로 나아가는 맛을 아는 신부"라는 표현을 반복하며 후렴구처럼 강조한다. 새색시는 혼인한 후에 시댁에 갇혀 있지 않고, 종선을 타고 친정 계모의 귀향길에 전송을 할 만큼

---

7) 위의 글, 37쪽.

8) 위의 글, 38쪽.

"용기"와 "실행력"을 갖추었다. 그런 새색시의 울음은 약함이 아니라 오히려 굳은 의지와 용기의 표현이다. 짐작컨대 최소월은 "약한 여자라면 고요한 달밤에 남의 눈치를 봄이 없이 어찌 방송통곡을 할 수 있단 말인가?"라고 반문하는 것 같다. 심지어 최소월은 새색시의 통곡 소리를 들으면서 저절로 그녀의 용기에 감화된다. 그래서 그 역시 뜨거운 눈물을 흘릴 지경에 이른다.

> "이 부인(婦人)의 통곡(慟哭)하는 소리는 산곡(山谷)에 사무친다. 이 부인(婦人)은 자기의 용기가 잠시(暫時)나마 꺾기는 것과 권위가 잠시(暫時)나마 눌리는 것과 귀중한 시간 보내는 것을 철천지원(徹天之寃)과 분골지통(粉骨之痛)으로 생각함이다! … 나는 삼가히 동정(同情)의 열루(熱漏) 두어 방울을 뿌려드리오."

그리고는 급기야 새색시임에도 최소월은 그녀를 굳이 "순결한 처녀"로 부르겠다고 한다.

> "… 나라도(奈羅島)의 순결(純潔)한 처녀!(나는 處女라고 부르오). … 처녀의 이미 안 맛은 내버리지 아니하고, 권위를 떨치려 하는 용기는 눌리지 아니할 터이요! 또 억제(抑制)할 사람이 생겨나시도 못하오!"[9)]

최소월은 이미 혼인한 여자를 굳이 순결한 처녀라고 부르겠다고 주장한다. 무슨 까닭인가? 아마도 처녀가 아직 가부장제의 권력 구조에 편입되지 않은 자이며, 그런 의미에서 저항의 잠재력이 제거되지 않은 존재라고 볼 수 있기 때문일 것이다. 그가 그녀에게서 쉽게 순치(馴致)되지 않는 힘을 느낀 이유이기도 할 것이다. 최소월의 "순결한 처녀"는

---

9) 위의 글, 38쪽.

가부장의 권력 체제에 종속되지 않고, 거기에 "오염됨"이 없이 대항할 수 있는 힘을 가진 자이다. 최소월은 그녀를 승화(昇華)시킨다. 그래서 그녀의 강인함에 공감의 눈물을 흘릴 뿐 아니라, 그는 존경의 마음을 품기에 이른다.

"종선(從船)은 부두(埠頭)에 정박(碇泊)이 됨에, 나는 충분(充分)히 존경(尊敬)하는 마음으로 통곡(慟哭)하는 처녀(處女)에게 묵례(默禮)하고, 가형(家兄)과 같이 이(二) 필마(匹馬)를 바꾸어 타고 삼십(三十)리를 격(隔)한 홍양(興陽)읍을 향(向)하여 떠났다. … 준령(峻嶺)에 걸렸던 달은 아주 넘어갔다. 난운(亂雲)은 산(山)과 같이 중첩(重疊). 뒤에서는 곡성(哭聲)이 은은(隱隱) …"[10]

새색시의 울음은 거침이 없이 계속 이어졌다. 배가 부두에 도착한 후에 최소월이 말을 타고 읍을 향해 떠나고 나서도 뒤에서 은은하게 울음소리가 들려왔다. 최소월은 그 울음소리에서 답답한 틀을 깨버리는 강력한 힘을 느끼고, 묵례의 존경심을 표한다. 그 감동의 여운이 식지 않자, 최소월은 이틀 후에 「남조선(南朝鮮)의 신부(新婦)」라는 글을 쓴다. 최소월에게 그녀는 시댁에 수인(囚人)처럼 갇혀있지 않고, "육지(陸地)로부터 수면(水面)까지 나아가는 맛을 아는" 여자이고, 고용한 달밤에 거리낌 없이 방성통곡을 할 수 있는 여자이다.

2. 장례식의 울음

최소월이 「남조선의 신부」를 발표하고 2년이 지난 후, 이광수는 같은 『학지광』에 글을 발표한다. 이광수의 글은 최소월이 새색시의

10) 위의 글, 38쪽.

울음소리에서 느꼈던 바와 호응하지만, 보다 일반적이고 계몽적인 논조를 취하고 있다. 무엇보다도 이광수는 그동안 우리의 사상과 감정이 너무나 속박되어 있었으며 이제 해방되어야 할 때라고 주장한다.

> "희로애락지미발(喜怒哀樂之未發)을 상승(上乘)으로 여기는 교리(敎理)를 우리는 너무 건조하여 준봉(遵奉)할 수 없으니, 슬플 때에 실컷 울고 기쁠 때에 맘껏 웃고 사랑스러울 때에 끌어안고 싶습니다. 우리 정은 오래 속박(束縛)되었으나, 해방할 때가 임(臨)하였습니다.
>
> 그러나 또 우리는 천하 만민을 대수(對手)로 잡아 의견을 진술(陳述)하고 싶습니다. 내 사상과 감정을 있는 대로 발표하고 싶습니다. 제 사상과 감정을 숨겨두기는 미개한 때 일이외다. 현대인은 심중에 있는 사상과 감정을 정직하게 대담하게 발표하고야 말려 합니다. 또 예술, 철학 같은 정신문명은 이 각인의 사상, 감정 발표에서 오는 것이외다. 우리는 고인(古人)의 교의(敎義)에만 침니(沈泥)하여 각인의 개성을 몰각(沒却)하였습니다. 그러나 이제는 가장 정직하게 대담하게 서로 사상 감정을 발표하여야 할 시기가 도달하였습니다. 이리하여 우리 속에서 예술이 나오고 철학이 나오고 대사상이 나와야 할 것이외다."[11]

이광수는 우리가 생각하고 느끼는 것을 억누르는 것은 과거의 미개한 짓이며, 이제 대담하게 표출해야 비로소 현대인이라고 할 수 있다고 주장한다. 구속받지 않고 자신의 감정을 용기 있게 표출하는 것에 대한 이광수의 찬사는 앞서 살펴본 최소월의 시각과 비슷하다. 하지만 이광수에게 새롭게 부각되는 점이 눈길을 끈다. 그것은 이광수가 예술과 철학의 정신문명을 거론하는 것이다. 그는 기쁠 때 맘껏 웃고, 슬플 때 실컷 우는 분위기 속에서 비로소 정신문명이 꽃피는 것이라고 주장한다. 거침없이 터트리는 새색시의 울음소리에서 최소월이 느꼈

---

11) 이광수, 『학지광』 제8호, 1916(대정 5).

던 해방감은 이광수에게 현대인의 조건으로서, 그리고 고귀한 정신문명의 출현 조건으로서 보편화, 추상화되어 높이 평가된다. 이광수에 따르면, 감정 및 생각의 대담한 표출은 텍스트나 이미지로 저장되어야 한다. 그렇지 않으면 정신문명의 고양(高揚)은 이루어지지 않을 것이다. 그리고 감정이 나타난 다음에 사라지게 하면 안 된다. 드러난 감정이 가야 할 방향은 문자로 기록되거나, 예술적 행위로 표현되는 것이다.

이렇듯 이광수는 감정(및 생각)을 드러내 표현하는 것을 매우 중요하게 여긴다. 그러나 상례를 치르면서 터트리는 울음에 대해서 그는 전혀 상반된 태도를 취한다. 그는 울음소리를 "흉음(凶音)"이라고 보고, 더 나아가 "망국애음(亡國哀音)"이라고 비난한다. 여기서 다음의 인용문을 통해 기존의 효(孝) 관념이 바뀌어야 한다고 하는 그의 주장을 살펴보도록 하자. 우선 이광수는 자식을 부모 곁에 붙잡아두려는 생각이 바로 망가(亡家) 망국(亡國)의 흉도(凶道)라고 강조한 다음, 이어서 이렇게 말한다.

> "둘째 거상(居喪)과 제사(祭祀)를 폐할 것이니, 큰 갓에 큰 두루마기를 입고 삼년이나 호내(戶內)에 칩거하여 조석으로 '아이고, 아이고'의 망국애음(亡國哀音)을 발함이 이미 흉조요, 그 때문에 귀중한 세월을 낭비함은 사회의 대손(大損)이며, 또 무용한 금전을 버려 무용한 음식을 넣어두고 뢰산지배(賴散之輩)가 삼, 사일이나 취차포(醉且飽)하여 '아이고, 아이고' '어이, 어이'의 흉음을 발하여 인리(隣里)까지 음울(陰鬱)케 하는 것도 불긴한 일이라. 부모 몰(沒)커시든 될 수 있는 대로 속히 매장하고, 매장이 필(畢)하거든 될 수 있는 대로 속히 재래의 사무를 취할지어다."[12]

---

12) 이광수, 「자녀중심론」, 『청춘』 제15호, 1918. 같은 해에 발표된 「신생활론」에서도 '아이고, 아이고'의 흉음에 관한 구절이 보인다.

전통적으로 장례식에서 남성의 울음이 낮고 짧게 "어이" 혹은 "어이고"의 방식으로 이루어진 반면, 여성의 울음은 높고 길게 "아이고"를 반복하며 이루어진다. 위의 인용문을 보면 이광수는 남성과 여성의 울음 모두를 흉한 소리로 여겼다. 현대인의 감정 표현을 찬양하던 이광수가 어째서 상례에서 행하는 곡(哭) 소리에 대해 이다지 혹독한 평가를 내린 것일까? 그것은 곡소리가 허례허식의 소산에 다름 아니라고 봤기 때문이다. 즉 곡소리는 진정한 감정에 의한 것이 아니라고 본 것이다. 슬프지도 않으면서 형식적으로 소리 내어 우는 시늉만 한다는 것이다. 이런 관점은 이광수뿐만 아니라 당시 많은 사람들이 공유하였다. 특히 일본인들이 조선인의 결점을 지적할 때, 이 점은 흔히 나타나는 항목이기도 했다.

"조선인은 일반적으로 감격성이 부족하다. … 언제 어느 경우든지 또한 누구든지 감격에 충만하여 일하는 자가 없다. 앉고 행하며 진퇴의 예법에 맞추는 것은 우수하지만, 감동은 없다. 장례식에 체읍 소리는 요란하지만 그 눈물과 소리에도 정열이 없다."[13]

"일반적으로 중류 이하 조선민족은 둔감해 보인다. 지독하게 매운 것을 아무렇지 않게 먹고, 어딘가 다치기라도 했을 때 비명은 크게 지르지만, 그다지 아파 보이지 않는다. 또한 친족의 사망이나 어떤 슬픔을 조우했을 경우, 체읍은 무척 굉장하지만, 진짜로 마음에서 우러나와 우는 것 같지 않다. 이렇게 통감이 결여된 것은 생리적인 감각이 예민하지 않은 데서

13) 조선총독부 편저, 김문학 옮김, 『일제가 식민통치를 위해 분석한 조선인의 사상과 성격』, 북타임, 2010, 119쪽. 이 글은 1925년 6월에 익명의 일본인이 쓴 것으로, 조선인의 性情에 대해 여러 사람이 관찰한 글의 일부분이다. 거기에 열거된 조선인의 일반적 성격은 다음과 같다. 표면적인 것, 형식적인 것을 즐기는 것, 부화뇌동, 모방성, 무기력, 비겁, 회색, 보신술, 이기적 판단, 진지함의 결여, 감격성의 부족, 의뢰심, 독립심의 결여 등. 인용문은 이 가운데 열 번째인 조선인의 감격성 부족에 관한 글이다.

비롯되는 것이 아닐까 한다."[14]

이 글을 쓴 일본인들은 장례식에서 조선 사람이 우는 모습을 보고 조선인의 감각이 본래 둔하고, 정열이 결핍되어 있다고 평가한다. 조선인의 울음에서 진정한 슬픔이 느껴지지 않는다는 것이다. 그래서 일본인은 조선의 불량한 습관을 열거하면서 허례라는 제목으로 "사람이 사망했을 때, 또는 장례식 때 거짓으로 운다."[15]라는 점을 지적한다.

장례식에서 들리는 울음이 진정하지 않으며, 거짓이라고 보는 점에서 식민지 시대 조선인 지식인과 일본인은 별반 다르지 않다. 앞서 진정한 슬픔과 울음을 맘껏 표출하는 것이 정신문명의 출현 조건이 된다는 이광수의 주장을 살펴봤는데, 문학에 관한 다음의 인용문도 비슷한 주장을 한다. 여기서 문학을 문학답게 하는 핵심 역할을 하는 것은 영감(靈感)이다.

> "과연 그 흐르는 눈물, 뛰는 근육, 끓는 피야말로 언어로는 형용할 수 없는, 문구로는 묘사할 수 없는 일종 불가사의의 무엇이 고동(鼓動)하는 소이(所以)인가 합니다. 그야말로 영감(靈感)인가 합니다. 그러나 그 눈물, 그 근육, 그 혈적(血滴)이야말로 인위적으로 일부러 흘리고, 일부러 끓이고, 일부러 쳐서 나오고 끓고 뛰는 것은 아니외다. 그는 일부러 하려고 노력하면 도리어 더 굳어지는 것이외다. 그것은 우리가 남의 영연에 가 조문할 때 흔히 경험하는 바외다. 그때에 남의 죽은 사람을 위하야 조상(弔喪)하면서 슬픈 표정을 아니 하여서는 체면상 인사가 틀리겠다는 심리로 한번 슬프게 울고 눈물까지 흘려보려고 하면 도리어 정반대로 눈살이 더 꿋꿋하여지고 곡성까지 속으로 기어 들어가는 수가 있습니다. 그와 같이 눈물은

14) 위의 책, 122쪽. 이 글은 1926년 3월에 익명의 일본인이 쓴 것으로, 열세 번째 진지함의 결여 부분에 실렸다.
15) 위의 책, 402쪽. 불량한 습관에는 그밖에도 위생관념 부재, 공공도덕심 부재, 저축심의 부재 등이 거론되었다.

과연 억지로 짜낼 수 없는 것이오, 피도 억지로 끓게 할 수 없는 것이오, 근육도 억지로 뚝 놀게 하기는 어렵소이다."[16]

곧바로 이어지는 내용에서 상주(喪主)의 곡성(哭聲)은 문학적 영감에 대한 해독 그 자체를 구현하는 것으로 나타난다.

"다시 눈물의 설명으로 경로를 많이 돌았습니다마는 이 눈물이 쏟아지는 또는 피가 끓고, 살이 뛰는 그 찰나, 그 입지의 영감을 가지고 문학에 대하지 아니하면 아니 될까 합니다. 만일 작자가 이 영감을 가지지 아니하고 붓을 든다 하면 그의 작품은 꼭 상가의 소대상(小大祥) 때에 굴건제복(屈巾祭服)만 입고 상장(喪杖)만 집고 공연히 서서 울음소리만 내는 상주님의 곡성이 되고 말 것이외다. … 문학에 대할 때 만일 영감의 세례를 받지 아니하였거든 작가에게는 붓을 들지 말라, 독자에게는 책을 펴지 말라, 비평가에게는 말을 내지 말라고 권고하고 싶습니다. 생명이 없는 사해(死骸)가 앞에 현출(現出)할까, 해독을 끼치는 악마가 탄생할까, 또는 시의(猜疑)만 부르는 알력(軋轢)이 야기될까 두려워함으로!"[17]

이 글을 쓴 이에게 영감(靈感) 없이 문학 텍스트를 만드는 것은 장례식의 울음소리와 같다. 그것은 생명이 없는 죽음의 해골, 해독을 끼치는 악마, 시기와 의심을 야기하는 알력을 나타내는 것에 다름 아니다. 진정성이 없는 감정을 문학적 텍스트로 표현하는 것은 거짓이고, 곧 사회에 대한 해악이다. 이 글에 따르면 거짓으로 울고, 이를 문학 텍스트화 하는 자는 악마라고 말해도 지나친 것이 아니다. 바야흐로 장례식의 울음소리에 악마가 거(居)하게 되었다.

16) 江戶學人, 「文學과 靈感」, 『개벽』 제25호, 1922년 7월 10일, 113쪽. 강호학인은 申湜의 필명이다. 맞춤법은 현대식으로 고쳤다.
17) 위의 글, 115쪽.

3. 1930년대 총독부의 울음 통제와 '명랑(明朗) 정치'

1930년대의 대표적인 종합잡지인 『삼천리』에 상례(喪禮)에 관한 다음과 같은 기사가 실렸다. 이 인용문은 상례의 근본 의의를 말하며, 효자와 불효자가 의식(儀式) 상으로는 구별할 수 없다는 문제점을 지적한다.

"부모가 사망된 뒤에 애곡(哀哭)하며 머리털을 풀어 헤치며 상건(喪巾)과 상복(喪服)을 입는 것은 부모가 돌아가신 것이 지애극통(至哀極通)[18]한 데서 나오는 것이라 할 것이다. 이제 부모가 생존하였을 때에는 온갖 불효와 천대하면서 어서 사망하기를 기다리다시피 하던 자가 남의 이목과 시비를 두려워하여 효자가 우는 울음을 울며, 푸는 머리를 풀며, 쓰고 입는 상건과 상복을 쓰고 입는다면 이것은 한갓 허례(虛禮)의 의식만 숭상한다고만 보아둘 수가 없는 일이고 불효란 놈이라도 의식만은 효자와 같이할 수 있다는 것을 공인하는 것이 될 것이다."[19]

따라서 이 기사의 필자는 상례(喪禮)와 제례(祭禮)를 할 자격을 거론해야 한다고 주장한다. 아무나 상·제례를 할 수 없게 해야 한다는 것이다. 특히 불효자가 상례, 제례를 하게 한다면 의례의 근본과는 상반되는 효과를 내게 될 것이라고 경고한다.

"그럼으로 나는 몽상(蒙喪)하며 치제(致祭)할 자격부터 확정하자고 한다. 무슨 말인가 하면 사람사람이 부모 생전에 효자라는 말은 못 듣지만, 그래도 과(過)히 천대하며 불효의 노릇이나 아니하던 자로서 부모 사후(死

18) 至哀極痛의 誤字.

19) 蒼公, 「蒙喪할 資格」, 『삼천리』 제6권 제8호, 1934년 8월 1일, 129쪽. 현대 맞춤법에 따라 고쳤다.

> 後)에 애통 몽상 치제의 의식을 행한다면 그다지 심책(深責)할 수 없다. 차(此)와 반(反)하야 부모 생전에는 온갖 구박과 천대를 하야, 그 늙은 부모가 거의 기사(饑死)나 동사(凍死)이며, 또는 병들어도 약 한 첩 지여드리지 아니하던 자로서 그 부모 사후에는 남이 행하는 의식을 저도 행할 수 있게 된다면 이것은 한갓 근본을 잊어버린 의식이 될 뿐 아니라, 효행하라는 의식이 도리어 불효를 엄호(掩護)하여 주는 수단이 되고 말 것이다. 그럼으로 부모가 재세(在世) 시 불효가 막심하던 자가 그 사후에 남이 하는 의식을 하지 못하도록 확정하자고 한다."[20]

이 글에 따르면 부모 생전에 불효를 일삼던 자는 부모의 상례 및 제례에 참석할 자격이 없으며, 그 자격을 사회적으로 확인할 필요가 있다. 예컨대 그런 자는 장례식에서 울음을 터트리게 해서는 안 된다. 만일 그런 자격을 부여한다면 그것은 불효를 은폐해 주는 것밖에 안 된다. 울기 위한 자격이 있으며, 그것은 진정하게 애통의 감정을 표현할 수 있는 효자에게만 부여해야 한다는 것이다.

이런 관점은 의례의 내용과 형식을 구분하고, 의례의 핵심은 형식에 들어있지 않다는 생각을 바탕으로 한다. 그래서 진정한 감정이 담기지 않은 의례적 형식은 빈껍데기에 지나지 않는다고 본다. 1934년 11월, 조선총독부가 간행한 『의례준칙』에도 이런 관점이 관통하고 있다. 『의례준칙』의 서문에 해당하는 글에서 당시 총독 우가키 가즈시게(宇垣一成, 재직 1931~1936)는 기존의 혼례, 상례, 제례가 너무 번잡하고 형식의 폐단에 치우쳐서 본래의 정신을 망각하고 있다고 주장하면서 의례의 "개선"이 필요하다고 강조한다. 허례허식의 제거 및 간소화를 내세우는 『의례준칙』의 상례에 관한 내용 가운데 조문객의 통곡(痛哭) 및 대곡(代哭)을 금지하는 부분이 있다. 다음의 인용문은 이에 대한

20) 위의 글, 130쪽.

것이다.

> "조위(弔慰)는 상가(喪家) 적의(適宜)한 위치에서 주객(主客)이 상배(相拜)하고 정(靜)히 조사(弔詞)를 말할 것이다. 이 경우에 도(徒)히 고성(高聲) 통곡(痛哭)하는 것은 도리어 소이(所以)가 아님으로 이것을 폐지(廢止)하기로 하였다."[21]

조문객의 고성통곡을 폐지하는 한편, 망자의 기족과 친족의 통곡에 대해서는 엄격한 태도를 취하지 않는다. 통곡과 더불어 대곡에 대한 거부감은 여전하면서도 망자 가족의 경우, "준칙에는 곡부곡(哭不哭)을 정(定)치 아니 하였다"고 하기 때문이다.

> "가례(家禮)에는 곡(哭)하기를 정(定)하였다. 종(從)하여 상가(喪家)는 방성(放聲) 통곡(痛哭), 마침내 소리(形式)만 나고 참으로 비통(悲痛)한 정(情)은 도리어 보기 어렵다. 그럴 뿐 아니라 "대곡부절성(代哭不絶聲)"을 문자 그대로 실행하는 자도 있다. 시(是)는 아마 고인(古人)의 체면(體面)을 보(保)하기 위한 풍습에 불과하니, 마땅히 차등(此等) 현금(現今) 시세(時勢)에 부적(不適)한 행사는 생략하고 참으로 애정(哀情)의 발로(發露)로 부득이한 경우에만 곡(哭)할 것이다. 그러나 아무쪼록 이것을 억제하는 것은 일층(一層) 더 침통한 태도요, 또 정숙(靜肅) 안신(安神)하는 소이(所以)라 할 것이다. 그러므로 준칙에는 곡부곡(哭不哭)을 정(定)치 아니 하였다. 단 조위에는 특히 곡을 폐하기로 한 것은 전술한 바와 같다. 연이(然而) 곡(哭)을 정치 않은 것은 곡(哭)을 전폐(全廢)한 것이 아니다. 애지즉(哀至則) 곡(哭)하는 것은 각인(各人)의 지정(至情)에 따라 할 것이다. 상에 당하여 활연(恬然)히 비통을 모르고 담소여상(談笑如常) 한 것도 또한 온당(穩當)하다고 할 수 없는 것이다."[22]

---

21) 「19. 조위」, 『儀禮準則(附解說)』, 京城：朝鮮總督府學務局社會科, 昭和 9年(1934), 39쪽.
22) 「21. 其他의 注意」, 위의 책, 47~48쪽.

여기서 강조하고 있는 것은 망자의 가족 및 친족이 슬프지도 않으면서 형식적인 울음소리를 내는 것이 바람직하지 않으며, 그렇다고 아무 일도 안 일어난 것처럼 담소를 나누는 것도 온당치 않다는 것이다. 그럼 언제 울어야 하는가? 정답은 진정으로 슬플 경우이다. 따라서 "준칙에는 곡부곡(哭不哭)을 정(定)치 아니 하였다"는 것은 이 점을 나타내는 것이다. 물론 그것은 상주(喪主) 가족 및 친족에게만 해당되는 것이지, 조문객에게는 해당되지 않는다. 조문객은 어떤 경우에도 곡을 하면 안 된다. "곡(哭)을 전폐(全廢)한 것이 아니다"라는 앞의 인용문 내용은 이처럼 상주 가족과 조문객을 구분하면서 전자에게는 조건부 허용하기 때문에 등장한다. 하지만 『의례준칙』은 상주(喪主) 가족이라 하더라도 곡을 억제하는 것이 바람직한 자세라는 것을 강조한다. 곡을 하는 것보다 정숙(靜肅)하는 것이 더 침통함을 표시하는 태도라는 것이다.

『의례준칙』의 이런 태도가 『주자가례(朱子家禮)』를 지침으로 삼은 조선시대의 상례 규범과 날카롭게 대립하는 것은 분명하다. 예컨대 가슴을 치며 통곡하는 것에 대해서 17세기 초에 간행된 『상례비요(喪禮備要)』는 다음과 같이 서술한다.

> "소렴 시에 주인과 주부가 시신에 기대어[憑尸] 곡을 하며 가슴을 치고, 주인은 서쪽을 향해 서서 시신에 기대어 곡을 하며 가슴을 치고, 주부는 동쪽을 향해 서서 역시 그렇게 한다."[23]

조선 시대의 예서(禮書)에 따르면 근친의 상을 당한 경우에는 망인(亡人)을 부르며 몸부림쳐 가면서 슬프게 울어야(痛哭, 號哭)하며, 대렴(大斂) 전까지는 곡을 그치지 말아야(親堂無時哭) 한다. 그리고 조문객을

23) 『沙溪全書』 제31권.

맞을 때에 상주는 예곡(禮哭)을 해야 하는데, 낮은 소리로 '애고애고(哀告哀告)' 하는 것이 한 예이다. 상주 대신 다른 사람으로 바꾸어 곡소리가 그치지 않게 하는 대곡(代哭)은 대렴 후에 조석곡(朝夕哭)으로 바뀐다.

조선시대 상례에서 필수적이었던 통곡이 1930년대에 허례허식으로 간주되고, 조선총독부가 조문객에게 금지를 명하는 책까지 간행하게 된 것은 어떤 연유인가? 우선 앞에서 거론한 이광수의 예에서 볼 수 있듯이, 허례허식 때문에 조선이라는 나라가 망했다는 "허례허식 망국론"의 영향력을 들 수 있다. 1918년 춘원 이광수가 "조선을 망하게 한 것은 예(禮)"[24]라고 주장하면서 "부모가 죽으면 자식은 1년 반 동안 '아이고 아이고'의 흉음으로 소위 죄인의 징역생활을 하고, 그 후에야 조금 자유를 얻지마는 벌써 인생의 황금시대는 다 가고 만다."[25]라고 주장하며 허례허식 망국론을 펼치는 상황에서 대곡과 예곡(禮哭)은 망국(亡國)의 주요한 상징이 된다. 대곡과 예곡은 진정한 감정의 표현과는 전혀 상관이 없는 거짓 형식이 되었으며, 조선이라는 나라를 멸망으로 이끈 하나의 원인이라고 성토(聲討)되었다. 허례허식에 대한 비난과 망국론의 결합은 "진정한 정신 혹은 감정 대(對) 거짓 형식의 이분법"을 강고하게 정착시키게 되었고, 여기에 진정한 감정 표현이라면 공적 영역에서 억제되어 나타나야 한다는 관점도 가세하였다. 따라서 한편으로 "상제(喪祭)만 당하고 보면 애(哀)와 성(誠)이야 어떻든 간에 … 허(虛) 일배(一拜) … 혹은 가(假) 일곡(一哭)이다. 상제(喪祭)에는 … 성의만 곡진히 할 것이 당연치 아니한가?"[26]라는 관점이 주장되는 동시에, 다른 한편으로는 곡하는 것과 같은 감정 표현이 자기통제의 준거로서 등장하였다.

24) 이광수, 「교육가들에게」(1916), 『이광수전집』 제10권, 우신사, 1979, 50쪽.
25) 이광수, 「신생활론」(1918), 위의 책, 326쪽.
26) 강인택, 「나의 본 조선습속의 二, 三」, 『개벽』 제5호, 1920년 11월, 34쪽.

이런 맥락에서 진정성과 허례허식의 이분법과 함께 진정성 표현의 사사(私事)화가 동시에 작동하게 되었다. 여기에서 보스턴 대학 교수 아담 셀리그만(Adam B. Seligman) 등이 인간의 경험, 행위, 상호작용의 두 가지 이념형으로 제시한 의례-진지성(Ritual-Sincerity)에 대해 살펴볼 필요가 있다.[27] 곧바로 진정성과 허례허식의 이분법이 각각 진지성-의례의 이념형에 대응될 수 있기 때문이다. 아담 셀리그만 등의 주장에 따르면 진지(眞摯)성은 실재에 관한 타협 없는 명증성과 총체성을 요구하는 태도를 이념화한 것이다. 그래서 진지성은 우리가 "실제로" 느끼고 생각하는 바를 그대로 얻고자 하고 또 표상하고자 한다. "있는 그대로(as it really is)"의 세상을 지향하는 것이다. 또한 "내가 선택하지 않는다면 그것은 내게 진정하지 않은 것이고, 진정성이 없는 것은 아무런 가치가 없는 것이다."[28]라고 주장하면서 개인의 선택이 강조되고, '진정성(authenticity)'의 가치가 부각된다. 반면 의례에 대해서는 과거의 상투화된 관행을 추종하는 것에 불과하며, 개인의 책임의식이 결여되어 있다고 보고, "위선"과 "상투"라는 수사법으로 비난한다. 이념형으로서의 의례는 어떠한가? 의례는 "마치 …인 듯한(as if)" 가정법의 세상을 만들어 저마다 차이를 지닌 우리가 서로 공유할 수 있는 곳을 창출한다. 사회관계 안에 내재하고 있는 모호성을 수용하고, 잠시의 "상상적 영역(imaginary)"을 창출하여 그 경계선을 매개하는 것이다. 여기에서는 수행된 행위의 과정 및 결과가 중요하며, 의도 및 의미를 중시하는 진지성과는 전혀 다른 모습이 나타난다.[29] 셀리그만의 관점에서 본다면 이광수의 「신생활론」(1918)은 진지성(眞摯性)이

---

27) Adam B. Seligman, Robert P. Weller, Michael J, Puett and Bennett Simon, *Ritual and Its Consequences : An Essay on the Limits of Sincerity*, Oxford University Press, 2008.

28) *Ibid*. pp.8~9.

29) *Ibid*. pp.7~8.

의례성을 압도해 나가기 시작한 상황을 잘 나타내는 사례이다.

한편 진정한 감정의 경우에 사적인 영역에서 나타나도록 제한되는 경향은 이후 점점 더 강력해져서 인종, 계급, 젠더 등의 차원으로 확산되었다. 특히 눈물과 같은 신체의 분비물이 지닌 성질이 기존의 경계를 무너뜨리고 다른 경계로 침투하는 성질을 지닌다는 점에서 위험성을 내포하고 있으므로[30] 울음과 같은 감정 표현에 대한 통제는 권력이 내면화되는 주요 지표로서 작용하였다. 남성과 여성, 지배계급과 피지배계급, 식민자와 피식민자, 문명인과 야만인, 백인과 유색인의 구분이 통곡이나 눈물 흘리기와 같은 감정 노출을 얼마나 잘 통제하느냐에 의해 이루어졌다. "문명국"의 백인 엘리트 남성이 공적 영역에서 통곡을 하고 눈물을 흘리는 것은 있을 수 없는 반면, "야만국"의 유색인 하층 여성이 그런 감정 노출을 거리낌 없이 하는 것은 예상할 수 있었던 것이다.

1910~1920년대의 '허례허식 망국론'과 함께 주목할 필요가 있는 것은 1930년대 후반 총독부의 명랑(明朗) 정치이다. 1936년 8월에 제6대 조선 총독 우가키 가즈시게를 이어서 미나미 지로(南次郎, 1874~1955, 조선총독 재임은 1936~1942)가 제7대 총독으로 취임하였는데, 그가 강조한 것은 '내선일체(內鮮一體)' 및 '황국신민화'였다. '명랑 정치'라는 말은 1938년 9월에 미나미 총독이 윤치호(尹致昊, 1865~1945)와 회견하고 보내주었다는 '시국삼개조(時局三個條)'에 나와 많이 거론되지만, 사실 그 전부터 등장한 것이다.[31] 다음의 인용문은 미나미 총독에게

30) 안 뱅상 뷔포(Anne Vincent-Buffault, 2000), 33쪽.

31) 尹致昊는 1939년 시국강연을 하고 "시국삼개조" 500매를 청중에게 나눠 주었다. "일전 府民舘에서 尹致昊 翁이 시국연설을 하였는데 그 석상에서 작년 9월에 南總督과 회견하였을 際에 總督이 翁에게 필서하여 보낸 「時局三個條」의 書를 石版 인쇄하야 當夜 500枚를 청중에게 나눠주다." 「機密室, 우리 社會의 諸內幕」, 『삼천리』 제11권 제4호, 1939년 4월 1일, 16쪽.

요청하는 3개 조항 가운데 하나로서, 행정재판제도의 실시를 요청하는 내용이다.

> "여기에 대하야 조선에 있어서는 아직까지도 하등의 법적 제도가 설정되어 있지 않다. 반도 통치에 있어서 명랑(明朗)정치를 표방하는 금일에 제(際)하야 일본 내지에 있어서 반세기 전 실시를 보게 된 데 비해서는 너무나 만시지감(晩時之感)이 불무(不無)하다. 일일이라도 신속히 '행정재판제도' 실시의 필요를 절감하는 소이이다."[32]

'명랑 정치'가 구체적으로 무엇을 나타내는가는 다음에서 살펴볼 수 있다.

> "… 남각하(南閣下)가 취임하신 이후, 동양 대세에 공전의 대변동이 야기되어 대일본제국의 대륙진전에 있어서 조선이 … 경일층(更一層)의 중요성을 나타내어, 종래와 같이 조선반도를 일개의 식민지로밖에 취급하지 아니하던 그 사상, 그 정책을 단연 양기(揚棄)하고 국가백년대계를 위하야 조선도 내지와 꼭 같다는 내선일체(內鮮一體)로써 조선통치의 근본방침을 삼으신 것은 총독정치 이래 미증유의 일대영단이라 생각합니다. 더구나 내선일체의 단적 구현화로 학제개혁을 단행하며 지원병제도를 신설하는 등 요컨대 조선통치에 명랑성을 던져 주셨다는 것은 참으로 흔쾌히 여기는 바이올시다."[33]

원래 명랑이라는 말은 날씨 및 달빛이 밝고 맑다든가, 물이나 소리가 맑은 것을 지칭할 때 사용되던 말이었다.[34] 1920년대에도 명랑의 이런

---

32) 「總督會見記」, 『삼천리』 제10권 제5호, 1938년 5월 1일, 34쪽.

33) 위의 글, 31쪽.

34) "달도 밝고 明朗한데 님의 생각 절로난다. … 그저께는 비오고 어저께는 흐리던 날이 오늘에야 겨우 明朗해졌나이라." 「文林 甲乙丙丁」, 『개벽』 제5호, 1920년

용법은 쉽게 찾아볼 수 있었다. 하지만 1930년대에 접어들면서 점차 개인의 성격이나 사회의 분위기를 지칭하는 말로 사용되는 경향이 강해졌다. 예컨대 "명랑히 웃는 신부"[35]나 "너무 가난한 집안에서 자라난 여성은 그 심성에 음영(陰影)이 잇서 명랑미(明朗味)를 결(缺)한다."[36]라는 예가 이런 변화를 잘 보여준다. 이제 '사회의 명랑화', '생활의 명랑화'[37]의 구호를 통해 사회 구석구석까지 미세권력의 침투가 보다 용이하게 이루어지게 되었다. 신문의 지면에도 "명랑"한 내용이 지배하게 되었다. 다음의 내용은 "조선사회(朝鮮社會)의 광명면(光明面)을 확대보도하고 암흑면(暗黑面)을 될수록 덮어버리려는 노력이 각지(各紙)에 보이는데 이것은 어떤 뜻에서 나왔습니까?"[38]라는 질문에 신문 편집 담당자 두 명(金炯元, 薛義植)이 각각 대답한 것이다.

> "광명을 즐기고 암흑을 좋아함은 인지상정(人之常情)입니다. 더욱이 신문이 문화인의 생활필수품으로 가가안두(家家案頭)에 조석으로 놓이게 된 오늘날에 있어서 암흑면만 가득 실은 지면을 독자에게 드리는 것은 미안한 일이오. 유해한 일인 줄로 생각합니다. 더욱이 모든 점으로 보아 무기력하고 명랑성이 적은 우리사회에 활기를 띠우게 하고 광명을 불러오려하면 억지로라도 광명면을 찾지 않고는 안 될 줄로 생각합니다."

11월 1일. 현대 표기법에 맞게 고쳤다. "외국시가에서 봄이 오나 가을이 오나 마음속에 그윽이 그리워지는 것은 조선의 기후-언제보아도 명랑한 기분이 휘도는 조선의 기후뿐이었습니다." 崔斗善, 「外國에 가서 생각나든 朝鮮 것-오직 明朗한 氣候」, 『별건곤』 제12 · 13호, 1928년 5월 1일, 143쪽.

35) 李敬媛, 「가을의 感情, 新婦의 明朗性」, 『삼천리』 제3권 제11호, 1931년 11월 1일, 116쪽.

36) 「理想的 妻의 分折表」, 『삼천리』 제6권 제5호, 1934년 5월 1일, 64쪽.

37) 靈光 鄭東允, 「우리의 生活을 明朗化하자」, 『호남평론』 제2권 제8호, 1936년 8월 15일.

38) 「朝鮮文化와 民衆과 新聞, 三大新聞編輯方針論」, 『삼천리』 제7권 제6호, 1935년 7월 1일, 47쪽.

"첫째로 광명이 그리운 사회니까 가급적 이 방면에 유의하게 되는 것입니다. 광명재료(光明材料)가 흔치 않은 사회니까, 귀중품으로 알뜰히 소개하자는 것입니다. 광명 광명해도 암흑에서 헤매게 되기 쉬운 우리 현실이니까 일부러라도 광명 광명하고 광명면을 들추고 캐고 펴치고 하는 것입니다. 이것은 신문지면을 청신(淸新)하게, 우아하게 명랑하게 만들려는 기술적 용의도 있는 것입니다마는 조선의 현실이 이것을 요구하는 것으로 봅니다. 사막에서 물을 찾듯이."[39]

「서울에 딴스홀을 許하라」라는 유명한 청원서가 제시한 명분도 사회의 명랑화였다. 다음은 당시 미츠하시 경무국장에게 공개적으로 보낸 청원서의 내용이다.

"삼교(三橋) 경무국장(警務局長) 각하여. 우리들은 이제 서울에 딴스홀을 허하여 줍시사고 연명으로 각하에게 청하옵나이다. … 명랑(明朗)하고 점잔은 사교딴스홀이면 부부동반(夫婦同伴)하야 하로 저녁 유쾌(愉快)하게 놀고 올 것이 아닙니까? 이리되면 가정부인에겐들 얼마나 칭송을 받으리까! 더구나 4년 후에는 국제올림픽 대회가 동경에 열려 구아련락(歐亞聯絡)의 요지에 있는 조선 서울에도 구미인사(歐米人士)가 많이 올 것이외다. 그네들을 위하여선들, 지금쯤부터 딴스홀을 허함이 옳지 않으리까? 어쨌든 하루 급히 서울에 딴스홀을 허락하시어, 우리가 동경(東京)갔다가 '후로리다 홀'이나 '제도(帝都)' '일미(日米)'홀 등에 가서 놀고 오는 것 같은 유쾌한 기분을, 60만 서울 시민들로 하여 맛보게 하여주소서."[40]

이런 내용을 통해 1937년 7월의 중일전쟁 발발을 전후하여, 개인적, 집단적 몸의 구석까지 명랑화의 권력이 스며들고 있음을 살펴볼 수

---

39) 위의 글.

40) 「서울에 딴스홀을 許하라 : 警務局長게 보내는 我等의 書」, 『삼천리』 제9권 제1호, 1937년 1월 1일, 165~166쪽.

있다. 이런 상황에서 울음에 대해 취한 태도가 어떠했을 것이라는 점에 대해 어렵지 않게 짐작할 수 있다. 이런 사회적 분위기 속에서 조문객과 상주(喪主) 가족의 울음을 통제한 『의례준칙』이 등장한 것이다. 내선일체 및 황국신민화 작업이 더욱 강화되고, 전시총동원체제가 가동되면서 명랑화의 강도(强度)와 침투력은 고조되었다. 그에 따라 울음에 대한 제약도 강화되었으며, 특히 여성의 울음은 주요 통제 대상이었다.

4. 울지 않는 아내의 "의연함"을 칭송하라

중대한 사명을 짊어진 남편이 있다. 그는 나이 어린 아내를 떼어두고 머나 먼 길을 떠나야 한다. 이때, 이런 태도를 보이는 여자가 있다.

> "남편보다도 더욱 설어서 울며불며, '여보, 그게 무슨 말이요? 아무리 큰 일이라기로 그게 될 번이나 한 말이요? 만일 당신이 그런 먼 길을 떠나가신다고 할 것 같으면 집안일은 누가 보란 말이요. 사람의 일은 몰라 행여 어린 것들이 병이라도 들면 그 노릇은 어떻게 하며 나는 누구를 의지하고 지내란 말이요? 아쉬울 때마다 돌봐줄 사람도 없고, 어떻게 살란 말이요? 아이고 아이고. 집을 버리고 처자를 버리고 가는 말이 왠 말이요? 아이고 아이고." (그 여자는) 생죽음을 내려고 하면서 청승을 떨면서 방성통곡(放聲痛哭)을 하고 몸부림을 쳐서 모처럼 떠나 갈 남편의 의기(意氣)를 조상(阻傷)시켜서 마침내 그 남편으로 하여금 큰일을 저질러 놓도록 만드는 딱한 일이 생기"[41]게 한다.

반면 다음과 같이 전혀 다른 태도를 보이는 아내가 있다.

---

41) 申不出, 「女人 九十九態」, 『삼천리』 제8권 제6호, 1936년 6월 1일, 143쪽.

> 속으로야 피눈물이 쏟아지는 슬프고 답답한 사정일지라도 뜨거운 침을 삼켜, 남편 보는데 눈물을 감추고, 오히려 태연자약(泰然自若)하여 언연(嫣然)히 웃으면서, "가실 길이라면 가서야지요. 더구나 사회를 위하야 하는 중대한 일이라면이야 어찌 녹녹히 한 가정만 생각할 수가 있겠습니까? 늘 보살피는 살림살이인 것을 안 계신다고 안 되오리까? 어린 것들을 당신 안 계실 동안에라도 떳떳한 인물을 만들도록 가르쳐 돌아오시는 당신에게 보여 드리고자하매 스스로 무거워지는 책임을 생각하니 오히려 새로운 결심이 생기는 듯 합니다. 아무쪼록 집안일은 조금도 걱정 마시고 험하고 먼먼 길에 몸조심 하시어서 부디 성공하고 돌아와 주세요."[42]하고 말한다.

이 글에 따르면 몸부림을 치며 "아이고 아이고" 하면서 방성통곡을 하는 아내는 남편을 망치고 있는 반면에, 태연자약한 태도로 울음을 감추며 남편을 떠나보내는 아내는 칭송받아 마땅하다. 이런 태도는 곧바로 『의례준칙』의 관점과 연결된다. 앞에서 살펴본 대로 『의례준칙』에서는 슬픔을 참는 것이 보다 더 훌륭한 태도라고 말하며 감정의 억제를 주장하였다.

이런 점은 조선인 지원병 가운데 최초의 전사자인 이인석(李仁錫) 일등병의 아내의 경우에 다시 확인된다. 이인석은 조선인도 제국 군인이 될 수 있게 만든 육군지원병 제도가 1938년 2월에 시작된 이래 생긴 첫 번째 전사자였다. 당시 총독부는 여러 측면으로 이인석을 영웅으로 만드는 작업을 하였는데, 그의 가족에 대한 이상(理想)화도 포함되었다. 당시 조선총독부 학무국장인 시오하라 도키사부로(塩原時三郎)는 육군특별지원병 제도의 "획기적" 의미를 다음과 같이 강조한 후에 이인석 부모의 의연한 태도를 칭송한다.

---

42) 위의 글, 143~144쪽.

> "조선통치상 획기적이라고 할 육군특별지원병 제도는 중일전쟁을 계기로 탄생한 것이지만 그것은 시정 30년의 치적과 이에 감응한 조선인의 애국심, 국가의식의 자각이 가져온 제도라 할 것이다. … 조선에서는 사람이 죽었을 경우에 오늘날에도 '아이고, 아이고' 하면서 크게 슬피 우는데 그가 전사했다는 통지가 와서 군수와 경찰서장이 유족을 위로하러 갔을 때, 그의 양친의 태도 또한 의연했다고 한다."[43]

이인석 일등병이 전사하고 두 달이 지난 1939년 7월에 『동아일보』의 대전 지국은 이인석의 가족을 위로하기 위해 충청도 옥천군에 있는 고향집을 방문한다. 그리고 곧 그에 관한 기사가 신문에 실렸다. 거기에 따르면 이인석은 생활이 곤란함에도 불구하고 지원병으로 자원하였으며, 훈련소에서도 우등생이었고, 또한 양친이 구존(俱存)하고, 남녀 동생이 있으며, 부인과 3살 된 딸을 남겼다. 하지만 그 기사가 전달하려는 핵심은 바로 부인이 했다는 다음의 말이었다.

> "이군의 부인은 '전선에서 돌아가셨다는 소식을 들었습니다마는 남자의 당연한 일이오니 슬픈 것은 조금도 없습니다.'하고 부군 못지않은 굳은 뜻을 보이었다."[44]

최초의 "명예로운" 전사를 함으로써, "피로써 내선일체를 실천"한 이인석 일등병은 1939년 7월 13일 상등병으로 승진하였고, 1940년 7월 26일에는 그를 기리는 훈장수여식이 열렸다. 하지만 이런 "영광"과 함께 빛나는 것은 이인석 "미망인"의 의연한 태도, 바로 울음을 참는 자기 통제력이었다.

---

43) 시오하라 도키사부로(塩原時三郎), 「지원병이 본 조선인」, 일본잡지 『모던일본과 조선(1939)』, 도서출판 어문학사, 2007, 123쪽.

44) 「榮譽의 戰死한 李仁錫 家庭訪問記 '戰死는 男子의 當然事' 夫君에 못지 안흔 夫人의 決意 勇戰奮鬪에 各界에서 讚辭」, 『동아일보』 1939년 7월 9일.

5. 마무리

이 논문은 남들의 이목이 집중되는 공공장소에서 거리낌 없이 방성통곡을 하는 새색시에 관한 이야기와 그것을 글로 쓴 최소월에 흥미를 보이면서 시작하였다. 최소월은 몸부림치며 큰 소리로 우는 새색시에게 강력한 힘과 통쾌함을 느끼며, 존경의 마음까지 품는다. 그녀의 울음에서 최소월은 가부장제의 질곡을 벗어던질 수 있는 "뭔가"를 발견했기 때문이다. 그것은 바로 자기감정에 충실하고 그것을 솔직하게 표출하는 진정성의 힘이다. 그 강력한 힘에 감화된 최소월은 이틀 후에 글을 써서 텍스트화 한다. 이광수가 전통 장례식의 울음에 혐오감을 느끼는 이유는 그것이 거짓 감정에서 나왔다고 보기 때문이다. 그리고 그 거짓 감정이 개인의 차원에서 머무는 것이 아니라 바로 조선이라는 나라를 망하게 한 허례허식이라고 보았기 때문에 그는 도저히 용납할 수 없다. 이광수에 따르면 진정한 감정의 표출이 이루어지지 않으면 정신문명이 고양될 수 없다. 감정의 진정성은 텍스트 혹은 이미지로 바뀌어져 나타나야 한다. 만일 그런 과정에 장애물이 나타난다면, 그건 악마와도 같은 것이다. 그것은 우리의 생존을 위협하는 것이기에 철저하게 제거되어야 한다는 것이 춘원 이광수의 일관된 입장이었다. 장례식의 거짓 곡성(哭聲)은 그런 악마의 상징에 해당된다.

감정의 진정성과 의례의 거짓을 대립항으로 놓는 구도는 명랑(明朗)정치라는 총독부의 미세권력 장치와 만나 굴절이 이루어진다. 의례준칙의 간행은 그 점을 잘 보여준다. 여기서 진정한 슬픔이라면 통제되어야 한다. 절제되지 않은 감정은 진정하지 않다는 것이 당연하게 여겨진다. 왜 통제되어야 그 감정이 지극한 것이 되는가? 왜 그것이 진정한 것이 되는가? 이유는 없다. 단지 당연한 것으로 전제될 뿐이다. 여기서 여자의 울음은 리트머스 시험지와 같은 자리에 있다. 여자가 울지 않는다면 그것은 진정한 것이다. 왜냐하면 여자의 울음은 대부분 거짓된 것이기 때문이다. 먼 길 떠나는 남편을 울고불고 하며 발목잡지 않는 피군(皮君)의 아내 및 이인석 일등병의 아내는 진정한 슬픔을 보여준다고 간주된다. 왜냐? 그들은 울지 않기 때문이다.

도대체 왜 이렇게 보는 것일까? 왜 슬픈 것을 억제하는 것이 훨씬 더 침통한 태도이고, 또 남편의 죽음에 의연한 것이 어째서 죽은 이를 더욱 그리고 진정으로 추모하는 일이라고 보는 것일까? 도대체 새색시의 방성통곡에서 존경심을 품었던 최소월은 어디로 간 것일까?

여기서 한 가지 생각할 수 있는 점은 지배자에게는 감정의 해방이 항상 제어할 수 없는 위험성으로 여겨진다는 것이다. 위험하다! 절제되지 않은 감정의 표출, 그것은 화산과도 같으므로 ….

참고문헌

| 자료 |

『사계전서(沙溪全書)』 제31권

『儀禮準則(附解說)』, 京城 : 朝鮮總督府學務局社會科, 1934.

강인택, 「나의 본 조선습속의 二, 三」, 『개벽』 제5호, 1920.

강호학인(江戶學人), 「文學과 靈感」, 『개벽』 제25호, 1922.

시오하라 도키사부로(塩原時三郎), 「지원병이 본 조선인」, 1939 ; 『일본잡지 모던일본과 조선』, 도서출판 어문학사, 2007.

申不出, 「女人 九十九態」, 『삼천리』 제8권 제6호, 1936.

靈光 鄭東允, 「우리의 生活을 明朗化하자」, 『호남평론』 제2권 제8호, 1936.

李光洙, 『學之光』 제8호, 1916 ; 『學之光』(전2책) 제1권, 도서출판 역락, 2009.

李光洙, 「교육가들에게」, 1916b ; 『이광수전집』 제10권, 우신사, 1979.

李光洙, 「자녀중심론」, 『청춘』 제15호, 1918 ; 『이광수전집』 제10권, 우신사, 1979.

李光洙, 「신생활론」, 1918b ; 『이광수전집』 제10권, 우신사, 1979.

李敬媛, 「가을의 感情, 新婦의 明朗性」, 『삼천리』 제3권 제11호, 1931.

조선총독부 편저, 『일제가 식민통치를 위해 분석한 조선인의 사상과 성격』, 김문학 옮김, 북타임, 2010.

蒼公, 「蒙喪할 資格」, 『삼천리』 제6권 제8호, 1934.

崔斗善, 「外國에 가서 생각나든 朝鮮 것－오직 明朗한 氣候」, 『별건곤』 제12·13호, 1928.

최소월, 「南朝鮮의 新婦」, 『學之光』 제3호, 1914년 12월 3일 ; 『學之光』(전2책) 제1권, 도서출판 역락, 2009.

「機密室, 우리 社會의 諸內幕」, 『삼천리』 제11권 제4호, 1939.

「理想的 妻의 分析表」, 『삼천리』 제6권 제5호, 1934.

「文林 甲乙丙丁」, 『개벽』 제5호, 1920.

「서울에 딴스홀을 許하라 : 警務局長게 보내는 我等의 書」, 『삼천리』 제9권 제1호, 1937.

「榮譽의 戰死한 李仁錫 家庭訪問記 '戰死는 男子의 當然事' 夫君에 못지 안흔 夫人의 決意 勇戰奮鬪에 各界에서 讚辭」, 『동아일보』, 1939년 7월 9일.

「朝鮮文化와 民衆과 新聞, 三大新聞編輯方針論」, 『삼천리』 제7권 제6호, 1935.

「總督會見記」, 『삼천리』 제10권 제5호, 1938.

| 연구논저 |

Seligman, Adam B., Robert P. Weller, Michael J, Puett and Bennett Simon, *Ritual and Its Consequences : An Essay on the Limits of Sincerity*, Oxford University Press, 2008.

Vincent-Buffault, Anne, *Histoire des larmes*, 1986 ; 안 뱅상 뷔포, 이자경 옮김, 『눈물의 역사』, 동문선, 2000.

깨진 사랑의 정치학
: 1930년대 후반의 혁명, 사랑, 이별

김 예 림

1. 사랑의 의미 구성 : 번역으로서의 사랑

사랑의 정치적 의미는 크게 두 방향을 고려하며 탐색할 수 있다. 먼저, 사랑이라는 것이 대항 정치적 역능과 가치 자체를 지시하고 의미할 때이다. 이 경우 사랑은 국가, 자본, (피)통치 등 중요한 정치철학적 문제와 관련하여 억압성에 반하여 추구되고 구축되어야 하는 어떤 것이다. 오늘날 비판이론이 사랑을 왜-어떻게 재호출하고 있는지를 고찰한 논의를 통해서도 알 수 있듯이,[1] 이때 사랑은 곧 윤리다. 이런 맥락에서 진행된 사랑에의 추구는 한국의 인식론적 장에서도 나름의 방식으로 구현되었다. 우리는 몇몇의 인상적인 장면을 떠올릴 수 있다. 최인훈이 『광장』을 통해 국가 거부의 의지를 드러내면서 폭력에 대응하는 삶의 원리로 제시한 사랑, 1960~1970년대에 제출된 백낙청의 시민문학론의 사랑 그리고 빈민을 둘러싸고 상상된 사랑[2]이

1) Robyn Marasco, "'I would rather wait for you than believe that you are not coming at all' : Revolutionary love in a post-revolutionary time," *Philosophy & Social Criticism* 36, 2010.

그것이다. 이 계보는 사랑의 의미를 적극적으로 구성한 '강한' 시도라 할 수 있다. 사랑이라는 장소로, 상상 가능한 최고치의 진과 선이 꽉 들어찬다.

그러나 사랑의 정치적 의미를 이렇게만 찾을 수 있는 것은 아니다. 여기에서 또 하나의 방향에 대해 생각하게 된다. 사랑은 정치적인 정황, 사안, 관계가 반영되거나 표현되는 장이기도 하다. 넘어서거나 내파한다기보다는 대응되거나 연동하는 형국에 가깝다. 따라서 둘은 호환의 관련을 맺는다. 이를 '번역'으로서의 사랑이라고 압축해보자. 번역으로서의 사랑은 앞서 말한 '(대항)가치'로서의 사랑보다 소극적이거나 부차적인 것으로 인식될 수도 있겠지만, 이런 식으로 층차화하는 것은 그리 긴요하거나 적절한 일이 아닐 듯하다. 사랑의 의미를 탐색하기 위해 불러모을 수 있는 다양한 담론의 실제가 말해주듯이, 사랑은 정치적인 가치이거나 정치적인 것의 번역이기 때문에 윤리학의 경로로도 문화학의 경로로도 해석될 수 있다. 그리고 두 방향은 종종 만나고 중첩되기도 할 것이다. 사랑론의 편제를 위해서 우선은 의미론의 전체 지형을 염두에 둘 필요가 있겠다.

나는 번역으로서의 사랑이라는 지평에서, 사랑과 혁명이 맺었던 연관을 고찰하고자 한다. 언급했듯이 이것은 사랑이 어떤 점에서 혁명적일 수 있는가 혹은 어떤 사랑이 혁명적인 것인가를 묻는 작업은 아니다. 그렇다기보다는 사랑과 혁명 사이에 형성된 상관성을 살펴보는 것에 가깝다. 사랑은 혁명을, 혁명은 사랑을 경유하여 표현되곤 했다. 이 과정에서 생성된 교류와 동반의 문법을 찾아보기 위해 주목하려는 지점은 남녀 사이의 사랑이다. 사랑은 폭 혹은 층을 갖는다. 그래서 어떤 임계에 이르면 사랑은 섹슈얼리티나 젠더의 틀을 훌쩍

2) 빈민의 사랑에 대해서는 김예림(2015), 참고.

넘어선다. 아우구스티누스의 사랑 개념을 해석하면서 한나 아렌트는 "사랑의 질서 척도"에 관해 설명했다. 욕구와 갈망으로서의 사랑인 아모르(amor=eros), 자기 및 이웃에 대한 사랑인 스토르게(dilectio=storge), 신과 최고선을 향한 사랑인 카리타스(caritas)처럼 사랑은 하나가 아니며, 균질적이지 않다.[3)]

최근 적극적으로 사랑의 이론을 역설하고 있는 안토니오 네그리를 통해서도, 서구 사유의 전통에 기반을 둔 가장 '높은' 사랑의 담론이 다시 전개되고 있음을 확인하게 된다. 그는 스피노자를 따라 사랑을 공통적인 것의 생산과 특이성들의 마주침으로 의미화하면서 궁극적으로 "존재를 생산하는 것"으로 인식한다.[4)] 그에게 사랑은 동일하거나 유사한 것이 아니라 먼 것, 다른 것, 이타(異他)적인 것을 향한 움직임이다. 이러한 사랑론을 바탕으로 그는 사랑과 빈자의 결합을 시도한다. 그에 의하면 "사랑을 철학적, 정치적 개념으로 이해하기 위해서는 빈자의 관점에서" 즉 그들의 결핍으로부터 생겨나는 생성의 힘에 주목해야 한다.[5)]

물론 이러한 넓은 사랑 혹은 정치적 윤리로서의 사랑은 에로틱한 사랑에서도, 에로틱한 사랑으로도 구현될 수 있을 것이다. 이를 획득하고 실천할 가능성이 어떤 경우(혹은 어떤 누구)에 절대적으로 닫혀 있다고 상상할 이유는 없다. 애인들의 경우도 그러하다. 단 결정적인 사안은 이 사랑이 어떻게 사적인 연모의 정념을 넘어 질적 전환을 이루면서 연장, 확장되어 가는가가 될 것이다. 연장과 확장의 계기가

---

3) 한나 아렌트(2013). 한나 아렌트의 사랑론에 대해서는, James Martel, "Amo : Volo ut sis : Love, willing and Arendt's reluctant embrace of sovereignty," *Philosophy & Social Criticism* 34(3) 참고.

4) 이에 대해서는 안토니오 네그리(2004) ; 안토니오 네그리·마이클 하트(2014), 참고.

5) 안토니오 네그리 · 마이클 하트(2014), 261쪽.

온전히 작동한다면 남녀의 사랑은 에로스적 기원을 갖는다 해도 상당히 다른 지점에서 '큰' 완성을 맞을 것이다. 이 같은 연인의 사랑이 혁명의 시대에 유효했음을 우리는 어렵지 않게 떠올릴 수 있다. 연모하는 두 사람은 사랑과 혁명의 궤도를 순행하면서 양편의 에너지를 모두 증폭시킨다. 달리 말하면, 사랑과 혁명은 이들을 스위치로 삼아 접속하고 교류한다. 언제나 그런 것은 아니라 해도 혁명의 서사가 곧잘 친밀한 정인(情人)이라는 존재에 의지하거나 이런 관계성을 부조(浮彫)해온 경향은 두 축이 순환가능하다는 것을 말해주고 있다. 혁명의 시대에 이같은 사랑-혁명 모델이 부상한 것은 그 시대의 인식론에 닿아 있는 역사적인 현상일 것이다.

그러나, 순항하는 사랑의 상상 옆으로 하나의 질문이 생겨난다. 사랑은 그렇게 순항하기만 하는 것일까. 당연히 그렇지 않으므로, 우리는 깨진 사랑이라는 것에 대해서도 생각하지 않을 수 없다. 1930년대 중반 이후 혁명의 시간이 저물고, 마치 시대적 상흔의 기록인 양 인상적인 깨진 사랑의 서사가 등장한다. 중도에 끝난 사랑은 혁명과의 연관 속에서 볼 때 징후적이다. 이 글은 좌절된 혁명의 시대에 나온, 부서진 사랑의 의미를 탐색하는 데 목적을 두고 있다. 끝나버린 사랑은 혁명 또는 혁명의 뒤안길을 둘러싸고 무슨 이야기를 하고 있던 것일까. 이러한 문제의식을 안고 나는 몇 명의 커플들에게 주의를 기울일 것이다. 남녀간의 사랑은 셀 수 없이 생겨나고 또 생겨난 만큼 사라진다. 그토록 '숱하게' 벌어짐에도 불구하고 연루된 모든 이들에게는 극히 개별적인 사건이라는 점에서, 사랑은 그것의 시작이든 끝이든 일반화와 특수화 사이에서 위치잡기가 쉽지 않다. 이러한 곤란은 해석의 장에서도 고스란히 재연된다. 사랑의 문화, 사랑의 재현, 사랑의 담론은 오랫동안 두텁게 퇴적되어 왔기 때문에 여기에 어떻게 접근하여 퇴적층의 단면을 볼 것인가가 중요해진다.

방향잡기라는 면에서 사랑에 관한 기왕의 연구는 시사해주는 바가 많다. 근대 사랑의 이념 혹은 문화를 본격적으로 탐구한 대표적인 성과로 『연애의 시대』(2003)[6]와 『사랑의 문법』(2004)[7]을 들 수 있다. 『연애의 시대』는 1920년대의 연애와 '연애열'을 중심으로 사랑의 풍속과 수행의 문화적 의미를 규명한다. 이로써 계몽의 장인 동시에 감정, 욕동, 풍속, 유행 같은 미시적이고 유동적이며 가변적인 자원들이 몰려들어 작용하는 생생한 삶의 장이었던 연애의 문화사적 전개가 드러날 수 있었다. 『사랑의 문법』은 한국문학사에서 중요한 위치를 점하고 있는 작가들의 사랑의 서사를 분석하면서 이를 글쓰기 주체와 결합시켜 분석한다. 근대문학 주체를 지사적 주체, 장인적 주체, 미적 주체라는 세 유형으로 범주화하는 것이 이 사랑의 문학사가 궁극적으로 시도한 바다. 이러한 논의들은 사랑이라는 크고 넓은 장소에 접근 가능케 하는 논제와 방법론을 제시해주었다는 점에서 근저의 참조 대상이 될 것이다. 더불어, 이 글의 문제의식에 좀더 가까이 있는 기존의 성과로는 젠더관계의 측면에서 프롤레타리아 문학 내지는 사회주의를 규명하는 일련의 논의를 들 수 있다. 프로문학은 1980년대~1990년대 초중반까지 한국문학 연구의 '절대적'인 대상이었다. 하지만 담론지형의 변화와 함께 각도를 달리한 근대성 규명이 주요 관심사가 되면서 그간의 중심의 자리에서 다소 벗어나 있었다. 소강상태를 거친 후 나온 근래의 논고들은 프로문학이 갱신된 방식으로 재접근되어야 할 영역임을 증명하고 있다. 이념보다는 정동, 감성, 감각의 차원에서 사회주의(자)와 운동의 내면을 보고자 한 논의가 대표적인데, 이 가운데 특히 혁명과 연애에 초점을 맞춘 분석들이 흥미롭다.[8]

---

6) 권보드래(2003), 참고.

7) 손유경(2012), 참고.

사랑과 혁명을 조응시켜 분석하려는 이 글은 지금까지의 논의에서는 충분히 주목받지 않은 부분을 조망할 것이다. 위에서 검토한 주요 성과가 보여주듯이 사랑이나 연애의 문화사(혹은 사회사)는 시기적으로 주로 1920년대~1930년대 전반을 대상으로 작성되었다. 특히 연애의 정치적 의미를 찾으려는 시도는 프로문학의 융성기에 시선을 돌리고 있다. 이러한 문제설정에서는 혁명 이후의 사랑이나 연애는 별다른 의미생산의 지점이 되지 못한다. 사랑이나 연애의 역사와 역학을 좀더 입체적으로 구성하기 위해서는 국면을 좀더 넓혀 볼 필요가 있다. 따라서 나의 논의는 1930년대 중후반에 묘사된 끝난 사랑 곧 연인 사이의 이별을 주된 논제로 삼는다. 연인을 이루는 짝 가운데 '그'는 사회주의 사상과 운동에 자기를 걸었던 자이다. 사랑의 인연을 끝냄으로써 이제는 단지 '한때 연모했던 사이'가 되어버린 커플들의 흔적을 좇아 계열을 같이하는 기호들로 파악한다면 이로부터 역사적, 정치적 함의를 추출할 수 있을 것이다. 그런데 1930년대 후반의 '좌절된' 정치적 주체와 이들의 애정사는 공식화된 '실증적' 자료를 기반으로 설명되기 힘들다. 정치적 주체의 이데올로기적 정황은 곳곳에 기록되어 있지만, 이와 연동하는 연애의 정황은 공공의 정보로 남아 있지 않다. 지금도 그렇겠지만 당시로서도 당연히 그것은 특별하게 기록할 만한 사항도, 기록될 수 있는 사항도 아니라고 인식되었을 것이다. 헤어진 연인들의 통계나 사정 같은 것을 어디에서 찾아볼 수 있단 말인가. 더구나 혁명이라는 거대한 의제와 관련하여? 이 같은 통상의 상황이, 파편화된 사랑과 혁명의 관련을 구성하기 위해 문학텍스트가 기록한 미시사(微示事)로 향하는 나의 선택을 정당화해줄 것이다. 문학은 둘 사이의

---

8) 프로문학을 연애라는 문제틀로 분석한 연구로는 이사유(2009) ; 손유경(2012), 특히 2부 「최서해 소설의 연애 콤플렉스」와 「삐라와 연애편지」 참고. 사회주의와 여성사회주의자에 대한 젠더적 연구로는 장영은(2008) 참고.

역학 자체를 세심하게 생성하고 구현한 거의 유일한 장소이다.

2. 혁명의 시대와 사랑의 위상 : 선택 혹은 지속

혁명의 시대 또는 혁명열(熱)의 시대였던 1920년대, 조명희는 인상적인 사랑-혁명의 서사를 남겼다. 단편 「낙동강」과 짤막한 수필 「박군의 로맨스」(『東亞日報』 1928. 4. 1)는 혁명가의 사랑이나 혁명에서의 사랑이 어떤 것인지를 또렷하게 제시하고 있다. "사람 냄새가 후끈후끈 나는" 박군(朴君)의 에피소드를 전하면서 조명희는 단지 한 여자를 욕망하는 데 그치기를 거부하는 한 남성의 "참"됨에 대해 이야기한다. 그런데 우연히 스쳐지나간 주모를 두고 이루어지는 나와 그 사이의 대화에는 사랑과 혁명의 접촉지대에서 서로 만나기도, 엉키기도 할 말들이 거의 다 나온다. 끌림, 사랑, 연애, 불쌍함, 구원, 그리고 "그 여자 하나"와 "온세계"의 "여자"가 그것이다. 이렇게 서로들 엉켜 있다면, 사회에 대해 "복수(復讐)의 감정"을 가진 사람, "세계의 무산계급"을 염려하는 사람은 궁극적으로 복수(複數)의 정동과 관계의 혼란을 정돈할 수 있는 자이다. 결국 혁명가란 이런 것들의 경계와 자리를 정하는 자 그럼으로써 사랑을 질서화하는 자인 게 아닐까. 단지 사랑에 '빠지는' 자가 아니라 "사랑의 질서척도" 자체를 구상하고 자신의 구상에 맞춰 선택, 조절하는 자라는 점에서, 그는 사랑을 판단하고 관장하며 기획하는 존재다. 박군 역시 비슷하게, 혁명을 위한 배치를 마친다. 사랑의 척도를 재고 배열을 수행하며, 이 과정에서 사랑의 질감을 고르고 방향을 설정하여 혁명(적인 것)으로 연장시키는 인식론적 실천은 1920년대에 형성된 중요한 흐름이다. 최서해를 통해 연애와 인류애의 갈등구조를 규명한 논의가 잘 설명해 주듯이, 이것은 두 개의 사랑 중 하나를 선택하는 방식으로 수행되기도

했다.[9)]

1920년대는 사랑의 여러 가능성들이 이념적으로뿐만 아니라 결혼, 이혼 같은 제도적 계기도 포괄하면서 모색되기 시작한 시기다.[10)] 사회주의와 사랑(연애)의 관계를 둘러싼 논의에 조명희가 직접 참여한 것은 아니었지만, 그가 쓴 사랑과 연애에 대한 글 역시 전반적인 시대적 경향 속에서 읽을 수 있을 것이다. 박군의 논리 역시 그러하다. 박군은 유일한 '그녀'가 아니라 그녀와 유사한 수천의 무산계급 여성을 생각한다. 하지만 이렇게 모순이나 갈등 없는 '순조로운' 선택을 위해서는 매우 '다행'스럽게도, 그와 그녀 사이에는 자칫 판단에 혼란을 불러일으킬 수도 있을 '끌림'이라는 게 빠져 있다. 여자를 혼자 두고 돌아온 것을 보니 "그 여자에게 마음이 끌리지 아니했"던 듯하다는 '나'의 말에, 그는 "영 끌리지 않았"으며 "가끔 가다가 생각날 때에 불쌍한 생각이 몹시" 났다고 답한다. 확실히, "끌림"이 없다는 건 어딘가 상황을 좀 간단하게 만드는 것 같다. 끌림이 없는 상태에서, 즉 "남녀간에 전통적으로 유명해진 사랑인 에로틱한 사랑"[11)]에 휘둘림 없이, 박군은 저 편의 전체의 "구원"의 윤리를 향해 나아간다. 이러한 노선을 애모의 생략이라 부를 수 있을 것이다. 생략을 통해 애정이라는 계기는 소거된다.

---

9) 이에 대한 분석으로는 손유경(2012), 참고. 최서해의 작품에서 연애와 인류애의 갈등적 관계가 어떻게 나타나는지 그리고 양자택일에서는 부차적인 것으로 밀려 "최종적 승리한 것은 아닐지언정 결코 압도적으로 패하지는 않"은 연애의 의미를 규명하고 있다. 이 논의는 최서해가 단지 선택의 구도와 최종선택만을 보여주는 데 그치지 않고, 선택되지 않았기에 고여버린 연애충동의 정치성을 포착한다는 점에 주목한다.

10) 조선에서 콜론타이를 비롯하여 연애론이 수용되는 양상에 대해서는 이화형(2004), 참고. 그리고 린제이의 우애결혼론에 대한 소개도 당시 문헌 곳곳에서 볼 수 있다.

11) 믈라덴 돌라르, 슬라보예 지젝, 레나타 살레출 엮음, 라캉정신분석연구회 옮김, 「첫눈에」, 『사랑의 대상으로서 시선과 목소리』, 인간사랑, 2010, 214쪽.

하지만 이런 길만이 사랑을 질서화하고 혁명을 살리는 유일하거나 완전한 방식은 아니었다. 조명희는 「박군의 로맨스」에 앞서 「낙동강」(1927)에서 사랑과 혁명의 연속상을 성공적으로 보여준다. 당시 「낙동강」은 "문단(文壇)에 커다란 「쎈세이숀」을 이르킨 작품(作品)"으로 "이 작품을 읽고서 울지 않은 독자"는 없을 거라는 찬사를 받았으며[12] 조선 프롤레타리아문학 비평계에서도 중요한 작품으로 평가되고 있었다.[13] 1920~30년대 이론가들은 대체적으로 문예운동의 방향전환과 본격화라는 측면에서 「낙동강」의 가치를 높이 샀지만, 각도를 달리하여 읽으면 이 텍스트는 사랑론의 측면에서 갖는 의미가 퍽 커 보인다. 남녀 간의 끌림이나 애정의 문제를 삭제, 선택, 폐기의 회로에 넣어 처리하는 방식과는 달리, 「낙동강」은 "점점 가까워지며 필경에는 남다른 정이 가슴 속 깊이 배"[14]인 연애 관계를 놓치지 않는다. 그들은 사랑하면서 혁명하는(그 역도 성립하는) 짝이다. "당신은 최하층에서 터져 나오는 폭발탄 같아야 합니다. 가정에 대하여, 사회에 대하여, 같은 여성에 대하여, 남성에게 대하여, 모든 것에 대하여 반항하여야 합니다"라고 "격려"하는 남성 혁명가와 이 말에 "감격"하며 그의 "무릎 위에 쓰러져 얼굴을 파묻고" 우는 여성 혁명가는, "사랑의 힘, 사상의

---

12) 민병휘, 「그리운 작가, 포석과 서해」, 『삼천리』 1935. 1. 157쪽.

13) 「낙동강」이 발표되자 김기진은 프롤레타리아문학 "제2기의 선편을 던진 작품"(「시감이편」, 『조선지광』)이라고 높이 평가했다. 그의 견해에 대해 조중곤의 비판이 이어지고 다시 김기진의 반론이 실린다.(「창작계의 일년」, 『동아일보』 1928. 1. 2.). 김태준은 「낙동강」을 "무산문예운동의 방향전환과정에 잇어서 최량의 수확이요 대표적 작품"(「조선소설사」, 『동아일보』 1931. 2. 25)로 기록하고 있다. 이러한 고평에 대해서는, "과거에 잇어서 조명희씨의 「낙동강」을 가장 우수한 작품 운운하든 희비극"을 지적하면서 "소설의 이름을 붙일 수 없는 서정문"을 "조선 푸로문학의 최대수확 운운하는 경박한 평가"(현민), 「문단시평」, 『동아일보』 1933. 10. 6.)가 아직도 있다는 비난도 나왔다. 「낙동강」에 관한 문단의 논의와 낭만주의적 성격에 대해서는 이화진(2013) 참고.

14) 조명희, 이명재 편집·해설, 「낙동강」, 『낙동강』, 범우, 2004, 27쪽.

힘으로"[15] 결합한 연인인 것이다.

사랑의 궤도를 이렇게 그리고 있는 「낙동강」은 궁극적으로 "사랑의 지속"에 대한 탐구라 할 수 있다. 사랑의 지속이란 어떤 의미일까. 진정한 사랑이 그것이 주는 황홀함이나 모험적 기회에서가 아니라 지속성에서 얻어진다는 명제는 그리 낯설지 않다. 알랭 바디우의 사랑론도 같은 전언을 담고 있다. 그러나 그가 강조하고 있듯이, 지속성을 "서로가 항상 사랑하며 또는 영원히 사랑한다는 의미만"으로 파악하는 것은 타당하지 않다. 지속은 시간성의 차원에서가 아니라 "삶의 다른 방식"을 "창출"하고 "구축"한다는, 수행성과 이행성의 차원에서 이해되어야 하기 때문이다.[16] 그는 사랑의 불가능성, 시련, 비극, 이탈, 이별 같은 것이 사랑의 지속보다 더 자주, 많이 다뤄져 왔다고 언급한다.[17] 이러한 경향에 비추어 본다면 사랑-혁명 이야기는 그 어떤 경우보다도 적극적으로, 지속되는 사랑이라는 것을 구현하려 했다고 이해해도 좋을 것이다. 「낙동강」에서, 구축으로서의 사랑을 체현하고 있는 존재는 혁명가가 되어가는 로사다. 그녀는 마을을 가로지르는 긴 행렬과 수많은 만장의 물결 한 가운데 솟아있는 초점으로, 혁명가들의 사랑이 서로를 유전(流轉)하면서 연속되고 있음을 증명한다.

「낙동강」이 사랑의 지속에 대한 뛰어난 기록이 되는 것은 이런 맥락에서이다. "그 차가 들녘을 다 지나갈 때까지 객차 안 동창으로 하염없이 바깥은 내어다보고 앉은 여성이 하나 있었다. 그는 로사다. 아마 그는 돌아간 애인의 밟던 길을 자기도 한번 밟아보려는 뜻인가 보다. 그러나 필경에는 그도 멀지 않아서 다시 잊지 못할 이 땅으로

15) 위의 책, 29~30쪽.

16) 사랑의 핵심은 따라서 "삶의 재발명"으로 요약되고 있다. 알랭 바디우(2010), 43~44쪽 참고.

17) 위의 책, 91쪽.

돌아올 날이 있겠지"[18]라고 묘사된 출발의 순간이 말해주듯이 그녀와 그 사이에는 공유와 동반 그리고 무엇보다도 삶의 변화라는, 생사를 넘어서 영향 미치며 유지되는 사랑이 있다. 물론 이 사랑의 모델이 '끌어주는 남성'과 그에 응해 '동행자가 되는 여성'이라는 구조화된 위계에서 자유롭다고 할 수는 없다. 이는 많은 혁명서사와 계몽서사가 공통되게 반복해온 구도이다. 근대의 역능화(empowerment) 기획[19]의 젠더적 배치가 현실적 정황을 반영한 것이기도 하지만 그 이상으로 이데올로기적으로 구성된 것이라는 점은 굳이 강조할 필요가 없을 듯하다. 이러한 면모는 상상-표상 가능성의 역사적 지평과 관련되어 있는 만큼, 개별 텍스트의 시각의 한계로 파악하여 본격적으로 논하는 일은 일단 피하고자 한다.

사랑과 혁명이 종종 택일의 문제로 설정되고 사랑의 폐기가 보다 적절한 것으로 받아들여지곤 했음을 떠올려 본다면, 「낙동강」은 퍽 다른 풍경을 드러내고 있다. 「낙동강」이 사회주의자 연인을 통해 두 존재의 전적인 조응과 감응을 묘사하고 이로써 낭만적인 혁명-사랑의 결합 모델을 완수하여 사랑에 지속의 가능성을 부여했음은 분명하다. 남성 혁명가가 있고 그 옆에 헌신하는 그녀가 있다. 그에 대해 그녀가 가진 신뢰와 애정은 흔들림 없이 굳건하다. 이런 점에서 그녀는 남녀 '주의자' 사이의 애정에서 미혹과 굴레 그리고 부당한 권력을 발견하고 혼자이기를 선택한 콜론타이의 여성과도 뚜렷한 차이를 갖는다. 콜론타이의 여성들은 애정, 애욕, 고통, 번뇌, 집착 사이에서 매번 혼란을 겪다가 '그'라는 속박으로부터 벗어날 것을 결심한다. 홀로 된 후 비로

18) 조명희, 앞의 책, 31쪽.

19) 통치성으로서의 임파워먼트(empowerment)에 대한 논의는 바바라 크룩생크(2014), 참고. 이 책에서는 이 용어 자체가 여러 의미를 갖기 때문에 따로 번역하지 않았지만, 나는 주체(성)과 행위(성)의 생산이라는 면에 초점을 맞춰 '역능화'라고 쓴다.

소, 그녀는 독립적이고 자유로운 주체로서 "몸과 마음을 모두 자신의 작업에 쏟"[20]는다.

「낙동강」은 사랑의 지속을 상상하고 표현하기 위해 두 연인 사이의 긴장이나 균열 가능성을 제로화한다. 그리고 남성 혁명가는 각성하고자 하는 자, 각성되어 가는 자를 끌어당기는 '강한 중심'으로 선다. 하지만 애정을 나누는 그녀가 있다면, 이 강한 중심의 뜻은 그가 사라진다 해도 끊기지 않을 것이다. 「낙동강」의 사랑은 그녀가, 이제는 없는 그에게, 그의 불멸을 약속해주는 사랑이라 할 수 있다. 이 사랑의 장관(壯觀)에서는 일종의 균형 맞추기가 일어난다. 즉 남성은 사라짐으로 그 중심성이 완화되고 여성은 실존과 활동성으로 주변성을 벗어나는 식으로 말이다. 이렇게 끝까지 사랑을 이어가는 커플은 혁명의 시대에 태어날 법한 가장 '이상적'인 열애의 상징일 것이다.

3. 상실의 시대와 부서진 사랑 : 버림받은 자

사랑이 거부되거나 선택되지 않는다는 것과, 사랑이 깨진다는 것은 전혀 다른 사건이다. 전자를 사랑의 '불발(不發)'이라 한다면, 후자는 사랑의 '중단'이라 할 수 있다. 1930년대 후반, 혁명의 시기가 지나고 그 뒤안길이 칙칙하게 열리면서 커플들에게는 무슨 일이 일어났을까. 이 절에서는 그 무렵 사랑을 중단한, 이별하는 연인을 중심으로 살펴볼 것이다. 적어도 한쪽이 혁명가 내지 사상가였던 커플은 이 시기에 관계의 위기를 맞는 것으로 그려진다. 위기는 여러 형태로 발현되었지만 특히 '이별'에 초점을 맞춰 그 의미를 따져보자. 이별은 당시의

20) 알렉산드라 콜론타이, 석미주 역, 『홀로된 사랑, 홀로된 이별』, 푸른산, 1991, 164쪽.

정치적 국면과 주체의 태도 자체를 표현하는 중요한 의미론적 계기다. 따라서 이별의 맥락과 역학을 검토한다면, 혁명이 불가능해진 시절을 넘기는 자들의 망탈리테와 윤리에 관해 생각해볼 수 있을 것이다.

앞에서, 1920~30년대 연애관계에서 의식과 운동의 주도권을 소유한 남성이 여성을 끌어당기는 강한 중심으로 위치 지어지는 구도에 대해 잠시 언급했었다. 그녀는 신뢰든 감화든 매혹이든 여러 내면적 파동을 거치면서 그를 향한다. 「박군의 로맨스」에서도 상황은 마찬가지였다. 우연한 만남에서 그가 "지나가는 말로" 던진 짧은 말이 둘 사이에 오고간 전부였을 뿐인데, 이후 그녀는 그를 찾아 수차례 헤매고 다닌다. "보아하니 나이도 젊고 한 여자가 당당히 시집을 가서 살 일이지 이게 무슨 노릇인가"라는 그의 말은 그녀에게 깊은 울림을 낳았을 것이다. 한편으로 혁명가 남성의 인력(引力)은 길에서 그를 발견한 여성이 "뛰어가서 강렬한 키스(를) 하고 싶다"[21]고 욕구할 만큼 섹슈얼한 감각을 직접적으로 동반하기도 했다. 그러나 이러한 힘 또는 힘에 대한 기대는 1930년대 중후반에는 사회적으로 더 이상 통용되지 않는 듯하다. 약해진 혁명가들의 애정관계에도 문제가 발생한다. 누군가는 버리고, 누군가는 버려진다. 이러한 깨진 사랑과 이별의 서사는 시대 풍조의 소묘로 볼 수 있을 것이다.

사실 남성 혁명가의 힘의 소실, 그로 인한 사랑의 변색과 퇴색은 혁명의 시대에도 적나라하게 다뤄진 바 있다. 대표적인 기록은 이광수의 「혁명가의 아내」(『동아일보』 1930. 1. 1.~2. 4.)일 것이다. 혁명(가) 그리고 붉은 연애를 향해 노골적인 혐오와 조롱을 던짐으로써 동시대의 열기에 명백히 반하는 의지를 표명한 우파 계몽주의자의 문헌이,

21) 엄흥섭, 「지옥탈출」, 『대중공론』, 1930. 7, 147쪽. "무의미한 불조아 생활에 권태"를 느끼며 남편과 갈등하고 있던 여성이 옛 애인에게로 돌아가 운동과 사랑의 동반자가 된다는 서사이다.

남녀 혁명가 둘 다를 퍽이나 곤혹스럽게 만드는 지점을 '정확히' 건드린 것은 사실이다. 결혼과 가정이 그것이다. 가정이라는 사적 단위의 유지를 위해 필요한 경제력 및 이를 통해 증명되는 '책임'의 문제와 관련해서, 남성 혁명가는 '취약'하다. 만일 그가 혁명가라는 지위를 상실하는 일이 벌어진다면 이 측면에서의 취약함은 더 이상 상쇄되거나 용인되기 힘든 지경에 이르고 말 것이다.[22] 이광수가 여성 혁명가를 "여보, 당신이 무엇으로 내 남편이오? 의식을 못 주어, 성의 만족을 못 주어, 무엇으로 남편이란 말이오"[23]라고 공격하는 존재로 그린 것도 혁명이라는 이상과 가정이라는 현실 사이의 풀기 힘든 교착을 짚어냄으로써였다.

그렇다면 '아내'인 여성 혁명가는 어떤 식으로 비난의 대상으로 인지되도록 유도되는가. 그녀의 곤란은 성적 방종이라는 통념과 마주할 때 발생한다. 「혁명가의 아내」에서 아내를 병든 혁명가 남편 바로 옆에서 다른 남성과의 연애를 도모하는 여성으로 그린 것도 여성 혁명가를 통속적이고 대중적인 관념으로 도색하는 작업의 일환이었다. 이것은 붉은 연애의 '위선적'이고 처참한 현실태, "혁명가의 껍데기를 벗어놓은 한 여성"[24]의 실상이라 불린 만한 것을 생산하는 데 유효한 기술(技術)이었다. 붉은 연애를 대하는 우파 지식인의 의식은 이런 범위에서 크게 벗어나지 않은 것으로 보인다. 콜론타이의 책을 접하고 김억(金億)은 "엇재 그런지 새롭은 인생의 새 길에 뒤떠러젓다는 붓그럽움을 금할 수가 업스니 곰팡내가 코를 찔으는 필자의 머리로는 이 「연애의 길」 한 권을 실감과 공명(共鳴)으로의 이해를 조곰이라도

22) 이해공동체로서의 결혼과 이해 당사자들의 굴복 그리고 이혼에 대해서는 테오도르 아도르노(2012), 49~51쪽.

23) 이광수, 「혁명가의 아내」, 『이광수전집』 2, 우신사, 1992, 467쪽.

24) 위의 책, 467쪽.

가질 수 없는 것이 그것이외다. 그러나 필자는 조금도 이것을 내 자신의 부끄럽붐이라고 생각지 안이하는 바외다"라고 소감을 밝혔다. 그는 그녀들을 "방분한 음녀"라고까지는 할 수 없지만 충분히 부정적인 존재로 보았다.[25]

이후 전향의 국면에서 '가정'이 전향의 주요 동기로 제시된 상황도, 혁명가나 사상가에게 이것이 끊으려 해도 끊을 수 없는 '곤란'이었음을 말해준다. 가정이라는 지점은 어떤 맥락에서든 건드릴 수 있고, 어떤 이유에서든 민감할 수밖에 없는, 결정적인 약한 고리인 셈이다. 그래서 그것은 혁명가 자신에게도, 이들의 운동과 이념에 반대하는 대립자에게도, 이들을 통어하는 통치권에게도 모두 중대했다. "전향한 사상수 중엔 가정관계가 수위(首位)"임을 알리는 기사에 따르면 사상전향의 동기들 가운데 문헌연구(31명), 구금의 고통(96명), 시국관계(20명), 종교관계(16명) 등을 훌쩍 제치고 가정애(205명)가 압도적이었다.[26] 1935년, 1937년, 1938년의 통계를 봐도 "구금에 의한 후회자신(後悔自新)"(각각 36%, 37%, 32%)이 매우 높아지긴 하지만 "가정애 기타 가정관계"(약 32%, 31%, 34%)는 여전히 주요 이유다.[27] 주지하듯이 결혼과 가족이라는 생활의 장에 던져진 '구(舊)혁명가'가 겪는 내적, 외적 갈등은 문학적 접근의 주요 대상이 되었다. 물론 30년대 중후반에 나온 이런 계열의 소설들은 이광수적 적대의 표현과는 다른 맥락에 있다.

당연히, 가정만이 분란이 일어난 장소의 전부는 아니었다. 연애에도 균열이 나타났다. 사랑은 깨지고, 버리는 쪽과 버림받는 쪽이 생겨났다. 가족관계에서 사랑이 진부하게 바닥으로 추락하면서 사라졌다

---

25) 김안서, 「「연애의 길」을 읽고서—콜론타이 여사의 作」, 『삼천리』 1932. 2, 101~103쪽.

26) 『동아일보』 1934. 5. 19. 같은 내용의 기사로 『매일신보』 1934. 5. 19.

27) 통계자료는 지승준(1998), 750쪽 참고.

면,[28] 연애관계에서 그것은 허무하게 단절되며 사라져버렸다. 사랑의 중단과 이별에는 '합의'라는 것이 있을 수도 있겠지만, 일반적으로는 이별을 고하는 편과 통보(권유)받는 편이 있는 게 보통이다. 둘 중 누군가가 한 때의 혁명가였다면, 부재하다 돌아온 그/그녀와 연인이 어떤 상황에 놓이는가 하는 문제는 특별한 의미를 갖지 않을까. 이별하는 커플의 형상으로 혁명 시대 이후의 정황을 그린 뛰어난 텍스트로는 김남천의 「경영」과 「맥」을 들 수 있다. 이것은 전향소설인 만큼 깨진 연애에 관한 소설이기도 하다. 김남천은 이론적 입론과 소설 창작을 소통적 관계에 놓고 적용과 실험을 지속해 왔다. 그가 일제 말기에 남긴 논의와 작품에 대해서는 많은 연구가 이루어졌다. 전향, 주체 재건, 모랄, 자기고발, 풍속 등 김남천이 비평과 창작을 통해 제기한 테마가 갖는 의의는 아무리 강조해도 지나치지 않을 것이다. 그런데 본격적인 이론비평으로 전개된 것은 아니어도 연애와 사랑의 논제를 잠시 주목해보는 것도 가능하다. 그가 남긴 연애에 관한 간략한 논의 「조선문학과 연애문제」(『新世紀』 1939. 8)의 일부를 읽어 보자.

> 문학이 연애를 소중히 다루지 않았을 뿐 아니라 그것을 배격하고 경멸한 시대는 길게 설명할 필요도 없이 경향문학의 전성기였다. 경향문학의 초창기와 그의 절정기와 쇠망기를 통하여 보면 이런 경향이 가장 심했던 때는 역시 정치주의가 가장 높이 추장(推奬)되던 절정기에 있어서였다. … 정치주의의 전성기엔 연애는 개입될 여지가 없었다.[29] … 이몽룡과의

28) 알랭 바디우가 말했듯이 사랑은 결혼이나 가족의 탄생으로 완수되는 게 아니며 가족으로 환원되는 것도 아니다. 그는 "사랑의 관리를 사회화하기 위해서 사랑의 지평에 가족이 존재하는 것"으로 보며 이는 "정치의 열망을 억누루기 위해 정치의 지평에 국가가 존재"하는 것과 같다. 이런 점에서 가족은 사랑의 "정체(政體)"인 것이다. 이에 대해서는 알랭 바디우, 앞의 책, 66쪽.

29) 김남천은 초창기 연애를 새롭게 취급하고 검토했던 작품으로 조명희의 낙동강을 언급하면서 "조명희씨의 「낙동강」은 백정 계급 출신의 신여성과 사상청년의 연애를 취급한 것이었다. 단지 이들의 연애를 위하여 죽고 살고 하지 않았고

> 연애형태와 그 연애의 과정에서 시대적 특성과 각개 인물의 신분적 속성, 본래의 자태 같은 것이 얼마나 표상화되었는가를 고안하는 것은 우리 현대의 청년작가들에겐 홍미의 진진한 바 없지 아니한 문제이다.[30]

여기에서 두드러지는 부분은 카프시절의 정치우선주의로 인해 연애의 문학적 위상과 역할이 온전히 구현되지 못했다는 비판 그리고 문학에 묘사된 연애 양태에서 시대적 특성을 추출할 수 있다는 지적이다. 이러한 논의는 특별한 이론적 깊이를 갖고 있다고는 할 수 없지만 그의 소설이 시도한 연애설정 자체와 함께 놓고 참조할 수는 있을 것이다. 그의 관심은 창작 시에 의도나 방법론으로 변용되어 반영될 것이기 때문이다. 핵심은 연애는 시대를 압축할 수 있는 긴요한 장치라는 것이다. 「경영」(1940. 10)과 「맥」(1941. 2) 연작이[31] 일제 말기의 정치적, 풍속적, 내면적 사정을 연애 특히 부서진 사랑이라는 코드로 전환하여 편성해 보여준 것은 이런 맥락에서 이해할 수 있다.

「경영」과 「맥」의 커플은 서로 다른 패턴으로 서로에 대해 관계 맺는다. 그래서 한편에서 읽으면 누군가 계속해서 움직이며 돌아다니는 서사이고, 다른 한편에서 읽으면 누군가 한곳에 지속적으로 머물러 있는 서사가 된다. 정반대의 그림이 그려지는 것이다. 우선 그녀 최무경을 보자. 그녀는 그에 대한 사랑과 신뢰를 경제 행위의 수행을 통해 실천해 왔다. 친밀성에 기반하여 지속된 자발적 돌봄은 오랫동안 헌신적으로 이루어졌다.[32] 그녀의 경제력은 오직 그를 위해 단련되고

사회생활의 뒤에 또는 이의적(二義的) 내지는 부차적으로 연애를 취급하였던 것"이라고 평하고 있다. 김남천, 「조선문학과 연애문제」, 정호웅 · 손정수 엮음, 『김남천전집』 2, 박이정, 2000, 154쪽.

30) 위의 글, 157쪽.

31) 이 두 작품을 가로지르며 장편 『낭비』를 발표했다(1940. 2~1941. 2). 이 글에서는 중심 여성 인물인 무경에 초점을 맞춰 「경영」과 「맥」을 중심으로 다룬다.

32) 친밀성과 경제관계에 대해서는 비비아나 젤라이저(2009), 참고.

발휘되었다. "시형이를 위하여 얻었던 방이었다. 시형이를 맞기 위해서 저금 통장을 빈텅이를 만들면서 장식해보았던 방이었다. … 시형이를 위하여 나섰던 직업전선이었다. 시형이의 차입을 대기 위해서 선택하였던 직업이었다"[33]고 할 수 있을 정도로, 그녀의 현실적 능력과 실무 감각은 돌아올 애인을 향해 쓰이고 있었다. 경제력을 지닌 그녀의 변치 않는 사랑은 주거할 공간으로서의 아파트(부동산)로 표현되며 아파트 거주자이자 사무인으로 바로 그 장소에 상주하는 정주(停駐)의 형식으로 실행된다. 이것이 그녀가 그에 대해 취한 사랑의 패턴이다. "사랑하는 사람의 숙명적인 정체는 기다리는 사람이며, 기다리게 하는 것 그것은 모든 권력의 변함없는 특권"[34]이라는 사랑과 연인의 권력론에 기댄다면, 계속 기다려온 그녀는 사랑을 하고 있는 사람이고, 꼼짝없이 기다릴 수밖에 없다는 점에서 '약자'이다.

하지만 그는 아주 다른 방향과 방식을 취한다. 그는 계속해서 자리를 옮긴다. 자리옮김은 여러 층위에서 일어난다. 먼저 경제력(의 결여)에 기인한 자리이동이 있다. 그는 애인의 친밀성 경제를 기반으로 생활하다가 가족의 친밀성 경제로 옮겨 간다. 일반적으로 친밀함은 성적인 경향의 관계뿐 아니라 부모-자녀, 형제, 가까운 친구를 포함한다.[35] 그는 애인으로부터건 가족으로부터건 '지원'이라는 환경에서 보호받는 일을 반복하고 있는 셈이다. 친밀성 경제 체제의 교체는 물리적인 공간 이동과도 맞물려 있다. 그녀가 있는 서울에서 아버지와 가족이 있는 평양으로의 이동이 그것이다. 두 번째로 경제학에서 철학으로의

33) 김남천, 「경영」, 채호석 편, 『맥』, 문학과지성사, 2006, 278쪽.
34) 롤랑 바르트(1991), 61~62쪽.
35) 친밀한 사회적 관계는 다양한 신뢰의 정도에 의존한다. 의사와 환자, 변호사와 의뢰인, 관리인과 주민 등 여러 양식과 차원의 관계들이 친밀성 영역에 포괄될 수 있다. 친밀성 개념과 범주에 대해서는 비비아나 젤라이저(2009), 33~35쪽 참고.

이동이 있다. 이러한 움직임은 맑시즘에서 동양학·세계사의 철학으로의 이동과 궤를 같이 한다. 그는 "생각해 보면 다행이야. 경제학에 관한 서적을 읽었다면 생각을 돌려볼 길이 없었을지 모르니까. 그런 의미에서 경제학은 나에게 있어서는 변통성 없는 완고한 학문인지도 모르지"[36]라고 자신의 지적 이동을 정당화한다. 마지막으로, 이 과정들을 거치면서 점차 명확해지는 사랑의 이동이다. 그는 그녀로부터 방향을 바꿔 도지사의 딸을 향한다. 법정 변론의 장에 그와 함께 있는 것은 그녀가 아닌 도지사의 딸이다. 이런 식으로 그는 줄곧 이동하며, 그녀를 기다리게 만든다.

상황이 이러하다면, 사랑의 신뢰를 깬 것은 그녀가 아니라 그라는 파악이 크게 틀리지는 않을 것이다. 현실적으로는 모든 면에서 보호받고 나아가 존중받는 '약자'이지만, 기다리게 하는 자라는 권력을 획득함으로써 그는 그녀를 저버렸다. 그리고 기다리게 하는 자에서 돌아오지 않는 자로 변했다. 그가 변신을 꾀하는 (혹은 변신에 몸을 맡기는) 동안에 그녀는 그의 돌아오지 않음에 대해 이해하려고 노력한다. 그녀는 두 측면에서 이 작업을 행한다. 우선 그의 일신상의 회복과 갱생의 시도를 옹호하는 논리를 구성하는 것이다. "그의 육체와 생명은 다시금 빛없는 생활에 얽매이지 않기를 본능적으로 갈망하고 있을 것이다. 아버지와의 관계에 있어서도 좀더 원만하고 원숙해지리라 명심하고 있을 것이다. 사실 그는 가정이 있는 평양으로 내려가는 것이 건강에나 또는 당국과의 관계에 있어서도 편리할 것이라고 믿지 않을 수 없었을 것이다"[37]라고 그녀는 납득의 절차를 구성한다. 그리고 또 한편으로는 그가 선택한 철학과 동양론에 대한 이론적 이해를 도모한다. 오시형이 두고 간 책을 "뒤적거려보"면서, 그가 신봉하게 된 철학 담론을 탐독하

36) 김남천, 앞의 책, 257쪽.
37) 위의 책, 290쪽.

고 질문한다. 특히 그의 "정신의 비밀"[38]을 파악하는 일은 절박했다. 이것을 풀어야만 자신을 저버린 그의 "생활"의 비밀도 정리해볼 수 있기 때문이다.

> 동양학은 어떻게 해서 오시형이를 저토록 고민 속에 파묻히게 만드는 것일까. 동양학으로 가는 길이 무엇이관대 그것은 오시형이와 최무경이의 관계를 이토록 유린하고 무시해버릴 수 있는 것일까. 그의 질문에는 학문과 애정의 문제가 함께 얽혀져서 마치 그의 생활의 전체를 통솔하고 지배하는 열쇠같은 것이 간축되어 있는 것이다. 사내들 세계는 알 수 없는 수수께끼라 한다. 사실 그는 오시형이가 평양으로 내려간 뒤부터 그를 이해하고 있달 자신이 없어졌다.(326쪽)

그러나 그를 이해하려는 그녀의 노력은 실상 좋은 결실을 맺지 못한다. 좋은 결실을 얻지 못했다는 것은 그녀가 정신의 비밀을 풀지 못했다거나 풀 수 있는 능력이 없었다는 뜻이 아니다. 가장 핵심적인 이유는 그의 정신의 비밀이 그 스스로 중시했던 것만큼 확고한 진리를 바탕으로 한 것이 아니라는 데 있다. 그가 설파한 동양론의 절대성은 그녀가 이에 대해 다른 누군가에게 질문할 수 있는 기회가 주어지자마자 바로 충분히 의심할만한 것으로 드러나기 때문이다. 동양론은 그리 신통치 않은 세계이고 나아가 문제적인 세계이다. 그녀 자신이 회의주의자 이관형과의 대화를 거치면서 이 점을 어느 정도 수긍하게 되었는가와는 무관하게, 동양론과 세계사의 철학을 놓고 질문하고 대답하는 긴 장면은 이 서사에서 중요한 기능을 한다. 그녀의 의문과 회의주의자의 유보적 답은 이념과 사랑(="정신"과 "생활") 두 길에서 모두 이동을 감행하는 그가 실상 석연치 않은 지반에서 움직이고 있음을 말해준다.

---

38) 위의 책, 332쪽.

"전향이란 것이 어떠한 정신적인 내용을 가지고 있는 것인지 또 그러한 내면적인 정신상의 문제가 자기와의 관계나 혹은 생활태도 같은 것에 어떠한 영향을 줄 것인지에 대해서" 그녀는 미처 생각해본 적이 없다. 하지만 어쨌든 그가 "여태껏 상대해오던 일체의 대립물을 받아들일 준비가 되어 있었다는 것"[39]은 정신-생활 두 층위에서 일어나는 이동의 경위 전체를 밝혀주는 가장 적확한 답이다. 이들에게 일어난 사랑과 이별의 사건은 그 시대의 정치와 내면의 압축도로 파악해도 좋을 것이다. 이같은 알레고리적 독법을 취한다면, 우리는 이들의 깨진 연애를 따라가면서 주체가 자신이 애착했던 무엇인가에 대해 어떤 관계를 맺는가라는 좀 더 큰 시대 윤리의 문제를 끌어올 수 있다. 보다 정확히 말하자면 이것은 애착했던 대상을 '상실'했을 때의 태도에 관한 것이다. 상실은 애도의 감정을 불러일으킨다. 하지만 애도는 어떻게 단지 심리적 반응이 아니라 윤리 생성의 자원이 될 수 있는가. 이에 대한 규명은 혁명 후의 정치적, 정신적 상황과 사랑의 사정을 복합적으로 다루고 있는 이 텍스트의 전언을 파악하는 데 도움이 될 것이다. 「경영」과 「맥」을 상실과 애도를 둘러싼 제안으로 독해해 보자.[40]

위에서 분석한 것처럼 그와 그녀 사이에는 이별이 도래할 수밖에

---

39) 위의 책, 288~289쪽.

40) 애도라는 문제틀을 통해 주체의 윤리를 논한 기존 연구로는 공임순(2005)과 손유경(2009)의 논문을 들 수 있다. 공임순은 "애도의 능력을 잃어버린"다는 것을 "과거를 애도하지 못하고 과거를 격리하고 유폐시켜 마치 현재의 자기와는 무관하다는 듯이 위장하는 변신술"로 파악하면서 김남천의 『사랑의 수족관』의 죽음을 둘러싼 인물들의 태도를 전향과 연관지어 분석하고 있다. 그리고 손유경은 만주개척 서사를 논하면서 주디스 버틀러의 '애도의 차별적 할당'에 대한 비판을 바탕으로 "죽음을 슬퍼하고 상실을 애도하는 주체의 탄생이야말로 만주국의 파시즘적 권력이 상상할 수 있는 최대치의 곤경"으로 평가하고 있다. 이들의 관점에 동의하고 공감하지만 애도 능력 자체보다는 '애도의 끝'과 '지속'이라는 문제를 주체의 대상-치환성과 관련지어 강조할 필요가 있어 보인다.

없는 차이와 틈이 있지만, 따지고 보면 서로 유사한 사태에 직면하고 있었던 것도 사실이다. 그것은 바로 상실의 체험이다. 상실에는 애도가 따른다. 프로이트는 애도를 "사랑하는 사람의 상실, 혹은 사랑하는 사람의 자리에 대신 들어선 어떤 추상적인 것, 즉 조국, 자유, 어떤 이상 등의 상실에 대한 반응"[41]으로 설명한다. 그는 혁명의 이념을 잃었고, 그녀는 그를 잃었다. 그러나 그와 그녀 사이에는 다른 점이 있다. 그는 애도를 성공적으로 마치고 새로운 애착의 대상을 찾아 리비도를 투사했다. 대상의 호환가능성(interchangeability)은 프로이트 애도구조의 핵심이다. 이념과 전망의 상실로 인한 애도는 일련의 애도 작업을 거치면서 끝나고 이를 통해 과거는 과거로 정리되고 청산된다. 이렇게 보면 전향은 애도의 종결을 의미하는 것이기도 하다. 프로이트의 설명을 빌자면 "애도의 작용이 완결된 뒤, 자아는 다시 자유롭게 되고 아무런 제약을 받지 않"[42]는다. '애도-끝'의 정치학이 암시해주듯이, 그는 '정상 생활자'가 된다. 애착했던 혁명의 진리와, 진리에 투신했던 시절의 존재인 그녀로부터 에너지를 다 거두어들이면서 한 시대에 깨끗이 안녕을 고했다. 그는 애도를 마침으로써 살아남은 자 그리고 이렇게 살아남은 자의 '정상성'을 가리키는 기호라 할 수 있다.

그러나 애도 혹은 애도의 끝에 대해 물음을 던지는 사유를 환기할 수 있다. 주디스 버틀러는 프로이트의 애도론을 윤리학의 차원으로 옮겨온다. 그녀는 다음과 같이 묻는다. "애도가 두려운 것이 될 때 우리의 두려움은 애도를 재빨리 해소할 욕구를 불러일으켜 상실을 회복하고 애도를 추방하려 할 것이다. (… 중략 …) 애도로부터, 애도와 함께 머무르기로부터, 폭력을 통해 애도를 위한 해결책을 찾으려하기보다는 피할 수도 견딜 수도 없는 애도에 노출되는 것으로부터 뭔가

41) 지그문트 프로이트, 윤희기 · 박찬부 역(2010), 244쪽.
42) 위의 책, 246쪽.

얻을 수 있는 것이 있지 않을까."[43] 여기서 제시되는 것은 정상성과 윤리는 무관하거나 반비례한다는 점, 애도를 끝내지 않고 지속하는 일이 애도를 끝내는 일보다 정치적으로 올바른 길일 수 있다는 점이다. 구혁명가 애인에게 이별을 통보받은 그녀는 깊은 상실감으로 애도의 상황에 빠져 있다. 그도, 그녀의 어머니도 모두 안착했지만 역설적으로 늘 정주해 있던 그녀만이 붕 떠서 갈 곳 없는 존재가 되어 버렸다. "의지하였던 것도 믿었던 것도 사랑하던 것도 희망하는 것도 일시에 없어져버린 것"[44]이다. 혼자 살겠다는 결심을 누누히 되뇌이지만, 법정에서 그와 그의 새로운 애인을 보고 온 후에는 다시 아무 "원기도 곧 솟아나지 않"는다.

아파트의 작은 사무실에 홀로 남아 슬픔에 빠져 있는 무경은 애도를 끝내지 못한다. 아직 그를 떠나보내지 못하고 있는 것이다. 그녀가 혁명의 시대 또는 그것이 불가능해진 시대를 향해 어떤 입장을 취했는지를 직접 찾아 구성하기란 쉽지 않다. 그녀는 성실한 여사무원으로 일했을 뿐이며 정치적 이념의 장에 직접 관여하거나 어떤 의견을 표한 적이 없기 때문이다. 그렇다면 이 끝난 사랑의 서사에서, 슬픔으로부터 빠져나오지 못한 채 우두커니 앉아 있는 여성은 대체 무엇을 말하기 위한 의미의 장소인가. 일단 그에 초점을 맞춰 그녀를 보면, 그녀는 그가 기꺼이 무신경하게 애도를 끝내버린 '과거'다. 그로서는 패배와 결박으로밖에 인식되지 않는 시절을 체화한 존재인 것이다. "새로운 정세 속에 나의 미래를 세워놓기 위해서 지금까지 도달하였던 일체의 과거와 그것에 부수되었던 모든 사물이 희생을 당하고 유린을 당"[45]해도 어쩔 수 없다고 했을 때의 그 어쩔 수 없는 것들 중 하나다.

43) 주디스 버틀러, 양효실 역(2008), 59쪽.
44) 김남천, 앞의 책, 289.
45) 위의 책, 294쪽.

이런 점에서 그녀는, 그녀를 져버리는 동시에 그들의 시대를 말끔히 정리한 그의 자기 기술(技術)을 비판적으로 거리화해 볼 수 있는 지점이다.

이제 그의 각도에서가 아니라 정면에서 직접 그녀를 본다면, 그녀는 애도를 끝내지 못하는 자를 대표한다. 하지만 애도의 숱한 감정에 휩싸인 채로 그녀는 혼자서는 자기-경영의 길을 찾을 것을 결심하고 연습하고 있다. 이렇게 상실이라는 환경에서 애도와 결심이 공재하고 서로 마찰하고 있는 상황은 "'너를 따르고 너를 넘는다!'는 표어 속에 질투와 울분과 실망과 슬픔과 쓸쓸함과 미움의 일체의 복잡한 감정을 묻어버리려 애쓰는"[46] 상태로 표현된다. 그의 경우처럼 용이하게 애도를 끝내 버린다는 것이 혁명, 시대, 사랑에 대한 윤리를 생산하는 조건이 될 수 없다면, 우리는 다른 가능성을 다른 이에게서 찾아야 한다. 우두커니 앉아 황망하게 혼잣말을 되뇌이는, 깊은 것을 잃은 그녀는 애도를 끝내지 않는다는 것, 애도 속에서 고투한다는 것 자체의 기호라 할 수 있다. 이렇게 그녀는 애도-끝의 그에 비견되는 애도-지속의 기호가 됨으로써, 붕괴된 시절=무너진 꿈을 향한 주체의 관계맺음의 윤리를 묻고 있다.

4. 또 하나의 이별의 윤리학

지금까지 사랑의 정치적 의미를 구성하기 위해 '혁명'과 대화적인 관계를 맺고 있는 몇 개의 (깨진) 사랑의 풍경을 모아 배치해 보았다. 사랑의 구도가 어떤 식으로 시대의 정황을 번역하고 또 그 시대에

46) 위의 책, 296쪽.

가능했던 인식론적 지평을 되비치는지 규명하는 것이 이 글의 주된 목적이었다. 1920년대 혁명의 기획자들에게 사랑이 다소 거추장스러운 것으로 인식되는 경향이 있었음에도 불구하고 이와 동시에 사랑의 지속이라는 장대한 이상과 그 가능한 형식을 실험해 보려는 의지가 발현된 것은 꽤 흥미로운 현상이다. 이들은 어쨌든 사랑이 시작된다면, 마치 열쇠처럼 공동체의 결합과 공공적 가치의 구현으로 나아가는 문을 열 수 있도록 그것을 잘 깎아 방향을 맞추는 게 도리라고 여겼다. 이와 같은 사랑의 장에 먼저 남성이 그리고 여성이 들어와 참여한다는 문법은 특히 남성 주체의 언설에 의해 어느 정도는 규범화된 듯하다. 전체적으로 이 시기의 사랑은 어떤 식으로든 결합과 결속같은 모델-가치를 표본으로 삼아 짜여졌다.

혁명을 향한 사회정치적 열정과 이론적 집중이 현저하게 약화된 국면에 이르러, 인적 결합이든 이념적 결합이든 결속의 끈이 툭툭 끊어지는 현장이 포착된 것은 그럴만해 보인다. 주목할 만한 주요 장면들이 텍스트 바깥의 전반적인 상황과 결코 무관할 수는 없을 것이다. 조명희가 기차를 타고 떠나는 한 여성에게 사랑이 지속될 가능성을 심어놓으면서 여성과 사랑의 성장서사를 썼다면, 김남천은 건조한 사무실에 우두커니 앉아 있는 여성을 바라보면서 다소 궁벽하고 힘겨운 이별 서사를 썼다. 그녀들은 서로 다른 지점에 있지만, 남성 혁명가와 연애하다가 홀로 된 여성으로서 각자의 방식으로 자기 윤리를 구축해가는 과정을 보여준다. 이 '생산적'이고 '생성적'인 사랑-이별의 상을 남성 창작 주체의 환상과 소망이 투영된 결과물로 볼 수도 있을 것이다. 이 점은 여성 작가들의 지향과 감각을 함께 놓고 면밀하게 비교할 때 제대로 규명될 수 있을 터인데, 이 글에서는 이를 충분히 고려하지는 못했다.

따라서 여태까지 전개한 논의 및 방법론의 맥락을 유지하는 선에서 마지막 커플의 '그녀'에 관해서만 간략하게 들여다보고자 한다. 최명익의 「심문」은 일관되게 퇴락에 관해 묘사한다. 이것은 에너지가 완전히 고갈된 사람끼리 벌이는 게임처럼 위태로운 사랑 이야기고 이별 이야기이며 동시에 둘 다 아니기도 한 이야기이다. "지식 계급으로는 모르는 이가 없을 만치 유명한" 운동가이자 사상가였지만 중독자로 몰락해버린 남성과 그를 따라 하얼빈으로 가 함께 쇠락해가는 여성 커플은 혁명 이후를 그린 암울한 연애사의 주인공으로는 아마도 선두에 서지 않을까 한다. 이유와 과정이 어찌되었든 망가지고 소진된 애인 옆에 머물렀다는 점에서 그녀는 「경영」, 「맥」의 그녀와 유사하다. 그러나 끝없는 동반 영락의 삶에서 벗어나기 위한 방법으로 모욕적인 버림을 감수(하려)했고 그럼에도 불구하고 최종적으로는 갱생을 포기했다는 점에서, 김남천의 그녀의 상황과는 상당히 다르다.(그가 병적인 집착을 보이면서 폭력적으로 그녀를 소유하고 착취했다는 데서도 차이가 크다.) 「심문」의 그와 그녀 모두 근원적으로는 생의 의지를 완전히 상실했기에, 갱생의 기회를 찾으려 하다가도 갱생 자체가 다시 공포와 무의미로 닥쳐와 도망가야 하는 지경에 처해 있다.

한 때 그녀는 시간차를 두고 두 남성을 왕래하며 사랑했지만 그 누구도 "완전히 붙잡을 수 없"는 처지였기에 마음으로 늘 떠돌며 살았다. 특히 구혁명가인 그와 그녀는 오랫동안 비참한 밑바닥의 시간을 함께 갉아먹고 있었다. 이 커플의 서사는—최명익 특유의 데카당스 취향이 강하게 작용한 것이기는 하겠지만—모든 것이 불가능해지는 암점을 형상화하고 있다. 「낙동강」은 사랑으로 충만한 공영(또는 호혜)의 이상을 표한다. 「경영」과 「맥」에서는 사랑이 빠져나가면서 생기는 슬픔의 공간으로 윤리의 실핏줄이 조금씩 생겨나고 있다. 이것은 자립의 방향으로 나아간다. 이에 비한다면 「심문」은 공멸의 양상을 그린다. 상실의 고통을 감당하거나 자원화하지 못할 때, 깊은 멜랑콜리의 늪이 열리고[47] 폐허의 세계가 벌어진다. 이러한 침잠 역시 역사와 정치에 대한 당대의 감각을 드러내는 것이라면, 이들은 자신들이 겪은 상실로부터 결코 벗어날 수 없음을 증언하고 있는 것인지도 모른다. 물론 이 증언은 전체적으로 어딘가 과장되어 있는 게 사실이다. 그럼에도 불구하고 한가지 생각할 부분은 그녀가, 그와 함께 타락하고 쇠멸하기를 거부하고 있다는 점이다. 살아 있는 한 계속 반복되고 중첩될 타락과 쇠멸의 가능성에서 벗어날 수 없으므로 그녀는 자살을 택한다. 이미 그녀를 "사랑하기를 잊은 현"은 "기회만 있으면 누구에게나 열쇠를 팔"고 그 돈으로 아편을 사려는 존재가 되어 버렸다. 투옥과 방랑을 거치면서 "자포자기를 선택"한 그가 끝없이 추락하고 있다면, 그녀는 적어도 자기에 대해서는 그 추락을 멈추고 싶은 것이다. 그녀의 죽음을 타락을 그만두려는 의지, 더 이상은 추락하지 않으려는 의지로, 즉 부정형으로 자기를 구조하려는 시도로 해석하는 것도 가능할 것이다.

47) 상실체험이 유발하는 멜랑콜리와 애도는 동일한 특징을 갖는다. 심각할 정도로 고통스러운 낙심, 외부세계에 대한 관심의 중단, 사랑할 수 있는 능력의 상실, 모든 행동의 억제가 그러하다. 그러나 멜랑콜리만이 갖는 예외적 특징이 있는데, 애도에서는 나타나지 않는 자애심 즉 자존감의 급격한 저하로 인한 자기비난과 처벌에의 망상이 그것이다. 멜랑콜리에 대해서는, 지그문트 프로이트(2010) ; 맹정현(2015), 참고.

참고문헌

| 자료 |
『동아일보』, 『대중공론』, 『삼천리』, 『매일신보』
김남천, 『맥』, 채호석 편, 문학과지성사, 2006.
김남천, 「낭비」, 『한국 근대 단편소설대계』 4, 태학사, 1988.
정호웅 · 손정수 엮음, 『김남천전집』 2, 박이정, 2000.
조명희, 이명재 편집.해설, 『낙동강』, 범우, 2004.
이광수, 「혁명가의 아내」, 『이광수전집』 2, 우신사, 1992,
최명익, 『비오는 길』, 문학과지성사, 2004.

| 연구논저 |
공임순, 「자기의 서벌턴화와 코스모폴리탄이라는 이념형」, 『상허학보』, 2005, 71~102쪽.
김예림, 「빈민의 생계윤리 혹은 탁월성에 관하여」, 『한국학연구』, 2015, 51~80쪽.
권보드래, 『연애의 시대』, 현실문화, 2003.
롤랑 바르트, 김희영 역, 『사랑의 단상』, 문학과지성사, 1991.
맹정현, 『멜랑꼴리의 검은 마술』, 책담, 2015.
바바라 크룩생크, 『시민을 발명해야 한다』, 갈무리, 2014.
비비아나 젤라이저, 숙명여자대학교 아시아여성연구소 역, 『친밀성의 거래』, 에코, 2009.
손유경, 「만주 개척 서사에 나타난 애도의 정치학」, 『현대소설연구』, 2009, 191~227쪽.
손유경, 『프로문학의 감성구조』, 소명출판, 2012.
슬라보예 지젝, 레나타 살레츨 엮음, 라캉정신분석연구회 옮김, 『사랑의 대상으로서 시선과 목소리』, 인간사랑, 2010.
안토니오 네그리, 정남영 역, 『혁명의 시간』, 갈무리, 2004.
안토니오 네그리, 마이클 하트, 정남영 외 역, 『공통체』, 2014.
알렉산드라 콜론타이, 석미주 역, 『홀로된 사랑, 홀로된 이별』, 1991.
알랭 바디우, 조재룡 역, 『사랑예찬』, 길, 2010.
이사유, 「1920년대 후기 프로소설의 연애문제」, 인하대학교 석사학위논문, 2009.
이화진, 「조명희의 「낙동강」과 그 사상적 지반」, 『국제어문』 57, 2013, 253~277쪽.
이화형, 「서구 연애론의 유입과 수용 양상」, 『국제어문』 32, 2004, 209~234쪽.
장영은, 「아지트키퍼와 하우스키퍼」, 『대동문화연구』, 2008, 185~214쪽.
주디스 버틀러, 양효실 역, 『불확실한 삶』, 경성대학교출판부, 2008.
지그문트 프로이트, 윤희기 · 박찬부 역, 「슬픔과 우울증」, 『정신분석학의 근본개

넘』, 열린책들, 2010.

지승준, 「1930년대 사회주의진영의 '전향'과 대동민우회」, 『사학연구』 제55 · 56호, 1998, 747~766쪽.

테오도르 아도르노, 김유동 역, 『미니마 모랄리아』, 길, 2012.

한나 아렌트, 조안나 스코트 · 주디스 스타크 편 · 해설, 서유경 역, 『사랑개념과 성아우구스티누스』, 텍스트, 2013.

James Martel, "Amo : Volo ut sis : Love, willing and Arendt's reluctant embrace of sovereignty," *Philosophy & Social Criticism* 34(3), pp.287~314.

Robyn Marasco, "'I would rather wait for you than believe that you are not coming at all' : Revolutionary love in a post-revolutionary time," *Philosophy & Social Criticism* 36, 2010, pp.643~663.

찾아보기

ㄷ

ㄹ

ㅁ

ㅂ

ㅇ

필자 소개 | 가나다순

김　호 | 경인교육대학 사회교육과 교수. 『허준의 동의보감연구』(일지사, 2000), 『조선의 명의들』(살림, 2007), 『정약용 조선의 정의를 말하다』(책문, 2013).

김영희 | 연세대학교 국어국문학과 교수. 『구전이야기 연행과 공동체』(민속원, 2013), 『한국 구전서사의 부친살해』(월인, 2013), 「'유혹하는 여성의 몸'과 남성 주체의 우울」(『동양고전연구』 51, 2013).

김예림 | 연세대학교 학부대학 교수. 『국가를 흐르는 삶』(소명출판, 2015), 『전후의 탄생』(그린비, 2013, 공저), *Alterities in Asia* Edited by Leong Yew(Routledge, 2011).

박무영 | 연세대학교 국어국문학과 교수. 『조선의 여성들』(돌베개, 2004, 공저), 『한국고전여성작가연구』(태학사, 1999, 공저), 「여성시문집의 간행과 19세기 경화사족의 욕망 –『정일당유고』의 간행을 중심으로」(『고전문학연구』 33집, 2008).

박애경 | 연세대학교 국어국문학과 교수. 『한국고전시가의 근대적 변전과정 연구』(소명출판, 2008), 「민충정공 담론과 〈혈죽가〉류 시가 연구」(『우리어문연구』 34집, 2009), 「기생을 바라보는 근대의 시선–근대 초기 신문 매체에 나타난 기생 관련 기사를 중심으로」(『한국고전여성문학연구』 24집, 2012).

서지영 | UBC 아시아학과 박사과정. "Women on the Borders of the Ladies' Quarters and the Ginyeo House : The Mixed Self-Consciousness of Ginyeo in Late Joseon,"(*Korea Journal* Vol.48, 2008), 『경성의 모던걸 : 소비, 노동, 젠더로 본 식민지 근대』(여성문화이론연구소, 2013), "Topography of the Modernity of New Woman in Colonial Korea"(*Korean Studies* 37, University of Hawai'i Press, 2014).

송연옥 | 아오야마 가쿠인 대학 경영학부 교수. 『脱帝國のフェミニズムを求めて』(有志舍, 2009), 『軍隊と性暴力–朝鮮半島の20世紀』(現代史料出版, 2010, 편저), 『歴史を讀み替える–ジェンダーから見た世界史』(大月書店, 2014, 공저).

송지연 | UBC 아시아학과 박사과정. 「조선시대 천주교 여성의 역사 다시 읽기 : 동정녀에 대한 논의를 중심으로」(『동방학지』 Vol.169, 2015).

이혜령 | 성균관대학교 동아시아학술원 교수. 『검열의 제국』(푸른역사, 2016, 공편), 『염상섭 문장전집』(소명출판, 2013~2014, 공편), 「식민자는 말해질 수 있는가」(『대동문화연구』 78, 2013).

장석만 | 한국종교문화연구소 연구원. "The Politics of Haircutting in Modern Korea : A Symbol of Modernity and the 'Righteous Army Movement'(1894-1895)"(*The review of korean studies* vol.1, 1998), 「수염 깎기와 남성성의 혼동」(『역사비평』 6, 2001), 「병원의 장례식장화와 그 사회적 맥락 및 효과」(『종교문화비평』 16, 2009).

최종성 | 서울대학교 종교학과 교수. 『동학의 테오프락시』(민속원, 2009), 『기우제등록과 기후의례』(서울대출판부, 2007), 『조선조 무속 국행의례 연구』(일지사, 2002).

허남린 | UBC 아시아학과 교수. *Prayer and Play in Late Tokugawa Japan: Asakusa Sensōji and Edo Society*(Harvard University Asia Center, 2000) ; *Death and Social Order in Tokugawa Japan: Buddhism, Anti-Christianity, and the Danka System*(Harvard University Asia Center, 2007) ; "The Celestial Warriors: Ming Military Aid and Abuse during the Korean War, 1592-8." In *The East Asian War, 1592-1598: International Relations, Violence, and Memory*. Edited by James B. Lewis.(Routledge, 2015).

황상익 | 서울대학교 의과대학 인문의학교실 교수. 『근대의료의 풍경』(푸른역사, 2013), 『역사가 의학을 만났을 때』(푸른역사, 2015), 「보건의료를 통해 본 일제강점기 조선민중들의 삶－식민지 근대화론의 허와 실」(『국제고려학』 제15호, 2014).

연세국학총서 108

두 조선의 여성 : 신체 · 언어 · 심성

김현주/박무영/이연숙/허남린 공편

초판 1쇄 발행 2016년 2월 20일

펴낸이 오일주
펴낸곳 도서출판 혜안

등록번호 제22-471호
등록일자 1993년 7월 30일

주소 ㊫ 04052 서울시 마포구 와우산로 35길 3(서교동) 102호
전화 3141-3711~2
팩스 3141-3710
이메일 hyeanpub@hanmail.net

ISBN 978-89-8494-546-3 93330

값 30,000 원